杨伯峻 译注

孟子译注

（典藏版）

中 华 书 局

图书在版编目(CIP)数据

孟子译注:典藏版/杨伯峻译注. —北京:中华书局,2016.6
(2025.6重印)
ISBN 978-7-101-11879-7

Ⅰ.孟… Ⅱ.杨… Ⅲ.①儒家②《孟子》-译文③《孟子》-
注释 Ⅳ.B222.5

中国版本图书馆CIP数据核字(2016)第125898号

书　　名　孟子译注(典藏版)
译 注 者　杨伯峻
责任编辑　徐真真
责任印制　管　斌
出版发行　中华书局
　　　　　(北京市丰台区太平桥西里38号　100073)
　　　　　http://www.zhbc.com.cn
　　　　　E-mail:zhbc@zhbc.com.cn
印　　刷　北京盛通印刷股份有限公司
版　　次　2016年6月第1版
　　　　　2025年6月第6次印刷
规　　格　开本/880×1230毫米　1/32
　　　　　印张17　插页4　字数380千字
印　　数　22001-23500册
国际书号　ISBN 978-7-101-11879-7
定　　价　78.00元

杨伯峻（1909～1992）

杨伯峻先生晚年生活照

孟子譯注

楊伯峻編著

蘭州大學中文系孟子譯注小組修訂

1962年版封面

中國古典名著譯注叢書

孟子譯注

楊伯峻譯注

中華書局

1990年代"中國古典名著译注丛书"版

目 录

导　言

一

　　孟子名轲①，邹国人②。关于他的父母，我们知道得很少。《春秋演孔图》以及《阙里志》等书说他父亲名激，字公宜；母亲娘家姓仉（音掌），自然是些无稽之谈。西汉韩婴的《韩诗外传》载有他母亲"断织"、"买东家豚肉"以及"不敢去妇"等故事，刘向的《列女传》还载有他母亲"三迁"和"去齐"等故事，可见他很得力于母亲的教导。

　　孟子的生卒年月不详，古今有各种推断。用《孟子》原书来核对，我们认为他生于周安王十七年（公元前385年）前后一说比较合理③。元程复心《孟子年谱》④等书都说他"寿八十四岁"。如果可信，卒年当在周赧王十一年（公元前304年）前后。当孟子出生的时候，孔子已经死了将近一百年；孔门弟子没有一位还活着。《列女传》和赵岐《孟子题辞》都说孔子的孙子子思是他的老师。不过根据《史记·孔子世家》，子思的父亲伯鱼活了五十岁，死于孔子七十岁时；那时，子思至少也有十岁左右了。子思的年寿，《史记》说他六十二；后人以鲁缪公曾尊礼子思的事实来推算，认为"《史记》所云子思年六十二者或八十二之误"⑤。即使子思活到八十二岁，距孟子的出生还有十多年。可见这种说法是不可靠的。《孟子外书》说："子思之子曰子上，轲尝学焉。"姑且不说《外书》是伪造品，就以《史记》所载"子上年四十七"的话来推算，也未必能做孟子的老师。孟子自己说："予未得为孔子徒也，予私淑诸人也。"（8·22）他所谓私淑的是什么人，他不曾说出，可见未必是很有名望的人，也未必是孔子的嫡系子孙。《荀子·非十二子篇》把子思、孟轲列为一派，则孟子的学说一定出于子思。《史记·孟荀列传》说他"受业子思之门人"，这是合理的。

范文澜同志在《中国通史简编》中说："士大体分为四类：一类是学士，如儒、墨、道、名、法、农等专门家，著书立说，反映当时社会各阶级的思想，提出各种政治主张，在文化上有巨大贡献。这一类人声名大，待遇优，如儒家大师孟子，后车数十乘，侍从数百人，往来各国间，凭他的声名，所到国家，国君们都得馈赠黄金，供给衣食，听取孟子的议论。"⑥我们从《孟子》原书考察，孟子第一次到齐国是在齐威王之世。当时匡章声名不大，而且背着"不孝"的坏名声，可是孟子却"与之游，又从而礼貌之"（8·30）。孟子在齐国大概不甚得志，连威王所馈兼金一百镒都拒绝了（见4·3）。当威王三十年，宋王偃称王，而且要行仁政（见6·5），所以孟子到了宋国。告戴不胜多荐贤士（6·6），答戴盈之之问（6·8），都在这个时候。宋王偃的为人，史料有绝然相反的说法，《战国策》记其射天笞地，《史记·宋世家》述其淫于酒色；而《韩非子·五蠹篇》、《淮南子·人间训》都说他因行仁政而为楚所灭⑦。从《孟子》看来，宋王偃大概左右不贤人多，贤人少，所以"一薛居州"不能使宋王偃为善，孟子也就接受馈赠七十镒（见4·3）而离开了。当他留在宋国的时候，滕文公还是太子，曾去楚国，来回一定要经过宋国的国都彭城，因而两次和孟子相见（5·1）。不久，孟子回到邹国，和邹穆公的问答（2·12）大概在这个时候。或者由于孟子回答他的言语过于率直，引起了他的不高兴，便停止了馈赠，因而使得孟子绝粮（见应劭《风俗通·穷通篇》）。滕定公死了，文公使"然友之邹问于孟子"（5·2）。至于季任使人来馈赠礼物（12·5）是否在这个时候，就很难肯定；因为"孟子居邹"绝对不止这一次。鲁平公即位⑧，将要使孟子学生乐正克为政（12·13），孟子便到了鲁国。可是因为臧仓的破坏，孟子便有"吾之不遇鲁侯天也"（2·16）的慨叹。滕文公嗣位，孟子便来到滕国。文公"问为国"，又使"毕战问井地"（5·3）。齐人打算修建薛邑城池，文公害怕，又曾请教孟子（2·14）。和许行的新信徒陈相的辩论（5·4）也在这个时候。滕国究竟只是个为方不足五十里的小国，孟子很难有所作为，当梁惠王后元十五年，便来到了梁国。这时孟子年近七十，梁惠王在位既已五十年，年纪也在七十上下，便称呼孟子为"叟"（1·1）。和梁惠王的问答（1·1，2，3，4，5）应该都在这一时候。第二年，惠王去世，襄王嗣位，孟子和他一相见，印象就很坏（1·6）。这时，齐威王已死，宣王嗣位，孟子便由梁来齐。"加齐之卿相"（3·1，2），"出吊于滕"（4·6）都在这几年间。齐国伐燕在宣王五年，两年之后，"诸侯将谋救燕"（2·11），孟子劝宣王送回俘虏，归还重器，和燕国臣民商量立君，然后撤兵。可是宣王不听，第二年，燕国和诸侯的军队并力攻齐，齐国大败。齐宣王便说，"吾甚惭于孟子"（4·9）。孟子因此辞职，宣王想要给孟子一所房屋（4·10），孟子不肯接受。孟子离开了齐国，在昼地停留三晚（4·10，11），孟子一方面非常失望，一方面又因年岁已大，主张又不能实现，只得说道："五百年必有王者兴，其间必有名世者。由周而来七百有馀岁矣，以其数则过矣，以其时考之则可矣。夫天未欲平治天下也！"（4·13）孟子这时年已七十馀，从此便不再出游，而和"万章之徒序《诗》《书》，述仲尼之意，作《孟子》七篇"（《史记·孟荀列传》）了。

二

关于《孟子》的作者，古今有三种不同看法。

第一种看法认为《孟子》是孟轲自己著的。赵岐在《孟子题辞》中说："此书，孟子之所作也，故总谓之《孟子》。"焦循《正义》引元人何异孙《十一经问对》阐明此说云："《论语》是诸弟子记诸善言而编成集，故曰《论语》，而不号《孔子》。《孟子》是孟轲所自作之书，如《荀子》，故谓之《孟子》。"赵岐甚至把孟轲为什么要著书的动机都设想出来，他在《题辞》中又说："孟子亦自知遭苍姬之讫录，值炎刘之未奋，进不得佐兴唐虞雍熙之和，退不能信（同伸）三代之馀风，耻没世而无闻焉，是故垂宪言以诏后人。仲尼有云，我欲托之空言，不如载之行事之深切著明也。于是退而论集所与高第弟子公孙丑、万章之徒难疑答问，又自撰其法度之言，著书七篇。"

后来，宋代朱熹从文章风格的一致性上来论证《孟子》为孟轲自己写成的。虽然他有时也作些调停之论，如说："然其间有如云'孟子道性善，言必称尧舜'，亦恐是其徒所记；孟子必曾略加删定也。"但他主要议论仍是："《论语》多门弟子所集，故言语时有长长短短不类处。《孟子》疑自著之书，故首尾文字一体，无些子瑕疵。不是自下手，安得如此好？"又说："观七篇笔势如镕铸而成，非缀缉可就。"（以上引文全见《朱子大全》）其后元人金履祥、明人郝敬的看法都和他相同。

清代阎若璩，又从另外一个角度来推论《孟子》为自著，他在《孟子生卒年月考》最后一段说："《论语》成于门人之手，故记圣人容貌甚悉；七篇成于己手，故但记言语或出处耳。"魏源在《孟子年表考》中也说："七篇中无述孟子容貌言动，与《论语》为弟子记其师长不类，当为手著无疑。"

第二种说法则刚刚和这相反，认为《孟子》是孟轲死后他的门弟子万章、公孙丑之徒共同记述的。最初发表这种议论的是唐代韩愈（见《昌黎集·答张籍书》）和张籍（见《全唐文·上韩昌黎书》）。附和这种议论的有唐人林慎思（见《崇文总目》）和宋人苏辙（见其所著《古史·孟子传》），可是他们都没有举出佐证来。

对这种说法加以阐明的最初有宋人晁公武。他在《郡斋读书志》中说："按此书韩愈以为弟子所会集，非轲自作。今考其书，则知愈之言非妄也。书载孟子所见诸侯皆称谥，如齐宣王、梁惠王、梁襄王、滕定公、滕文公、鲁平公是也。夫死然后有谥。轲著书时，所见诸侯不应皆死。且惠王元年至平公之卒凡七十七年，孟子见梁惠王，王目之曰叟，必已老矣，决不见平公之卒也。"

其后清人崔述在《孟子事实录》中对此说多列了两条证据。他说："《孟子》七篇之文，往往有可议者，如禹决汝汉排淮泗而注之江，伊尹五就汤五就桀之属，皆于事理未合。果孟子自著，不应疏略如是。"又说："七篇中于孟子门人多以子称之，如乐正子、公都子、屋庐子、徐子、陈子皆然，不称子者无几。果孟子所自著，恐未必自称其门人皆曰子。细玩此书，盖孟子门人万章、公孙丑等所追述，故二子问答之言在七篇中为最多，而二子在书中亦皆不以子称也。"

较崔述略早的周广业也认为《孟子》不是孟轲所著。他在《孟子出处时地考》中说："此书叙次数十年之行事，综述数十人之问答，断非辑自一时，出自一手。其始章丑之徒追随左右，无役不从；于孟子之言动，无不熟察而详记之。每章冠以'孟子曰'者，重师训，谨授受，兼法《论语》也。"但是他还是认为其中也有孟轲自己的笔墨。他又道："迨还自青齐，既难必于行道，而孟子亦欲垂教后世，取向所进说时王、传授弟子者润饰而删定之。"他的结论是："至其后编次遗义，又疑乐正子及公都子、屋庐子、孟仲子之门人与为之。何也？诸子皆孟门高弟，七篇中无斥其名，与滕更呼名之例不同，当是其徒所追改。而首篇以孟子始，以乐正子终，未必不由此也。”

　　第三种看法是太史公在《孟荀列传》中所说的："退而与万章之徒序《诗》《书》，述仲尼之意，作《孟子》七篇。"从这几句话，我们得到这样的概念：《孟子》的著作，虽然有"万章之徒"参加，但主要作者还是孟子自己，而且是在孟子生前便基本上完成了的。关于这一点，魏源在《孟子年表考》中有所体会，他说："又公都子、屋庐子、乐正子、徐子皆不书名，而万章、公孙丑独名，《史记》谓退而与万章之徒作七篇者，其为二人亲承口授而笔之书甚明（咸邱蒙、浩生不害、陈臻等偶见，或亦得预记述之列）。与《论语》成于有子、曾子门人故独称子者，殆同一间，此其可知者。"

　　以上三种说法，虽各言之成理，但符合于历史客观事实的，当然只有一种。我们认为，太史公的话是可信的。他的时代较早，当日所见到的史料，所听到的传闻，比后人多而且确实；尤其是验以《孟子》本书，考之孟子生卒，其馀两种说法所持的理由都是不充分的。

　　赵岐明明说，"退而论集所与高第弟子公孙丑、万章之徒难疑答问"，则七篇之中自有弟子的记录。朱熹虽主张为孟子一手著成的，但也不曾否认在著作过程中有弟子参加。只是说，从文体的首尾一致看来，孟子是最后的订定者。这从他"亦恐其徒所记，孟子必曾略加删定也"一句话可以看出。所以他们两人的看法和太史公的说法相距不远。

第二种说法，认为《孟子》是孟轲死后他的门弟子所记述的，便和太史公的说法出入很大。他们举了三种理由。有一条理由是，"七篇之文，往往有可议者，果孟子自著，不应疏略如是"。这实在不值一驳。孟子即便是所谓"亚圣"，也不能肯定他所说所写的每字每句都非常正确。何况"决汝汉排淮泗而注之江"这种话，孟子不过借以说明禹治水的功绩；正确的地理知识的具备与否，上古的所谓圣贤，似乎不曾给以重视。伊尹"五就汤五就桀"，孟子也不过借以说明伊尹全心为百姓服务的忠诚；而且孟子援引史事，常常主观地加以改造，以期论证自己的观点。稍读《孟子》书就会了解这一点。这正是孟子辩论的手段哩。另一条理由是"果孟子自著，恐未必自称其门人皆曰子"。这一点，上引魏源的话已经说得明白。《孟子》既是万章、公孙丑之徒"亲承口授而笔之书"，那么，称其师为"孟子"，称其同门为"乐正子"、"屋庐子"，何尝不可？周广业以此和《论语》同样看待，认为是乐正子等的门人所编次，那是错误的。我们只要问，如果是乐正子之徒的门人所编次，为什么七篇中记乐正子诸"子"的问答反而很少，而记万章、公孙丑之徒的问答反而很多呢？最值得注意的是诸侯皆称谥一条。梁惠王、滕文公、鲁平公都死在孟子前，固然可以称谥；梁襄王是死在孟子后的，齐宣王也可能比孟子迟死三两年，为什么也称谥呢？我们认为阎若璩的解释是说得通的。他说："卒后书为门人所叙定，故诸侯王皆加谥焉⑨。"

三

　　《史记·孟荀列传》只说"作《孟子》七篇"；到应劭《风俗通·穷通篇》却说，"退与万章之徒序《诗》《书》仲尼之意，作书中外十一篇"；班固的《汉书·艺文志》也说"《孟子》十一篇"。赵岐《孟子章句》，便给这十一篇分列真伪，《题辞》说："又存《外书》四篇——《性善辩》、《文说》、《孝经》、《为政》⑩——其文不能宏深，不与《内篇》相似，似非《孟子》本真，后世依放而托也。"因为赵岐肯定《外书》是赝品，不给它作注解，以后读《孟子》的人便不读它，于是逐渐亡佚了。南宋孙奕的《示儿篇》说："昔尝闻前辈有云，亲见馆阁中有《孟子·外书》四篇。"南宋上距东汉末一千多年，而《孟子·外书》完好地藏在宫禁中，这话是否靠得住，很有问题，可能是所谓"前辈"的诳语。刘昌诗《芦浦笔记》说："予乡新喻谢氏多藏古书，有《性善辩》一帙。"这一帙《性善辩》，刘昌诗似乎亲自见过，但也不晓得果是赵岐所见之书否。至于现在所传的《孟子·外书》四篇，则是明人姚士粦所伪撰，为清代吴骞刊行的时候，周广业等便指出"显属伪托"，而丁杰在《小酉山房集》中更已逐条驳斥它了。所以梁启超在《汉书艺文志诸子略考释》中说它是"伪中出伪"。

　　赵岐的《题辞》又说："孟子退自齐梁，述尧舜之道而著作焉，此大贤拟圣而作者也。"又说："《论语》者，《五经》

之辖辖，六艺之喉衿也。《孟子》之书则而象之。”这些话，把《孟子》和《论语》相比，似乎有些道理，也确实代表了两汉人一般的看法。所谓似乎有些道理，我们拿它和当时别的子书一比较便知。《墨子》成书年代虽不敢完全肯定，但其中有若干篇是墨子的弟子所作，其成篇甚或早于《孟子》，应该不必怀疑，庄子生卒年月仅略后于孟子，荀子的早年和孟子的晚年相值者也有三十多年。《庄子》的《内篇》应该是庄周的手笔，《荀子》则基本上是荀卿的手笔。《墨子》、《庄子·内篇》、《荀子》都是每篇各有主旨，而篇名也与主旨相应。《孟子》却不然，各章的篇幅虽然比《论语》长，但各章间的联系并没有一定的逻辑关系；积章而成篇，篇名也只是撮取第一句的几个字，并无所取义。这都是和《论语》相同，而和《墨子》、《庄子》、《荀子》相异的。所以赵岐说《孟子》是拟《论语》而作，不无道理。

赵岐把《论语》看成是“《五经》之辖辖，六艺之喉衿”，《孟子》又是“拟圣而作”，那《孟子》也成为经书的传记了。尽管《汉书·艺文志》把《孟子》放在《诸子略》中，视为子书，但汉人心目中却把它看为辅翼“经书”的“传”。汉文帝把《论语》、《孝经》、《孟子》、《尔雅》各置博士，便叫“传记博士”。王充《论衡·对作篇》说：“杨墨之学不乱传⑪义，则《孟子》之传不造。”明明把《孟子》看为传。又如《汉书·刘向传》、《后汉书·梁冀传》、《说文解字》等书所引《孟子》都称“传曰”。可见把《孟子》和《论语》并列，不是赵岐“一人之私言"，而是两汉人的公论。

到五代后蜀时，后蜀主孟昶命毋昭裔楷书《易》、《书》、《诗》、《仪礼》、《周礼》、《礼记》、《公羊》、《谷梁》、《左传》、《论语》、《孟子》十一经刻石，宋太宗又加翻刻，这恐怕是《孟子》列入"经书"的开始。到南宋孝宗的时候，朱熹在《礼记》中取出《大学》、《中庸》两篇，认为是曾子和子思的作品，与《论语》、《孟子》合在一起，称为《四书》，于是孟子的地位便更加提高了。到明清两朝，规定科举考试中八股文的题目从《四书》中选取，而且要"代圣人立言"，于是当时任何读书人便不得不把《孟子》读得烂熟了。

四

孟子自认为是孔子的忠实信徒，依他自己说："乃所愿，则学孔子也。"因之，他把孔子地位抬得极高，他引用孔子学生宰我、子贡、有若的话，说："自生民以来，未有盛于孔子也。"（3·2）

《孟子》最后一章，即《尽心下》的第三十八章，提出了尧、舜、汤、文王、孔子。这是儒家"道统"的先声。他把这一章安排在全书之末，我认为是有特殊意义的。韩愈作《原道》更明确地说："尧以是传之舜，舜以是传之禹，禹以是传之汤，汤以是传之文、武、周公，文、武、周公传之孔子，孔子传之孟轲。"孟子以接受孔子传统自居，却不明说，只暗示说："由孔子而来至于今，百有馀岁，去圣人之世若此其未远也，近圣人之居若此其甚也，然而无有乎尔，则亦无有乎尔。"当时和孔子出身地最近的有名望的儒者，除了孟子，更无他人。孟子说"无有乎尔"，正和"夫圣，孔子不居"（3·2）一样，是不能明说的。孟子认为孔子是圣人（3·2），那么，他自然也是孔子之学的继承者。韩愈也以承继道统自居，也不明说，只写道："轲之死，不得其传焉。荀与杨也，择焉而不精，语焉而不详。"和孟子笔法不同，用意则一。

孟子虽然自以为是孔子之学的继承者，但因为时代已经相距百把年，形势也发生很大的变化，孟子对孔子学说不但有所取舍，而且有所发展。

首先，孟子和孔子之论"天"稍有不同。"天"的意义，一般有三四种。一是自然之天，一是义理之天，一是主宰之天，一是命运之天。《孟子》讲"天"，除"天子"、"天下"等双音词外，连"天时"、"天位"、"天爵"等在内，不过八十多次。其中有自然之天，如："天油然作云，沛然下雨。"（1·6）"天之高也。"（8·26）有义理之天，如："仰不愧于天，俯不怍于人。"（13·20）"存其心，养其性，所以事天也。"（13·1）有命运之天，如："若夫成功，则天也。"（2·14）"吾之不遇鲁侯，天也。"（2·16）却没有主宰之天。在《孟子》中还有一种意义比较艰深的"天"，其实也是义理之天，或者意义更深远些，如："天不言，以行与事示之而已矣。"（9·5）实质上，这种"天"，就是民意。孟子说得明白："《太誓》曰：'天视自我民视，天听自我民听。'"《孟子》中所谓"天吏"、"天位"、"天职"、"天禄"、"天爵"，都是这种意义；而这种意义，是在《论语》中所没有的。《论语·尧曰篇》有"天禄"一词，和《孟子》"弗与食天禄也"（10·3）意义有所不同。《论语》的"天禄"是指帝位，《孟子》的"天禄"是指应该给予贤者的俸禄，依它们的上下文一加比较，便可以看出其中的歧异。

孟子也讲"命"，或者"天命"。孟子对这个曾经给了一个定义："莫之为而为者，天也；莫之致而至者，命也。"（9·6）就是说，命运是一种无形而巨大的力量，却没有主宰者或指使者。《孟子》甚至把天下形势的变动，即"有道"和"无道"也归之于"天"，即命运："天下有道，小德役大德，小贤役大贤；天下无道，小役大，弱役强。斯二者，天也。顺天者存，逆天者亡。"（7·7）然而孟子绝不是宿命论者。他对命运的态度是："莫非命也，顺受其正；是故知命者不立乎岩墙之下。尽其道而死者，正命也；桎梏死者，非正命也。"（13·2）在孟子看来，无论命运有多么巨大的力量，但我还依我的"仁义"而行，不无故送死。只要"尽"我之"道"，死也是"正命"；如果胡作乱为，触犯刑罚而死，便不是"正命"。

其实，大至天下形势，小至个人前途，既有必然性，也有偶然性。而且，必然之中有偶然，偶然之中也有必然。古人对这个道理是不明白的，无以归之，归之于"天"，于"命"。在孔、孟中，孟子对待"天命"便有比较合理的言论。

孔子重视祭祀，孟子便不大多讲祭祀。《论语》仅一万二千七百字，"祭"字出现十四次；《孟子》有三万五千三百七十多字，为《论语》2·7倍强，"祭"字仅出现九次，"祭祀"出现二次，总共不过十一次，而且都未作主要论题。

第二，孔子讲"仁"，孟子则经常"仁义"并言。孔子重视人的生命，孟子更重视人民生存的权利。孔子因为周武王以讨伐商纣而得到天下，谈论音乐，认为周武王的乐舞《武》"尽美矣，未尽善也"（《论语译注》3·25）。孟子却不如此。齐宣王说"武王伐纣"是"臣弑其君"，孟子答说："贼仁者谓之贼，贼义者谓之残。残贼之人谓之一夫。闻诛一夫纣矣，未闻弑君也。"

邹国曾和鲁国发生冲突，邹国的有关官吏死了三十三人，老百姓却一个也没有死，而且眼望着他们的上级去死而不救助。孟子对邹穆公说："活该！谁叫你和你的臣下平日残忍地对待老百姓哩！以眼还眼，以牙还牙。你们的老百姓今天可找着报复的机会了！"孟子不但主张"民为贵，社稷次之，君为轻"（14·14），还主张"贵戚之卿"可以废掉坏君，改立好君。这种思想，是孔子仁的学说大发展，在先秦诸子中是绝无仅有的。

因之，孟子看君臣间的互相关系也比孔子有所前进。孔子只说"君使臣以礼，臣事君以忠"（《论语译注》3·19），孟子却说："君之视臣如手足，则臣视君如腹心；君之视臣如犬马，则臣视君如国人；君之视臣如土芥，则臣视君如寇雠。"（8·3）这种思想比后代某些"理学家"所谓"君要臣死，不得不死"高明而先进不知多少倍啦!

　　第三，孟子"道性善"（5·1）。并且说："人皆有不忍人之心。""无恻隐之心，非人也；无羞恶之心，非人也；无辞让之心，非人也；无是非之心，非人也。"（3·6）还说："万物皆备于我矣。"（13·4）由于这类的话，孟子便被某些人加上主观唯心主义者的帽子。但扣帽子的人，我认为并没有透彻了解孟子思想，扣他以主观唯心主义的帽子是不符合他思想实际的。

　　我们应该了解，孟子所谓"性善"，其实际意义是人人都有为善的可能，用孟子的话说，"乃若其情，则可以为善矣，乃所谓善也。若夫为不善，非才之罪也"（11·6）。

　　最可以注意的，一是孟子承认环境可以改变人的思想意识。他说："富岁，子弟多赖；凶岁，子弟多暴，非天之降才尔殊也，其所以陷溺其心者然也。"（11·7）二是他承认事物各有客观规律，而且应该依照客观规律办事。他说："天下之言性也，则故而已矣。故者，以利为本。所恶于智者，为其凿也。如智者若禹之行水也，则无恶于智矣。禹之行水也，行其所无事也。如智者亦行其所无事，则智亦大矣。天之高也，星辰之远也，苟求其故，千岁之日至可坐而致也。"（8·26）相传禹懂得水性，所以治水能成功。孟子认为一切都有各自的客观规律，依客观规律办事，便是"行其所无事"而不"凿"。即使天高得无限，星辰远得无涯，只要能推求其"故"（客观规律），就在当时以后一千年内的冬至日，也可以在房中推算出来。这种言论，难道是"主观唯心主义者"能说得出来的吗?

判断一位哲学家是唯心还是唯物，依马克思列宁主义，只有一个标准，就是思想意识是第一性的，还是物质是第一性的。孟子只讲人有恻隐、羞恶、辞让、是非之心，这四种心是仁、义、礼、智四端。端就是萌芽，也可以说是可能性。说人有某种可能性，并不等于说人有某种思想意识。孟子说"矢人唯恐不伤人，函人唯恐伤人"（3·7），这是由于他们职业的关系，可见人生不一定都是"仁人"。孟子讲性，还涉及两件事，一曰，"食色，性也"（11·4）；一曰，"形色，天性也"（13·38）。求生存和求配偶，不但是人类的本能，也是其他动物的本能。每种动、植物，都有各种形体容貌，在当时，自然都是自然赋予的。孟子这些话并没有错。唯有性善，他作了几处解释，就是怕人误解、歪曲，而某些人竟误解、歪曲它了。

至于"万物皆备于我"，这说的是自我修养。在这一章上，另有一章，全文如下："求则得之，舍则失之，是求有益于得也，求在我者也。求之有道，得之有命，是求无益于得也，求在外者也。"由此可见，孟子认仁义道德是"求则得之""在我"的东西，而富贵利达是"得之有命""在外"的东西。"万物皆备于我"的"万物"，是最大的快乐，是自身本有仁义道德，既不是主观的虚幻境界，也不是超现实的精神作用。这里谈不上唯心和唯物。

最后，孟子的政治主张是保守的，有的甚至是倒退的，如要滕文公行井田制（5·3），这是事实上行不通的，滕国也不可能执行。

　　孟子强调"仁义"，而在当时，七大雄国——秦、楚、齐、燕、韩、赵、魏（梁）——只讲富国强兵。孟子却说："故善战者服上刑，连诸侯者次之，辟草莱、任土地者次之。"不知这几项正是当时形势迫使各大国非这样做不可。赵国有廉颇、赵奢、李牧，便能抵抗侵略；燕国有乐毅，便能收复全国，并深入齐国；齐国有田单，便全部收复失地。纵不侵犯别国，在各国互相窥伺、吞并下，为了保卫自己，没有"善战"的大将是不行的，何况当战国时，不但各国雄主多有统一天下的野心，即使是老百姓也苦于几百年来大大小小的战争未曾停止，迫切希望天下一统呢！一部《战国策》，基本上讲的是合纵连横之术。要打仗，便得多多联合同盟国家，哪能不"连诸侯"呢？至于开垦土地，发展农业，更是当时"富国"的最重要的途径，商鞅为秦孝公"为田开阡陌封疆"（《史记·商君列传》），奠定秦国富强的基础。司马迁述评孟轲"则见以为迂远而阔于事情"，一点也没冤枉他。

【注释】　①孟子名叫轲，这从他回答北宫锜话"然而轲也尝闻其略也"（10·2），便可知道。古人很重视表字。孟子的字是什么，说法不一，东汉赵岐的《孟子题辞》说没有听到过；三国魏徐幹的《中论·序》也说没有传下来；后来魏人王肃作《圣证论》，说他字子车；晋人傅玄作《傅子》说他字子舆。赵岐、徐幹所不知道的，王肃、傅玄怎么知道？可见这是他们编造出来的。　②"邹"，《史记·孟荀列传》作"驺"，古国名。故城在今山东邹县，离孔子故乡曲阜不远，所以孟子自己也说，"近圣人之居若此其甚也"（14·38）。

③ 可参阅清周广业《孟子出处时地考》、魏源《古微堂外集·孟子年表》及宋翔凤《过庭录·孟子事迹考》。　④ 据《四库总目提要》，这书不是程复心所作，而是谭贞默的《孟子编年略》。　⑤ 详毛奇龄《四书賸言》所引王草堂《复礼辨》和孔继汾《阙里文献考》。⑥《中国通史简编》修订本第一编，人民出版社 1958 年版，第 246 页。　⑦《韩非子》、《淮南子》都作"徐偃王"。我们看，徐偃王就是宋王偃。这时宋已迁都彭城，所以宋王又叫徐王；正如魏迁都大梁，魏王又叫梁王一样。　⑧《史记·六国年表》所列鲁君年数错误很多，不足据。此据《史记·鲁世家》"子叔立，是为平公。是时六国皆称王。平公十二年，秦惠王卒"推算出来。秦惠三卒于周赧王四年，其前十二年，就是周显王四十七年。　⑨ 其实，七篇之中还有宋王没有称谥。这宋王便是宋王偃，他不但死在孟子之后，而且他是亡国之君，当时并没有谥号可称，所以孟子弟子并没有给他补上。　⑩ 翟灏《四书考异》云："《外书》之目，自宜以'性善'为一，'辩文'为一，'说孝经'为一。刘氏以亲见之'性善辩'，遂以'辩'字上属，而谓'文说'一篇，'孝经'一篇。据《论衡·本性篇》，但云孟子作《性善》之篇，不缀'辩'字。疑新喻谢氏所藏《性善辩》，又属后人依放而作，非《外书》本真也。"⑪ 这一"传"字，据刘盼遂的《论衡集解》，说是"儒"字之误。

例　言

一、我要译注《孟子》的目的是：帮助一般读者比较容易而
　　正确地读懂它，并给有志深入研究的人提供一些线索。
　　同时，有许多读者想藉自学方式提高阅读古书的能力，
　　本书希望能在这方面也起一定的作用。

二、《孟子》章节的分合，历代版本和各家注解本歧异不
　　多，现在仍依旧有体例，在各篇篇名之下注明章数。自
　　《梁惠王》至《尽心》本为七篇，篇各分上下；为了便
　　于检查，也依赵岐体例分为十四卷。两卷为一篇，奇数
　　为上篇，如卷一为《梁惠王上》；偶数为下篇，如卷二
　　为《梁惠王下》。

三、译文在尽可能不走失原意并保持原来风格下力求其流畅
　　明白。但古人言辞简略，有时不得不加些补充词句。这
　　些补充词句，外加括号〔　〕作标志。

四、本书的注释，包括字音词义、语法规律、修辞方式、历
　　史知识、地理沿革、名物制度和风俗习惯等等。为了帮
　　助读者比较深刻地理解《孟子》原文，我还对某些问
　　题，作了简要的考证。注释依出现先后以数字为标记。

五、字音词义的注释只限于生僻字、破读和易生歧义以及晦
　　涩费解的词句，而且一般只在第一次出现时加注。注音
　　用拼音字母，有时兼用直音法。

六、"译注"之后附有词典，使与"译注"收相辅相成之
　　效。译文间有用意译法者；至其每字每词的确实意义，
　　一查词典便知。而详于"注释"者，"词典"仅略言
　　之；"注释"未备者，"词典"可补充之，对读者或者
　　有些好处。

七、古今有关《孟子》的著作为数甚多，本书译注，则以
　　朱熹的《集注》和焦循的《正义》为主要依据。其他
　　有关论著，尽量搜集，选录菁华，予以介绍。仍觉不
　　妥之处，则以我的千虑一得之见论之。但限于学力，
　　体例或有不纯，搜讨或有不尽，取舍或有不妥，论断
　　或有不是，注释或有不全，译文或有不顺，诚恳地希
　　望读者指正。

梁惠王章句上*

凡七章

「梁惠王」在这里是作为《孟子》七篇第一篇的篇名。《孟子》的篇名和《论语》一样，不过是摘取每篇开头的几个重要字眼来命名，并没有别的意义。「章句」是汉代经学家、训诂家所常用的字眼，分析古书的章节、句读（逗）的意思。《汉书·艺文志》《易经》有「《章句》施、孟、梁邱各二篇」「书经」有「《欧阳章句》三十一卷，大、小《夏侯章句》各二十九卷」，「章句」两字便常用作训解古书的题名。这里「梁惠王章句上」是后汉赵岐所著《孟子章句》的旧题，他把《孟子》七篇各分为上下两卷，所以这里题为「章句上」。

1·1　孟子见梁惠王①。王曰："叟②！不远千里而来，亦将有以利吾国乎？"

孟子对曰："王！何必曰利？亦③有仁义而已矣。王曰：'何以利吾国？'大夫曰：'何以利吾家？'士庶人曰：'何以利吾身？'上下交征④利而国危矣。万乘之国，弑⑤其君者，必千乘之家；千乘之国⑥，弑其君者，必百乘之家⑦。万取千焉，千取百焉，不为不多矣。苟为后义而先利，不夺不餍⑧。未有仁而遗其亲者也，未有义而后其君者也。王亦曰仁义而已矣，何必曰利？"

【译文】

孟子谒见梁惠王。惠王说："老先生！您不辞千里长途的辛劳前来，那对我的国家会有很大利益吧？"

孟子答道："王！您为什么一开口定要说到利益？只要讲仁义就行了。王假若说：'怎样才对我的国家有利呢？'大夫也说：'怎样才对我的封地有利呢？'那一般士子以至老百姓也都说：'怎样才对我本人有利呢？'这样，上上下下互相追逐私利，国家便会发生危险了。在拥有一万辆兵车的国家里，杀掉那一个国君的，一定是拥有一千辆兵车的大夫；在拥有一千辆兵车的国家里，杀掉那一个国君的，一定是拥有一百辆兵车的大夫。在一万辆兵车的国家中，大夫拥有兵车一千辆；在一千辆兵车的国家中，大夫拥有兵车一百辆；这些大夫的产业不能不说是很多的了。但是，假若轻公义，重私利，那大夫若不把国君的产业夺去，是永远不会满足的。从没有讲'仁'的人却遗弃他的父母的，也没有讲'义'的人却对他的君主怠慢的。王也只讲仁义就行了，为什么定要讲利益呢？"

【注释】

① 梁惠王——就是魏惠王，名罃，惠是他的谥号，于公元前 370 年承继他父亲魏武侯击而即位。即位后九年，即公元前 362 年，由旧都安邑迁都大梁，(此从《史记·魏世家》集解所引《汲冢纪年》之说，司马迁列于惠王之三十一年，误。清人雷学淇《介菴经说》卷九有考订。大梁就是今天的开封。)所以又叫梁惠王。他在即位最初二十多年之内，在战国诸雄中最为强大，因之第一个自封为王。(楚国自封为王在春秋时，又当别论。)　② 叟——老丈。　　③ 亦——只也。请参考《词诠》卷七。④ 征——赵岐《注》云："征，取也。"　⑤ 弑——古时候以下杀上，以卑杀尊叫弑。　　⑥ 万乘之国、千乘之国——乘(shèng)，古代的兵车一辆叫一乘。古代的国家以兵车的多少来衡量国家的大小，刘向《战国策序》说战国晚世"万乘之国七，千乘之国五"。韩、赵、魏(梁)、燕、齐、楚、秦七国为万乘，宋、卫、中山以及东周、西周则为千乘。　　⑦ 千乘之家、百乘之家——《周礼·大司马》郑《注》云："家谓食采地者之臣也。"古代的执政大夫有一定的封邑，这封邑又叫采地，拥有这种封邑的大夫叫家。有封邑当然也有兵车。公卿的封邑大，可以出兵车千乘，大夫的封邑小，可以出兵车百乘。　　⑧ 餍——(yàn)，满足。

1·2　孟子见梁惠王。王立于沼上，顾鸿雁麋鹿，曰："贤者亦乐此乎？"

孟子对曰："贤者而后乐此，不贤者虽有此，不乐也。《诗》云：'经始灵台，经之营之，庶民攻①之，不日②成之。经始勿亟，庶民子来③。王在灵囿，麀鹿攸伏④，麀鹿濯濯⑤，白鸟鹤鹤⑥。王在灵沼，於牣⑦鱼跃。'文王以民力为台为沼，而民欢乐之，谓其台曰灵台，谓其沼曰灵沼，乐其有麋鹿鱼鳖。古之人与民偕乐，故能乐也。《汤誓》⑧曰：'时日害丧⑨，予及女偕亡。'民欲与之偕亡，虽有台池鸟兽，岂能独乐哉？"

【译文】

孟子谒见梁惠王。王站在池塘旁边，一面顾盼着鸟兽，一面说道："有道德的人也高兴享受这一种快乐吗？"

孟子答道："只有有道德的人才能够享受这一种快乐，没有道德的人纵使有这种快乐也是无法享受的。〔这话怎么说呢？我举出周文王和夏桀的史事来说明吧。〕《诗经》的《大雅·灵台篇》说：'开始筑灵台，经营复经营，大家齐努力，很快便落成。王说不要急，百姓更卖力。王到鹿苑中，母鹿正安逸。母鹿光且肥，白鸟羽毛洁。王到灵沼上，满池鱼跳跃。'〔这一段诗，便足以证明〕周文王虽然用了百姓的力量来兴建高台深池，可是百姓非常高兴，把那一个台叫'灵台'，把那一池沼叫'灵沼'，还高兴他有许多种类的禽兽鱼鳖。就因为他肯和老百姓一同快乐，所以他能得到真正的快乐。〔至于夏桀却与此相反。百姓怨恨他，他却自比为太阳，说道，太阳什么时候消灭，我才什么时候死亡。〕《汤誓》中便记载着老百姓的怨歌：'太阳呀！你什么时候消灭呢？我宁肯跟你一道死去！'作为国家的帝王，竟使百姓怨恨到不想再活下去的程度，他纵然有高台深池，奇禽异兽，难道能够独自享受吗？"

【注释】

① 攻——旧注云："攻，治也。"就是"工作"的意思。　② 不日——

朱熹《注》云："不日，不终日也。"　③ 经始勿亟，庶民子来——亟，急也。"经始勿亟"四字是文王的言语，所以译文加"王说"两字。"子来"译为"更卖力"，是意译。　④ 麀鹿攸伏——麀（yōu），母鹿。攸，在上古的文献里用同"所"字。伏，赵《注》云："安其所而伏，不惊动也。"　⑤ 濯濯——肥胖而有光泽的样子。　⑥ 鹤鹤——《诗经》写作"翯翯"，古书中两字相通。羽毛洁白的样子。　⑦ 於牣——於旧读"乌"，语首之词，没有意义。牣（rèn），满也。《史记·殷本纪》"充牣宫室"，《子虚赋》"充牣其中"，皆作"牣"。　⑧《汤誓》——《尚书》的篇名，记载着商汤伐桀时誓师之词。　⑨ 时日害丧——时，指示词，此也，相当于"这"。害，同"曷"，何也。这里是"何时"的意思。有人把它解为"何不"（以"害"为"盍"，不可信，朱琦《小万卷斋文稿》卷七《与狄叔颖论四书质疑书》有详论，可参看。

1·3　梁惠王曰："寡人之于国也，尽心焉耳矣。河内凶，则移其民于河东①，移其粟于河内。河东凶亦然。察邻国之政，无如寡人之用心者。邻国之民不加少②，寡人之民不加多，何也？"

孟子对曰："王好战，请③以战喻。填然鼓之④，兵⑤刃既接，弃甲曳兵而走⑥。或百步而后止，或五十步而后止。以五十步笑百步，则何如？"

曰："不可；直⑦不百步耳，是亦走也。"

曰："王如知此，则无望民之多于邻国也。

"不违农时，谷不可胜⑧食也；数罟⑨不入洿池⑩，鱼鳖不可胜食也；斧斤以时入山林⑪，材木不可胜用也。谷与鱼鳖不可胜食，材木不可胜用，是使民养生丧死无憾⑫也。养生丧死无憾，王道之始也。

"五亩之宅，树之以桑，五十者可以衣⑬帛矣。鸡豚狗彘之畜，无失其时⑭，七十者可以食肉矣。百亩之田，勿夺其时，数口之家可以无饥矣。谨庠序⑮之教，申⑯之以孝悌之义，颁白者不负戴于道路⑰矣。七十者衣帛食肉，黎民⑱不饥不寒，然而不王⑲者，未之有也。

"狗彘食人食而不知检⑳，涂有饿莩㉑而不知发；人死，则曰：'非我也，岁也。'是何异于刺人而杀之，曰：'非我也，兵也。'王无㉒罪岁，斯㉓天下之民至焉。"

【译文】

梁惠王〔对孟子〕说："我对于国家，真是费尽心力了。河内地方如果遭了饥荒，我便把那里的一部分百姓迁移到河东，同时还把河东的一部分粮食运到河内。假如河东遭了饥荒也是这样办的。我曾经考察过邻国的政治，没有一个国家能像我这样替百姓打算的。可是，那些国家的百姓并不因此减少，我的百姓并不因此加多，这是什么缘故呢？"

孟子答道："王喜欢战争，那就让我用战争来打个比喻吧。战鼓冬冬一响，枪尖刀锋一接触，就抛下盔甲拖着兵器向后逃跑。有的一口气跑了一百步停住脚，有的一口气跑了五十步停住脚。那些跑五十步的战士竟来耻笑跑一百步的战士，〔说他胆子太小，〕行不行？"

王说："不行，只不过他没有跑到一百步罢了，但这也是逃跑呀。"

孟子说："王如果懂得这个道理，那就不要再希望你的百姓比邻国多了。

"如果在农民耕种收获的季节，不去〔征兵征工，〕妨碍生产，那粮食便会吃不尽了。如果细密的鱼网不到大的池沼里去捕鱼，那鱼类也会吃不完了。如果砍伐树木有一定的时间，木材也会用不尽了。粮食和鱼类吃不完，木材用不尽，这样便使百姓对生养死葬没有什么不满。百姓对于生养死葬都没有什么不满，就是王道的开端。

"在五亩大的宅园中，种植桑树，那么，五十岁以上的人都可以穿上丝绵袄了。鸡狗与猪等等家畜家家都有饲料和工夫去饲养，那么，七十岁以上的人都可以有肉吃了。一家人百亩的耕地，不要去妨碍他们的生产，那么，几口人的家庭可以吃得饱饱的了。好好地办些学校，反复地用孝顺父母敬爱兄长的大道理训导他们，那么，〔人人都会敬老尊贤，为老人服务，〕须发花白的人也就不会头顶着、背负着重物件在路上行走了。七十岁以上的人有丝绵衣穿，有肉吃，一般百姓饿不着，冻不着，这样还不能使天下归服的，是从来不曾有过的事。

"〔现在的情况却不如此。〕富贵人家的猪狗吃掉了百姓的粮食，却不加以检查和制止。道路上有饿死的人，却不曾想到应该打开仓廪加以赈救。老百姓死了，竟然说道：'这不是我的罪过，而是年成不好的缘故。'这种说法和拿着刀子杀死了人，却说：'这不是我杀的，而是兵器杀的。'又有什么不同呢？王假若不去归罪于年成，〔而从政治上的根本改革着手，〕这样，别的国家的老百姓就都会来投奔了。"

【注释】

① 河内、河东——魏国的河东地，当今山西省安邑县一带；河内地，即黄河北岸土地，当今河南省济源县一带。　② 加少——就是减少的

意思。 ③请——表敬副词，只是一种表示客气之词，没有具体意义。 ④鼓之——"鼓"在这里为不及物动词，其下不当有宾语，这"之"字不是宾语，只是用来凑足一个音节罢了。 ⑤兵——兵器，不是战士的意思。 ⑥走——古代，慢慢走叫步，快快走叫趋，比趋更快，相当于跑叫做走。这里是逃跑的意思。 ⑦直——只是，不过。⑧胜——(shēng)，尽也。 ⑨数罟——数(shuò)，细也，密也。罟，鱼网。古代曾经规定，网眼在四寸（古代的尺寸小，四寸只相当于今天的 92 公厘，不过二寸七分六厘罢了）以下的叫做密网，禁止放在湖泊内捕鱼，意在保留鱼种。 ⑩洿池——洿音乌，大也。《广雅•释诂》云："洿，深也。"亦通。 ⑪斧斤以时入山林——"斤"是"斧"的一种。《逸周书•大聚解》说："禹之禁，春三月，山林不登斧斤。"《周礼•山虞》云："仲冬斩阳木，仲夏斩阴木。"《礼记•王制》："草木零落，然后入山林。"可见古人砍伐树木有一定的时候。 ⑫憾——(hàn)，恨也。不满也。⑬衣——(yì)，动词，读去声，穿也。 ⑭鸡豚狗彘之畜，无失其时——《淮南子•主术训》说过："鱼不长尺不得取，彘不期年不得食。"不准吃食小鸡小狗小猪，可能就是"无失其时"。赵岐《注》云："言孕字不失时也"。亦通。但译文体会《孟子》本文的原意译之。豚是小猪，但只能杀以祭祀，正如王筠在《说文释例》所说的，"古人之豕，非大不食，小豕惟以致祭也"。所以这里既言"彘"，又言"豚"。 ⑮庠序——古代的地方学校叫庠序。 ⑯申——一而再、再而三叫申，所以这里用"反复训导"来翻译它。 ⑰颁白者不负戴于道路——"颁白"，须发半白，也写作"斑白"。《礼记•王制》说："道路轻任（任，行李）并，重任分，斑白不提挈。"又《祭义》说："斑白者不以其任行乎道路。"就是此意。负谓背负，戴谓顶在头上。　⑱黎民——老百姓。　⑲王——(wàng)，以仁德的政治来统一天下的意思。　⑳狗彘食人食而不知检——这句有两种解释。《汉书·食货志赞》说：《孟子》亦非'狗彘食人之食而不知敛'。"颜师古《注》说："言岁丰熟，菽粟饶多，狗彘食人之食，此时可敛之也。"《汉书·食货志》"检"作"敛"，意思是收成好，谷贱伤农，国家便当平价收买，免得用以饲养狗彘。这和李悝的"平籴"，管子的"国蓄"同意。但清初阎若璩的《四书释地三续》云："古虽丰穰，未有以人食予狗彘者。'狗彘食人食'即下章'庖有肥肉'意，谓厚敛于民以养禽兽者耳。"阎氏之说可从。　㉑莩——(piǎo)，饿死之人。㉒无——同"毋"，表禁止的副词。　㉓斯——连词，这就的意思。

1·4　梁惠王曰："寡人愿安承教①。"

孟子对曰："杀人以梃与刃，有以异乎？"

曰："无以异也。"

"以刃与政，有以异乎？"②

曰："无以异也。"

曰："庖有肥肉，厩③有肥马，民有饥色，野有饿莩，此率兽而食人也。兽相食，且人恶之④；为民父母，行政，不免于率兽而食人，恶⑤在其为民父母也？仲尼⑥曰：'始作俑者⑦，其无后乎！'为其象⑧人而用之也。如之何其使斯民饥而死也？"

【译文】

梁惠王〔对孟子〕说道："我很高兴听到您的指教。"

孟子答道："用木棒打死人和用刀子杀死人，有什么不同吗？"

王说："没有什么不同。"

"用刀子杀死人和用政治害死人，有什么不同吗？"

王说："也没有什么不同。"

孟子又说："现在您的厨房里有皮薄膘肥的肉，您的马栏里有健壮的马，可是老百姓面带饥色，野外躺着饿死的尸体，这等于是在上位的人率领着禽兽来吃人。兽类自相残杀，人尚且厌恶它；做老百姓父母官的，主持政治，却不免于率领禽兽来吃人，那又怎么能做老百姓的父母官呢？孔子说过：'第一个造作木偶土偶来殉葬的人该会绝子灭孙断绝后代吧！'〔为什么孔子这样痛恨呢？〕就是因为木偶土偶很像人形，却用来殉葬。〔用像人形的土偶木偶来殉葬，尚且不可；〕又怎么可以使老百姓活活地饿死呢？"

【注释】

① 寡人愿安承教——寡人，古代诸侯自谦之词。安，"乐意"的意思。

② 这里省去了"曰"字，表示孟子的话是紧接着梁惠王的话而说的。这是古人修辞体例，《孟子》尤其用得很多。　③ 厩——(jiù)，马栏。

④ 且人恶之——且，副词，"尚且"的意思。"且人恶之"，依今天的词序，当作"人且恶之"。　⑤ 恶——(wū)，何也。这里用作疑问副词。

⑥ 仲尼——孔子之字。　⑦ 俑者——俑 (yǒng)，殉葬用的土偶木偶。古代最初用活人殉葬，后来生产力渐渐提高，一个人的劳动除了供给本人的必需生活资料以外，还有剩馀可供剥削，于是人才被稍加重视，逐渐地不用来殉葬，而改用土偶和木偶。从孔子这句话来看，他是不明白这一历史情况的。他却认为先有俑殉，然后发展为人殉。　⑧ 象——同"像"。

1·5　梁惠王曰："晋国^①，天下莫^②强焉^③，叟之所知也。及寡人之身，东败于齐，长子死焉^④；西丧地于秦七百里^⑤；南辱于楚^⑥。寡人耻之，愿比^⑦死者壹^⑧洒^⑨之，如之何则可？"

　　孟子对曰："地方百里^⑩而可以王。王如施仁政于民，省刑罚，薄税敛，深耕易耨^⑪；壮者以暇日修其孝悌忠信，入以事其父兄，出以事其长上，可使制^⑫梃以挞秦楚之坚甲利兵矣。

　　"彼夺其民时，使不得耕耨以养其父母。父母冻饿，兄弟妻子离散。彼陷溺其民，王往而征之，夫谁与王敌？故曰：'仁者无敌。'王请勿疑！"

【译文】

　　梁惠王〔对孟子〕说道："魏国的强大，当时天下是没有别的国家能够赶得上的，这一点，您自然很清楚。但到了我这时候，东边和齐国打一仗，杀得我大败，连我的大孩子都牺牲了；西边又败给秦国，丧失河西之地七百里；南边又被楚国抢去了八个城池。我实在认为这是奇耻大辱，希望能够替我国所有的战死者报仇雪恨，您说要怎样办才行？"

　　孟子答道："只要有纵横各一百里的小国就可以行仁政而使天下归服，〔何况魏国是个大国呢？〕您假若向百姓实行仁政，减免刑罚，减轻赋税，叫百姓能够深耕细作，早除秽草；还使年轻的人在闲暇时间来讲求孝顺父母、敬爱兄长、为人尽心竭力、待人忠诚守信的道德，而且运用这些道德，在家便来侍奉父兄，上朝便来尊敬上级，这样，就是制造木棒也可以抗击拥有坚实盔甲、锐利刀枪的秦、楚军队了。

　　"〔这是为什么呢？〕那秦国楚国〔无时不在征兵征工〕，侵占了百姓的生产时间，使他们不能够耕种来养活父母，他们的父母受冻挨饿，兄弟妻子东逃西散。秦王楚王使他们的百姓陷在痛苦的深渊中，您去讨伐他，那有谁来和您抵抗呢？所以老话曾经说过：'仁德的人是无敌于天下的。'您不要怀疑了吧！"

【注释】

① 晋国——刘宝楠《愈愚录》卷四云："《孟子》，梁惠王自称'晋国'，魏人周霄亦自称'晋国'。此晋国即指魏国也。"刘氏此说甚确，1957 年在安徽寿县出土的《鄂君启金节铭文》"大司马邵阳败晋师于襄陵"，楚国也称"魏国"为"晋"，尤为确证。所以这里的"晋国"就是"魏国"。和"三晋"之"晋"义微有别。　　② 莫——无指代词，这里指国家，所以是"没有国家"的意思。　　③ 焉——"于是"之意，这是兼词，"莫强焉"是"没有国家比它（魏）再强些"的意思。　　④ 东败于齐，长子死焉——指马陵〔今河南省濮城北〕之役。魏伐韩，韩向齐求救，齐派田忌为大将，孙膑为军师伐魏救韩。惠王也派庞涓和太子申为将来抵御。两军相持于马陵，魏国终于中计而大败，庞涓自杀，太子申被俘。⑤ 西丧地于秦七百里——马陵之役后，秦国又屡次打败魏国，迫使魏国献出河西之地和上郡的十五个县城。　　⑥ 南辱于楚——《史记·楚世家》云："怀王六年，楚使柱国昭阳将兵而攻魏，破之于襄陵（河南睢阳县西），得八邑。"但《魏世家》列此事于梁襄王之十三年。考之古文《竹书纪年》，实为梁惠王后元十一年之事。故朱右曾于《汲冢纪年存真序》论真古文之可信，有云："惠王后元十一年，楚败我襄陵，故惠王告孟子曰：'南辱于楚。'如《史记》则惠王初无南辱之事。"　　⑦ 比——(bì)，介词，"替"、

"代"、"给"的意思。　⑧壹——副词,"皆"、"都"、"全"的意思。
⑨洒——音义都和"洗"字一样,可能就是一个字的两种写法(《说文解字》
把它分为两字,似乎不必)。　⑩地方百里——应当这样读:"地,方
百里。""地方"不能连着读,因为不是一词。古代面积的计算方法是"方
若干里",意思是长和宽各若干里。因此"方百里"译文也可以写成"一万
平方里"。　⑪易耨——耨(nòu),锄草也。易,副词,蒋仁荣《孟
子音义考证》云:"《左传》昭二十九年'易之亡也',《经义述闻》云:'易者,
疾也,速也。'《管子·度地篇》曰:'大暑至,以疾耨杀草薉。'是其证。《齐语》
曰:'深耕而疾耰之以待时雨。'义亦同也。"　⑫制——当读如《诗·东
山》"制彼裳衣"之"制",制作、制造之意。焦循谓读为"掣",恐误。

1·6　孟子见梁襄王①,出,语②人曰:"望之不似人
君,就之而不见所畏焉。卒然③问曰:'天下恶乎定?'

"吾对曰:'定于一。'

"'孰能一之?'

"对曰:'不嗜杀人者能一之。'

"'孰能与④之?'

"对曰:'天下莫不与也。王知夫苗乎?七八月⑤之间
旱,则苗槁矣。天油然作云,沛然下雨,则苗浡然兴之⑥
矣。其如是,孰能御之?今夫天下之人牧⑦,未有不嗜杀人
者也。如有不嗜杀人者,则天下之民皆引领而望之矣。诚
如是也,民归之,由⑧水之就下,沛然谁能御之?'"

【译文】

孟子谒见了梁襄王，出来以后，告诉人说："远远望去，不像个国君的样子；走近他，也看不到威严所在。他突然问我：'天下要怎样才得安定？'

"我答道：'天下归于一统，就会安定。'

"他又问：'谁能统一天下呢？'

"我又答：'不妄杀人的国君，就能统一天下。'

"他又问：'那有谁来跟随他呢？'

"我又答：'天下的人没有不跟随他的。您懂得禾苗的情况吗？当七八月间，若是长期不下雨，禾苗自然枯槁了。假若是一阵乌云出现，哗啦哗啦地落起大雨来，禾苗便又猛然茂盛地生长起来了。像这样，那有谁能够阻挡得住呢？如今各国的君王，没有一个不好杀人的。如果有一位不好杀人的君王，那么，天下的老百姓都会伸长着脖子期待他的解救了。真是这样，百姓的归附于他，跟随着他，好像水的向下奔流一样，那又有谁能够阻挡得住呢？'"

【注释】

① 梁襄王——梁惠王的儿子，名嗣（此从《史记·魏世家》索隐引《世本》）。　② 语——(yù)，告诉，对人说。　③ 卒然——与"猝然"同。　④ 与——《国语·齐语》："桓公知天下诸侯多与己也。"韦昭《注》云："与，从也。"　⑤ 七八月——这是用的周代的历法。周历建子，以含有冬至之月，就是夏历的十一月为岁首（正月），所以它的七八月相当于夏历的五六月。这时正是禾苗需要雨水的时候。　⑥ 浡然兴之——"浡"音勃。"浡然"，兴起貌。"兴之"的"之"字不是宾语，和"填然鼓之"的"之"

字相同，因为"兴"是不及物动词。 ⑦ 人牧——治理人民的人，意指国君。这"牧"字的用法系由"牧牛"、"牧羊"的"牧"引申而来的。⑧ 由——音义完全和"犹"字一样。

1·7 齐宣王①问曰："齐桓、晋文②之事可得闻乎？"

孟子对曰："仲尼之徒无道桓文之事者，是以后世无传焉，臣未之闻也。无以③，则王乎？"

曰："德何如则可以王矣？"

曰："保④民而王，莫之能御也。"

曰："若寡人者，可以保民乎哉？"

曰："可。"

曰："何由知吾可也？"

曰："臣闻之胡龁⑤曰，王坐于堂上，有牵牛而过堂下者，王见之，曰：'牛何之⑥？'对曰：'将以衅钟⑦。'王曰：'舍⑧之！吾不忍其觳觫⑨，若无罪而就死地。'对曰：'然则废衅钟与？'曰：'何可废也？以羊易之！'——不识有诸⑩？"

曰："有之。"

曰："是心足以王矣。百姓皆以王为爱⑪也，臣固知王之不忍也。"

王曰："然；诚有百姓者。齐国虽褊⑫小，吾何爱一牛？即不忍其觳觫，若无罪而就死地，故以羊易之也。"

曰："王无异⑬于百姓之以王为爱也。以小易大，彼恶知之？王若隐⑭其无罪而就死地，则牛羊何择焉？"

王笑曰："是诚何心哉？我非爱其财而易之以羊也。宜乎百姓之谓我爱也。"

曰："无伤也，是乃仁术也，见牛未见羊也。君子之于禽兽也，见其生，不忍见其死；闻其声，不忍食其肉。是以君子远庖厨^⑮也。"

王说^⑯曰："《诗》云^⑰：'他人有心，予忖度^⑱之。'夫子之谓也。夫我乃行之，反而求之，不得吾心。夫子言之，于我心有戚戚焉。此心之所以合于王者，何也？"

曰："有复于王者曰：'吾力足以举百钧^⑲，而不足以举一羽；明足以察秋毫之末^⑳，而不见舆薪，则王许^㉑之乎？"

曰："否。"

"今^㉒恩足以及禽兽，而功不至于百姓者，独何与？然则一羽之不举，为不用力焉；舆薪之不见，为不用明焉；百姓之不见保，为不用恩焉。故王之不王，不为也，非不能也。"

曰："不为者与不能者之形何以异？"

曰："挟太山以超北海^㉓，语人曰：'我不能。'是诚不能也。为长者折枝^㉔，语人曰：'我不能。'是不为也，非不能也。故王之不王，非挟太山以超北海之类也；王之不王，是折枝之类也。

"老吾老，以及人之老；幼吾幼，以及人之幼。天下可运于掌^㉕。《诗》云：'刑于寡妻^㉖，至于兄弟，以御于家^㉗邦。'言举斯心加诸彼而已。故推恩足以保四海，不推恩无以保妻子。古之人所以大过人者，无他焉，善推其所为而已矣。今恩足以及禽兽，而功不至于百姓者，独何与？

"权，然后知轻重；度，然后知长短。物皆然，心为甚。王请度之！

"抑王兴甲兵，危士臣，构怨于诸侯，然后快于心与？"

王曰："否；吾何快于是？将以求吾所大欲也。"

曰："王之所大欲可得闻与？"

王笑而不言。

曰："为肥甘不足于口与？轻暖不足于体与？抑㉘为采色㉙不足视于目与？声音不足听于耳与？便嬖㉚不足使令于前与？王之诸臣皆足以供之，而王岂为是哉？"

曰："否；吾不为是也。"

曰："然则王之所大欲可知已，欲辟㉛土地，朝㉜秦楚，莅㉝中国而抚四夷也。以若㉞所为求若所欲，犹缘木而求鱼也。"

王曰："若是其甚与？"

曰："殆㉟有㊱甚焉。缘木求鱼，虽不得鱼，无后灾。以若所为求若所欲，尽心力而为之，后必有灾。"

曰："可得闻与？"

曰："邹㊲人与楚㊳人战，则王以为孰胜？"

曰："楚人胜。"

曰："然则小固不可以敌大，寡固不可以敌众，弱固不可以敌强。海内之地方千里者九，齐集有其一。以一服八，何以异于邹敌楚哉？盖^㊴亦反其本矣。

"今王发政施仁，使天下仕者皆欲立于王之朝，耕者皆欲耕于王之野，商贾皆欲藏于王之市，行旅皆欲出于王之涂，天下之欲疾其君者皆欲赴愬^㊵于王。其若是，孰能御之？"

王曰："吾惛^㊶，不能进于是矣。愿夫子辅吾志，明以教我。我虽不敏，请尝试之。"

曰："无恒产而有恒心者，惟士为能。若^㊷民，则^㊸无恒产，因无恒心。苟无恒心，放辟邪侈，无不为已。及陷于罪，然后从而刑之，是罔^㊹民也。焉有仁人在位罔民而可为也？是故明君制民之产，必使仰足以事父母，俯足以畜妻子，乐岁终身饱，凶年免于死亡；然后驱而之善，故民之从之也轻^㊺。

"今也制^㊻民之产，仰不足以事父母，俯不足以畜妻子；乐岁终身苦，凶年不免于死亡。此惟救死而恐不赡^㊼，奚^㊽暇治礼义哉？

"王欲行之，则盍^㊾反其本矣：五亩之宅，树之以桑，五十者可以衣帛矣。鸡豚狗彘之畜，无失其时，七十者可以食肉矣。百亩之田，勿夺其时，八口之家可以无饥矣。谨庠序之教，申^㊿之以孝悌之义，颁白者不负戴于道路矣。老者衣帛食肉，黎民不饥不寒，然而不王者，未之有也。"

【译文】

齐宣王问孟子道："齐桓公、晋文公在春秋时代称霸的事迹，您可以讲给我听吗？"

　　孟子答道："孔子的学生们没有谈到齐桓公、晋文公的事迹的，所以也没有传到后代来，我也不曾听到过。王如果定要我说，便讲讲用道德的力量来统一天下的'王'道吧！"

　　宣王问道："要有怎样的道德就能够统一天下了呢？"

　　孟子说："一切为着使百姓的生活安定而努力，这样去统一天下，没有人能够阻挡的。"

　　宣王说："像我这样的人，能够使百姓的生活安定吗？"

　　孟子说："能够。"

　　宣王说："凭甚么知道我能够呢？"

　　孟子说："我曾听到胡龁告诉我一件事：王坐在大殿之上，有人牵着牛从殿下走过，王看到了，便问道：'牵着牛往哪儿去？'那人答道：'准备宰了祭钟。'王便道：'放了它吧！看它那哆嗦可怜的样子，毫无罪过，却被送进屠场，我实在不忍。'那人便道：'那么，便废除祭钟这一仪节吗？'王又道：'怎么可以废除呢？用只羊来代替吧！'——不晓得果真有这样一回事吗？"

　　宣王说："有的。"

　　孟子说："凭这种好心就可以统一天下了。老百姓都以为王是吝啬，我早就知道王是不忍。"

　　宣王说："对呀，确实有这样的百姓。齐国虽然不大，我也何至于连一头牛都舍不得？我就是不忍看它那种哆嗦可怜的样子，毫无罪过而被送进屠场，才用羊来代替它。"

　　孟子说："百姓说王吝啬，王也不必奇怪。〔羊小牛大，〕用小的代替大的，他们哪能体会到王的深意呢？如果说可怜它毫无罪过却被送进屠场，那么宰牛和宰羊又有什么不同呢？”

宣王笑着说："这个我真连自己也不懂是什么心理了。我的确不是吝惜钱财才去用羊来代替牛。〔您这么一说，〕百姓说我吝啬真是理所当然的了。"

孟子说："〔百姓这样误解〕没有什么关系。王这种不忍之心正是仁爱。道理就在于：王亲眼看见了那只牛，却没有看见那只羊。君子对于飞禽走兽，看见它们活着，便不忍心再看到它们死去；听到它们悲鸣哀号，便不忍心再吃它们的肉。君子把厨房摆在远离自己的场所，就是这个道理。"

宣王很高兴地说："有两句诗歌：'别人存啥心，我能揣摩到。'您就是这样的。我只是这样做了，再问问自己，〔为什么要这样做呢？〕却说不出所以然来。您老人家这么一说，我的心便豁然明亮了。但我这种心情和王道相合，又是什么道理呢？"

孟子说："假定有一个人向王报告：'我的膂力能够举重三千斤，却拿不起一根羽毛；我的目力能够把秋天鸟的细毛看得分明，一车子柴火摆在眼前却瞧不见。'您肯相信这种话吗？"

宣王说："不。"

孟子便马上接着说："如今王的好心好意足以使动物沾光，却不能使百姓得到好处，却是为什么呢？这样看来，一根羽毛都拿不起，只是不肯用力气的缘故；一车子柴火都瞧不见，只是不肯用眼睛的缘故；老百姓得不到安定的生活，只是不肯施恩的缘故。所以王的不行仁德的政治来统一天下，只是不肯干，不是不能干。"

宣王说："不肯干和不能干在现象上有什么不同呢？"

孟子说："把泰山夹在胳臂底下跳过北海，告诉人说：'这个我办不到。'这真是不能。替老年人折取树枝，告诉人说：'这个我办不到。'这是不肯干，不是不能干。王的不行仁政不是属于把泰山夹在胳臂底下跳过北海一类，而是属于替老年人折取树枝一类的。

"尊敬我家里的长辈，从而推广到尊敬别人家里的长辈；爱护我家里的儿女，从而推广到爱护别人家里的儿女。〔一切政治措施都由这一原则出发，〕要统一天下就像在手心里转动东西那么容易了。《诗经》上说：'先给妻子做榜样，再推广到兄弟，再进而推广到封邑和国家。'这就是说把这样的好心好意扩大到其他方面去就行了。所以由近及远地把恩惠推广开去，便足以安定天下；不这样，甚至连自己的妻子都保护不了。古代的圣贤之所以远远地超越于一般人，没有别的诀窍，只是他们善于推行他们的好行为罢了。如今您的好心好意足以使动物沾光，百姓却得不着好处，这是为什么呢？

"秤一秤，才晓得轻重；量一量，才晓得长短。甚么东西都如此，人的心更需要这样。王，您考虑一下吧！

"难道说，动员全国军队，使将士冒着危险，去和别的国家结仇构怨，这样做您心里才痛快吗？"

宣王说："不，我为什么定要这么做才痛快呢？我之所以这样做，不过是要求满足我的最大欲望啊。"

孟子说："王的最大欲望是什么呢？可以讲给我听听吗？"

宣王笑了笑，却不说话。

孟子便说："是为了肥美的食物不够吃呢？是为了轻暖的衣服不够穿呢？是为了艳丽的彩色不够看呢？是为了美妙的音乐不够听呢？还是

为了伺候的人不够您使唤呢？这些，您手下的人员都能够尽量供给，难道您真是为了它们吗？"

宣王说："不，我不是为了这些。"

孟子说："那末，您的最大的欲望便可以知道了。您是想要扩张国土，使秦楚等国都来朝贡，自己作天下的盟主，同时安抚四周围的落后外族。不过，以您这样的做法想满足您这样的欲望，好像爬到树上去捉鱼一样。"

宣王说："竟然有这样严重吗？"

孟子说："恐怕比这更严重呢。爬上树去捉鱼，虽然捉不到，却没有祸害。以您这样的做法想满足您这样的欲望，如果费尽心力去干，〔不但达不到目的，〕而且一定会有祸害在后头。"

宣王说："〔这是什么道理呢？〕可以讲给我听听吗？"

孟子说："假定邹国和楚国打仗，您以为哪一国会打胜呢？"

宣王说："楚国会胜。"

孟子说："从这里便可以看出：小国不可以跟大国为敌，人口稀少的国家不可以跟人口众多的国家为敌，弱国不可以跟强国为敌。现在中国土地总面积约九百万平方里，齐国全部土地不过一百万平方里。以九分之一的力量跟其馀的九分之八为敌，这和邹国跟楚国为敌有什么分别呢？〔这条道路是走不通的，那么，〕为什么不从根本着手呢？

"现在王如果能改革政治，施行仁德，便会使天下的士大夫都想到齐国来做官，庄稼汉都想到齐国来种地，行商坐贾都想到齐国来做生意，来往的旅客也都想取道齐国，各国痛恨本国君主的人们也都想到您这里来控诉。果然做到这样，又有谁能抵挡得住呢？"

宣王说："我头脑昏乱，对您的理想不能再有进一层的体会，希望您辅佐我达到目的，明明白白地教导我。我虽然不行，也无妨试它一试。"

孟子说："没有固定的产业收入却有一定的道德观念和行为准则的，只有士人才能够做到。至于一般人，如果没有一定的产业收入，便也没有一定的道德观念和行为准则。这样，就会胡作非为，违法乱纪，什么事都干得出来。等到他们犯了罪，然后去加以处罚，这等于陷害。哪有仁爱的人坐了朝廷却做出陷害老百姓的事的呢？所以英明的君主规定人们的产业，一定要使他们上足以赡养父母，下足以抚养妻儿；好年成，丰衣足食；坏年成，也不致饿死。然后再去诱导他们走上善良的道路，老百姓也就很容易地听从了。

"现在呢，规定人们的产业，上不足以赡养父母，下不足以抚养妻儿；好年成，也是艰难困苦；坏年成，只有死路一条。这样，每个人用全力救活自己生命都怕来不及，哪有闲工夫学习礼义呢？

"王如果要施行仁政，为什么不从根本着手呢？每家给他五亩土地的住宅，四围种植着桑树，那末，五十岁以上的人都可以有丝绵袄穿了。鸡狗与猪这类家畜，都有力量和工夫去饲养、繁殖，那末，七十岁以上的人就都有肉可吃了。一家给他一百亩田地，并且不去妨碍他的生产，八口人的家庭便都可以吃得饱饱的了。办好各级学校，反复地用孝顺父母、敬爱兄长的大道理来开导他们，那末，须发花白的人〔便会有人代劳〕，不致头顶着、背负着物件在路上行走了。老年人个个穿绵吃肉，一般人不冻不饿，这样还不能使天下归服的，那是从来没有的事。"

【注释】

① 齐宣王——威王之子，名辟疆。据推测，孟子在见了梁襄王之后便离开魏国到了齐国，这时齐宣王即位也不过两年。　　② 齐桓、晋文——

齐桓公名小白，晋文公名重耳，在春秋时候先后称霸，为"五霸"之首。
③ 以——同"已"。"无以"犹言"不得已"。　④ 保——安也。
⑤ 觳——(hé)。　⑥ 之——动词，往也，适也。　⑦ 衅钟——衅(xìn)，
王夫之《孟子稗疏》云："衅，祭名，血祭也。凡落成之祭曰衅。"这是
古代的一种礼节仪式，当国家的一件新的重要器物以至宗庙开始使用的
时候，便要宰杀一件活物来祭它。　⑧ 舍——同"捨"。　⑨ 觳觫——
(hú sù)，杨慎《丹铅总录》云："言牛将就屠而体缩恐惧也。"俞樾《孟
子平义》把下句"若"字属此句读。杨树达《古书句读释例》以"吾不
忍其觳觫若无罪而就死地"十三字作一句读。皆难听信。　⑩ 诸——
"之乎"的合音。　⑪ 爱——吝啬之意。　⑫ 褊——(biǎn)，小
也。　⑬ 异——动词，奇怪，疑怪。　⑭ 隐——赵岐《注》："痛也。"
哀痛，可怜。　⑮ 君子远庖厨——君子，有时指有德之人，有时指有
位（官职）之人，这里两者都可解。远，这里作动词，使动用法，使他
远离的意思。旧读去声。　⑯ 说——同"悦"，高兴，喜欢。　⑰《诗》
云——诗句见于《诗经·小雅·巧言篇》。　⑱ 忖度——(cǔn duó)，
揣想。　⑲ 钧——三十斤为一钧。　⑳ 秋毫之末——有人说是鸟尾
之细毛，有人说是禾穗上之白毛，总之是极细小的东西。　㉑ 许——
听信。　㉒ 今字前省去"曰"字，便是表示孟子的话是紧接宣王的话
的。　㉓ 挟太山以超北海——太山即泰山，北海即渤海。《墨子·兼
爱篇》云："譬若挈泰山越河济也。"可见此是当时常用譬喻。　㉔ 折
枝——古来有三种解释：甲、折取树枝，乙、弯腰行礼，丙、按摩搔痒。
译文取第一义。　㉕ 天下可运于掌——《列子·汤问篇》："大王治国
诚能若此，则天下可运于一握。"即此意。　㉖ 刑于寡妻——"《诗》云"

以下三句见于《诗经·大雅·思齐篇》。"刑"同"型",犹言示范。寡妻,嫡妻也。这"寡"字和《尚书·康诰》的"寡兄"、《康王之诰》的"寡命"诸"寡"字同义,大也。可参考俞正燮《癸巳类稿·寡兄解》。

㉗ 家——指卿大夫之有采邑者。　㉘ 抑——选择连词,相当于现代汉语的"还是"。　㉙ 采色——就是"彩色"。　㉚ 便嬖——(pián bì),在王左右亲近之有宠幸者。　㉛ 辟——开辟。　㉜ 朝——使动用法,使其朝觐。　㉝ 莅——(lì),临也。　㉞ 若——如此,后来写作"偌"。　㉟ 殆——副词,表示不肯定。可译为"可能"、"大概"、"几乎"、"或者"。　㊱ 有——同"又"。　㊲ 邹——国名,就是邾国,《公羊》又作邾娄,国土极小。今山东邹县东南有邾城,当是古邾国之地。　㊳ 楚——春秋和战国时的大国。　㊴ 盖——通"盍","何不"的合音。　㊵ 愬——同"诉"。　㊶ 惛——同"昏"。　㊷ 若——转折连词,他转,"至于"之意。　㊸ 则——假设连词,假若。　㊹ 罔——同"网",此处用作动词,张网罗以捕捉之意,犹言"陷害"。　㊺ 轻——轻易,容易。　㊻ 制——订立制度。　㊼ 赡——(shàn),足够。　㊽ 奚——何。　㊾ 盍——"何不"的合音。　㊿ 申——赵岐《注》以"申重"解"申",是也。《荀子·仲尼篇》云:"疾力以申重之。"杨倞《注》云:"申重犹再三也。"此"申"用法正与《礼记·檀弓》"申之以子夏"同。译文故以"反复开导"表达之。

梁惠王章句下

凡十六章

2·1　庄暴见孟子，曰："暴见于王[①]，王语暴以好乐[②]，暴未有以对也。"曰[③]："好乐何如？"

孟子曰："王之好乐甚，则齐国其庶几[④]乎！"

他日[⑤]，见于王曰："王尝语庄子以好乐，有诸？"

王变乎色[⑥]，曰："寡人非能好先王之乐也，直好世俗之乐耳。"

曰："王之好乐甚，则齐其庶几乎！今之乐由古之乐也。"

曰："可得闻与？"

曰："独乐乐，与人乐乐，孰乐？"

曰："不若与人。"

曰："与少乐乐，与众乐乐，孰乐？"

曰："不若与众。"

"臣请为王言乐。今王鼓乐于此，百姓闻王钟鼓之声，管籥[⑦]之音，举[⑧]疾首蹙頞[⑨]而相告曰：'吾王之好鼓乐，夫何使我至于此极也？父子不相见，兄弟妻子离散。'今王田猎[⑩]于此，百姓闻王车马之音，见羽旄[⑪]之美，举疾首蹙頞而相告曰：'吾王之好田猎，夫何使我至于此极也？父子不相见，兄弟妻子离散。'此无他，不与民同乐也。

"今王鼓乐于此，百姓闻王钟鼓之声，管籥之音，举欣欣然有喜色而相告曰：'吾王庶几无疾病与，何以能鼓乐也？'今王田猎于此，百姓闻王车马之音，见羽旄之美，举欣欣然有喜色而相告曰：'吾王庶几无疾病与，何以能田猎也？'此无他，与民同乐也。今王与百姓同乐，则王矣。"

【译文】

齐国的臣子庄暴来见孟子，说道："我去朝见王，王告诉我，他爱好音乐，我不知应该怎样回答。"接着又说："爱好音乐，究竟好不好？"

孟子说："王如果非常爱好音乐，那齐国便会很不错了。"

过了些时，孟子谒见齐王，问道："您曾经告诉庄暴，说您爱好音乐，有这回事吗？"

齐王很不好意思地说："我并不是爱好古代音乐，只是爱好一般流行的乐曲罢了。"

孟子说："只要您非常爱好音乐，那齐国便会很不错了。无论现在流行的音乐，或者古代音乐都是一样的。"

齐王说："这个道理可以说给我听听吗？"

孟子说："一个人单独地欣赏音乐快乐，跟别人一起欣赏音乐也快乐，究竟哪一种更快乐呢？"

齐王说："当然跟别人一起欣赏更快乐些。"

孟子说："跟少数人欣赏音乐固然快乐，跟多数人欣赏音乐也快乐，究竟哪一种更快乐呢？"

齐王说："当然跟多数人一起欣赏更快乐。"

孟子马上接着说："那末，就让我向您谈谈欣赏音乐和娱乐的道理吧。假使王在这儿奏乐，老百姓听到鸣钟击鼓的声音，又听到吹箫奏笛的声音，却全都觉得头痛，愁眉苦脸地互相议论：'我们国王这样爱好音乐，为什么使我苦到这般地步呢！父子不能见面，兄弟妻子东逃西散！'假使王在这儿打猎，老百姓听到车马的声音，看到仪仗的华丽，却全都觉得头痛，愁眉苦脸地互相议论：'我们国王这样爱好打猎，为什么使我苦到这般地步呢？父子不能见面，兄弟妻子东逃西散！'〔为什么百姓会这样呢？〕这没有别的原因，就是因为王只图自己快乐而不同大家一同娱乐的缘故。

"假使王在这儿奏乐，百姓听到鸣钟击鼓的声音，又听到吹箫奏笛的声音，全都眉开眼笑地互相告诉：'我们国王大概很健康吧，要不这样，怎么能够奏乐呢？'假使王在这儿打猎，老百姓听到车马的声音，看到仪仗的华丽，全都眉开眼笑地互相告诉：'我们国王大概很健康吧，要不这样，怎么能够打猎呢？'〔为什么百姓会这样呢？〕这没有别的原因，只是因为王同百姓一同娱乐罢了。如果王同百姓一同娱乐，就可以使天下归服了。"

【注释】

① 暴见于王——"王"是齐宣王。这是由上一章和下一章所言都是齐宣王的事情而推知的。"暴见于王"和"庄暴见孟子"不同。一有介词"于"字，一不用介词。"见孟子"是"来看孟子"，"见于王"是"被王接见"。

② 乐——历来注释家都把这"乐"字解为"音乐"。但也有人主张（如宋人陈善的《扪虱新语》）把它解为"快乐"，因为下文孟子讲到"田猎"，是一种娱乐，也不与"音乐"相干。但我们细推全文，"鼓乐"连言，认为原意仍是"音乐"的"乐"，孟子以后又讲到田猎，不过是由"独乐"、"众乐"而引申出来的又一比方罢了。　③ 曰——一个人的话中间又加一"曰"字，表示这个人说话之中有所停顿，因此加一"曰"字，表示"更端"，这是古人修辞体例，说详俞樾《古书疑义举例》卷二。　④ 庶几——"差不多"的意思，但只用于积极方面。　⑤ 他日——直译为"别的日子"，有时表示在这以前的日子，如第十六章的"他日君出"；这里表示在这以后的日子，所以译为"过了些时"。　⑥ 变乎色——直译为"变了脸

色"，译文译其意。　⑦管籥——"籥"同"龠"(yuè)。管龠，古代吹奏乐器，如今天萧笙之类的东西。　⑧举——副词，皆，俱，全都。⑨疾首蹙頞——蹙(cù)。頞(è)，鼻茎，鼻梁。疾首蹙頞直译为脑袋疼痛皱着鼻梁，译文用意译法。　⑩田猎——就是打猎。　⑪羽旄——旗帜的意思，这里译为"仪仗"。

2·2　齐宣王问曰："文王之囿方七十里①，有诸？"

孟子对曰："于传有之。"

曰："若是其大②乎？"

曰："民犹以为小也。"

曰："寡人之囿方四十里，民犹以为大，何也？"

曰："文王之囿方七十里，刍荛者往焉，雉兔者往焉，与民同之。民以为小，不亦宜乎？臣始至于境，问国之大禁，然后敢入。臣闻郊关之内有囿方四十里，杀其麋鹿者如杀人之罪。则是方四十里为阱于国中。民以为大，不亦宜乎？"

【译文】

齐宣王〔问孟子〕道："听说周文王有一处狩猎场，纵横各长七十里，真有这回事吗？"

孟子答道："在史籍上有这样的记载。"

宣王说："真有这么大吗？"

孟子说："老百姓还觉得太小呢。"

宣王说："我的狩猎场，纵横各只四十里，老百姓还认为太大了，这又是为什么呢？"

　　孟子说:"文王的狩猎场纵横各七十里,割草打柴的去,打鸟捕兽的也去,同老百姓一同享用。老百姓认为太小,这不很自然吗?〔而您的呢,与此相反。〕我刚到齐国边界的时候,问明白了齐国最严重的禁令后,才敢入境。我听说在齐国首都的郊外,有一个狩猎场,纵横各四十里,谁要杀害了里面的麋鹿,就等于犯了杀人罪。那么,这为方四十里的地面,对百姓来说,是在国内布置一个陷阱。他们认为太大了,不也应该吗?"

【注释】

① 文王之囿方七十里——古代畜养草木禽兽的园林,有围墙的叫"苑",没有围墙的叫"囿"。唐贾公彦《周礼·地官·囿人》疏云:"案'《孟子》文王之囿七十里,刍荛者往焉''天子之囿百里',并是田猎之处。"译文据此,因译为"狩猎场"。　　② 若是其大——这"其"字用法同"之",但古人于这种地方多用"其",极少用"之"。

　　2·3　齐宣王问曰:"交邻国有道乎?"

　　孟子对曰:"有。惟仁者为能以大事小,是故汤事葛①,文王事昆夷②。惟智者为能以小事大,故太王事獯鬻③,勾践事吴④。以大事小者,乐天者也;以小事大者,畏天者也。乐天者保天下,畏天者保其国。《诗》云:'畏天之威,于时保之。'"

　　王曰:"大哉言矣!寡人有疾,寡人好勇。"

　　对曰:"王请无好小勇。夫抚剑疾视曰:'彼恶敢当我哉!'此匹夫之勇,敌一人者也。王请大之!

　　"《诗》云:'王赫斯⑤怒,爰⑥整其旅,以遏徂莒⑦,

以笃周祜⑧，以对于天下。'此文王之勇也。文王一怒而安天下之民。

"《书》曰⑨：'天降下民，作之君，作之师，惟曰其助上帝宠之⑩。四方有罪无罪惟我在，天下曷敢有越厥⑪志？'一人衡行⑫于天下，武王耻之。此武王之勇也。而武王亦一怒而安天下之民。今王亦一怒而安天下之民，民惟恐王之不好勇也。"

【译文】

齐宣王问道："和邻国相交有什么原则和方式吗？"

孟子答道："有的。只有仁爱的人才能够以大国的身份来服事小国，所以商汤服事葛伯，文王服事昆夷。只有聪明的人才能够以小国的身份服事大国，所以太王服事獯鬻，勾践服事夫差。以大国身份服事小国的，是无往而不快乐的人；以小国身份服事大国的，是谨慎畏惧的人。无往而不快乐的人足以安定天下，谨慎畏惧的人足以保护住自己的国家。这正如《诗经·周颂·我将篇》说的：'害怕上帝有威灵，〔因此谨慎小心，〕所以得到安定。'"

宣王说："您的话真高明呀！不过，我有个毛病，就是喜爱勇敢〔，恐怕不能够服事别国〕。"

孟子答道："那么，王就不要喜爱小勇。有一种人，只是手按着刀剑瞪着眼睛说：'他怎么敢抵挡我呢！'这只是个人的勇，只能敌得住一个人。希望王能够把它扩大。

"《诗经·大雅·皇矣篇》说：'我王勃然一生气，整顿军队往前去，阻止侵略莒国的敌人，增强周国的威望，因以报答各国对周国的向往。'

这便是文王的勇。文王一生气便使天下的百姓得到安定。

"《书经》说：'天降生一般的人，也替他们降生了君主，也替他们降生了师傅，这些君主和师傅的唯一责任，是帮助上帝来爱护人民。因此，四方之大，有罪者和无罪者，都由我负责。普天之下，何人敢超越他的本分〔来胡作妄为〕？'当时有一个纣王在世间横行霸道，武王便认为这是奇耻大辱。这便是武王的勇。武王也一生气而使天下的人民得到安定。如今王若是也生气而使天下人民都得到安定，那末，天下的人民还只怕王不喜爱勇敢哩。"

【注释】

①汤事葛——《孟子·滕文公章句下》第五章对此事有较详的叙述，可参阅。　②文王事昆夷——"昆夷"亦作"混夷"，周朝初年的西戎国名。文王如何服事昆夷，其事已经不能详考。　③太王事獯鬻——"太王"亦作"大王"，即古公亶父。"獯鬻"亦作"薰育"。獯鬻（xūn yù）即猃狁（xiǎn yǔn），亦即第十五章之狄人，当时的北方少数民族。本篇第十四章所载"太王居邠，狄人侵之"的事即指此而言，可参看。④勾践事吴——事详《国语·越语》和《吴语》。越王勾践被吴王夫差打得大败，逃在会稽山，卑辞厚礼向吴国求和，本人替吴王当马前卒。后来，终于报了仇，灭了吴国。⑤赫斯——犹言"赫然"，表态副词，描写发怒时的情貌。　⑥爰——语首之词，无义。　⑦以遏徂莒——遏，止也。徂，往也。莒，国名。　⑧以笃周祜——笃，厚也。祜，福也。直译是"增添周室的福祜"，译文用意译法。　⑨《书》曰——以下为《尚书》逸文，《伪古文尚书》采入《泰誓》上篇。　⑩其助上帝宠之——句读应该如此。朱熹《集注》把下文"四方"连接"宠之"

作一句，全文读为"惟曰其助上帝，宠之四方"，是不对的。　⑪ 厥——用法同"其"。　⑫ 衡行——就是"横行"。古书于"横"字多作"衡"。

2·4　齐宣王见孟子于雪宫①。王曰："贤者亦有此乐乎？"

孟子对曰："有。人不得，则非其上矣。不得而非其上者，非也；为民上而不与民同乐者，亦非也。乐民之乐者，民亦乐其乐；忧民之忧者，民亦忧其忧。乐以天下，忧以天下，然而不王者，未之有也。

"昔者齐景公②问于晏子③曰：'吾欲观于转附、朝儛④，遵海而南，放于琅邪⑤，吾何修而可以比于先王观也？'

"晏子对曰：'善哉问也！天子适诸侯曰巡狩。巡狩者，巡所守也。诸侯朝于天子曰述职。述职者，述所职也。无非事者。春省耕而补不足，秋省敛而助不给。夏谚曰："吾王不游，吾何以休？吾王不豫⑥，吾何以助？一游一豫，为诸侯度。"今也不然：师行而粮食，饥者弗食，劳者弗息。睊睊胥谗⑦，民乃作慝⑧。方命⑨虐民，饮食若流。流连荒亡，为诸侯忧⑩。从流下而忘反谓之流，从流上而忘反谓之连，从兽无厌谓之荒，乐酒无厌谓之亡。先王无流连之乐，荒亡之行。惟君所行也。'

"景公悦，大戒⑪于国，出舍于郊。于是始兴发补不足。召大师⑫曰：'为我作君臣相说之乐！'盖《徵招》、《角招》⑬是也。其诗曰：'畜君何尤⑭？'畜君者，好君也。"

【译文】

齐宣王在他的别墅雪宫里接见孟子，宣王问："有道德的贤人也有这种快乐吗？"

孟子答道："有的。如果他们得不到这种快乐，他们就会埋怨国王了。得不着这种快乐就埋怨国王的，是不对的。可是作为一国之主有快乐而不同他的百姓一同享受，也是不对的。以百姓的快乐为自己的快乐的，百姓也会以国王的快乐为自己的快乐；以百姓的忧愁为自己的忧愁的，百姓也会以国王的忧愁为自己的忧愁。和天下之人同忧同乐，这样还不能使天下归服于他的，是从来不曾有过的事。

"过去齐景公问晏子说：'我想到转附、朝儛两个山上去游游，然后沿着海岸向南行，一直到琅邪。我该怎样办才能够和过去的圣贤之君的巡游相比拟呢？'晏子答道：'问得好呀！天子到诸侯的国家去叫做巡狩。巡狩就是巡视各诸侯所守的疆土的意思。诸侯去朝见天子叫做述职。述职就是报告在他职责内的工作的意思。没有不和工作相结合的。春天里巡视耕种情况，对贫穷农户加以补助；秋天里考察收获情况，对缺粮农户加以补助。夏朝的谚语说："我王不出来游，我的休息向谁求？我王不出来走，我的补助哪会有？我的王游游走走，足以作为诸侯的法度。"现在可不是这样了，国王一出巡，兴师动众，到处筹粮运米。饥饿的人得不到吃食，劳苦的人得不到休息。所有人员无不切齿侧目，怨声载道，而人们就要为非作歹了。〔这样出巡〕违背天意，虐待百姓，大吃大喝，浪费饮食如同流水，流连忘返，荒亡无行，使诸侯都为此而忧愁。怎样叫做流连荒亡呢？由上游向下游的游玩乐而忘归叫做流，由下游向上游的游玩乐而忘归叫做连，无厌倦地打猎叫做荒，不知节制地喝酒叫做亡。

过去的圣贤之君都没有这种流连荒亡的行为。〔头一种是和工作相结合的巡行，后一种是只知自己快乐的流连荒亡，〕您从事哪一种，由您自己决定吧！'

"景公听了，大为高兴。先在都城内做好准备，然后驻扎郊外，拿出钱粮，救济贫穷的人。景公又把乐官长叫来，对他说：'给我创作一个君臣同乐的歌曲！'这个乐曲就是《徵招》、《角招》，歌辞说：'这样喜爱国君有什么不对的呢？''畜君'就是喜爱国君。"

【注释】

① 齐宣王见孟子于雪宫——雪宫是齐宣王的离宫，离宫相当于现今的别墅。这一句有两个说法，一说是齐宣王在雪宫接见孟子，一说是齐宣王招待孟子于雪宫而自己去看他。译文取前说。　② 齐景公——春秋时齐国之君，姓姜名杵白。　③ 晏子——齐国贤臣，名婴。现在所传的《晏子春秋》，虽然有依托附会，但也可以窥见晏婴的行事与学说之一斑。④ 观于转附、朝儛——观，游也。转附疑即今芝罘山（就是芝罘岛），朝儛疑即今山东省荣城县东之召石山。宋翔凤《孟子赵注补正》谓朝儛为两水名，曲说不可从。　⑤ 琅邪——山名，在今山东省诸城县东南。⑥ 豫——义同"游"。《晏子春秋·内篇问下》云："春省耕而补不足者谓之游，秋省实而助不给者谓之豫。"《管子·戒篇》云："春出原农事之不本者谓之游，秋出补人之不足者谓之夕"。变"豫"言"夕"。　⑦ 睊睊胥谗——睊睊，叠字以作表态副词，形容因忿恨侧目而视的样子。胥，皆也，相也。谗，毁谤也。　⑧ 慝——(tè)，恶也。统治者暴虐人民，人民怨恨反抗，这是必然的。但在古代的某些人看来，仍认为不对，所以这里用"谗"、"慝"诸字，译文也只能就原意翻译。　⑨ 方命——方，

违反之意。命指上帝意旨。　　⑩夏谚曰……为诸侯忧——萧穆《敬孚类稿》卷一有《孟子夏谚两节解》，他认为这一节夏谚从"吾王不游"一直贯到"为诸侯忧"，因为都是韵语，而其下"从流下而忘反谓之流"四句又是解释，他说："岂臣子对君之辞亦仿谚语用韵，自言之，且自解之者耶？"又说："盖前解巡狩述职之说，亦是先引前人成说，非己率尔造出也。"（方宗诚《读论孟补记》说同。）译文虽不用此说，但仍提出以供参考。　　⑪戒——旧注云："备也。"这不是"戒备"之意，当读如《诗·小雅·大田》"既种既戒，既备乃事"之"戒"，"准备"也。　　⑫大师——读为太师，古代乐官之长。　　⑬《徵招》、《角招》——徵（zhǐ），徵和角是古代五音（宫、商、角、徵、羽）中的两个。招同"韶"。　　⑭尤——错误，过愆。

2·5　齐宣王问曰："人皆谓我毁明堂①，毁诸？已乎②？"

孟子对曰："夫明堂者，王者之堂也。王欲行王政，则勿毁之矣。"

王曰："王政可得闻与？"

对曰："昔者文王之治岐③也，耕者九一④，仕者世禄⑤，关市讥⑥而不征，泽梁⑦无禁，罪人不孥⑧。老而无妻曰鳏⑨，老而无夫曰寡，老而无子曰独，幼而无父曰孤。此四者，天下之穷民而无告者。文王发政施仁，必先斯四者。《诗》云：'哿矣富人，哀此茕独⑩。'"

王曰："善哉言乎！"

曰："王如善之，则何为不行？"

王曰："寡人有疾，寡人好货。"

对曰："昔者公刘⑪好货，《诗》云：'乃积乃仓⑫，乃裹糇粮⑬，于橐于囊⑭。思戢用光⑮。弓矢斯张，干戈戚扬⑯，爰方启行。'故居者有积仓，行者有裹囊⑰也，然后可以爰方启行。王如好货，与百姓同之，于王何有？"

王曰："寡人有疾，寡人好色。"

对曰："昔者太王好色，爱厥妃。《诗》云：'古公亶父⑱，来朝走马，率西水浒⑲，至于岐下，爰及姜女⑳，聿来胥宇㉑。'当是时也，内无怨女，外无旷夫㉒。王如好色，与百姓同之，于王何有㉓？"

【译文】

齐宣王问道："别人都建议我把明堂拆毁掉，〔您说，〕毁掉呢？还是不呢？"

孟子答道："明堂是什么呢？是有道德而能统一天下的王者的殿堂。您如果要实行王政，就不要把它毁掉了。"

王说："〔怎样去实行王政呢？〕可以讲给我听听吗？"

答道："从前周文王治理岐周，对农民的税率是九分抽一；对做官的人是给以世代承袭的俸禄；在关口和市场上，只稽查，不征税；任何人到湖泊捕鱼，不加禁止；犯罪的人，刑罚只及于他本人，不牵连到他的妻室儿女。失掉妻室的老年人叫做鳏夫，失掉丈夫的老女人叫做寡妇，没有儿女的老人叫做孤独者，死了父亲的儿童叫做孤儿。这四种人是社会上穷苦无靠的人。周文王实行仁政，一定最先考虑到他们。《诗经·小雅·正月篇》说：'有钱财的人是可以过得去的了，可怜那些孤单的无依无靠者吧。'"

宣王说:"这话说得真好呀!"

孟子说:"您如果认为这话好,那为什么不实行呢?"

宣王说:"我有个毛病,我喜爱钱财〔,实行王政怕有困难〕。"

孟子答道:"从前公刘也喜爱钱财,《诗经·大雅》的《公刘篇》写道:'粮食真多,外有囷,内满仓;还包裹着干粮,装满橐,装满囊。人民安集,国威发扬。箭上弦,弓开张,其它武器都上场,浩浩荡荡向前行。'因此留在家里的人有积谷,行军的人有干粮,这才能率领军队前进。王如果喜爱钱财,能跟百姓一道,那对于实行王政来统一天下有什么困难呢?"

王又说:"我有个毛病,我喜爱女人〔,实行王政怕有困难〕。"

孟子答道:"从前太王也喜爱女人,非常疼爱他的妃子。《诗经·大雅·绵篇》写道:'古公亶父清早便跑着马,沿着邠地西边漆水河岸,来到岐山之下。还带领着他的妻子姜氏女,都来这里视察住处。'当这个时候,没有找不着丈夫的老处女,也没有找不着妻子的单身汉。王假若喜爱女人,能跟百姓一道,那对于实行王政来统一天下有什么困难呢?"

【注释】

① 明堂——明堂的制度,根据《周礼·考工记·匠人》以及《礼记·明堂位》疏所引诸书,其说各不相同。有的说是为天子朝见诸侯而设的,有的说是天子的太庙。但这里指的明堂在齐国国境之内,可能是准备天子东巡狩朝见诸侯用的。　②已——止也。但古书常常以"诺"和"已"对言,已便有否定的意味(清参考杨树达《积微居小学述林·公羊传诺已解》)。这一"已"字也含有否定之意。　③岐——地名,在今陕西岐山县一带。　④耕者九一——孟子这话可能就是指井田制而言。每井九百

亩，八家各一百亩，叫做私田。当中一百亩，叫做公田，由八家共同耕种。井田制是孟子理想的土地制度，详见《滕文公章句上》。这一制度未必能实行，但孟子以为古人是实行了的。　　⑤ 仕者世禄——这应该是指当时大夫以上的官职而言。　　⑥ 讥——《礼记·王制》云："关执禁以讥。"注云："讥，苛察也。"　　⑦ 泽梁——古代用以在流水中拦鱼的一种装置。　　⑧ 孥——本意是妻室儿女，这里用作动词。　　⑨ 鳏——(guān)。　　⑩ 哿矣富人，哀此茕独——哿(gě)，又读(kě)，可也。茕(qióng)，单独之意。　　⑪ 公刘——后稷的后代，为周代创业的始祖。⑫ 仓——这里用作动词，以仓廪积谷也。　　⑬ 糇粮——糇(hóu)。糇粮就是干粮。　　⑭ 橐、囊——橐(tuó)，橐和囊都是盛物之器。橐两端有底，旁边开口，东西盛满以后，在中间举起来，所盛物便在两头了，可以担，也可以放在骆驼峰上，其大者还可以垂之于车。囊则无底，物件盛于其中，然后括其两头。囊大橐小。说详黄以周《史说略》卷四《释囊橐》。　　⑮ 思戢用光——思，语词，无义。戢(jí)，这里意义同于辑，和也，安也。光，发扬光大之意。　　⑯ 干戈戚扬——都是战具。干，据历代注家说，是保卫自己用的挡刀箭之牌(盾)，杨树达则以为是刺人之兵器，说详《积微居小学述林·释干》。戈是古代用以钩挽敌人并啄刺敌人的兵器。戚，斧一类的东西，锋刃较狭。扬，大斧。这句没有动词，因为是诗歌，故句法与平常语言不同。　　⑰ 裹囊——有些本子作"裹粮"，今从阮元《校勘记》的宋本孔本。说详焦循《正义》所引臧琳《经义杂记》。《盐铁论·盐铁取下篇》说："公刘好货，居者有积，行者有囊。"即用《孟子》此文。　　⑱ 太王、古公亶父——参见本篇第三章注③。⑲ 率西水浒——率，循也。浒，水涯也。这句话是说沿着邠地西边的河岸而走。水指漆水，说详王引之《经义述闻》。　⑳爱及姜女——爱，语首词，无义。姜女就是太姜，太王之妃。　㉑聿来胥宇——聿，语首词，无义。胥，动词，省视，视察也。宇，屋宇。　㉒内无怨女，外无旷夫——这里内外系指男女而言。古代以女子居内，男子居外，所以这里"怨女"用"内"字，"旷夫"用"外"字。　㉓何有——当时成语，这里用为"何难之有"的意思。朱熹《注》云："何有，言不难也。"

2·6　孟子谓齐宣王曰："王之臣有托其妻子于其友而之楚游者，比其反也①，则②冻馁其妻子，则如之何？"

王曰："弃之。"

曰："士师不能治士③，则如之何？"

王曰："已之。"

曰："四境之内不治，则如之何？"

王顾左右而言他。

【译文】

孟子对齐宣王说道："您有一个臣子把妻室儿女付托给朋友照顾，自己游楚国去了。等他回来的时候，他的妻室儿女却在挨饿受冻。对待这样的朋友，应该怎样办呢？"

王说："和他绝交。"

孟子说："假若管刑罚的长官不能管理他的下级，那应该怎样办呢？"

王说："撤掉他！"

孟子说："假若一个国家里政治搞得很不好，那又该怎样办呢？"

齐王回过头来左右张望，把话题扯到别处去了。

【注释】

① 比其反也——比读去声(bì)，及也，至也。"反"同"返"。　　② 则——这个"则"字的用法，表示事情的结果不是当事者所愿意而早已处于无可奈何的情况中。　　③ 士师不能治士——士师，古代的司法官，《周礼》有士师，其下有"乡士"、"遂士"等属官。孟子的"不能治士"的"士"可能指"乡士"、"遂士"而言，因为据《孟子》"为士师则可以杀之"(4·8)，也以"士师"为司法官也。

2·7　孟子见齐宣王，曰："所谓故国者，非谓有乔木之谓也，有世臣之谓也。王无亲臣矣，昔者所进，今日不知其亡①也。"

王曰："吾何以识其不才而舍之？"

曰："国君进贤，如不得已，将使卑逾尊，疏逾戚，可不慎与？左右皆曰贤，未可也；诸大夫皆曰贤，未可也；国人皆曰贤，然后察之；见贤焉，然后用之。左右皆曰不可，勿听；诸大夫皆曰不可，勿听；国人皆曰不可，然后察之；见不可焉，然后去之。左右皆曰可杀，勿听；诸大夫皆曰可杀，勿听；国人皆曰可杀，然后察之；见可杀焉，然后杀之。故曰，国人杀之也。如此，然后可以为民父母。"

【译文】

孟子谒见齐宣王，对他说道："我们平日所说的'故国'，并不是那个国家有高大树木的意思，而是有累代功勋的老臣的意思。您现在没有亲信的臣子啦。过去所进用的人到今天想不到都罢免了。"

王问："怎样去识别那些缺乏才能的人而不用他呢？"

孟子答道："国君选拔贤人，如果迫不得已要用新进，就要把卑贱者提拔在尊贵者之上，把疏远的人提拔在亲近者之上，对这种事能不慎重吗？因此，左右亲近之人都说某人好，不可轻信；众位大夫都说某人好，也不可轻信；全国的人都说某人好，然后去了解；发现他真有才干，再任用他。左右亲近之人都说某人不好，不要听信；众位大夫都说某人不好，也不要听信；全国之人都说某人不好，然后去了解；发现他真不好，再罢免他。左右亲近之人都说某人可杀，不要听信；众位大夫都说某人可杀，也不要听信；全国之人都说某人可杀，然后去了解；发现他该杀，再杀他。所以说，这是全国人杀的。这样，才可以做百姓的父母。"

【注释】

① 亡——去位，去国之意。

2·8　齐宣王问曰："汤放桀①，武王伐纣②，有诸？"

孟子对曰："于传③有之。"

曰："臣弑④其君，可乎？"

曰："贼仁者谓之'贼'，贼义者谓之'残'。残贼之人谓之'一夫'。闻诛一夫纣⑤矣，未闻弑君也。"

【译文】

齐宣王问道："商汤流放夏桀，武王讨伐殷纣，真有这回事吗？"

孟子答道："史籍上有这样的记载。"

宣王说："作臣子的杀掉他的君王，这是可以的吗？"

孟子说："破坏仁爱的人叫做'贼'，破坏道义的人叫做'残'。这样的人，我们就叫他作'独夫'。我只听说过周武王诛杀了独夫殷纣，没有听说过他是以臣弑君的。"

【注释】

① 汤放桀——汤，殷商的开国之君。据古代传说，夏桀暴虐，汤兴兵讨伐他，把桀流放到南巢（据旧日志书，今安徽巢县东北五里的居巢故城有其遗迹）。　② 武王伐纣——商纣王无道，周武王捧着文王的木主兴兵讨伐，纣王大败，自焚而死。　③ 传——去声，传记也。
④ 弑——弑、诛这两个词各含有褒贬。臣下无理地杀死君主，儿女杀死父母都用"弑"字。诛则不然。合乎正义地讨杀罪犯便用"诛"字。
⑤ 一夫纣——即"独夫纣"的意思。（"独夫纣"是《荀子·议兵篇》所引《泰誓》语）"独夫"、"一夫"都是失掉了群众，成为孤立者的意思。

2·9　孟子见齐宣王，曰："为巨室①，则必使工师②求大木。工师得大木，则王喜，以为能胜其任也。匠人斫③而小之，则王怒，以为不胜其任矣。夫人幼而学之，壮而欲行之，王曰：'姑舍女所学而从我。'则何如？今有璞玉④于此，虽万镒⑤，必使玉人雕琢之。至于治国家，则曰：'姑舍女所学而从我。'则何以异于教玉人雕琢玉哉？"

【译文】

　　孟子谒见齐宣王，说道："建筑一所大房子，那一定要派工师去寻找大的木料。工师得到了大木料，王就高兴，认为他能够尽到他的责任。如果木工把那木料砍小了，王就会发怒，认为担负不了他的责任。〔可见专门技术是很需要的。〕有些人，从小学习一门专业，长大了便想运用实行。可是王却对他说：‘把你所学的暂时放下，听从我的话吧！’这又怎么行呢？假定王有一块未经雕琢的玉石，虽然它价值很高，也一定要请玉匠来雕琢它。可是一说到治理国家，你却〔对政治家〕说：‘把你所学的暂时放下，听从我的话吧！’这跟您要让玉匠按照您的办法雕琢玉石，又有什么两样呢？”

【注释】

① 巨室——古代‘室’和“宫”有时意义相同，都是房屋的意思。《吕氏春秋·骄恣篇》说：“齐宣王为大室，大益百亩，堂上三百户。以齐之大，具之三年而未能成。”孟子的这一段话，可以说是用眼前的实事作比喻。

② 工师——古代官名，为各种工匠的主管官。　③ 斫——(zhuó)，砍削。

④ 璞玉——璞 (pú)，璞玉，玉之在石中者。　⑤ 万镒——“镒”也作“溢”，二十两为一镒。“万镒”言其贵重，不是言其众多。焦循《正义》依赵岐《注》，不正确。

2·10　齐人伐燕，胜之①。宣王问曰：“或谓寡人勿取，或谓寡人取之。以万乘之国伐万乘之国，五旬而举之，人力不至于此②。不取，必有天殃③。取之，何如？”

孟子对曰：“取之而燕民悦，则取之。古之人有行之者，武王是也。取之而燕民不悦，则勿取。古之人有行之者，文王是也④。以万乘之国伐万乘之国，箪食壶浆⑤以迎王师，岂有他哉？避水火也。如水益深，如火益热，亦运而已矣⑥。”

【译文】

齐国攻打燕国，大获全胜。齐宣王问道：“有些人劝我不要吞并燕国，也有些人劝我吞并它。〔我想：〕以一个拥有万辆兵车的大国去攻打同样拥有万辆兵车的大国，只用五十天便打下来了，光凭人力是做不到的呀〔，一定是天意如此〕。如果我们不把它吞并，上天会〔认为我们违反了他的意旨，因而〕降下灾害来。吞并它，怎么样？"

孟子答道："如果吞并它，燕国百姓倒很高兴，便吞并它。古人有这样做过的，周武王便是。如果吞并它，燕国的百姓不高兴，那就不要吞并它。古人有这样做过的，周文王便是。以齐国这样拥有一万辆兵车的大国来攻打燕国这样拥有一万辆兵车的大国，燕国的百姓却用筐盛着干饭，用壶盛着酒浆来欢迎您的军队，难道会有别的意思吗？只不过是想逃开那水深火热的苦日子罢了。如果他们的灾难更加深了，那只是统治者由燕转为齐罢了。"

【注释】

① 齐人伐燕，胜之——事在齐宣王五年，燕王哙把燕国让给他的相国子之，可是国人不服，将军市被、太子平进攻子之，子之反攻，又杀了市被和太子平，齐宣王便派匡章趁机攻打燕国，很快取得胜利。可参阅《战国策·燕策》、《齐策》。 ② 五旬而举之，人力不至于此——《史记·燕世家》描写燕国的战况说："士卒不战，城门不闭，燕君哙死，齐大战燕，子之亡。"因此齐人速胜，故以为人力不至于此。 ③ 不取，必有天殃——《左传》僖公三十三年云："秦违蹇叔而以贪勤民，天奉我也。奉不可失，敌不可纵。纵敌患生，违天不祥，必伐秦！"《国语·越语》也说："得时无怠，时不再来。天与不取，反为之灾。"可见"天予不取，必有天殃"是当日早已流行的观念。 ④ 文王是也——《论语·泰伯篇》说周文王三分天下有其二，还服事殷商。 ⑤ 箪食壶浆——箪（dān），

古代盛饭的竹筐。食，去声（shí），饭。浆，用米熬成的酸汁，汉朝人叫做截（zài）浆的，古人用以代酒。　⑥ 亦运而已矣——亦，只也。运，转也。朱熹解为"民将转而望救于他人"，与"亦"和"而已矣"所表示的语气不合，恐未当。

2·11　齐人伐燕，取之。诸侯将谋救燕。宣王曰："诸侯多谋伐寡人者，何以待之？"

孟子对曰："臣闻七十里为政于天下者，汤是也。未闻以千里畏人者也。《书》曰：'汤一征，自葛始①。'天下信之，东面而征，西夷怨；南面而征，北狄怨，曰：'奚为后我？'民望之，若大旱之望云霓②也。归市者不止，耕者不变，诛其君而吊③其民，若时雨降。民大悦。《书》曰：'徯我后④，后来其苏⑤。'今燕虐其民，王往而征之，民以为将拯己于水火之中也，箪食壶浆以迎王师。若杀其父兄，系累⑥其子弟，毁其宗庙，迁其重器⑦，如之何其可也？天下固畏齐之强也，今又倍地而不行仁政，是动天下之兵也。王速出令，反其旄倪⑧，止其重器，谋于燕众，置君而后去之，则犹可及止也。"

【译文】

齐国攻打燕国，吞并了它。别的国家在计议着来救助燕国。宣王便问道："很多国家正在商议着来攻打我，要怎样对待呢？"

孟子答道："我听说过，有凭借着纵横各长七十里的国土来统一天下的，商汤就是，却没听说过拥有纵横各长一千里的国土而害怕别国的。

《尚书》说过：'商汤征伐，从葛国开始。'天下人都很相信他，因此，向东方进军，西方国家的百姓便不高兴；向南方进军，北方国家的百姓便不高兴，都说道：'为什么把我们放到后面呢？'人们盼望他，正好像久旱盼望乌云和虹霓一样。〔汤的征伐，一点也不惊扰百姓，〕做买卖的照常来往，种庄稼的照常下地。只是诛杀那些暴虐的国君来慰抚那些被残害的百姓。他的来到，正好像天及时降下甘霖一样，老百姓非常高兴。《尚书》又说：'等待我们的王，他到了，我们也就复活了！'如今燕国的君主虐待百姓，您去征伐他，那里的百姓认为您是要把他们从水深火热的苦难中解救出来，因此都用筐盛着干饭，用壶盛着酒浆来欢迎您的军队。而您呢，却杀掉他们的父兄，掳掠他们的子弟，毁坏他们的宗庙祠堂，搬走他们的国家宝器。这怎么可以呢？天下各国本来就害怕齐国强大，现在齐国的土地又扩大了一倍，而且还是暴虐无道，这自然会招致各国兴兵动武。您赶快发出命令，遣回老老小小的俘虏，停止搬运燕国的宝器，再和燕国的人士协商，择立一位燕王，然后自己从燕国撤退，这样做，要使各国停止兴兵，还是来得及的。"

【注释】

① 汤一征，自葛始——《滕文公下》作"汤始征，自葛载"，可见这"一"字就是开始的意义。但《滕文公下》没有"《书》曰"字样，因此江声《尚书集注音疏》认为这些都不是《尚书》的文字。我们则以为若说"天下信之"以下不是《尚书》之文，是可信的，因为文气不和《尚书》相似。而这六个字仍应认为是《尚书》逸文。宋翔凤《孟子赵注补正》云："《书序》，汤征诸侯，葛伯不祀，汤始征之，作《汤征》。"郑《注》云："《汤征》亡。"此引书正是《汤征》之文。　　② 云霓——霓是虹霓，这里指出于西方者。

《楚辞·哀时命》云："虹霓纷其朝覆兮，夕淫淫而霖雨。"也是如此。日在东方时，日光射入水气折而返照成为出现于西方的虹，因之是下雨的先兆。《玉历通政经》也说过："虹霓旦见于西则为雨，暮见于东则雨止。"　③吊——恤也，问也。　④徯我后——徯（xī），等待也。后，王也。　⑤苏——也写作"稣"、"甦"，更生、复活的意思。　⑥系累——束缚、捆绑的意思。　⑦迁其重器——重器，宝器也。《战国策·燕策》载《乐毅报燕惠王书》，其中有一句说："故鼎反乎历室。"可为齐国迁走燕国的重器（故鼎）的证明。　⑧旄倪——"旄"同"耄"（mào），八、九十岁的人叫做耄。倪，就是"儿"。

2·12　邹与鲁鬨①。穆公②问曰："吾有司③死者三十三人，而民莫之死④也。诛之，则不可胜诛；不诛，则疾视其长上之死而不救⑤，如之何则可也？"

孟子对曰："凶年饥岁，君之民老弱转⑥乎沟壑，壮者散而之四方者，几⑦千人矣；而君之仓廪实，府库充，有司莫以告，是上慢而残下也。曾子⑧曰：'戒之戒之！出乎尔者，反乎尔者也。'夫民今而后得反之也。君无尤⑨焉！君行仁政，斯民亲其上，死其长矣。"

【译文】

邹国同鲁国发生了冲突。邹穆公问孟子说："这一次冲突，我的官吏牺牲了三十三个，老百姓却没有一个为他们死难的。杀了他们吧，杀不了那么多；不杀吧，他们瞪着两眼看着长官被杀却不去营救，实在可恨。〔您说，〕怎样办才好呢？"

孟子答道：“当灾荒年岁，您的百姓，年老体弱的弃尸于山沟荒野之中，年轻力壮的便四处逃荒，这样的人有千把了；而在您的谷仓中堆满了粮食，库房里装满了财宝，这种情形，您的有关官吏谁也不来报告，这就是在上位的人不关心老百姓，并且还残害他们。曾子曾经说过：‘提高警惕，提高警惕！你怎样去对待人家，人家将怎样回报你。’现在，您的百姓可得着报复的机会了。您不要责备他们吧！您如果实行仁政，您的百姓自然就会爱护他的上级，情愿为他们的长官牺牲了。”

【注释】

① 邹与鲁阓——邹，周朝时一个小国家，《左传》和《谷梁》写作“邾”，现今山东邹城东南有古邾城。阓（hòng），交战。　② 穆公——当是邹穆公，孟子是邹人，所以穆公问他。贾谊《新书》和《新序》都记载着邹穆公实行仁政的故事，有人说是由于孟子的这一对答而改过。③ 有司——意即“有关官吏”。　④ 莫之死——即“莫死之”的倒装。“之”指“有司”。“莫之死”意思就是“没有人为他们而牺牲”。　⑤ 疾视其长上之死而不救——“疾”是主要动词，相当于《论语·卫灵公第十五》的“君子疾没世而名不称焉”和《季氏第十六》的“君子疾夫舍曰欲之而必为之辞”的“疾”。“视其长上之死而不救”一句作为“疾”的宾语。　⑥ 转——“弃尸”的意思，《淮南子·主术训》云：“是故生无乏用，死无转尸。”此“转”字即“转尸”之意。　⑦ 几——（jī），近也。　⑧ 曾子——孔子弟子曾参。　⑨ 尤——动词，责备，归罪之意。

2·13　滕文公①问曰：“滕，小国也，间于齐、楚。事齐乎？事楚乎？”

孟子对曰："是谋非吾所能及也。无已，则有一焉：凿斯池②也，筑斯城也，与民守之，效③死而民弗去，则是可为也。"

【译文】

滕文公问道："滕国是一个弱小的国家，处在齐国和楚国的中间，是服事齐国呢，还是服事楚国呢？"

孟子答道："这个问题不是我的能力所能解决的。如果您定要我谈谈，那就只有一个主意：把护城河挖深，把城墙筑坚固，同百姓一道来保卫它，宁肯献出生命，百姓都不离开，那就有办法了。"

【注释】

① 滕文公——滕，周朝的一个弱小国家，始祖为周文王之子错叔绣，故城在今山东滕县西南。文公，赵岐于《滕文公为世子章》注云："《古纪世本》录诸侯之世，滕有考公麇，与文公之父定公相值；其子元公宏与文公相值。以后世避讳，改考公为定公；以元公行文德，故谓之文公也。"
② 池——"城池"之"池"，就是护城河。　③ 效——献也，致也。

2·14　滕文公问曰："齐人将筑薛①，吾甚恐，如之何则可？"

孟子对曰："昔者大王居邠②，狄③人侵之，去之岐山④之下居焉。非择而取之，不得已也。苟为善，后世子孙必有王者矣。君子创业垂统，为可继也。若夫⑤成功，则天也。君如彼何⑥哉？强⑦为善而已矣。"

【译文】

　　滕文公问道："齐国人准备加强薛地的城池，我很害怕，您说怎么办才好？"

　　孟子答道："从前太王居于邠地，狄人来侵犯。他便避开，搬到岐山之下定居下来。这不是太王主动选择而采取的办法，实在是不得已呀！要是一个君主能实行仁政，〔即使他本人没有成功，〕他的后代子孙一定会有成为帝王的。有德君子创立功业，传之子孙，正是为着一代一代地能够承继下去。至于能不能成功呢，也还得依靠天命。您怎样去对付齐人呢？只有努力实行仁政罢了。"

【注释】

① 筑薛——薛本为周朝初年的一个小国家，姓任，春秋初期还独立存在（从《春秋》鲁隐公十一年书"滕侯、薛侯来朝"和庄公三十一年书"薛伯卒"知之），不知在什么时候为齐所灭。薛的故城在今山东滕州市东南四十四里之处。齐灭薛后，齐威王以之封田婴，田婴因此号为靖郭君（郭是地名，近于薛，此用雷学淇《竹书纪年义证》之说）。田婴将筑薛，可能正在孟子从宋国到滕国的时候，所以滕文公以此相问。　　② 邠——(bīn)，同"豳"。在今陕西旬邑县西。　　③ 狄——即獯鬻，互详本篇第三章注。　　④ 岐山——今陕西岐山县东北六十里之箭括山，就是古时的岐山，因岭巅有缺，山有两岐，故以为名。此用成蓉镜《禹贡班义述》之说。　　⑤ 若夫——表示他转的连词，相当今天的"至于"。⑥ 如彼何——等于说"奈筑薛之齐人何"。　　⑦ 强——(qiǎng)，勉也。

　　2·15　滕文公问曰："滕，小国也；竭力以事大国，则不得免^①焉，如之何则可？”

孟子对曰：“昔者大王居邠，狄人侵之。事之以皮币^②，不得免焉；事之以犬马，不得免焉；事之以珠玉，不得免焉。乃属^③其耆老^④而告之曰：‘狄人之所欲者，吾土地也。吾闻之也：君子不以其所以养人者害人。二三子何患乎无君？我将去之。’去邠，逾梁山^⑤，邑^⑥于岐山之下居焉。邠人曰：‘仁人也，不可失也。’从之者如归市^⑦。

“或曰：‘世守也，非身^⑧之所能为也。效死勿去。’

“君请择于斯二者。”

【译文】

滕文公问道：“滕是个弱小的国家，尽心竭力地服事大国，仍然难免于祸害，应该怎么办才行？”

孟子答道：“古时候太王居于邠地，狄人来侵犯他。太王用皮裘和丝绸去孝敬他，狄人没有停止侵犯；又用好狗名马去孝敬他，狄人也没有停止侵犯；又用珍珠宝玉去孝敬他，狄人还是没有停止侵犯。太王便召集邠地的长老，向他们宣布：‘狄人所要的是我们的土地。〔土地只是养人之物，〕我听说过：有道德之人不能为养人之物反而使人遭到祸害。你们何必害怕没有君主呢？〔狄人不也可以做你们的君主吗？〕我准备离开这儿〔，免得你们受害〕。’于是离开邠地，越过梁山，在岐山之下重新建筑一个城邑而定居下来。邠地的百姓说：‘这是一位有仁德的人呀，不可以抛弃他。’追随而去的好像赶市集一样的踊跃。

“也有人这么说：‘这是祖宗传下来教我们子孙代代应该保守的基业，不是我本人所能擅自作主而把它舍弃的。宁可献出生命，也不要离开。’

"以上两条道路，您可以择取其中的任何一条。"

【注释】

① 免——免于侵犯和危险的意思。　② 皮币——皮，毛皮制成的裘；币，缯帛。这"皮币"和《史记·平准书》"乃以白鹿皮方尺，缘以藻缋，为皮币，直四十万"的"皮币"不同。　③ 属——和《周礼·州长》"各属其州之民而读灋（法）"的"属"相同，召集、集合之意。　④ 耆老——耆（qí），《曲礼》："六十曰耆。"《说文》："七十曰老。"凡一地之年老者统称为耆老。　⑤ 梁山——在今陕西乾县西北五里。太王必须越过梁山，才能逃避狄人之祸害。由邠至岐约二百五十里，梁山恰在其中途一百三十里之处。此本阎若璩《四书释地续》和胡渭《禹贡锥指》之说。　⑥ 邑——动词，建筑城邑也。　⑦ 归市——归，趋也；市，市集。　⑧ 身——本人之意，和《尚书·洪范》"身其康强，子孙其逢吉"的"身"同一用法，而和《滕文公下》"彼身织屦"的"身"当副词用者略有区别。

2·16　鲁平公①将出，嬖人②臧仓者请曰："他日君出，则必命有司所之。今乘舆③已驾矣，有司未知所之，敢④请。"

公曰："将见孟子。"

曰："何哉，君所为轻身以先于匹夫者⑤？以为贤乎？礼义由贤者出；而孟子之后丧逾前丧⑥。君无见焉！"

公曰："诺⑦。"

乐正子入见，曰："君奚为不见孟轲也？"

曰："或告寡人曰：'孟子之后丧逾前丧。'是以不往见也。”

曰：“何哉，君所谓逾者？前以士，后以大夫⑧；前以三鼎，而后以五鼎⑨与？”

曰：“否；谓棺椁衣衾⑩之美也。”

曰：“非所谓逾也，贫富不同也。”

乐正子见孟子，曰：“克⑪告于君，君为⑫来见也。嬖人有臧仓者沮⑬君，君是以不果⑭来也。”

曰：“行，或使之；止，或尼⑮之。行止，非人所能也。吾之不遇鲁侯，天也。臧氏之子焉能使予不遇哉？”

【译文】

鲁平公准备外出，他所宠幸的小臣臧仓请示道：“平日您出外，一定把要去的地方通知管事的人。现在车马已经都预备好了，管事的人还不知道您要往哪里去，因此来请示。”

平公说：“我要去拜访孟子。”

臧仓说：“您不尊重自己的身份，而先去拜访一个普通人，为的什么呢？您以为孟子是贤德之人吗？贤德之人的行为应该合乎礼义，而孟子办他母亲的丧事大大超过他以前办父亲的丧事，〔未必是贤德之人吧。〕您不要去看他！”

平公说：“好吧。”

乐正子去见平公，问道：“您为什么不去看孟轲呢？”

平公说：“有人告诉我说：‘孟子办他母亲的丧事大大超过他以前办父亲的丧事。’所以不去看他了。”

乐正子说：“您所说的超过，是什么意思呢？是办父亲的丧事用士礼，办母亲的丧事用大夫之礼吗？是办父亲的丧事用三个鼎摆设供品，办母亲的丧事用五个鼎摆设供品吗？"

平公说："不；我指的是棺椁衣衾的精美。"

乐正子说："那便不能叫'超过'，只是前后贫富不同罢了。"

乐正子去见孟子，说道："我同鲁君讲了，他打算来看您。可是有一个他所宠幸的小臣臧仓阻止了他，他因此就不来了。"

孟子说："一个人要干件事情，是有一种力量在支使他；就是不干，也是有一种力量在阻止他。干与不干，不是单凭人力所能做到的。我不能和鲁侯遇合，是由于天命。臧家那个小子，他怎么能使我不和鲁侯相遇合呢？"

【注释】

① 鲁平公——《史记·鲁世家》云："景公二十九年卒，子叔立，是为平公。"《索隐》云："《世本》'叔'作'旅'。"《汉书·律历志》也作"旅"。② 嬖人——被宠爱之人，有时指姬妾，如《左传》隐公三年的"公子州吁，嬖人之子也"。此则指被宠爱之小臣。　　③ 乘舆——乘，旧读去声。贾谊《新书·等齐篇》说："天子车曰乘舆，诸侯车曰乘舆，乘舆等也。"他虽然说的是汉初当时的制度，但必本于先秦。由《孟子》此篇可以证明。　　④ 敢——表敬副词，无实际意义。　　⑤ 何哉，君所为轻身以先于匹夫者——这是一倒装句，和下文"何哉，君所谓逾者"句型相同，"君所为轻身以先于匹夫者"为主语，后置；"何"以疑问词作谓语，先置。古代疑问句和惊叹句多用此种句型。　　⑥ 后丧逾前丧——后丧指其母丧，前丧指其父丧。　　⑦ 诺——表肯定的应对副词。　　⑧ 以士、以大夫——谓以士礼办父亲的丧葬，以大夫之礼办母亲的丧葬。　　⑨ 三

鼎、五鼎——鼎是古代的一种器皿，大小不一，用途也因之有所不同。《周礼·掌客》郑玄《注》云："鼎，牲器也。"这"鼎"字即指此而言。古代祭祀用鼎来盛动物类的祭品。三鼎的内容是："牲鼎一，鱼鼎二，腊鼎三。"五鼎的内容是："羊一，豕二，肤（切肉）三，鱼四，腊五。"（见《礼记·郊特牲》孔氏《正义》）桓公二年《公羊传》何休《注》云："礼祭，天子九鼎，诸侯七，卿大夫五，元士三也。"那么，三鼎五鼎仍然是士礼和卿大夫礼之别。　⑩棺椁衣衾——内棺曰棺，外棺曰椁（guǒ，古代士以上的人常用两重以上的棺木）。衣衾，死者装殓的衣被。四字连言可以代表一切装殓之器物。孟子厚葬其母，可参读《公孙丑下》第七章。⑪克——乐正子之名，此人当是孟子的学生。　⑫为——去声，将也。⑬沮——一本作"阻"，止也。　⑭不果——表态副词，《词诠》云："凡事与豫期相合者曰果，不合者曰不果。"　⑮尼——旧读去声，《正字通》云："犹曳止之也。"

公孙丑章句上

凡九章

3·1 公孙丑①问曰："夫子当路②于齐,管仲、晏子③之功,可复许④乎?"

孟子曰："子诚齐人也,知管仲、晏子而已矣。或问乎曾西⑤曰:'吾子⑥与子路⑦孰贤?'曾西蹵然⑧曰:'吾先子⑨之所畏也。'曰:'然则吾子与管仲孰贤?'曾西艴然⑩不悦,曰:'尔何曾⑪比予于管仲?管仲得君如彼其专也,行乎国政如彼其久也,功烈如彼其卑也;尔何曾比予于是?'"曰⑫:"管仲,曾西之所不为也,而子为⑬我愿之乎?"

曰:"管仲以其君霸,晏子以其君显。管仲、晏子犹不足为与?"

曰:"以齐王,由⑭反手也。"

曰:"若是,则弟子之惑滋甚。且⑮以文王之德,百年而后崩⑯,犹未洽于天下;武王、周公⑰继之,然后大行。今言王若易然,则文王不足法与?"

曰:"文王何可当也?由汤至于武丁,贤圣之君六七作⑱,天下归殷久矣,久则难变也。武丁朝诸侯,有天下,犹运之掌也。纣之去武丁未久也⑲,其故家遗俗,流风善政,犹有存者;又有微子、微仲、王子比干、箕子、胶鬲⑳——皆贤人也——相与㉑辅相㉒之,故久而后失之也。尺地,莫非其有也;一民,莫非其臣也;然而文王犹方百里起,是以难也。齐人有言曰:'虽有智慧,不如乘势㉓;虽有镃基,不如待时㉔。'今时则易然也:夏后、殷、周之盛,地未有过千里㉕者也,而齐有其地矣;鸡鸣狗吠相闻,而达乎四境,而齐有其民矣。地不改㉖辟矣，民不改㉖聚矣，行仁政而王，莫之能御也。且王者之不作，未有疏于此时者也；民之憔悴于虐政，未有甚于此时者也。饥者易为食，渴者易为饮。孔子曰：'德之流行，速于置邮而传命㉗。'当今之时，万乘之国行仁政，民之悦之，犹解倒悬也。故事半古之人，功必倍之，惟此时为然。"

【译文】

公孙丑问道："您如果在齐国当权，管仲、晏子的功业可以再度兴起来吗？"

孟子说："你真是一个齐国人，只晓得管仲、晏子。曾经有人问曾西：'你和子路相比，谁强？'曾西不安地说道：'他是我父亲所敬畏的人〔，我哪敢和他相比〕。'那人又说：'那么，你和管仲相比，谁强？'曾西马上不高兴起来，说道：'你为什么竟拿我跟管仲相比？管仲得到齐桓公的信赖是那样地专一，行使国家的政权是那样地长久，而功绩却那样地卑小。你为什么竟拿我跟他相比？'"停了一会儿，孟子又说："管仲是曾西都不愿跟他相比的人，你以为我是愿意学他的吗？"

公孙丑说："管仲辅佐桓公使他称霸天下；晏子辅佐景公使他名扬诸侯。管仲、晏子难道还不值得学习吗？"

孟子说："以齐国来统一天下，易如反掌。"

公孙丑说："照您这样讲来，我便更加不懂了。像文王那样的德行，而且活了将近一百岁，他推行的德政，还没有周遍于天下，武王、周公继承了他的事业，然后才大大地推行了王道，〔统一了天下。〕现在你把统一天下说得那样容易，那么，文王也不值得效法了吗？"

　　孟子说："文王怎么能够比得上呢？〔我们拿当时的历史情况来说吧，〕从汤到武丁，贤明的君主总有六七起，天下的人归服殷朝已经很久了，时间一久便很难变动。武丁使诸侯来朝，把天下治理好，就好像在手掌中运转东西一样。纣王的年代上距武丁并不甚久，当时的勋旧世家、善良习俗、先民遗风、仁惠政教还有些存的，又有微子、微仲、王子比干、箕子、胶鬲——他们都是贤德的人——共同来辅助他，所以经历相当长久的时间才亡了国。当时没有一尺土地不是纣王所有，没有一个百姓不归纣王所管，然而文王还能凭借纵横一百里的小国以创立丰功伟业，所以是很困难的。齐国有句俗话：'纵有聪明，还得趁形势；纵有锄头，还得待农时。'现在的时势要推行王政，就容易了：纵在夏、商、周最兴盛的年代里，任何国家的国土也没有超过纵横一千里的，现在齐国却有这么广阔的土地了；鸡鸣狗叫的声音，从首都一直到四方的国界线，处处相闻，〔人烟如此稠密，〕齐国有这么多的百姓。国土不必再开拓，百姓也不必再增加，只要实行仁政来统一天下，就没有人能够阻止得了。而且统一天下的贤君不出现的时间，历史上从来没有这样长久过；老百姓被暴虐的政治所折磨，历史上也从来没有这样厉害过。肚子饥饿的人不苛择食物，口舌干枯的人不苛择饮料。孔子说过：'德政的流行，比驿站的传达政令还要迅速。'现在这个时候，拥有万辆兵车的大国实行仁政，老百姓的高兴，正好像被人倒挂着而给解救了一般。所以，'事半功倍'，只有在这个时代才行。"

【注释】

① 公孙丑——孟子弟子。　　② 当路——当时成语，用如动词，犹言"当权"、"当政"。　　③ 管仲、晏子——管仲，齐桓公之相；晏子即晏

婴，齐景公之相。《史记》有《管晏列传》。今日所传《管子》和《晏子春秋》，虽然不是两人手笔，但谨慎抉择，亦可以考见两人的言行和政令之一斑。　　④ 许——赵岐《注》："许犹兴也。"　　⑤ 曾西——唐陆德明《经典释文序录》："曾申字子西，鲁人，曾参之子。"但赵岐《注》云："曾西，曾子之孙。"恐误。宋王应麟《困学纪闻》、清毛奇龄《四书剩言》、江永《群经补义》、阎若璩《四书释地》都曾辨正之。　　⑥ 吾子——亲密的对称敬词。　　⑦ 子路——孔子弟子，即仲由。　　⑧ 蹵然——蹵（cù），朱熹《集注》："不安貌。"　　⑨ 先子——古人用以称其已逝世的长辈。这里的"先子"指其父亲曾参（孔子弟子，与子路为同学，但年辈晚于子路）。若《国语·鲁语》"吾闻之先子"的"先子"，则鲁敬姜称其舅（丈夫之父）季悼子也；《左传》昭公四年的"鲁以先子之故"的"先子"，则宣伯泛指其先人也。后代多用以指自己已死的父亲。⑩ 艴然——艴（bó），又音（fú）。赵岐《注》："愠怒色也。"　　⑪ 曾——副词，乃也，竟也。　　⑫ 曰——仍是孟子所说，重一"曰"字者，表示孟子说话时有停顿，即俞樾《古书疑义举例·一人之辞而加"曰"字例》所谓"亦有非自问自答之辞，而中间又用'曰'字以别更端之语者"。⑬ 为——犹谓也。说详王引之《经传释词》卷一。　　⑭ 由——同"犹"。⑮ 且——连词，表示进一层的并列关系。此句意思承上段"管仲以其君霸，晏子以其君显"而来，故用"且"字。　　⑯ 百年而后崩——《史记·周本纪》集解引徐广曰："文王九十七乃崩。"可见古代传说，文王寿命很高。　　⑰ 周公——姬旦，文王之子，武王之弟，辅助武王伐纣，统一天下，又辅助成王定乱，安定天下。鲁国之始祖。　　⑱ 由汤至于武丁，贤圣之君六七作——这个"作"字意义等于今天口语的"起"字，可以把它看为量词。《史记·殷本纪》,汤至武丁只有汤、太甲、大戊、祖乙、盘庚、武丁是贤圣之君,汁六起。《孟子》说六七起,或者为不定之辞。

⑲ 纣之去武丁未久也——根据《史记·殷本纪》,由武丁至纣(帝辛),中历祖庚、祖甲、廪辛、庚丁、武乙、太丁、帝乙七帝(考之卜辞,可信),但《尚书·无逸》云:"自时(时,是也,此也,指祖甲)厥后,亦罔或克寿,或十年,或七八年,或五六年,或四三年。"可见廪辛、庚丁、武乙、太丁、帝乙诸帝在位日期都短。　⑳ 微子、微仲、王子比干、箕子、胶鬲——微子名启,纣的庶兄(《孟子·告子上》则以他为纣的叔父,此从《左传》、《吕氏春秋》及《史记》)。微仲,微子之弟,名衍,亦曾见于《吕氏春秋·当务篇》及《史记·宋微子世家》。王子比干,纣的叔父,向纣屡次进谏,纣说:"吾闻圣人心有七窍。"于是剖之以观其心。箕子也是纣的叔父,比干被杀,"箕子惧,乃详(同佯)狂为奴,纣又囚之"。武王灭了商纣后,便"命召公释箕子之囚","后二年……问以天道"(所引见《史记·殷本纪》和《周本纪》)。胶鬲(gé),纣王之臣,曾见于《国语·晋语》及《吕氏春秋·诚廉篇》和《贵因篇》。　㉑ 相与——双音副词,共同之意。　㉒ 辅相——双音动词,相,读去声。　㉓ 虽有智慧,不如乘势——"慧"、"势"押韵,古音同在祭部。这两句的"不如"都未直译,直译须作"不及",反而不妥。　㉔ 虽有镃基,不如待时——"基"、"时"押韵,古音同在之部。"镃基"即今之锄头。古书或作"兹基"、"兹其"、"镃錤"。"时"指耕种之农时。　㉕ 千里——"方千里"的省略。　㉖ 改——更也,这里作副词用。　㉗ 置邮而传命——"置"和"邮"都是名词,相当于后代的驿站传递,因之古代的驿站也叫"置"或者"邮"。"命",国家的政令。

3·2　公孙丑问曰："夫子加^①齐之卿相，得行道焉，虽由此霸王，不异^②矣。如此，则动心^③否乎？"

孟子曰："否；我四十^④不动心。"

曰："若是，则夫子过孟贲^⑤远矣。"

曰："是不难，告子^⑥先我不动心。"

曰："不动心有道乎？"

曰："有。北宫黝^⑦之养勇也：不肤桡^⑧，不目逃，思以一豪挫于人，若挞之于市朝^⑨；不受^⑩于褐宽博^⑪，亦不受于万乘之君；视刺万乘之君，若刺褐夫；无严^⑫诸侯，恶声至，必反之。孟施舍^⑬之所养勇也，曰：'视不胜犹胜也；量敌而后进，虑胜而后会^⑭，是畏三军者也。舍岂能为必胜哉？能无惧而已矣。'孟施舍似曾子，北宫黝似子夏^⑮。夫二子之勇，未知其孰贤，然而孟施舍守约也。昔者曾子谓子襄^⑯曰：'子好勇乎？吾尝闻大勇于夫子^⑰矣：自反而不缩^⑱，虽褐宽博，吾不惴^⑲焉；自反而缩，虽千万人，吾往矣。'孟施舍之守气，又不如曾子之守约也。"

曰："敢问夫子之不动心与告子之不动心，可得闻与？"

"告子曰：'不得于言^⑳，勿求于心^㉑；不得于心，勿求于气^㉒。'不得于心，勿求于气，可；不得于言，勿求于心，不可。夫志，气之帅也；气，体之充也。夫志至焉，气次焉^㉓；故曰：'持^㉔其志，无暴^㉕其气。'"

"既曰：'志至焉，气次焉。'又曰，'持其志，无暴其气'者，何也？"

曰："志壹㉖则动气，气壹则动志也，今夫蹶者趋者，是气也，而反动其心。"

"敢问夫子恶乎长？"

曰："我知言，我善养吾浩然㉗之气。"

"敢问何谓浩然之气？"

曰："难言也。其为气也，至大至刚，以直养而无害，则塞于天地之间。其为气也，配义与道；无是，馁也。是集义所生者，非义袭而取之也。行有不慊㉘于心，则馁矣。我故曰，告子未尝知义，以其外之也㉙。必有事焉，而勿正㉚，心勿忘，勿助长也。无若宋人然：宋人有闵㉛其苗之不长而揠㉜之者，芒芒然㉝归，谓其人㉞曰：'今日病㉟矣！予助苗长矣！'其子趋而往视之，苗则㊱槁矣。天下之不助苗长者寡矣。以为无益而舍之者，不耘㊲苗者也；助之长者，揠苗者也——非徒无益㊳，而又害之。"

"何谓知言？"

曰："诐辞㊴知其所蔽㊵，淫辞知其所陷㊶，邪辞知其所离㊷，遁辞知其所穷㊸。——生于其心，害于其政；发于其政，害于其事。圣人复起，必从吾言矣。"

"宰我㊴、子贡㊵善为说辞，冉牛㊶、闵子㊷、颜渊㊸善言德行。孔子兼之，曰：'我于辞命，则不能也。'然则夫子既圣矣乎？"

曰："恶㊹！是何言也？昔者子贡问于孔子曰：'夫子圣矣乎㊺？'孔子曰：'圣则吾不能，我学不厌而教不倦也。'

子贡曰：'学不厌，智也；教不倦，仁也。仁且智，夫子既圣矣。'夫圣，孔子不居——是何言也？"

"昔者窃㊿闻之：子夏、子游㊿、子张㊿皆有圣人之一体，冉牛、闵子、颜渊则具体而微，敢问所安。"

曰："姑舍是㊿。"

曰："伯夷㊿、伊尹㊿何如？"

曰："不同道。非其君不事，非其民不使；治则进，乱则退，伯夷也。何事非君，何使非民；治亦进，乱亦进，伊尹也。可以仕则仕，可以止则止㊿，可以久则久，可以速则速㊿，孔子也。皆古圣人也，吾未能有行焉；乃㊿所愿，则学孔子也。"

"伯夷、伊尹于孔子，若是班㊿乎？"

曰："否；自有生民以来，未有孔子也。"

曰："然则有同与？"

曰："有。得百里之地而君㊿之，皆能以朝诸侯，有天下；行一不义，杀一不辜，而得天下，皆不为也。是则同。"

曰："敢问其所以异。"

曰："宰我、子贡、有若㊿，智足以知圣人，污不至阿其所好㊿。宰我曰：'以予㊿观于夫子，贤于尧、舜㊿远矣。'子贡曰：'见其礼而知其政，闻其乐而知其德㊿，由百世之后，等㊿百世之王，莫之能违也。自生民以来，未有夫子也。'有若曰：'岂惟民哉？麒麟之于走兽，凤凰之于飞鸟，太山之于丘垤㊿，河海之于行潦㊿，类也。圣人之于民，亦类也。出于其类，拔乎其萃㊿，自生民以来，未有盛于孔子也。'"

【译文】

公孙丑问道："老师假若做了齐国的卿相，能够实现自己的主张，从此小则可以成霸业，大则可以成王业，那是不足奇怪的。如果遇到这种情况，您是不是〔有所恐惧疑惑〕而动心呢？"

孟子说："不；我从四十岁以后就不再动心了。"

公孙丑说："这么看来，老师比孟贲强多了。"

孟子说："这个不难，告子能够不动心比我还早呢。"

公孙丑说："不动心有方法么？"

孟子说："有。北官黝的培养勇气：肌肤被刺，毫不颤动；眼睛被戳，都不眨一眨。他以为受一点点挫折，就好像在稠人广众之中挨了鞭打一样。既不能忍受卑贱的人的侮辱，也不能忍受大国君主的侮辱。把刺杀大国的君主看成刺杀卑贱的人一样，对各国的君主毫不畏惧，挨了骂一定回击。孟施舍的培养勇气又有所不同，他说：'我对待不能战胜的敌人，跟对待足以战胜的敌人一样。如果先估量敌人的力量这才前进，先考虑胜败这才交锋，这种人若碰到数量众多的军队一定会害怕。我哪能一定打胜仗呢？不过是能够无所畏惧罢了。'——孟施舍的养勇像曾子，北官黝的养勇像子夏。这两个人的勇气，我也不知道谁强谁弱，〔但从培养方法而论，〕孟施舍比较简易可行。从前曾子对子襄说：'你喜欢勇敢吗？我曾经从孔老师那里听到过关于大勇的理论：反躬自问，正义不在我，对方纵是卑贱的人，我不去恐吓他；反躬自问，正义确在我，对方纵是千军万马，我也勇往直前。'——孟施舍的养勇只是保持一股无所畏惧的盛气，〔曾子却以理的曲直为断，〕孟施舍自然又不如曾子这一方法的简易可行。"

公孙丑说：“我大胆地问问您：老师的不动心和告子的不动心，可以讲给我听听吗？”

孟子说：“告子曾经讲过：'假若不能在言语上得到胜利，便不必求助于思想；假若不能在思想上得到胜利，便不必求助于意气。'〔我认为：〕不能在思想上得到胜利，便不去求助于意气，是对的；不能在言语上得到胜利，便不去求助于思想，是不对的。〔为什么呢？〕因为思想意志是意气感情的主帅，意气感情是充满体内的力量。思想意志到了哪里，意气感情也就在哪里表现出来。所以我说：'要坚定自己的思想意志，也不要滥用自己的意气感情。'"

公孙丑说：“您既然说：'思想意志到了哪里，意气感情也就在哪里表现出来。'但是您又说：'既要坚定自己的思想意志，同时又不要滥用自己的意气感情。'这是什么道理呢？”

孟子说：“〔它们之间是可以互相影响的。〕思想意志若专注于某一方面，意气感情自必为之转移，〔这是一般的情况。〕意气感情假若也专注于某一方面，也一定会影响到思想意志，不能不为之动荡。譬如跌倒和奔跑，这只是体气上专注于某一方面的震动，然而也不能不影响到思想，造成心的浮动。”

公孙丑问道：“请问，老师长于哪一方面？”

孟子说：“我善于分析别人的言辞，也善于培养我的浩然之气。”

公孙丑又问道：“请问什么叫做浩然之气呢？”

孟子说：“这就难以说得明白了。那一种气，最伟大，最刚强。用正义去培养它，一点不加伤害，就会充满上下四方，无所不在。那种气，必须与义和道配合；缺乏它，就没有力量了。那一种气，是由正义的行为经常积累所产生的，不是偶然的正义行为所能取得的。只要做一件于心有愧的事，那种气就会疲软了。所以我说，告子不曾懂得义，因为他把义看成心外之物。〔我们必须把义看成心内之物，〕一定要培养它，但不要有特定的目的；时时刻刻地记住它，但是也不能违背规律地帮助它生长。不要学宋国人那样。宋国有一个担心禾苗不长而去把它拔高些的人，十分疲倦地回去，对家里人说：'今天累坏了！我帮助禾苗生长了！'他儿子赶快跑去一看，禾苗都枯槁了。其实天下不帮助禾苗生长的人是很少的。以为培养工作没有益处而放弃不干的，就是种庄稼不锄草的懒汉；违背规律地去帮助它生长的就是拔苗的人。这种助长行为，不但没有益处，反而会伤害它。"

公孙丑问："怎么样才算善于分析别人的言辞呢？"

孟子答道："不全面的言辞我知道它片面性之所在；过分的言辞我知道它失足之所在；不合正道的言辞我知道它与正道分歧之所在；躲闪的言辞我知道它理屈之所在。这四种言辞，从思想中产生出来，必然会在政治上产生危害；如果把它体现于政治设施，一定会危及国家的各种具体工作。如果圣人再出现，也一定会承认我的话是对的。"

公孙丑说："宰我、子贡善于讲话，冉牛、闵子、颜渊善于阐述道德，孔子则兼有两长，但是他还说：'我对于辞令，太不擅长。'〔而您既善于分析别人的言辞，又善于养浩然之气，言语、道德兼而有之，〕那么，您已经是位圣人了吗？"

孟子说："哎！这是什么话！从前子贡问孔子说：'老师已经是圣人了吗？'孔子说：'圣人，我做不到；我不过学习不知满足，教人不嫌疲劳罢了。'子贡便说：'学习不知满足，这是智；教人不嫌疲劳，这是仁。

既仁且智，老师已经是圣人了。'圣人，连孔子都不敢自居，〔你却加在我的头上，〕这是什么话呢？"

公孙丑说："从前我曾听说过，子夏、子游、子张都各有孔子的一部分长处；冉牛、闵子、颜渊大体近于孔子，却不如他那样的博大精深。请问老师：您自居于哪一种人？"

孟子说："暂且不谈这个。"

公孙丑又问："伯夷和伊尹怎么样？"

孟子答道："也不相同。不是他理想的君主，他不去服事；不是他理想的百姓，他不去使唤；天下太平就出来做官，天下昏乱就退而隐居，伯夷是这样的。任何君主都可以去服事，任何百姓可以去使唤；太平也做官，不太平也做官，伊尹是这样的。应该做官就做官，应该辞职就辞职，应该继续干就继续干，应该马上走就马上走，孔子是这样的。他们都是古代的圣人，〔可惜〕我都没有做到；至于我所希望的，是学习孔子。"

公孙丑问："伯夷、伊尹与孔子他们不是一样的吗？"

孟子答道："不，从有人类以来没有能比得上孔子的。"

公孙丑又问："那么，在这三位圣人中，有相同的地方吗？"

孟子答道："有。如果得着纵横各一百里的土地，而以他们为君王，他们都能够使诸侯来朝觐，统一天下。如果叫他们做一件不合道理的事，杀一个没有犯罪的人，因而得到天下，他们都不会做的。这就是他们相同的地方。"

公孙丑说："请问，他们不同的地方又在哪里呢？"

孟子说："宰我、子贡、有若三人，他们的聪明知识足以了解圣人，〔即使〕他们不好，也不致偏袒他们所爱好的人。〔我们且看他们如何称赞孔子吧。］宰我说：'以我来看老师，比尧舜都强多了。'子贡说：'看见一国的礼制，就了解它的政治；听到一国的音乐，就知道它的德教。即使在百代以后去评价百代以来的君王，任何一个君王都不能违离孔子之道。从有人类以来，没有能及他老人家的。'有若说：'难道仅仅人类有高下的不同吗？麒麟对于走兽，凤凰对于飞鸟，太山对于土堆，河海对于小溪，何尝不是同类，圣人对于百姓，亦是同类，但远远超出了他那一类，大大高出了他那一群。从有人类以来没有比孔子还要伟大的。'"

【注释】

① 加——赵岐《注》云："加犹居也。"按："加"和"居"古音相同，所以能够通用。　② 异——动词的意动用法，以为奇异之意。　③ 动心——朱熹《集注》解此句说："任大责重如此，亦有所恐惧疑惑而动其心乎？"饶鲁云："《集注》'恐惧疑惑'四字，虽是说心之所以动，然'恐惧'字是为下文'养气'张本，'疑惑'字是为下文'知言'张本。"按此说有理，所以译文添出"恐惧疑惑"诸字。　④ 四十——四十岁也。古人于年龄，多不用量词。　⑤ 孟贲——古代勇士，《史记·范睢列传》集解引许慎曰："孟贲，卫人。"《帝王世纪》则以为齐人。故事散见《吕氏春秋·必己篇》、《史记·袁盎传》索隐引《尸子》诸书。《史记·秦本纪》有孟说，朱亦栋《孟子札记》以为即孟贲。　⑥ 告子——《墨子·公孟篇》："二三子曰：'告子言义而行甚恶，请弃之。'墨子曰：'不可；告子言谈甚辩，言仁义而不吾毁。'"可见他曾受教于墨子。梁启超《墨子年代考》云："案《孟子》本文，无以证明告子为孟子弟子，恐直是孟子前辈耳。墨子卒下距孟子生不过十馀年，告子弱冠得见墨子之晚年；告子老宿，得见孟子之中年。"　⑦ 北宫黝——黝（yǒu），其人已不可考。惟《淮南子·主

术训》云："握剑锋以离北宫子、司马蒯蒉，不使应敌，操其觚，招其末，则庸人能以制胜。"高诱《注》云："北宫子，齐人也，《孟子》所谓北宫黝也。"　⑧桡——(náo)，或本作挠，却也。却，退也。　⑨市朝——市，买卖之所；朝，朝廷。(赵佑《温故录》谓："朝市单言，市之朝也。"就是说等于后代的街公所，恐不可信。)但此处是偏义复词，只有"市"义，而无"朝"义，因为上古绝无在朝廷中鞭笞打人之事。　⑩受——"受"下承上省略宾语，译文加"侮辱"字。　⑪褐宽博——褐(hè)，《说文》云："粗衣。"《诗·七月篇》"无衣无褐，何以卒岁"，郑玄《笺》云："人之贵者无衣，贱者无褐。"可见褐为古代所谓贱者之服。这里的"褐宽博"就是下文的"褐夫"，译文都以"卑贱的人"译之。　⑫严——畏也。　⑬孟施舍——已无可考。赵岐《注》云："孟，姓；舍，名；施，发音也。"阎若璩《四书释地又续》则以为"孟施"为复姓，与鲁之少施氏同一例。翟灏《四书考异》则以为古人名有二字，有时只称其一字，"施舍"为名，"不嫌其自称'舍'也。"　⑭会——此"会"字宜读如《诗·大雅·大明》"会朝清明"之"会"，合兵之意，故译为交锋。　⑮子夏——孔子弟子卜商。　⑯子襄——赵岐《注》云："曾子弟子也。"　⑰夫子——指孔子。　⑱缩——《礼记·檀弓》："古者冠缩缝，今也衡缝。"孔颖达《正义》云："缩，直也。"按《檀弓》以"缩"、"衡"对言，为"横直"之"直"；此则为"曲直"之"直"，义得相通。　⑲惴——动词使动用法，使他惊惧之意。下"焉"字包含有"之"字之义作为宾语。　⑳不得于言——不得乃不能得胜之意。这几句都是讲养勇之事，故以胜负言。旧注皆未得其义。"不得于言"谓人家能服我之口却未能服我之心。　㉑勿求于心——朱熹《集注》云："不必反求其理于心。"勿求于心就是不要在思想上寻找原因。 ㉒ 不得于心，勿求于气——"不得于心"和"反而求之，不得吾心"（1·7）意义相同，谓不得其理于吾心。"勿求于气"，赵岐《注》以"直怒之矣"解"求于气"，可见他把这"气"字解为感情意气。下文云："气，体之充也。"则又指体气而言。大概孟子把"体气"、"意气"看做一回事。 ㉓ 夫志至焉，气次焉——赵岐《注》云："志为至要之本，气为其次。"毛奇龄《逸讲笺》以"次"为舍止，言"志之所至，气即随之而止"。今从之。 ㉔ 持——《吕氏春秋·慎大篇》高诱《注》："持，守也。"《荀子·荣辱篇》杨倞《注》："持，保也。"译文引申为"坚定"。 ㉕ 暴——赵岐《注》："暴，乱也。"译文"滥用"，只是意译而已。㉖ 壹——赵岐读壹为噎，解为闭塞，恐与孟子原意不合。朱熹云："壹，专一也。孟子言志之所向专一，则气固从之；然气之所在专一，则志亦反为之动。如人颠蹶趋走，则气专在是而反动其心焉。"可从，译文本之。㉗ 浩然——朱熹《集注》云："浩然，盛大流行之貌。" ㉘ 慊——（qiè）赵岐《注》："慊，快也。" ㉙ 以其外之也——"外"，动词意动用法。告子"仁内义外"之说，可参读《告子上篇》第四章。 ㉚ 正——朱熹《集注》引《公羊》僖公二十六年《传》"战不正胜"，云："正，预期也。"按《公羊传》之"正"，当依王引之《经义述闻》之言"正之言定也，必也"，《谷梁传》正作"战不必胜"，尤可证。朱熹之论证既落空，则此义训不足取矣。王夫之《孟子稗疏》谓"正"读如《士昏礼》"必有正焉"之"正"，"正者，征也，的也，指物以为征准使必然也"。译文依此说。或云：《毛诗·终风序笺》云："正犹止也。""而勿正"即"而勿止"，亦通。 ㉛ 闵——《左传》宣公十二年杜预《注》云："闵，忧也。"按古书"闵"、"愍"两字常通用。《说文》："愍，痛也。"痛也是"忧伤"之义。本篇第九章"厄穷而不悯"，字亦作"悯"。　　㉜ 揠——(yà),《说文》云:"拔也。"　　㉝ 芒芒然——
赵岐《注》云:"芒芒,罢(疲)倦之貌。"　　㉞ 其人——赵岐《注》云:"其人,
家人也。"　　㉟ 病——朱熹《集注》云:"病,疲倦也。"　　㊱ 则——此
"则"字表示事情的结果不是施事者所愿意而早已处于无可奈何的情况中。
㊲ 耘——《说文》作"穮",云:"除苗间秽也。"《诗·甫田》"或耘或耔",《传》云:
"耘,除草。"字又作"芸"。　　㊳ 非徒无益——句上承上省略了主语"揠苗"
或者"助长"诸字。古人多有此语法,如下文"生于其心"上也省略了"诐
辞"、"淫辞"、"邪辞"、"遁辞"诸字,故都用破折号以明之。　　㊴ 诐辞——
诐 (bì),《说文》云:"古文以为颇字。"按:所谓"古文以为颇字"之"颇"
即《尚书·洪范》"无偏无颇"之"颇",故朱熹《集注》云:"诐,偏陂
也。"《四书讲义》云:"若任其偏曲之见,说着一边,遗却一边,是为诐辞。"
㊵ 蔽——当读如《荀子》解蔽之"蔽",杨倞《注》云:"蔽者,言不能通明,
滞于一隅,如有物壅蔽之也。"可参看《荀子·解蔽篇》。　　㊶ 淫辞知
其所陷——《尚书伪古文·大禹谟》:"罔淫于乐。"伪传云:"淫,过也。"
孔颖达《正义》云:"淫者过度之意,故为过也。"按,孔《疏》此说甚
是,故"久雨为淫"(《说文》),"非其所祭而祭之名曰淫祀"(《礼记·曲
礼》)。凡事当止而不止,必有所陷。故译文以"过分"、"失足"表达其义。
㊷ 邪辞知其所离——离于正则为邪,故"邪辞知其所离"。　　㊸ 遁辞
知其所穷——理有所穷而后其辞遁,译文作"躲闪的言辞"。饶鲁曰:"当
看四个'所'字,只看病相似。'诐'、'淫'、'邪'、'遁'是病症,'蔽'、'陷'、
'离'、'穷'是病源,'所蔽'、'所陷'、'所离'、'所穷'是病源之所在。"
㊹ 宰我——孔子弟子宰予。　　㊺ 子贡——孔子弟子端木赐。　　㊻ 冉
牛——孔子弟子冉耕,字伯牛。　　㊼ 闵子——孔子弟子闵损,字子骞。

㊽ 颜渊——孔子弟子颜回，字子渊。本书亦称"颜回"，亦称"颜子"（8·29）。

㊾ 恶——叹词，表惊讶不安。《韩非子·难一篇》作"哑"，《史记·司马相如传·难蜀父老》作"乌"，声音皆同于今日之"ɑ"。译文用"哎"表示。 ㊿ 夫子圣矣乎——《论语·述而篇》："子曰：'若圣与仁，则吾岂敢；抑为之不倦，诲人不倦，则可谓云尔已矣。'公西华曰：'正唯弟子不能学也。'"与《孟子》所引大意相同。但《孟子》所述与《吕氏春秋·尊师篇》所述恐是一事而为《论语》失载者，顾炎武《日知录》以此段当之，恐非。 �窃——表自谦的表敬副词，无义。 ㊷ 子游——孔子弟子言偃。 ㊸ 子张——孔子弟子颛孙师。 ㊹ 姑舍是——姑，暂且；舍，同"捨"；是，代词。译文作暂时不谈这个。孟子自负极大，他曾说过："五百年必有王者兴，其间必有名世者。由周而来，七百有馀岁矣。以其数则过矣；以其时考之，则可矣。夫天未欲平治天下也；如欲平治天下，当今之世，舍我其谁也？"（4·13）可见无论子夏、子张等，或者闵子、颜渊等，都有不屑之意，但又不愿明白说出，以至于诸"圣门弟子"有所讥评，只得避开不谈。下文云："乃所愿，则学孔子也。"又是用另一方式答复此一问题了。 ㊺ 伯夷——与其弟叔齐为孤竹君之二子，互相让位，终于逃去。周武王伐纣，两人叩马而谏。周既一统，义不食其粟，饿死于首阳山。《史记》采其事迹列为《列传》之第一篇。 ㊻ 伊尹——商汤之相，本书多载其传说。《史记·殷本纪》亦可参看。 ㊼ 止——此处与"仕"对言，《万章下》又作"可以处而处"，意当为退处。赵岐《注》云："止，处也。"按此"处"字宜读为《淮南子·主术训》"处人以誉尊"之"处"。高诱《注》（依陶方琦说）云："处人，隐居者也。"则与后代"处士"之义同。 ㊾ 可以久则久，可以速则速——《万章下》云："孔子之去

齐，接淅而行；去鲁，曰：'迟迟吾行也，去父母国之道也。'可以速而速，可以久而久。"则所谓"久"者，指"迟迟吾行"，乃稽迟淹滞之义；所谓"速"者，指"接淅而行"，故赵岐《注》云："疾行也。""速"仍是"疾速"之义（《说文》云："速，疾也。"），此处"速"下省略动词"行"字，以副词兼代动词，古人多有此法。　　�59 乃——他转连词，"至于"、"至若"之义。请参阅《词诠》卷二。　　㊀ 班——赵岐《注》："齐等之貌也。"　　㊁ 君——名词作动词用，使动用法，以为君之意。　　㊂ 有若——孔子弟子，鲁人。　　㊃ 智足以知圣人，污不至阿其所好——赵岐、朱熹皆以"污"字属下读，解为"下"。"污，不至阿其所好"，谓"假使污下，必不阿私所好而空誉之"。此说可从。焦循《正义》谓："'污'本作'洿'，《孟子》盖用为'夸'字之假借，夸者，大也。"此说恐非。　　㊄ 予——宰我之名，古人常自称其名以表敬意。　　㊅ 尧、舜——古代传说中的两位圣君，事迹可参《史记·五帝本纪》。　　㊆ 见其礼而知其政，闻其乐而知其德——赵岐《注》云："见其制作之礼，知其政之可以致太平也；听闻其雅颂之乐，而知其德之可与文武同也。"则以为诸"其"字是指孔子。朱熹《集注》云："见人之礼则可以知其政，闻人之乐则可以知其德。"则以为诸"其"字是指各代各王。译文从朱《注》。　　㊇ 等——朱熹解为"差等"，是也。译文是意译。赵岐解为"等同"，误。　　㊈ 垤——(dié)，《吕氏春秋·慎小篇》："不蹷于山而蹷于垤。"高诱《注》云："土之小高处。"　　㊉ 行潦——潦(lǎo)。《说文》："潦，雨水也。"（从段玉裁说）《诗·大雅·泂酌》毛传云："行潦，流潦也。"郑玄《笺》云："流潦，水之薄者也。"　　㊀⓪ 萃——《易·序卦传》："萃者，聚也。"

3·3 孟子曰："以力假仁者霸，霸必有大国；以德行仁者王，王不待大——汤以七十里，文王以百里①。以力服人者，非心服也，力不赡②也；以德服人者，中心悦而诚服也，如七十子③之服孔子也。《诗》云④：'自西自东，自南自北，无思⑤不服。'此之谓也。"

【译文】

孟子说："仗恃实力然后假借仁义之名以号召征伐的可以称霸诸侯，称霸一定要凭借国力的强大；依靠道德来实行仁义的可以使天下归服，这样做不必以强大国家为基础——汤就仅仅用他纵横各七十里的土地，文王也就仅仅用他纵横各百里的土地〔实行了仁政，而使人心归服〕。仗恃实力来使人服从的，人家不会心悦诚服，只是因为他本身的实力不够的缘故；依靠道德来使人服从的，人家才会心悦顺服，好像七十多位大弟子的归服孔子一样。《诗经》说过：'从东从西，从南从北，无不心悦诚服。'正是这个意思。"

【注释】

① 汤以七十里，文王以百里——这两句都承上省略了主要动词"王"字。"文王以百里"而王，为古代的传说，《荀子·仲尼篇》、《史记·平原君列传》和《韩诗外传》均有此说。后两书更有"汤以七十里"而王的记载。但文王是否仅凭为方百里之地而以德服人呢？按之史实，恐怕未必如此。可参阅顾炎武《日知录》。 ② 赡——赵岐《注》云："赡，足也。"
③ 七十子——《史记·孔子世家》云："孔子以诗书礼乐教弟子，盖三千焉；身通六艺者七十有二人。"这"七十有二人"（《仲尼弟子列传》又说"七十有七人"），通称为"七十子"，《史记·仲尼弟子列传》也说"学者多称

七十子之徒"是也。　　④《诗》云——所引诗在今《大雅·文王有声篇》。诗以"北"、"服"为韵，古音同在之部之入声职德部。　　⑤ 思——助词，无义；如《周南·关雎》的"寤寐思服"，《小雅·桑扈》的"旨酒思柔"的诸"思"字。

　　3·4　孟子曰："仁则荣①，不仁则辱；今恶辱而居不仁②，是犹恶湿而居下也。如恶之，莫如贵德而尊士，贤者在位，能者在职③；国家闲暇④，及是时，明其政刑⑤。虽大国，必畏之矣。《诗》云⑥：'迨天之未阴雨，彻彼桑土⑦，绸缪⑧牖户。今此下民⑨，或敢侮予？'孔子曰：'为此诗者，其知道乎！能治其国家，谁敢侮之？'今国家闲暇，及是时，般乐怠敖⑩，是自求祸也。祸福无不自己求之者。《诗》云⑪：'永言配命⑫，自求多福。'《太甲》⑬曰：'天作孽，犹可违⑭；自作孽，不可活⑮。'此之谓也。"

【译文】

　　孟子说："〔诸侯卿相〕如果实行仁政，就会有荣耀；如果行不仁之政，就会遭受屈辱。如今这些人，非常厌恶屈辱，但仍然自处于不仁之地，这正好比一方面厌恶潮湿，一方面又自处于低洼之地一样。假若真的厌恶屈辱，最好是以德为贵而尊敬士人，使有德行的人居于相当的官位，有才能的人担任一定的职务；国家无内忧外患，趁这个时候修明政治法典，纵使强大的邻国也一定会畏惧它了。《诗经》上说：'趁着雨没下来云没起，桑树根上剥些皮，门儿窗儿都得修理。下面的人们，谁敢把我欺？'孔子说：'做这一篇诗的懂得道理呀！能够治理他的国家，谁敢侮辱他？’如今国家没有内忧外患，追求享乐，怠惰游玩，这等于自己寻求祸害。祸害或者幸福没有不是自己找来的。《诗经·大雅·文王篇》又说：‘我们永远要与天命相配，自己去寻求更多的幸福。’《太甲》也说过：‘天降的灾害还可以躲避，自作的罪孽，逃也逃不了。’正是这个意思。”

【注释】

① 仁则荣——此两句省略了主语，从下文"莫如贵德而尊士"等句推之，盖针对诸侯以及其卿相而言。　　② 居不仁——此"居"字和下句"居下"之"居"字相照应。"下"则可"居"，而"居不仁"者，犹言所行所为都是不仁之事。译文为着要保留这一"居"字之义，故译为"自处于不仁之地"。　　③ 贤者在位，能者在职——赵岐和朱熹都以为"贤"和"能"，"位"和"职"都有所区别。但饶鲁以为"天下岂有无能之贤，无职之位；只是并合说，于‘贤’、‘能’、‘位’、‘职’四字尚未分晓。"译文仍取赵、朱之说。　　④ 国家闲暇——赵岐《注》以"无邻国之虞"释"闲暇"，考之《国语·晋语》，无内乱也可谓之闲暇。　　⑤ 刑——《尔雅·释诂》："刑，常也。"又："刑，法也。"　　⑥《诗》云——以下诗句见于《诗经·豳风·鸱鸮篇》，以"雨"、"土"、"户"、"予"为韵，古音同在鱼部。　　⑦ 桑土——土（dù），《韩诗》即作"杜"。《方言》："东齐谓根曰杜。"《毛传》："桑土，桑根也。"此句当指桑根之皮，因为桑根不能作缠结之用。　　⑧ 绸缪——缪（móu）。绸缪，缠结之意。　　⑨ 下民——民犹人也。诗句作鸱鸮（一种形似黄雀而体甚小之鸟，不是鹞鹰）口吻，其巢在上，故称人为"下民"。　　⑩ 般乐怠敖——般（pán），般乐为同义复音词。《尔雅·释诂》："般，乐也。"《诗·般》郑《笺》："般，乐也。"怠，怠惰。敖同遨，《说文》："出游也。"　　⑪《诗》云——以下诗句见《大

雅·文王篇》。　⑫永言配命——《毛传》："永，长也。""配命"，言我周朝之命与天命相配。言为语中助词，无义。　⑬《太甲》——《尚书》篇名，今文古文皆不传，今日《尚书》中的《太甲》上、中、下三篇乃梅赜伪古文。　⑭违——《礼记·缁衣》郑玄《注》云："违，犹辟（避）也。"　⑮活——《礼记·缁衣》引作"逭"（huàn）。郑玄《注》云："逭，逃也。"则此"活"字当是"逭"之借字。

3·5　孟子曰："尊贤使能，俊杰①在位，则天下之士②皆悦，而愿立于其朝矣；市，廛而不征③，法而不廛④，则天下之商皆悦，而愿藏于其市矣；关，讥而不征⑤，则天下之旅⑥皆悦，而愿出于其路矣；耕者，助⑦而不税，则天下之农皆悦，而愿耕于其野矣；廛⑧，无夫里之布⑨，则天下之民皆悦，而愿为之氓⑩矣。信能行此五者，则邻国之民仰⑪之若父母矣。率其子弟，攻其父母，自有生民以来⑫未有能济者也。如此，则无敌于天下。无敌于天下者，天吏⑬也。然而不王者，未之有也。"

【译文】

孟子说："尊重有道德的人，使用有能力的人，杰出的人物都有官位，那么，天下的士子都会高兴，愿意到那个朝廷找个一官半职了；在市场，给与空地以储藏货物，却不征收货物税；如果滞销，依法征购，不让它长久积压，那么，天下的商人都会高兴，愿意把货物存放在那市场上了；关卡，只稽查而不征税，那么，天下的旅客都会高兴，愿意经过那里的道路了；对耕田的人，实行井田制，只助耕公田，不再征税，那么，天下的农夫都会高兴，愿意在那里的田野上种庄稼了；人们居住的地方，没有那一些额外的雇役钱和地税，那么，天下的百姓都会高兴，愿意在那里侨居了。真正能够做到这五项，那么，邻近国家的老百姓都会像对待爹娘一样地爱慕他了。〔如果邻国之君要率领这样的人民来攻打他，便正好比〕率领他的儿女来攻打他们的父母，从有人类以来，这种事没有能够成功的。像这样，就会天下无敌。天下无敌的人就叫做'天吏'。如此而不能统一天下的，是从来不曾有过的。"

【注释】

① 俊杰——朱熹《集注》云："俊杰，才德之异于众者。"　② 士——在古代书籍中，"士"有各种各样的定义，如《白虎通·爵篇》云："任事之称也。"又云："通古今辩然否谓之士。"又如《国语·齐语》注云："讲学道义者也。"《汉书·食货志》云："学以居位曰士。"《公羊》成公元年《传注》云："德能居位曰士。"或者以其知识本领言，或者以其修养道德言，或者以其社会地位言，或者两者三者兼而有之。总之，它是古代的一个阶层，不比卿大夫有其"世禄"，虽大部分出身于庶人（因此《孟子·梁惠王上》第一章以"王"为一层，"大夫"为一层，而"士庶人"共为一层），都经常为统治阶级服务，而立于"庶人"之上。　③ 廛而不征——《周礼·廛人》注引郑众云："廛谓市中之地未有肆而可居以畜藏货物者也。孟子曰：'市廛而不征，法而不廛，则天下之商皆悦，而愿藏于其市矣。'谓货物储藏于市中而不租税也，故曰'廛而不征'。"　④ 法而不廛——郑众又云："其有货物久滞于廛而不售者，官以法为居取之，故曰'法而不廛'。"　⑤ 讥而不征——《礼记·王制》："关，讥而不征。"郑玄《注》云："讥，讥异服，识异言。"孔颖达《正义》云："讥谓呵察，公家但呵

察非违，不税行人之物。" ⑥旅——就是《梁惠王上》的"行旅"，旅客之意。 ⑦助——赵岐《注》云："助者井田什一，助佐公家治公田。"《孟子·滕文公上》："惟助为有公田。"又云："方里而井，井九百亩，其中为公田。八家皆私百亩，同养公田。公事毕然后敢治私事。"详见(5·3)。 ⑧廛——江永《群经补义》云："此廛谓民居，即《周礼》'上地夫廛'、'许行愿受一廛'之'廛'。" ⑨夫里之布——布，钱也。江永又云："夫布见《周礼·闾师》，'凡无职者出夫布'，谓闲民为民佣力者不能赴公旬三日之役，使之出一夫力役之泉，犹后世之雇役钱也。里谓里居，即《孟子》'收其田里'之里。里布见《地官·载师》，'凡宅不毛者有里布'，谓有宅不种桑麻，或荒其地，或为台榭游观，则使之出里布，犹后世凡地皆有地税也。此皆民之常赋，战国时一切取之，非佣力之闲民已有力役之征，而仍使之别出夫布；宅有种桑麻，有嫔妇布缕之征，而仍使之别出里布，是额外之征借夫布、里布之名而横取者，今皆除之，则居廛者皆受惠也。"案江氏说夫布、里布之义甚是，但后段谓"战国时一切取之"，因而孟子欲除之则非。《孟子·尽心下》云："孟子曰：有布缕之征、粟米之征、力役之征。君子用其一，缓其二，用其二而民有殍，用其三而父子离。"可见孟子本意。江氏所以为此说者，以为《周礼》是周公所作，孟子只有同意，决无反对之理，于是不得已而为此调停之言。殊不知《周礼》决非周公之书，仅是部分地反映了春秋战国一代中的若干实际情况的书罢了。 ⑩氓——(méng)。焦循《正义》云："赵《注》：'氓者，谓其民也。'按此，则'氓'与'民'小别，盖自他归往之民则谓之氓，故字从民亡。" ⑪仰——这一仰字意义和《诗·小雅·车舝》"高山仰止"、《孟子》"民皆仰之"(4·9)的"仰"相同，也正是"良人者所仰望而终身也"（8·33）的"仰望"之意。古人本有单词（动词为多）复义之例。如《孟子》有时用"平治"（4·13），有时也单用一"平"字（8·2）。 ⑫ 自有生民以来——朱熹《集注》本无"有"字。阮元《校勘记》云："闽、监、毛三本、韩本同（无"有"字），孔本、《考文》古本'自'下有'有'字。按《石经》此文漫漶，然细审之，此句是六字，当亦有'有'字也。"此从《石经》。 ⑬ 天吏——《说文》云："吏，治人者也。"和大官叫官、小官叫吏的"吏"不同。

3·6 孟子曰："人皆有不忍人之心。先王有不忍人之心，斯有不忍人之政矣。以不忍人之心，行不忍人之政，治天下可运之掌上。所以谓人皆有不忍人之心者，今人乍①见孺子将入于井，皆有怵惕恻隐②之心——非所以内交③于孺子之父母也，非所以要④誉于乡党朋友也，非恶其声而然也。由是观之，无恻隐之心，非人也；无羞恶之心，非人也；无辞让之心，非人也；无是非之心，非人也。恻隐之心，仁之端⑤也；羞恶之心，义之端也；辞让之心，礼之端也；是非之心，智之端也。人之有是四端也，犹其有四体也。有是四端而自谓不能者，自贼者也；谓其君不能者，贼其君者也。凡有四端于我⑥者，知皆扩而充之矣⑦，若火之始然⑧，泉之始达。苟能充之，足以保⑨四海；苟不充之，不足以事父母。"

【译文】

　　孟子说："每个人都有怜恤别人的心情。先王因为有怜恤别人的心情，这就有怜恤别人的政治了。凭着怜恤别人的心情来实施怜恤别人的政治，治理天下可以像转运小物件于手掌上一样的容易。我所以说每人都有怜恤别人的心情，其道理就在于：譬如现在有人突然地看到一个小孩子要跌到井里去了，任何人都会有惊骇同情的心情。这种心情的产生，不是为着要来和这小孩的爹娘攀结交情，不是为着要在乡里朋友中间博取名誉，也不是厌恶那小孩的哭声才如此的。从这里看来，一个人，如果没有同情之心，简直不是个人；如果没有羞耻之心，简直不是个人；如果没有推让之心，简直不是个人；如果没有是非之心，简直不是个人。同情之心是仁的萌芽，羞耻之心是义的萌芽，推让之心是礼的萌芽，是非之心是智的萌芽。人的有这四种萌芽，正好比他有手足四肢一样〔，是自然而然的〕。有这四种萌芽却自己认为不行的人，这是自暴自弃的人；认为他的君主不行的人，便是暴弃他君主的人。所有具有这四种萌芽的人，如果晓得把它们扩充起来，便会像刚刚烧燃的火，〔终必不可扑灭；〕刚刚流出的泉水〔，终必汇为江河〕。假若能够扩充，便足以安定天下；假若不扩充，〔让它消灭，〕便连赡养爹娘都不行。"

【注释】

① 乍——朱熹《集注》："乍，犹忽也。"　　② 怵惕恻隐——怵（chù），《说文》："怵，恐也。"惕（tì），《易·乾》释文引郑玄云："惧也。"《说文》："恻，痛也。"隐即"王若隐其无罪而就死地"（1·7）之"隐"，赵岐《注》："隐，痛也。""怵惕"皆惊惧之义，"恻隐"皆哀痛之义，都是同义复词。

③ 内交——内同"纳"，朱熹《集注》："内，结也。"则"内交"即结交。

④ 要——（yāo），求也。　　⑤ 端——本作"耑"。《说文》："耑，物初生之题（题犹额也，端也。）也，上象生形，下象其根也。"段玉裁《注》

云:"古发端字作此,今则'端'行而'耑'废,乃多用'耑'为'专'矣。"
⑥我——此"我"字作"己"字用。其例证可参考杨树达《高等国文法》。
⑦知皆扩而充之矣——这是假设句,但无假设连词。　　⑧然——"燃"
本字。《说文》:"然,烧也。"　　⑨保——这和"保民而王"(1·7)的"保"
字同义,定也。

3·7　孟子曰:"矢人岂不仁于函人①哉?矢人唯恐不
伤人,函人唯恐伤人。巫②匠③亦然。故术不可不慎也④。孔
子曰:'里仁为美。择不处仁,焉得智⑤?'夫仁,天之尊爵
也,人之安宅也。莫之御而不仁,是不智也。不仁、不智,
无礼、无义,人役也。人役而耻为役,由⑥弓人而耻为弓,
矢人而耻为矢也。如耻之,莫如为仁。仁者如射:射者正己
而后发;发而不中,不怨胜己者,反求诸己而已矣。"

【译文】

孟子说:"造箭的人难道比造甲的人本性要残忍些吗?〔如果不是
如此,为什么〕造箭的人生怕他的箭不能伤害人,而造甲的人却生怕他
的甲不能抵御刀箭呢?做巫的和做木匠的也如此〔,巫唯恐自己的法术
不灵,病人不得痊愈;木匠唯恐病人好了,棺材销不出去〕。可见得一个
人选择谋生之术不可以不谨慎。孔子说:'与仁共处是好的。由自己选择,
却不与仁共处,怎样能说是聪明呢?'仁是天最尊贵的爵位,是人最安
逸的住宅。没有人来阻挡你,你却不仁,这是愚蠢。不仁、不智,无礼、
无义,这种人只能做别人的仆役。本应该是仆役,却自以为耻,正好比
造弓的人以造弓为耻,造箭的人以造箭为耻一般。如果真以为耻,不如

好好地去行仁。行仁的人好比赛箭的人一样：射箭的人先端正自己的姿态而后放箭；如果没有射中，不埋怨那些胜过自己的人，反躬自问罢了。"

【注释】

① 函人——《周礼·考工记》："燕无函。"郑玄《注》："函，铠也。"（武亿《释甲》云："汉名甲为铠。"）又《函人》云："函人为甲。"　② 巫——古人治病亦用巫，故《论语》有"巫医"之称，又相传古者巫彭初作医。③ 匠——《说文》："匠，木工也。"　④ 故术不可不慎也——当孟子之时，有习合纵连横之说的人，有习争战之事的人，其行迹似乎都是幸灾乐祸者之所为。孟子此言择术不可不慎，可能是以小喻大，有所为而说的。⑤ 焉得智——引语见《论语·里仁篇》。　⑥ 由——同"犹"。

3·8　孟子曰："子路，人告之以有过，则喜。禹闻善言①，则拜。大舜有②大焉，善与人同③，舍己从人，乐取于人以为善。自耕稼、陶、渔④以至为帝，无非取于人者。取诸人以为善，是与人为善⑤者也。故君子莫大乎与人为善。"

【译文】

　　孟子说："子路，别人把他的错误指点给他，他便高兴。禹听到了善言，他就给人敬礼。伟大的舜更是了不得，他对于行善，没有别人和自己的区分，抛弃自己的不是，接受人家的是，非常快乐地吸取别人的优点来自己行善。从他种庄稼、做瓦器、做渔夫一直到做天子，没有一处优点不是从别人那里吸取来的。吸取别人的优点来自己行善，这就是偕同别人一道行善。所以君子最高的德行就是偕同别人一道行善。"

【注释】

① 禹闻善言——禹，古代历史传说中夏朝开创的天子，也是中国第一位治理洪水的伟大人物。《尚书·皋陶谟》："禹拜昌言。"《史记·夏本纪》"昌言"改作"美言"，亦即《孟子》的"善言"。　② 有——同"又"。③ 善与人同——犹言善与人通。译文用意译法。　④ 耕稼、陶、渔——《史记·五帝本纪》云："舜耕历山，历山之人皆让畔；渔雷泽，雷泽之人皆让居；陶河滨，河滨器皆不苦窳。一年所居成聚，二年成邑，三年成都。"　⑤ 与人为善——与，偕同之意。朱熹《集注》云："与，犹许也，助也。取彼之善而为之于我，则彼益劝于为善矣，是我助其为善也。"亦通。

3·9　孟子曰："伯夷，非其君，不事；非其友，不友。不立于恶人之朝①，不与恶人言；立于恶人之朝，与恶人言，如以朝衣朝冠坐于涂炭。推恶恶之心，思与乡人立，其冠不正，望望然②去之，若将浼焉③。是故诸侯虽有善其辞命而至者，不受也。不受也者，是亦不屑就已。柳下惠④不羞污君，不卑小官；进不隐贤⑤，必以其道；遗佚⑥而不怨，厄穷而不悯⑦。故曰：'尔为尔，我为我，虽袒裼裸裎⑧于我侧，尔焉能浼我哉？'故由由然⑨与之偕而不自失焉，援而止之而止。援而止之而止者，是亦不屑去已。"孟子曰："伯夷隘，柳下惠不恭。隘与不恭，君子不由⑩也。"

【译文】

　　孟子说："伯夷，不是他理想的君主，不去侍奉；不是他理想的朋友，不去交结。不站在坏人的朝廷里，不同坏人说话；站在坏人的朝廷里，同坏人说话，好比穿戴着礼服礼帽坐在泥路或者炭灰之上。把这种厌恶坏人坏事的心情推广起来，他便这样想，同乡下佬一块站着，如果那人帽子没有戴正，便将不高兴地走开，好像自己会沾染肮脏似的。所以当时的各国君主虽然有好言好语来招致他的，他也是不接受的。他之所以不接受，就是因为自己不屑于去接近。柳下惠却不以为侍奉坏君为可耻，不以自己官职小为卑下；入朝做官，不隐藏自己的才能，但一定按照他的原则办事；自己被遗弃，也不怨恨；自己穷困，也不忧愁。所以他说：'你是你，我是我，你纵然在我旁边赤身露体，怎么能沾污我呢？'所以无论什么人他都高兴地同他一道，并且一点不失常态。牵住他，叫他留住，他就留住。叫他留住就留住，也就是因为他用不着离开的缘故。"孟子又说："伯夷器量太小；柳下惠不太严肃。器量太小和不太严肃，君子是不这样做的。"

【注释】

① 不立于恶人之朝——意思是不仕于恶人之朝，译文仍只就字面意义译出。　②望望然——怨望之貌。　③浼——(měi)。《说文》："污也。"　④柳下惠——《淮南子·说林训》高诱《注》云："柳下惠，鲁大夫展无骇之子，名获，字禽（按：一云字季，孔颖达《左传正义》云：'季'是五十岁之字，'禽'是二十岁之字）。家有大柳，树惠德，因号柳下惠。"《文选·陶征士诔》注引郑玄《论语注》云："柳下惠，鲁大夫展禽，食采柳下，谥曰惠。"据《列女传·贤明篇》，"惠"之为谥，由其妻所倡议而门人从之者。其言行散见于《左传》、《国语》、《国策》及先秦诸子书。　⑤进不隐贤——《韩非子·难三》云："故群公公正而无私，不隐贤，不进不肖。"则"不隐贤"为见贤人而不隐蔽之意。但赵《注》

以为"进不隐己之贤才，必欲行其道也"，此说甚是。　⑥遗佚——"佚"与"逸"通，谓不被用。　⑦悯——朱熹《集注》云："悯，忧也。"⑧袒裼裸裎——裼（xī）。袒，《说文》作"但"，云："但，裼也。"《尔雅·释训》、《诗毛传》皆云："袒裼，肉袒也。"（肉袒者，肉外见而无衣也。）裎（chéng），朱熹《集注》云："裸裎，露身也。"　⑨由由然——《韩诗外传》引《孟子·万章下》"由由然不忍去也"作"愉愉然不去也"，可见由由然为高兴之貌。　⑩由——《广雅·释诂》："由，行也。"

公孙丑章句下

凡十四章

朱熹《集注》云：「自第二章以下记孟子出处行实为详。」

4·1　孟子曰：“天时不如地利，地利不如人和①。三里之城，七里之郭②，环③而攻之而不胜。夫环而攻之，必有得天时者矣④；然而不胜者，是天时不如地利也。城非不高也，池⑤非不深也，兵革⑥非不坚利也，米粟非不多也；委⑦而去之，是地利不如人和也。故曰：域⑧民不以封疆之界，固国不以山谿之险，威天下不以兵革之利。得道⑨者多助，失道者寡助。寡助之至，亲戚畔之⑩；多助之至，天下顺之。以天下之所顺，攻亲戚之所畔；故君子有不战⑪，战必胜矣。”

【译文】

孟子说：“天时不及地利，地利不及人和。譬如有一座小城，每边长仅三里，它的外郭也仅七里。敌人围攻它，而不能取胜。在长期围攻中，一定有合乎天时的战机，却不能取胜，这就是说得天时的不及占地利的。〔又譬如，另一守城者，〕城墙不是不高，护城河不是不深，兵器和甲胄不是不锐利和坚固，粮食不是不多；〔然而敌人一来，〕便弃城逃走，这就是说占地利的不及得人和的。所以我说，限制人民不必用国家的疆界，保护国家不必靠山川的险阻，威行天下不必凭兵器的锐利。行仁政的帮助他的人就多，不行仁政的帮助他的人就少。帮助的人少到极点时，连亲戚都反对他；帮助他的人多到极点时，全天下都顺从他。拿全天下顺从的力量来攻打亲戚都反对的人，那么，仁君圣主或者不用战争，若用战争，是必然胜利的了。”

【注释】

①　天时、地利、人和——《荀子·王霸篇》云：“农夫朴力而寡能，则上不失天时，下不失地利，中得人和而百事不废。”可见“天时、地利、

人和"是当时成语，而内容各有所指。《荀子》所谓"天时"，显然是指"农时"；所谓"地利"，显然是指"地力"；所谓"人和"，显然是指"分工"。《孟子》这里的"天时"，可能是指阴晴寒暑之宜于攻战与否，而历代注解家以阴阳五行家的"时日干支五行王相孤虚"来解释，恐怕不是孟子本意。《孟子》的"地利"，自是指高城深池山川险阻；所谓"人和"，自是指人心所向内部团结。此皆容易明白。　②三里之城，七里之郭——《战国策·齐策》言"三里之城，五里之郭"，又言"五里之城，七里之郭"，都是指即墨，而言其城郭之小。郭是外城，城是内城。内城三里，外城应只五里，不能七里。《晋书·段灼传》两次言"三里之城，五里之郭"，原文显系根据《孟子》，可见《孟子》本应作"五里之郭"。此言七里，译文仍从之。　③环——朱熹《集注》："环，围也。"　④必有得天时者矣——朱熹《集注》云："言四面围攻，旷日持久，必有值天时之善者。"　⑤池——城壕也。《集韵》云："壕，城下池。"　⑥兵革——兵，武器，指戈矛刀箭等而言；革，皮革，指甲胄。古代甲胄，有以皮革为之者，也有以铜铁为之者。　⑦委——朱熹《集注》："委，弃也。"⑧域——朱熹《集注》："域，界限也。"　⑨得道——意指得治国之道，即指行仁政。　⑩亲戚畔之——古代"亲戚"一词有三种不同的意义。(1)《列子·汤问篇》："楚之南有炎人之国，其亲戚死，刳其肉而弃，然后埋其骨，迺成为孝子。"此"亲戚"显系仅指父母而言。(2)《史记·五帝本纪》："尧二女不敢以贵骄，事舜亲戚，甚有妇道。"《正义》云："亲戚谓父瞽叟、后母、弟象、妹颗手等也。"(3)《礼记·曲礼上》："兄弟亲戚称其慈也。"《正义》云："亲指族内，戚指族外。"《孟子》所谓"亲戚"，当是第二义或者第三义。(案：《史记》之"亲戚"疑同于《列子》，张守节《正义》可能有误。）"畔"同"叛"。 ⑪有不战——此"有"字可以读为"有无"之"有"，亦可读为"或"，古书"有"与"或"经常通用，译文系用"或"字之义。

4·2 孟子将朝王，王使人来曰："寡人如①就见者也，有寒疾，不可以风。朝，将视朝②，不识可使寡人得见乎？"

对曰："不幸而有疾，不能造朝。"

明日，出吊于东郭氏③。公孙丑曰："昔者④辞以病，今日吊，或者⑤不可乎？"

曰："昔者疾，今日愈，如之何不吊？"

王使人问疾，医来。

孟仲子⑥对曰："昔者有王命，有采薪之忧⑦，不能造朝。今病小愈，趋造于朝，我不识能至否乎？"

使数人要⑧于路，曰："请必无归，而造于朝！"

不得已而之景丑氏⑨宿焉。

景子曰："内则父子，外则君臣，人之大伦也。父子主恩，君臣主敬。丑见王之敬子也，未见所以敬王也。"

曰："恶！是何言也！齐人无以仁义与王言者，岂以仁义为不美也？其心曰，'是何足与言仁义也'云尔，则不敬莫大乎是。我非尧舜之道，不敢以陈于王前，故齐人莫如我敬王也。"

景子曰："否；非此之谓也。礼曰：'父召，无诺⑩；君命召，不俟驾⑪。'固将朝也，闻王命而遂不果⑫，宜⑬与夫礼若不相似然。"

曰："岂谓是与？曾子曰：'晋楚之富，不可及也；彼以其富，我以吾仁；彼以其爵，我以吾义^⑭，吾何慊^⑮乎哉？'夫岂不义而曾子言之？是或一道也。天下有达尊三：爵一，齿一，德一。朝廷莫如爵，乡党莫如齿，辅世长民莫如德。恶得有其一以慢其二哉？故将大有为之君，必有所不召之臣；欲有谋焉，则就之。其尊德乐道，不如是，不足与有为也。故汤之于伊尹，学焉而后臣之，故不劳而王；桓公之于管仲，学焉而后臣之，故不劳而霸。今天下地丑^⑯德齐，莫能相尚，无他，好臣其所教，而不好臣其所受教。汤之于伊尹，桓公之于管仲，则不敢召。管仲且犹不可召，而况不为管仲者乎？"

【译文】

孟子准备去朝见齐王，恰巧王派了个人来，说道："我本应该来看你，但是感冒了，不能吹风。如果你肯来朝，我便也临朝办公，不晓得能够使我看到你吗？"

孟子答道："不幸得很，我也有病，不能到朝廷里去。"

第二天，孟子要到东郭大夫家里去吊丧。公孙丑说："昨天托辞有病谢绝王的召见，今天又去吊丧，大概不可以吧？"

孟子说："昨天生了病，今天好了，为什么不去吊丧呢？"

齐王打发人来问病，并且有医生同来。

孟仲子应付说："昨天王有命令来，他得着小病，不能奉命上朝廷去。今天刚好了一点，已经上朝廷里去了，但是我不晓得能够到达不。"

接着孟仲子派了好几个人分别在孟子归家的路上拦截孟子，说道："您无论如何不要回家，一定要赶快上朝廷去！"

孟子没有办法，只得躲到景丑的家歇宿。

景丑说："在家庭里有父子，在家庭外有君臣，这是人与人间最重要的关系。父子之间以慈爱为主，君臣之间以恭敬为主。我只看见王对你很尊敬，却没有看见你对王是怎样恭敬的。"

孟子说："哎！这是什么话！在齐国人中，没有一个拿仁义的道理向王进言的，他们难道以为仁义不好吗？〔不是的。〕他们的心里是这样想的：'这个王哪能够得上和他谈仁义呢？'他们对王就是这样的。这才是最大的不恭敬呢。我呢，不是尧舜之道不敢拿来向王陈述，所以在齐国人中没有一个赶得上我这样对王恭敬的。"

景丑说："不，我所说的不是指这个。礼经上说过：'父亲召唤，"唯"一声就起身，不说"诺"；君主召唤，不等待车马驾好就先走。'你呢，本来准备朝见王，一听到王的召见，反而不去了，似乎和礼经所说有点不相合吧。"

孟子说："原来你说的是这个呀！曾子说过：'晋国和楚国的财富，是我们赶不上的。但是，他有他的财富，我有我的仁；他有他的爵位，我有我的义，我为什么觉得比他少了什么呢？'这些话如果没有道理，曾子难道肯说吗？大概是有点道理的。天下公认为尊贵的东西有三样：爵位是一个，年龄是一个，道德是一个。在朝廷中，先论爵位；在乡里中，先论年龄；至于辅助君主统治百姓自然以道德为最上。他哪能凭着爵位来轻视我的年龄和道德呢？所以大有作为的君主一定有他的不能召唤的臣子；若有什么事要商量，就亲自到臣那里去。尊尚道德和乐行仁政,如果不这样,便不足和他有所作为。因此,商汤对于伊尹,先向伊尹学习,然后以他为臣,于是乎不大费力气而统一了天下;桓公对于管仲,也是先向他学习,然后以他为臣,于是乎不大费力气而称霸于诸侯。现在,各个大国,土地的大小是同一样的,行为作风也不相上下,彼此之间谁也不能驾凌在谁之上,没有别的缘故,正是因为他们只喜欢以听从他的话的人为臣,却不喜欢以能够教导他的人为臣。商汤对于伊尹,桓公对于管仲,就不敢召唤。管仲还不可以召唤,何况连管仲都不愿做的人呢?"

【注释】

①如——助动词,宜也,当也。见《词诠》。 ②朝,将视朝——赵岐《注》云:"傥可来朝,欲力疾临视朝,因得见孟子也。"是以第一"朝"字仍读为"朝见"之"朝",为一逗。译文取此读法。朱熹《集注》以第一"朝"字读为"朝暮"之"朝",为"将视朝"之时间词,亦通。 ③东郭氏——《史记·平准书》索隐引《风俗通》云:"东郭牙,齐大夫。"则齐有东郭氏,为大夫之家。 ④昔者——古人以自说话者之时以前之时间,不论时距之久暂长短都谓之"曩"或者"昔",此"昔者"则指"昨日"。

⑤或者——表示传疑的副词。 ⑥孟仲子——赵岐《注》云:"孟仲子,孟子之从昆弟,学于孟子者也。"未详所出。《诗毛氏传》曾两次征引孟仲子之说,《经典释文·序录》也说孟仲子曾经传《诗》,但恐别是一人。

⑦采薪之忧——采,"採"的本字。《礼记·曲礼下》:"君使士射,不能,则辞以疾,言曰:'某有负薪之忧。'"可见"采薪之忧"或者"负薪之忧"都是疾病之代辞,为当时交际上的习惯语。 ⑧要——(yāo),遮拦之意。 ⑨景丑氏——其人已不可考。《汉书·艺文志》有《景子》三篇,列儒家,翟灏《四书考异》以为似即此人所著。 ⑩父召,无诺——

赵岐《注》云："礼，父召无诺，无诺而不至也。"意谓可以诺，但必至，此解恐非。《礼记·曲礼》云："父召无诺，先生召无诺，唯而起。"《玉藻》亦云："父命呼，唯而不诺。"《曲礼注》云："应辞唯恭于诺。"孟子之意当如此。　⑪君命召，不俟驾——《论语·乡党篇》云："君命召，不俟驾行矣。"《荀子·大略篇》亦云："诸侯召其臣，臣不俟驾，颠倒衣裳而走，礼也。《诗》曰：'颠之倒之，自公召之。'天子召诸侯，诸侯辇舆就马（《注》云：辇谓人挽车，言不暇待马至，故辇舆就马也。），礼也。"　⑫不果——事之合于预期者曰果，否则曰不果；一般用作副词，但其下动词常承上文省略。　⑬宜——王念孙云："宜犹殆也。"说见王引之《经传释词》。　⑭"彼以其富"四句——四句的主要动词似都有所省略，译文是用意译法。与《吕氏春秋·期贤篇》引魏文侯之言："且吾闻段干木未尝肯以己易寡人也，吾安敢骄之？段干木光（即"广"字）乎德，寡人光乎地；段干木富乎义，寡人富乎财。"立场虽相反，意思则相同。　⑮慊——赵岐《注》云："慊，少也。"此处为动词意动用法，以为少之意。　⑯丑——《方言》云："丑，同也，东齐曰丑。"

4·3　陈臻①问曰："前日于齐，王馈兼金②一百③，而不受；于宋，馈七十镒而受；于薛④，馈五十镒而受。前日之不受是，则今日之受非也；今日之受是，则前日之不受非也。夫子必居一于此矣。"

孟子曰："皆是也。当在宋也，予将有远行，行者必以赆⑤；辞曰：'馈赆。'予何为不受？当在薛也，予有戒心⑥；辞曰：'闻戒，故为兵馈之。'予何为不受？若于齐，则未有处⑦也。无处而馈之，是货⑧之也。焉有君子而可以货取乎？"

【译文】

陈臻问道："过去在齐国，齐王送您上等金一百镒，您不接受；后来在宋国，宋君送您七十镒，您受了；在薛，薛君送您五十镒，您也受了。如果过去的不接受是正确的，那今天的接受便错了；如果今天的接受是正确的，那过去的不接受便错了。二者之中，老师一定有一个错误。"

孟子说："都是正确的。当在宋国的时候，我准备远行，对远行的人一定要送些盘费，因此他说：'送上一点盘费吧。'我为什么不受？当在薛的时候，我听说路上有危险，须要戒备，因此他说：'听说你须要戒备，送点钱给您买兵器吧。'我为什么不受？至于在齐国，就没有什么理由。没有什么理由却要送我一些钱，这等于用金钱收买我。哪里有君子可以拿钱收买的呢？"

【注释】

① 陈臻——赵岐《注》云："孟子弟子。"　② 兼金——赵岐《注》云："兼金，好金也。其价兼倍于常者，故谓之兼金。"案：古时所谓"金"，不是今日的"黄金"，一般实际上是铜。王夫之《孟子稗疏》谓："兼者杂也，杂青金（铅）赤金（铜）白金（锡）可以铸泉布器用者也。"恐不可信。　③ 一百——赵岐《注》云："一百，百镒也。古者以一镒为一金。镒，二十两也。"　④ 薛——春秋时的薛国此时已亡于齐，故周广业《孟子出处时地考》云："孟子所在之薛，乃齐靖郭君田婴封邑，非春秋之薛也。"故城在今山东滕县东南四十四里。　⑤ 馈——(jìn)，赵岐《注》云："送行者赠赆之礼也，时人谓之赆。"案字本作"賮"，《说文》："賮，会礼也。"则各种财礼皆得称"賮"，或作"进"，《汉书·高帝纪》"萧何为主吏，

主进"是也。刘逵注《三都赋》引《苍颉篇》云："赆，财货也。"则又《汉书·陈遵传》之'数负进'之"进"。 ⑥戒心——赵岐《注》云："有戒备不虞之心也。时有恶人欲害孟子，孟子戒备。" ⑦未有处——赵岐《注》云："我在齐无事，于义未有所处也。"是没有理由接受礼物的意思。 ⑧货——动词，贿赂之意。

4·4 孟子之平陆①，谓其大夫②曰："子之持戟之士③，一日而三失伍④，则去之⑤否乎？"

曰："不待三。"

"然则子之失伍也亦多矣。凶年饥岁，子之民，老羸转于沟壑，壮者散而之四方者，几千人矣。"

曰："此非距心之所得为也。"

曰："今有受人之牛羊而为之牧之者，则必为之求牧⑥与刍矣。求牧与刍而不得，则反诸其人乎？抑亦立而视其死与？"

曰："此则距心之罪也。"

他日，见于王曰："王之为都⑦者，臣知五人焉。知其罪者，惟孔距心。"为王诵⑧之。

王曰："此则寡人之罪也。"

【译文】

孟子到了平陆，对当地的长官孔距心说："如果你的战士，一天三次失职，你开除他吗？"

答道："不必等待三次，我就开除他了。"

　　孟子说："那么，你自己失职的地方也很多了。灾荒年成，你的百姓，年老体弱抛尸露骨于山沟中的，年轻力壮逃亡于四方的，已将近千人了。"

　　答道："这个事情不是我的力量所能做到的。"

　　孟子说："譬如现在有一个人，接受别人的牛羊而替人牧放，那一定要替牛羊寻找牧场和草料了。如果牧场和草料都找不到，是就把它退还原主呢？还是就站在那里看着它一个个死去呢？"

　　答道："这个就是我的罪过了。"

　　过了些时，孟子朝见了齐王，说道："王的地方长官，我认识了五位。明白自己的罪过的，只有孔距心一个人。"于是把过去的问答复述了一遍。

　　王说："这个也是我的罪过呢！"

【注释】

① 平陆——齐国边境邑名，故城当在今山东汶上县北。　②大夫——战国时的邑宰亦称大夫，故赵岐《注》云："大夫，治邑大夫也。"相当今日的县长。　③持戟之士——戟（jǐ），古代兵器的一种。古代常称战士为"持戟"，如《战国策·秦策》："楚地持戟百万。"《史记·高祖纪》："持戟百万。"这"持戟之士"也应是战士之义。阎若璩《四书释地》以为"盖为大夫守卫者，非指战士"，恐未必然。　④失伍——赵岐《注》云："失其行伍。"《释地》则引明郝敬云："伍，班次也。失伍，不在班也。"译文用意译法。　⑤去之——郝敬云："去之，罢去也。"　⑥牧——赵岐《注》云："牧，牧地。"　⑦都——《左传》庄公二十八年云："凡邑，有宗庙先君之主曰都，无曰邑。"阎若璩《四书释地续》云："都与邑虽有大小，君所居、民所聚，有宗庙及无之别，其实古多通称。如'商邑翼翼，四方之极'、'即伐于崇，作邑于丰'，此都称邑之明征也。'赵

良曰，君何不归十五都'、'孟子曰，王之为都者'，此邑称都之明征也。"
⑧诵——背诵复述之意。

4·5　孟子谓蚳鼃①曰："子之辞灵丘②而请士师，似
也，为其可以言也。今既数月矣，未可以言与？"

蚳鼃谏于王而不用，致为臣而去③。

齐人曰："所以为蚳鼃则善矣；所以自为，则吾不知也。"

公都子④以告。

曰："吾闻之也：有官守者，不得其职则去；有言责
者，不得其言则去。我无官守，我无言责也，则吾进退，
岂不绰绰然有馀裕哉？"

【译文】

孟子对蚳鼃说："你辞去灵丘县长，却要做治狱官，似乎很有道理，
因为可以向王进言。现在，你作了治狱官已经几个月了，还不能向王进
言吗？"

蚳鼃向王进谏，王不听，因之辞职而去。

齐国有人便说："孟子替蚳鼃考虑的主意是不错的了，但是他怎样
替自己考虑呢，那我还不知道。"

公都子把这话告诉孟子。

孟子说："我听说过：有固定职务的，如果无法尽其职责，就可以不干；
有进言的责任的，如果言不听，计不从，也就可以不干。我既没有固定
的职务，又没有进言的责任，郏我的行动，难道不是宽舒得有无限的回
旋馀地吗？"

【注释】

① 蚔鼃——赵岐《注》云："齐大夫。"蚔（chí），鼃即今蛙字。 ② 灵丘——齐国边境邑名。江永《群经补义》以为在今山东的聊城，又有人以为在今滕州市附近，都无实据。 ③ 谏于王而不用，致为臣而去——《礼记·曲礼下》云："为人臣之礼不显谏。三谏而不听，则逃之。"《公羊传》庄公二十四年云："三谏不从，遂去之。"故赵岐《注》云："三谏不用，致仕而去。" ④ 公都子——赵岐《注》云："孟子弟子也。"

4·6　孟子为卿于齐，出吊于滕①，王使盖大夫王驩②为辅行③。王驩朝暮见，反齐滕之路，未尝与之言行事也。

公孙丑曰："齐卿之位，不为小矣；齐滕之路，不为近矣，反之而未尝与言行事，何也？"

曰："夫④既或治之，予何言哉？"

【译文】

孟子在齐国作卿，奉使到滕国去吊丧，齐王还派盖邑的县长王驩作为副使同行。王驩同孟子两人成天在一起，来回于齐、滕两国的旅途，孟子却不曾同他一道谈过公事。

公孙丑问道："齐国卿的官位，不算小了；齐、滕间的距离，不算近了；但来回一趟，却不曾和王驩谈过公事，这是为什么呢？"

孟子答道："他既然一个人独断独行了，我还说什么呢？"

【注释】

① 出吊于滕——季本《孟子事迹图谱》云："其与王驩使滕，为文公之丧也。非大国之君，无使贵卿及介往吊之礼，此固重文公之贤而隆其数，亦孟

子欲亲往吊以尽存没始终之大礼也。"　　②盖大夫王驩——盖（gě），齐国邑名，故城在山东沂水县西北八十里。和"兄戴盖禄万钟"（6·10）的"盖"当是一邑，阎若璩《四书释地》云："以半为王朝之下邑，王驩治之，以半为卿族之私邑，陈氏世有之。"周柄中《孟子辨正》云："《左传》凡大夫加邑号者，皆治邑之大夫。王驩为盖大夫，犹距心为平陆大夫。"王驩事又见《孟子·离娄下》第二十七章。　　③辅行——朱熹《集注》云："辅行，副使也。"　　④夫——彼也。

4·7　孟子自齐葬于鲁[①]，反于齐，止于嬴[②]。

充虞[③]请曰："前日不知虞之不肖[④]，使虞敦匠事[⑤]。严[⑥]，虞不敢请。今愿窃有请也：木若以[⑦]美然。"

曰："古者棺椁无度[⑧]，中古[⑨]棺七寸，椁称之。自天子达于庶人，非直为观美也，然后尽于人心。不得[⑩]，不可以为悦；无财，不可以为悦。得之为[⑪]有财，古之人皆用之，吾何为独不然？且比[⑫]化者[⑬]无使土亲肤，于人心独无恔[⑭]乎？吾闻之也：君子不以天下俭其亲。"

【译文】

孟子从齐国到鲁国埋葬母亲，又回到齐国，到了嬴县，停留下来。

充虞请问道："承您看得起我，使我监理棺椁的制造工作，当时大家都忙碌，我虽有疑问，不敢请教。今日才来请教：棺木似乎太好了。"

孟子答道："上古对于棺椁的尺寸，没有一定规矩；到了中古，才规定棺厚七寸，椁的厚度以相称为准。从天子一直到老百姓，讲究棺椁，不仅是为着美观，而是要这样，才算尽了孝子之心。为法制所限，不能用上等木料，当然不称心；能用上等木料，没有财力，也还是不称心。又有用上等木料的地位，财力又能买得起，古人都如此做了，我为什么不这样呢？而且，为了不使死者的尸体和泥土相挨，对孝子说来，难道就足以称心了吗？我听说过：在任何情况下，都不应当在父母身上去省钱。"

【注释】

① 自齐葬于鲁——赵岐《注》云："孟子仕于齐，丧母，归葬于鲁。"案：据《列女传》"孟子处齐有忧色，拥楹而叹，孟母见之"云云，则孟子仕齐，孟母同往。赵岐之说诚为可信。　②嬴——故城在今莱芜市西北四十里北。　③充虞——赵岐《注》云："孟子弟子。"　④不知虞之不肖——此客气语，故译文亦以今日常用语达之。　⑤敦匠事——孔广森《经学卮言》云："敦，治也。"匠指木工。赵岐以"匠"字绝句，"事"字属下读，亦通。　⑥严——焦循《正义》云："严为急；急者,谓不暇也。"　⑦以——太也。　⑧古者棺椁无度——赵岐《注》云："言古者棺椁薄厚无尺寸之度。"　⑨中古——赵岐《注》云："中古谓周公制礼以来。"孔广森《经学卮言》云："中古尚指周公以前，周公制礼，则自天子至于庶人皆有等。"　⑩不得——旧注皆以不得"谓法制所不当得"，译文所本。　⑪为——王念孙《读书杂志》云："《孟子》'得之为有财'，言'得之与有财'也。"　⑫比——去声，为也。⑬化者——《淮南子·精神训》高诱《注》云："化,犹死也。"　⑭恔——(xiào)，赵岐《注》云："快也。"

4·8　沈同①以其私问曰："燕可伐与②？"

孟子曰：“可；子哙不得与人燕，子之不得受燕于子哙。有仕③于此，而子悦之，不告于王而私与之吾子之禄爵；夫士也，亦无王命而私受之于子，则可乎？——何以异于是？”

齐人伐燕。

或问曰：“劝齐伐燕，有诸？”

曰：“未也；沈同问‘燕可伐与’，吾应之曰：‘可。’彼然而伐之也。彼如曰：‘孰可以伐之？’则将应之曰：‘为天吏，则可以伐之。’今有杀人者，或问之曰：‘人可杀与？’则将应之曰：‘可。’彼如曰：‘孰可以杀之？’则将应之曰：‘为士师，则可以杀之。’今以燕伐燕，何为劝之哉？”

【译文】

沈同用个人身份问孟子说：“燕国可以讨伐吗？”

孟子答道：“可以；燕王子哙不能够〔任自己的意思〕把燕国交给别人，他的相国子之也不能够〔就这样〕从子哙那里接受燕国。譬如有这么一个人，你很喜欢他，便不向王请示而自作主张地把你的俸禄官位都让给他；他呢，也没有国王的任命便从你那里接受了俸禄官位，这样可以吗？——子哙、子之私相授受的事和这个例子又有什么分别呢？”

齐国果然去讨伐燕国。

有人问孟子说：“齐国讨伐燕国，你曾经劝说过，有这回事吗？”

孟子答道：“没有，沈同曾经用他个人身份问我，说：‘燕国可以讨伐吗？’我答应说：‘可以。’他们就这样地去打燕国了。他假若再问：‘谁可以去讨伐他呢？’那我便会说：‘只有天吏才可以去讨伐。’譬如这里有一个杀人犯，有人问道：‘这犯人该杀吗？’那我会说：‘该杀。’假若他再问：'谁可以杀他呢？'那我就会回答：'只有治狱官才可以去杀他。'如今用一个同燕国一样暴虐的齐国去讨伐燕国，我为什么去劝他呢？"

【注释】

① 沈同——赵岐《注》云："沈同，齐大臣。"焦循《正义》云："沈同无考。"

② 燕可伐与——参阅《梁惠王下》第十、第十一两章以及下第九章之经文并注释。　③ 仕——"士"、"仕"古字多通用，此"仕"字当读为"士"。

4·9　燕人畔①。王曰："吾甚慙于孟子②。"

陈贾③曰："王无患焉。王自以为与周公孰仁且智？"

王曰："恶！是何言也！"

曰："周公使管叔监殷④，管叔以殷畔⑤；知而使之，是不仁也；不知而使之，是不智也。仁智，周公未之尽也，而况于王乎？贾请见而解之。"

见孟子，问曰："周公何人也？"

曰："古圣人也。"

曰："使管叔监殷，管叔以殷畔也，有诸？"

曰："然。"

曰："周公知其将畔而使之与？"

曰："不知也。"

"然则圣人且有过与？"

曰："周公，弟也；管叔，兄也。周公之过，不亦宜乎？且古之君子⑥，过则改之；今之君子，过则顺之。古之君子，其过也，如日月之食⑦，民皆见之；及其更也，民皆仰之⑧。今之君子，岂徒顺之，又从为之辞。"

【译文】

燕国人群起反抗齐国。齐王说："我对于孟子感到非常惭愧。"

陈贾说："王不要难过。在仁和智的方面，王和周公比较，您自己说，谁强一些？"

齐王说："哎！这是什么话！〔我哪敢同周公相比？〕"

陈贾说："周公使管叔监督殷国，管叔却率领殷遗民来造反；这一结果，如果周公早已预见到了，却仍然使管叔去监督，那是他的不仁；如果周公未曾预见到，便是他的不智。仁和智，周公都没有完全做到，何况您呢？我愿意去看看孟子向他解释解释。"

于是陈贾来见孟子，问道："周公是怎样的人？"

答道："古代的圣人。"

陈贾说："他使管叔监督殷国，管叔却率领殷遗民造反，有这回事吗？"

答道："有的。"

问道："周公是早预见到管叔会造反，却偏要使他去的吗？"

答道："周公是不曾预见到的。"

陈贾说："这样说来，圣人也会有过错吗？"

答道："周公是弟弟，管叔是哥哥，〔难道弟弟能疑心哥哥会造反吗？〕周公这种错误，难道不也是合乎情理的吗？而且，古代的君子，有了过错，随即改正；今天的君子，有了过错，竟将错就错。古代的君子，他的过错，好像日蚀月蚀一般，老百姓个个都看得到；当他改正的时候，个个都抬头望着。今天的君子，不仅仅将错就错，并且还编造一番假道理来为错误辩护。"

【注释】

① 燕人畔——齐破燕，燕王哙死，子之亡。赵国便召燕公子职于韩，派乐池送入燕，立为燕王，就是燕昭王。齐宣王原意在吞并燕国，而诸侯和燕国人合谋另立燕王，反抗齐国，从齐王言之，说这是"背叛"。

② 吾甚慙于孟子——慙，今作"惭"。《说文》："慙，愧也。"孟子曾经劝王"速出令，反其旄倪，止其重器，谋于燕众，置君而后去之"（2·11），而齐宣王不听，结果遭到燕国反抗。　③ 陈贾——赵岐《注》云："齐大夫也。"《战国策·秦策》有一姚贾，与李斯同时，而高诱以为即此陈贾，不可信。

④ 周公使管叔监殷——《史记·管蔡世家》以管叔为兄，周公为弟，与孟子下文同。但《列女传·母仪篇》则以周公为兄，管叔为弟，与《孟子》下文赵岐《注》相同。毛奇龄《四书賸言》主后说。又《史记·鲁世家》云："已杀纣，周公把大钺，召公把小钺，以夹武王，衅社，告纣之罪于天及殷民，释箕子之囚，封纣子武庚禄父，使管叔、蔡叔傅之，以续殷祀。"《管蔡世家》亦云："武王已克殷纣，平天下，封功臣昆弟，于是封叔鲜于管，封叔度于蔡，二人相纣子武庚禄父，治殷遗民。"　⑤ 管叔以殷畔——《史记·管蔡世家》云："武王既崩，成王少，周公旦专王室，管叔、蔡叔疑周公为之不利于成王，乃挟武庚以作乱。周公旦承成王命伐诛武庚，杀管叔，而放蔡叔，迁之。"　⑥ 君子——这里的"君子"，和"君子创业垂统"（2·14）的"君子"意义相近，不仅指在位者，甚至是指在高位者而言。　⑦ 日月之食——日蚀月蚀的"蚀"字，古书多作"食"字。　⑧ 仰之——仰，抬头望也。此指日月蚀复明而言，而臣民对君王的更改错误，也正如盼望日月复明一般，故也可以说"仰之"。

4·10　孟子致为臣而归①。王就见孟子，曰："前日愿见而不可得，得侍同朝，甚喜②；今又弃寡人而归，不识可以继此而得见乎？"

对曰："不敢请耳，固所愿也。"

他日，王谓时子③曰："我欲中国④而授孟子室，养弟子以万钟⑤，使诸大夫国人皆有所矜式。子盍为我言之！"

时子因陈子而以告孟子，陈子以时子之言告孟子⑥。

孟子曰："然⑦；夫时子恶知其不可也？如使予欲富，辞十万⑧而受万，是为欲富乎？季孙⑨曰：'异哉子叔疑⑨！使己为政，不用，则亦已矣，又使其子弟为卿。人亦孰不欲富贵？而独于富贵之中有私龙断⑩焉。'古之为市也，以其所有易其所无者，有司者治之耳。有贱丈夫⑪焉，必求龙断而登之，以左右望，而罔市利。人皆以为贱，故从而征之。征商自此贱丈夫始矣。"

【译文】

孟子辞去齐国的官职准备回乡，齐王到孟子家中相见，说道："过去希望看到您，却不可能；后来能够同在一起，我很高兴；现在您又将抛弃我而回去了，不知道我们以后还可以相见吗？"

答道："这个，我只是不敢请求罢了，本来是很希望的。"

过了一些时，齐王对时子说："我想在临淄城中给孟子一幢房屋，用万钟之粟来养活他的门徒，便我国的官吏和人民都有所效法。你何不替我向孟子谈谈！"

时子便托陈子把这话转告孟子，陈子也就把时子的话告诉了孟子。

孟子说："嗯，那时子哪晓得这事情做不得呢？假若我是贪图财富，辞去十万钟的俸禄却来接受这一万钟的赐予，这难道是贪图财富吗？季孙说过：'子叔疑真奇怪！自己要做官，别人不用，也就罢了，却又使自己儿子兄弟来做卿大夫。谁不想做官发财，但是他却在做官发财之中有一种垄断行为。'〔怎样叫做'垄断'呢？〕古代的买卖，以有易无，这种事情，相关的部门管理它罢了。却有一个卑鄙汉子，一定要找一个独立的高地登上去，左边望望，右边望望，恨不得把所有买卖的好处由他一网打尽。别人都觉得这人卑鄙，因此抽他的税。向商人抽税便从此开始了。"

【注释】

① 孟子致为臣而归——"归"指回返家乡，和下文"弃寡人而归"的"归"同义。"致为臣"，赵岐解为"辞齐卿"，古书常有"致禄"（《国语·鲁语》）、"致政"（《晋语》、《礼记·王制》等）、"致仕"（《公羊》宣公元年《传》）的语词，这些"致"字都是"归还"之意，故《国语》注云："致，归也。"
② 得侍同朝，甚喜——历来读"得侍"为句，"同朝甚喜"为句，此读实误。孔广森《经学卮言》云："'得侍同朝'者谦词，言与孟子得为君臣而同朝也。'甚喜'，王自言甚喜也。俗读'得侍'绝句者谬。"　③ 时子——赵岐《注》云："齐臣也。"　④ 中国——"中"为介词，"国"读如"遍国中无与立谈者"（8·33）之"国"，谓"临淄城"。"中国"犹言在国都之中。　⑤ 万钟——根据《左传》昭公三年晏婴"齐旧四量：豆、区、釜、钟，四升为豆，各自其四以登于釜，釜十则钟"的话，则区为一斗六升，釜为六斗四升，钟为六石四斗。万钟则为六万四千石。但古代一升，仅合今日 0.1937 升，则六万四千石犹不足今日之一万三千石。宋翔凤《孟

子赵注补正》云："王谓时子，养弟子以万钟，言致卿禄一岁之粟，若后世致仕食俸之法也。" ⑥"时子因陈子"句——赵岐《注》云："陈子，孟子弟子陈臻。"顾炎武《日知录》云："'时子因陈子而以告孟子，陈子以时子之言告孟子'，此不须重见而意已明。" ⑦ 然——王引之《经传释词》云："《礼记·檀弓》：'有子曰：然，然则夫子有为言之也。'《论语·阳货篇》：'然，有是言也。'《孟子·公孙丑篇》曰：'然，夫时子恶知其不可也。'此三'然'字，但为应词而不训为是。" ⑧ 十万——孟子所谓十万，当系成数，以见其多，不必作确数看。阎若璩谓系指孟子在齐国多年俸禄的总数而言，可参考其所著《孟子生卒年月考》。 ⑨ 季孙、子叔疑——朱熹《集注》云："不知何时人。"周广业《孟子出处时地考》以《春秋》昭公二十九年之"叔诣"当子叔疑，亦纯是揣测之词。赵岐之《注》则误以两人为孟子弟子。 ⑩ 龙断——龙同"垄"，龙断本是名词，冈垄之断而高者，《列子·汤问篇》："自此冀之南汉之阴无陇断焉。"则作"陇断"。又可借用作动词，网罗市利之意。 ⑪ 丈夫——《谷梁传》文公十二年云："男子二十而冠，冠而列丈夫。"则"丈夫"为成年男子之通称。

4·11 孟子去齐①，宿于昼②。有欲为王留行者③，坐而言④。不应，隐几⑤而卧。

客不悦曰："弟子齐宿⑥而后敢言，夫子卧而不听，请勿复敢见矣。"

曰："坐！我明语子。昔者鲁缪公无人乎子思之侧，则不能安子思⑦；泄柳、申详无人乎缪公之侧，则不能安其身⑧。

子为长者⑨虑，而不及子思；子绝长者乎？长者绝子乎？"

【译文】

孟子离开齐国，在昼县过夜。有一位想替齐王把孟子挽留住的人恭敬地坐着同孟子说话，孟子却不加理会，伏在靠几上睡起来。

那人很不高兴，说道："我在准备会您的头一天便整洁身心，今天同您说话，您却装睡觉，不听我的，以后再也不敢同您相见了。"〔说着，起身要走。〕

孟子说："坐下来！我明白地告诉你。过去，〔鲁缪公怎样对待贤人呢？〕他如果没有人在子思身边，就不能够使子思安心；如果泄柳、申详没有人在鲁缪公身边，也就不能使自己安心。你替我这个老头考虑，连子思怎样被鲁缪公对待都想不到，〔不去劝说齐王改变态度，却用空话留我，〕这样，是你跟我决绝呢，还是我跟你决绝呢？"

【注释】

① 孟子去齐——阎若璩《孟子生卒年月考》云："系致为臣章于燕畔王惭之后，盖君臣之隙既开，有不可以复合者矣，故孟子决然请去。"

② 昼——赵岐《注》云："齐西南近邑也。"案"昼（畫）"在临淄之西南，为孟子自齐返邹必经之道；"画（畫）"（音获）在临淄之西北三十里，为燕破齐时军队所经之地，一南一北，两地不同。有人混而一之，误。

③ 有欲为王留行者——阎若璩《四书释地又续》云："当日为王留行者，岂有不通姓名之理；为其人可略，作七篇时，遂从而略之。" ④ 坐而言——赵岐《注》云："客危坐而言。"以"危坐"释"坐"。盖古人之坐不用椅凳，阎若璩《释地又续》云："两膝着地，伸腰及股而势危者为跪；两膝着地，以尻（俗云屁股）着蹠（足踵）而少安者为坐。赵氏于'坐

而言’曰‘危坐’，于‘坐，我明语子’单曰‘坐’，盖‘危坐’者，客跪而言留孟子之言，迫不听，然后变色而起，孟子于是命之以安坐以听我语。此两‘坐’字殊不同。”　⑤隐几——隐，《说文》作“䚎”，云：“有所依据也。”（依王筠《句读》）但古书都以“隐”字为之。几，《说文》云：“居几也。”“居几”就是“坐几”，为老年人坐时所倚靠的。古时无高几。　⑥齐宿——齐同“斋”。先一日斋戒，便叫“齐宿”。　⑦“昔者鲁缪公”句——缪同“穆”。鲁缪公，名显，在位三十三年。子思，孔子之孙，名伋。朱熹《注》此句云：“缪公尊礼子思，常使人候伺道达诚意于其侧，乃能安而留之也。”　⑧“泄柳申详”句——泄柳即《告子下》第六章之子柳，鲁缪公时贤人。申详，据《礼记·檀弓》郑《注》，为孔子学生子张之子，子游之婿。朱熹《注》此句云：“缪公尊之不如子思，然二子义不苟容，非有贤者在其君之左右维持调护之，则亦不能安其身矣。”　⑨长者——赵岐《注》云：“孟子年老，故自称长者。”

4·12　孟子去齐。尹士①语人曰：“不识王之不可以为汤武，则是不明也；识其不可，然且至，则是干泽②也。千里而见王，不过故去，三宿而后出昼，是何濡滞也？士则兹不悦③。”

高子④以告。

曰：“夫尹士恶知予哉？千里而见王，是予所欲也；不遇故去，岂予所欲哉？予不得已也。予三宿而出昼，于予心犹以为速，王庶几⑤改之！王如改诸，则必反予。夫出昼，而王不予追也，予然后浩然⑥有归志。予虽然，岂舍王

哉！王由⑦足用⑧为善；王如用予，则岂徒齐民安，天下之
民举安。王庶几改之！予日望之！予岂若是⑨小丈夫然哉？
谏于其君而不受，则怒，悻悻然⑩见⑪于其面，去则穷日之
力而后宿哉？"

尹士闻之，曰："士诚小人也。"

【译文】

孟子离开了齐国，尹士对别人说："不晓得齐王不能够做商汤、周武，
那便是孟子的糊涂；晓得他不行，然而还要来，那便是孟子的贪求富贵。
老远地跑来，不相融洽而走，在昼县歇了三夜才离开，为什么这样慢腾
腾的呢？我对这种情况很不高兴。"

高子便把这话告诉给孟子。

孟子说："那尹士哪能了解我呢？老远地来和齐王相见，这是我的
希望；不相融洽而走，难道也是我所希望的吗？只是我的不得已罢了。
我在昼县歇宿了三夜再离开，在我心里还以为太快了，〔我这么想：〕王
也许会改变态度的；王假若改变态度，那一定会把我召回。我离开昼县，
王还没有追回我，我才无所留恋地有回乡的念头。纵是这样，我难道肯
抛弃齐王吗？齐王〔虽然不能做商汤、周武，〕也还可以好好地干一番；
齐王假若用我，何止齐国的百姓得到太平，天下的百姓都可以得到太平。
王也许会改变态度的！我天天盼望着呀！我难道像这样的小气人一样
吗？向王进劝谏之言，王不接受，便大发脾气，满脸不高兴；一旦离开，
非得走到精疲力竭不肯住脚吗？"

尹士听到了这话以后，说："我真是个小人。"

【注释】

①尹士——赵岐《注》云："齐人也。" ②干泽——赵岐《注》云："干，求也；泽，禄也。" ③兹不悦——兹，此也。这句为倒装句，"兹不悦"即"不悦此"。 ④高子——赵岐《注》云："高子亦齐人，孟子弟子。" ⑤庶几——表示希冀的副词。 ⑥浩然——朱熹《集注》云："如水之流不可止也。" ⑦由——同"犹"。 ⑧足用——犹"足以"。 ⑨是——这，这样的。王引之《经传释词》云："是犹夫也。"则解为"那"、"那样的"，恐不确。 ⑩悻悻然——赵岐《注》引《论语》之"硁硁然小人哉"作"悻悻然小人哉"，以解此"悻悻然"，则"悻悻然"为器量狭小者之貌。"悻"与"硁"古音同在耕部，声纽亦近，故可通。郑玄注《论语》云："硁硁，小人之貌也。" ⑪见——同"现"。

4·13 孟子去齐，充虞路问曰："夫子若有不豫色然。前日虞闻诸夫子曰：'君子不怨天，不尤人①。'"

曰："彼一时，此一时也②。五百年必有王者兴，其间必有名世者③。由周而来，七百有馀岁矣④。以其数，则过矣；以其时考之，则可矣。夫天未欲平治天下也；如欲平治天下，当今之世，舍我其谁也？吾何为不豫哉？"

【译文】

孟子离开齐国，在路上，充虞问道："您似乎有不快乐的样子。但是，从前我听您说过：'君子不抱怨天，不责怪人。'〔今天又为什么如此呢？〕"

孟子说："那又是一个时候，现在又是一个时候。〔情况不同啦。从历史上看来，〕每过五百年一定有位圣君兴起，而且还会有命世之才从其中出来。从周武王以来，到现在已经七百多年了。论年数，超过了五百；论时势，现在正该是圣君贤臣出来的时候了。天不想使天下太平罢了；如果想使天下太平，在今日的社会里，除开我，还有谁呢？我为什么不快乐呢？"

【注释】

① 不怨天，不尤人——实是孔子的话，见《论语·宪问篇》，孟子不过向他的学生转述而已。 ② 彼一时，此一时也——焦循《正义》云："近通解以'彼一时'为充虞所闻君子不怨天不尤人之时，时为暇豫之时，则论为经常之论也。'此一时'为今孟子去齐之时，为行藏治乱关系之时也，则忧天悯人之意不得不形诸颜色也。" ③ 名世者——"名世"疑即后代之"命世"，"名"与"命"古本通用，焦循《正义》已言之。孟子所谓"其间必有名世者"，恐系指辅助"王者"之臣而言。孟子一匹夫，无所凭借，自不敢自居于"王者"，但为周公则未尝不可。《三国志·魏志·武帝纪》云："天下将乱，非命世之才不能济也。"孟子所谓"名世者"疑即此意。 ④ 七百有徐岁矣——江永《群经补义》云："孟子去齐，在燕人畔之后，盖当周赧王三年己酉。"江氏因而考订，"自武王乙卯至赧王，实得七百三十九年"。惟据朱右曾《汲冢纪年存真》的考校，则又少十六年，实得七百二十三年。

4·14 孟子去齐，居休①。公孙丑问曰："仕而不受禄，古之道乎？"

曰："非也；于崇②，吾得见王，退而有去志，不欲变③，故不受也。继而有师命④，不可以请。久于齐，非我志也。"

【译文】

孟子离开齐国，居于休地。公孙丑问道："做官却不受俸禄，合乎古道吗？"

孟子说："不，在崇，我看到了齐王，回来便有离开的意思，不想改变，所以不接受俸禄。不久，齐国有战事，不可以申请离开。长久地留在齐国，不是我的心愿。"

【注释】

① 休——阎若璩《四书释地》云："故城在今滕县北十五里，距孟子家约百里。"　② 崇——地名，今不可考。　③ 不欲变——赵岐《注》云："志欲去矣，不欲即去，若为诡变，见非泰甚。"以"诡变"释"变"，意思是以为孟子之欲走而不马上走者，乃是不想作诡异之行，被别人责骂得太甚。此说恐非。朱熹《集注》云："变，谓变其去志。"是也。
④ 师命——师旅之命。

滕文公章句上

凡五章

5·1　滕文公为世子^①，将之楚，过宋^②而见孟子。孟子道性善，言必称尧舜。

世子自楚反，复见孟子。孟子曰："世子疑吾言乎？夫道一而已矣。成覸^③谓齐景公曰：'彼，丈夫也；我，丈夫也；吾何畏彼哉？'颜渊曰：'舜，何人也？予，何人也？有为者亦若是。'公明仪^④曰：'文王，我师也；周公岂欺我哉？'今滕，绝长补短^⑤，将五十里也，犹可以为善国。《书》曰：'若药不瞑眩，厥疾不瘳^⑥。'"

【译文】

滕文公当他做太子的时候，要到楚国去，经过宋国，会见了孟子。孟子开口不离尧舜，同他讲了人性本是善良的道理。

太子从楚国回来，又来看孟子。孟子说："太子怀疑我的话吗？天下的真理就这么一个。成覸对齐景公说：'他是个男子汉，我也是个男子汉，我为什么怕他呢？'颜渊说：'舜是什么样的人，我也是什么样的人，有作为的人也会像他那样。'公明仪说：'文王是我的老师，周公也是应该信赖的。'现在的滕国，假若把土地截长补短，拼成正方形，每边之长也将近五十里，还可以治理成一个好国家。《书经》上说过：'如果药物不能使人吃得头晕脑转，那种病是不会痊愈的。'"

【注释】

① 世子——即"太子"，"世"和"太"，古音相同，古书常通用。《公羊传》庄公三十二年云："君存称世子。"何休《注》云："明当世父位为君。"　　② 过宋——过，旧读平声。是时宋已由旧都商丘迁都彭城（今徐州市），而滕在徐州之北一百九十里之地，滕文公适楚，必定南行而经宋，

来回都如此。阎若璩《四书释地》以为滕文公过宋是故意为见孟子而绕道，盖不知宋已迁都之事也。　　③成覸——覸（jiàn）。成覸，又作"成䟽"（《说文·见部》）、"成荆"（《淮南子·齐俗训》）、"成庆"（《战国策·赵策》、《汉书·广川王传》）。齐之勇臣。王夫之《孟子稗疏》云："其言'吾何畏彼'者，以角力言耳，孟子借引以喻人之自强。"　　④公明仪——曾见于《礼记·檀弓》与《祭义》，郑玄《祭义注》云："公明仪，曾子弟子。"　　⑤绝长补短——《墨子·非命篇》云："古者汤封于亳，绝长继短，地方百里。"《战国策·楚策》："今楚国虽小，绝长续短，犹以数千里。"可见"绝长补短"为当时计算土地面积时之常用语。　　⑥"《书》曰"句——"若药不瞑眩，厥疾不瘳"句又见《国语·楚语》引武丁之书，梅氏取以为伪古文《说命上篇》。赵岐《注》云："瞑眩，药攻人疾，先使瞑眩愦乱，乃得瘳愈也。"瞑（mián）；眩（xuàn）；瘳（chōu）。

5·2　滕定公①薨，世子谓然友②曰："昔者孟子尝与我言于宋，于心终不忘。今也不幸至于大故③，吾欲使子问于孟子，然后行事。"

然友之邹④问于孟子。

孟子曰："不亦善乎！亲丧，固所自尽也⑤。曾子曰：'生，事之以礼；死，葬之以礼，祭之以礼，可谓孝矣⑥。'诸侯之礼，吾未之学也；虽然，吾尝闻之矣。三年之丧⑦，齐疏之服⑧，飦粥之食⑨，自天子达于庶人，三代共之。"

然友反命，定为三年之丧。父兄百官皆不欲，曰："吾宗国⑩鲁先君莫之行，吾先君亦莫之行也，至于子之身而反之，不可。且《志》⑪曰：‘丧祭从先祖。’曰：‘吾有所受之也⑫。’"

谓然友曰："吾他日未尝学问，好驰马试剑。今也父兄百官不我足也，恐其⑬不能尽于大事，子为我问孟子！"

然友复之邹问孟子。

孟子曰："然；不可以他求者也。孔子曰：‘君薨，听于冢宰⑭，歠⑮粥，面深墨⑯，即位而哭，百官有司⑰莫敢不哀，先之也。’上有好者，下必有甚焉者矣。君子之德，风也；小人之德，草也。草尚之风，必偃⑱。是在世子。"

然友反命。

世子曰："然；是诚在我。"

五月居庐⑲，未有命戒。百官族人可，谓曰知⑳。及至葬，四方来观之，颜色之戚，哭泣之哀，吊者大悦。

【译文】

滕定公死了，太子对他的师傅然友说："过去在宋国，孟子给我谈了许多，我心里一直不曾忘记。今日不幸得很，遭了父丧，我想请你到孟子那里问问，然后再办丧事。"

然友便到邹国，去问孟子。

孟子说："好得很呀！父母的丧事，本应该自动地尽心竭力的。曾子说过：‘当他们在世的时候，依礼去奉侍；他们去世了，依礼去埋葬，依礼去祭祀，这可以说是尽孝了。’诸侯的礼节，我虽然不曾学习过，但也听说过。实行三年的丧礼，穿着粗布缉边的孝服，吃着稀粥，从天子一直到老百姓，夏、商、周三代都是这样的。"

然友回国复命，太子便决定行三年的丧礼。滕国的父老官吏都不愿意，说道："我们的宗国鲁国的历代君主没有实行过，我们历代的祖先也没有实行过，到你这一代便改变了祖先的做法，这是不应该的。而且《志》说过：'丧礼祭礼一律依从祖宗的规矩。'道理就在于我们是从这一传统继承下来的。"

太子便对然友说："我过去不曾搞过学问，只喜欢跑马舞剑。今日，我要实行三年之丧，父老们官吏们都对我不满，恐怕这一丧礼不能够使我尽心竭力，你再替我去问问孟子罢！"

然友又到邹国去问孟子。

孟子说："嗯！这是不能够求于别人的。孔子说过：'君主死了，太子把一切政务交给首相，喝着粥，面色深黑，就临孝子之位便哭，大小官吏没有人敢不悲哀，因为太子亲身带头的缘故。'在上位的有什么爱好，在下面的人一定爱好得更厉害。君子的德好像风，小人的德好像草，风向哪边吹，草就向哪边倒。这一件事情完全决定于太子。"

然友向太子回报。

太子说："对；这应当决定于我。"

于是太子居于丧庐中五月，不曾颁布过任何命令和禁令。官吏们同族们都很赞成，认为知礼。等待举行葬礼的时候，四方的人都来观礼，太子容色的悲惨，哭泣的哀痛，使来吊丧的人都非常满意。

【注释】

① 滕定公——文公之父，参见（2·13）注 ①。　② 然友——赵岐《注》云："世子之傅也。"　③ 大故——赵岐《注》云："谓大丧也。"按"大故"为古代常用词，译为今语则是"重大的事故"，其所指依所言的内容

而有不同。《论语·微子篇》："故旧无大故，则不弃也。"此"大故"谓"恶逆之事"；《周礼·春官大宗伯》"国有大故"的"大故"，则谓"凶灾"。
④ 之邹——《史记正义》云："今邹县去徐州滕县四十馀里，盖往反不过大半日，故可问而后行事。"　⑤ 亲丧，固所自尽也——《论语·子张篇》："曾子曰：'吾闻诸夫子：人未有自致者也，必也亲丧乎！'"此孟子所本。"自致"即"自尽"，朱熹《集注》云："致，尽其极也。盖人之真情所不能自已者。"　⑥ "曾子曰"诸句——《论语·为政篇》："孟懿子问孝。子曰：'无违。'樊迟御，子告之曰：'孟孙问孝于我，我对曰："无违。"'樊迟曰：'何谓也？'子曰：'生，事之以礼；死，葬之以礼，祭之以礼。'"孟子以为是曾子语，或者另有所本。《大戴礼记·曾子本孝篇》也曾载曾子数言，文虽不同，意则相近。　⑦ 三年之丧——据儒家传说，上古便曾行三年之丧（子女对于父母，臣对于君，都守孝三年），但据下文"吾宗国鲁先君莫之行，吾先君亦莫之行也"的话，以及《左传》的若干关于丧事的记载，儒家此语很可怀疑。毛奇龄《四书剩言》则以为此是商制，亦只是臆测之词。　⑧ 齐疏之服——齐（zī）。《仪礼·丧服》云："疏衰裳齐。"疏，犹粗也；凡服上曰衰，下曰裳；齐，缉（衣服缝边）也。"疏衰裳齐"意思就是用粗布做成的丧服上衣和下裳，缝衣边（斩衰则不缝衣边）。　⑨ 飦粥之食——飦（zhān），同"饘"。《礼记·檀弓》孔颖达《疏》云："厚曰饘，稀曰粥。"　⑩ 宗国——周朝重宗法，鲁、滕诸国的始封祖都是周文王的儿子，而周公封鲁，于行辈为较长〔参见（4·9）注④〕，因之其馀姬姓诸国都以鲁为宗国。毛奇龄《经问》论此甚详，可参看。　⑪ 志——赵岐《注》云："志，记也。《周礼》，小史掌邦国之志。"焦循《正义》云："小史所掌之志，记世系昭穆之事，

容有'丧祭从先祖'云云，故赵氏引以为证，实不知为何书也。"王夫之《孟子稗疏》以"且志"为"古书名，杂编古今雅俗共称之成说以汇记之。"恐是臆说。　⑫曰：吾有所受之也——赵岐《注》云："曰丧祭之事，各从其先祖之法，言我转有所承受之，不可于己身独改更也。一说吾有所受之，世子言我受之于孟子也。"后一说不可信。　⑬其——此"其"字固可以看作世子自指之词，古人本有借第三人称代词以自指之例。赵岐《注》以为指父兄百官，亦通。　⑭"孔子曰"云云——《论语·宪问篇》："子张曰：'《书》云，高宗谅阴，三年不言。何谓也？'子曰：'何必高宗？古之人皆然。君薨，百官总己以听于冢宰三年。'"《集解》引孔氏云："冢宰，天官卿，佐王治者也。三年丧毕，然后王自听政也。"⑮歠——（chuò），《说文》："饮也。"　⑯深墨——赵岐《注》云："深，甚也；墨，黑也。"　⑰百官有司——译文以"官"译"百官"，以"吏"译"有司"。　⑱"君子之德"数句——《论语·颜渊篇》："子曰：子欲善而民善矣。君子之德风，小人之德草；草上之风，必偃。""上"与"尚"同，古多通用。赵岐《注》云："尚，加也。""草尚之风"谓草加之以风。译文用意译法。　⑲五月居庐——《左传》隐公元年云："天子七月而葬，同轨毕至；诸侯五月，同盟至；大夫三月，同位至；士逾月，外姻至。"则诸侯五月乃葬，未葬前，孝子必居凶庐。凶庐也叫"梁暗"，用土砖砌成，不用柱，不用楣，不用修饰，以草为屏。甚至在守孝的时期内都居于此。⑳百官族人可，谓曰知——朱熹《集注》云："可谓曰知，疑有阙误。"可见他也不甚了解，赵岐《注》也没说明白，暂且以我们的意思译出。

5·3　滕文公问为国。

　　孟子曰：“民事不可缓也。《诗》云①：‘昼尔于茅②，宵尔索绹③；亟其乘屋④，其始播百谷。’民之为道也，有恒产者有恒心，无恒产者无恒心。苟无恒心，放辟邪侈，无不为已。及陷乎罪，然后从而刑之，是罔民也。焉有仁人在位罔民而可为也？是故贤君必恭俭礼下，取于民有制。阳虎⑤曰：‘为富不仁矣，为仁不富矣。’

　　“夏后氏五十而贡，殷人七十而助，周人百亩⑥而彻，其实皆什一也。彻者，彻⑦也；助者，藉⑧也。龙子⑨曰：‘治地莫善于助，莫不善于贡。’贡者，校⑩数岁之中以为常。乐岁，粒⑪米狼戾⑫，多取之而不为虐，则寡取之；凶年，粪其田而不足，则必取盈焉。为民父母，使民盻盻然⑬，将终岁勤动，不得以养其父母，又称⑭贷而益之，使老稚转乎沟壑，恶在其为民父母也？夫世禄，滕固行之矣。《诗》云：‘雨我公田，遂及我私⑮。’惟助为有公田。由此观之，虽周亦助也。

　　“设为庠序学校⑯以教之。庠者，养也；校者，教也；序者，射也⑰。夏曰校，殷曰序，周曰庠；学则三代共之，皆所以明人伦也。人伦明于上，小民亲于下。有王者起，必来取法，是为王者师也⑱。

　　“《诗》云：‘周虽旧邦，其命惟新⑲。’文王之谓也。子力行之，亦以新子之国！”

　　使毕战⑳问井地㉑。

　　孟子曰：“子之君将行仁政，选择而使子，子必勉之！夫仁政，必自经界㉒始。经界不正，井地不钧㉓，谷禄㉔不平，是故暴君污吏必慢其经界。经界既正，分田制禄可坐而定也。

"夫滕，壤地褊小，将为㉕君子焉，将为㉕野人焉。无君子，莫治野人；无野人，莫养君子。请野九一而助，国中什一使自赋。卿以下必有圭田㉖，圭田五十亩；馀夫二十五亩㉗。死徙无出乡，乡田同井，出入相友，守望相助，疾病相扶持，则百姓亲睦。方里而井，井九百亩，其中为公田。八家皆私百亩，同养公田；公事毕，然后敢治私事，所以别野人也。此其大略也；若夫润泽之，则在君与子矣。"

【译文】

滕文公问孟子治理国家的事情。

孟子说："关心人民是最为急迫的任务。《诗经》上说：'白天割取茅草，晚上绞成绳索，赶紧修缮房屋，到时播种五谷。'人民有一个基本情况：有一定的产业收入的人才有一定的道德观念和行为准则，没有一定的产业收入的人便不会有一定的道德观念和行为准则。假若没有一定的道德观念和行为准则，就会胡作非为违法乱纪，什么事都干得出来。等到他们犯了罪，然后去加以处罚，这等于陷害。哪有仁爱的人坐了朝廷却做出陷害老百姓的事情的呢？所以贤明之君一定认真办事，节省用度，有礼貌地对待臣下，尤其是征收赋税要有一定的制度。阳虎曾经说过：'要发财致富便不能仁爱，要仁爱便不能发财致富。'

"〔古代的税收制度大致如此：〕夏代每家五十亩地而行'贡'法，商朝每家七十亩地而行'助'法，周朝每家一百亩地而行'彻'法。〔三种税制虽然不同，〕税率其实都是十分抽一。'彻'是'通'的意思，〔因为那是在不同情况的通盘计算下贯彻十分之一的税率；〕'助'是借助的意思〔，因为要借助于人民的劳力来耕种公有土地〕。古代一位贤者龙子说过：'田税最好是助法，最不好是贡法。'贡法是比较若干年的收成得一个定数。〔不分丰收和灾荒，都按这一定数来征收。〕丰收年成，到处是谷物，多征收一点也不算苛暴，却并不多收；灾荒年成，每家的收获量甚至还不够第二年肥田的用费，也非收满那一定数不可。一国的君主号称百姓的父母，却使百姓整年地辛苦劳动，而结果是连养活爹娘都不能够，还得借高利贷来凑足纳税数字，终于一家的老小抛尸露骨于山沟之中，那么作为百姓父母的作用又在哪儿呢？做大官的人都有一定的田租收入，子孙相传，这一办法，滕国早就实行了。〔为什么百姓都不能有一定的田地收入呢？〕周朝的一篇诗上说：'雨先下到公田里，然后再落到私田！'只有助法才有公有田，从这点看来，就是周朝，也是实行助法的。

"〔人民的生活有着落了，〕便要兴办'庠'、'序'、'学'、'校'来教育他们。'庠'是教养的意思，'校'是教导的意思，'序'是陈列的意思〔，陈列实物以便实施实物教育〕。〔地方学校，〕夏代叫'校'，商代叫'序'，周代叫'庠'；至于大学，三代都叫'学'。那目的都是阐明并教导人民以人与人间的各种必然关系以及相关的各种行为准则。人与人的关系以及行为准则，诸侯、卿大夫、士都明白了，小百姓自然会亲密地团结在一起。如果有圣王兴起，一定会来学习仿效，这样便做了圣王的老师了。

"《诗经》上又说：'岐周虽然是一个古老的国家，国运却充满着新气象。'这是赞美文王的诗句。你努力实行吧，也来使你的国家气象一新！"

滕文公使毕战向孟子问井田制。

孟子说："你的君准备实行仁政，选择你来问我，你一定要好好干！实行仁政，一定要从划分整理田界开始。田界划分得不正确，井田的大小就不均匀，作为俸禄的田租收入也就不会公平合理，所以暴虐的君王以及贪官污吏一定要打乱正确的田间限界。田间限界正确了，分配人民以田地，制定官吏的俸禄，都可以毫不费力地作出决定了。

"滕国的土地狭小，却也得有官吏和劳动人民。没有官吏，便没有人管理劳动人民；没有劳动人民，也没有人养活官吏。我建议：郊野用九分抽一的助法，城市用十分抽一的贡法。公卿以下的官吏一定有供祭祀的圭田，每家五十亩；如果他家还有剩余的劳动力，便每一劳动力再给二十五亩。无论埋葬或者搬家，都不离开本乡本土。共一井田的各家，平日出入，互相友爱；防御盗贼，互相帮助；一有疾病，互相照顾，那末百姓之间便亲爱和睦了。办法是：每一方里的土地为一个井田，每一井田有九百亩，当中一百亩是公有田，以外八百亩分给八家作私有田。这八家共同来耕种公有田。先把公有田耕种完毕，再来料理私人的事务，这就是区别官吏与劳动人民的办法。这不过是一个大概，至于怎样去修饰调度，那就在于你的君和你本人了。"

【注释】

①《诗》云——阮元《校勘记》云："闽本'云'误'曰'，监、毛本承其误。"焦循《正义》本亦误作"《诗》曰"。又下文诗句在《诗经·豳风·七月篇》。②于茅——于，往也；茅，作动词用，取茅之意。　③索绹——索，动词，以两三股摩而交之，总为一绳，此种动作谓之索，亦谓之绞。绹，名词，绳索也。　④亟其乘屋——《诗》郑《笺》云："亟，急；乘，治也。"⑤阳虎——鲁国正卿季氏的总管，一度挟持季氏，专鲁国国政，失败而

出亡。其人与孔子同时，字货。　　⑥五十、七十、百亩——这只是孟子假托古史以阐述自己的理想，古史自然不如此，清代有些学者信以为真，纷纷出来作解释，如顾炎武《日知录》以为"特丈尺之不同，而田未尝易也"，来弥缝其阙，殊可不必。　　⑦彻——《论语·颜渊篇》"盍彻乎"郑玄《注》云："周法什一而税谓之彻；彻，通也。为天下之通法也。"译文取此义，不用赵岐《注》"彻犹人彻取物也"之义。　　⑧藉——赵岐《注》云："藉者，借也，犹人相借力助之也。"　　⑨龙子——赵岐《注》云："古贤人也。"《尚书大传·甫刑篇》有"子龙子"，亦见于《孔丛子·论书篇》，朱亦栋《孟子札记》云："疑即此人也。"　　⑩挍——或作"校"，古书上"挍"、"校"两字经常被混乱。　　⑪粒——《尚书·皋陶谟》："烝民乃粒。"《诗·周颂》："立（郑《笺》云，'立当作粒'）我烝民。"这两"粒"字都是动词，谷食也。而这里作名词，亦谓谷米，因与"米"字结合为一双音词。赵岐《注》云："粒米，粟米之粒也。"把"粒"看为量词，恐不确。　　⑫狼戾——双声区别词，赵岐《注》云："犹狼藉也。饶多狼藉（纵横之意）弃捐于地。"⑬盻盻然——赵岐《注》云："勤苦不休息之貌。"盻（xì）。　　⑭称——赵岐《注》云："举也。"　　⑮"雨我公田"二句——雨，读去声。诗句见《诗经·小雅·大田篇》。　　⑯庠、序、校——诸词亦见于《仪礼》、《周礼》、《礼记》、《左传》诸书，都用作乡里学校的名称，故译文加上"地方学校"诸字。　　⑰庠者，养也，序者，射也——王念孙《广雅疏证》云："'庠'训为'养'，'序'训为'射'，皆是教导之名。"　　⑱为王者师——朱熹《集注》云："滕国褊小，虽行仁政，未必能兴王业；然为王者师，则虽不有天下，而其泽亦足以及天下矣。"　　⑲"周虽旧邦"二句——见《诗经·大雅·文王篇》。　　⑳毕战——赵岐《注》云："滕臣也。"　　㉑井地——

即井田。　　㉒ 经界——赵岐《注》云："经亦界也。"则"经界"为同义复词。　　㉓ 钧——"钧"、"均"古字通用。　　㉔ 谷禄——亦为同义复词,古人俸禄用谷,所以谷有禄义。　　㉕ 为——赵岐《注》云:"为,有也。"　　㉖ 圭田——赵岐《注》云:"圭,絜(洁)也。"《礼记·王制》"夫圭田无征"孔颖达《正义》云:"圭,洁也。士以洁白而升,则与以圭田,使供祭祀;若以不洁白而黜,则收其田里,故士无田则不祭。有田以表其洁,无田以罚其不洁也。"或谓零星不井者曰圭田;亦有谓圭即畦字,五十亩曰畦。今从赵岐说。　　㉗ 馀夫二十五亩——此句承上圭田而言,恐不能和《周礼·遂人》"馀夫亦如之"的"馀夫"(一般农民家的馀夫)一例看待。

5·4　有为神农之言①者许行②,自楚之滕,踵③门而告文公曰:"远方之人闻君行仁政,愿受一廛而为氓④。"

文公与之处。

其徒数十人,皆衣褐⑤,捆屦⑥,织席以为食。

陈良⑦之徒陈相与其弟辛负耒耜而自宋之滕,曰:"闻君行圣人之政,是亦圣人也,愿为圣人氓。"

陈相见许行而大悦,尽弃其学而学焉。

陈相见孟子,道许行之言曰:"滕君则诚贤君也;虽然,未闻道也。贤者与民并耕而食,饔飧⑧而治。今也滕有仓廪府库,则是厉⑨民而以自养也,恶得贤?"

孟子曰:"许子必种粟而后食乎?"

曰:"然。"

"许子必织布而后衣乎？"

曰："否；许子衣褐。"

"许子冠乎？"

曰："冠。"

曰："奚冠？"

曰："冠素。"

曰："自织之与？"

曰："否；以粟易之。"

曰："许子奚为不自织？"

曰："害于耕。"

曰："许子以釜甑⑩爨，以铁⑪耕乎？"

曰："然。"

"自为之与？"

曰："否；以粟易之。"

"以粟易械器者，不为厉陶冶；陶冶亦以其械器易粟者，岂为厉农夫哉？且许子何不为陶冶，舍⑫皆取诸其宫⑬中而用之？何为纷纷然与百工交易？何许子之不惮烦？"

曰："百工之事固不可耕且为也。"

"然则治天下独可耕且为与？有大人⑭之事，有小人之事。且一人之身，而百工之所为备，如必自为而后用之，是率天下而路⑮也。故曰，或劳心，或劳力；劳心者治人，劳力者治于人；治于人者食人，治人者食于人，天下之通义也。

"当尧之时，天下犹未平，洪水横流，氾滥于天下，草木畅茂，禽兽繁殖，五谷不登，禽兽偪[16]人，兽蹄鸟迹之道交于中国。尧独忧之，举舜而敷[17]治焉。舜使益掌火，益烈山泽而焚之，禽兽逃匿。禹疏九河[18]，瀹济[19]漯[20]而注诸海，决汝汉，排淮泗而注之江[21]，然后中国可得而食也。当是时也，禹八年于外，三过其门而不入，虽欲耕，得乎？

"后稷[22]教民稼穑，树艺五谷[23]；五谷熟而民人育。人之有道也[24]，饱食、暖衣、逸居而无教[25]，则近于禽兽。圣人有[26]忧之，使契[27]为司徒，教以人伦——父子有亲，君臣有义，夫妇有别，长幼有叙，朋友有信。放勋[28]曰[29]：'劳之来之[30]，匡之直之，辅之翼之，使自得之，又从而振德之。'圣人之忧民如此，而暇耕乎？

"尧以不得舜为己忧，舜以不得禹、皋陶[31]为己忧。夫以百亩之不易[32]为己忧者，农夫也。分人以财谓之惠，教人以善谓之忠，为天下得人者谓之仁。是故以天下与人易，为天下得人难。孔子曰：'大哉尧之为君！惟天为大，惟尧则之，荡荡乎民无能名焉！君哉舜也！巍巍乎有天下而不与焉[33]！'尧舜之治天下，岂无所用其心哉？亦[34]不用于耕耳。

"吾闻用夏变夷者，未闻变于夷者也。陈良，楚产也，悦周公、仲尼之道，北学于中国。北方之学者，未能或之先也。彼所谓豪杰之士也。子之兄弟事之数十年，师死而遂倍[35]之！昔者孔子没，三年之外，门人治任[36]将归，入揖于子贡，相向而哭，皆失声，然后归。子贡反，筑室于场，独居三年，然后归。他日，子夏、子张、子游以有若似圣人，欲以所事孔子事之，强曾子。曾子曰：'不可；江汉以濯之，秋阳^{�37}以暴^{�38}之，皜皜^{�39}乎不可尚已。'今也南蛮鴃^㊵舌之人，非先王之道，子倍子之师而学之，亦异于曾子矣。吾闻出于幽谷迁于乔木者，未闻下乔木而入于幽谷者。《鲁颂》曰：'戎狄是膺，荆舒是惩^㊶。'周公方且膺之，子是之学，亦为不善变矣。"

"从许子之道，则市贾^㊷不贰，国中无伪；虽使五尺之童^㊸适市，莫之或欺。布帛长短同，则贾相若；麻缕丝絮轻重同，则贾相若；五谷多寡同，则贾相若；屦大小同，则贾相若。"

曰："夫物之不齐，物之情也；或相倍蓰^㊹，或相什百^㊺，或相千万。子比^㊻而同之，是乱天下也。巨屦小屦^㊼同贾，人岂为之哉？从许子之道，相率而为伪者也，恶能治国家？"

【译文】

有一位研究神农氏的学说的人叫许行的，从楚国到了滕国，亲自谒见滕文公，告诉他说："我这个由远方来的人听说您实行仁政，希望得到一个住所，做您的百姓。"

文公给了他房屋。

他的门徒几十个，都穿着粗麻织成的衣服，以打草鞋织席子为生活。

陈良的门徒陈相和他弟弟陈辛背着农具，从宋国到了滕国，也对文公说："听说您实行圣人的政治，那么，您也是圣人了。我愿意做圣人的百姓。"

陈相见了许行,非常高兴,完全抛弃以前的学说而向许行学习。

陈相来看孟子,转述许行的话,说道:"滕君确实是个贤明的君主,虽然如此,但是也还不真懂得道理。贤人要和人民一道耕种,才吃;自己做饭,而且也要替百姓办事。如今滕国有储谷米的仓廪,存财物的府库,这是损害别人来奉养自己,又怎能叫做贤明呢?"

孟子说:"许子一定自己种庄稼才吃饭吗?"

陈良说:"对。"

"许子一定自己织布才穿衣吗?"

"不!许子只穿粗麻织成的衣服。"

"许子戴帽子吗?"

答道:"戴。"

孟子问:"戴什么帽子?"

答道:"戴白绸帽子。"

孟子问:"自己织的吗?"

答道:"不,用谷米换来的。"

孟子问:"许子为什么不自己织呢?"

答道:"因为妨碍庄稼活。"

孟子问:"许子也用锅甑做饭,用铁器耕田吗?"

答道:"对。"

"自己做的吗?"

答道:"不,用谷米换来的。"

"农夫用谷米换取锅甑和农具,不能说是损害了瓦匠铁匠,那么,瓦匠铁匠用锅甑和农具来换取谷米,难道说是损害了农夫吗?而且许子为什么不亲自烧窑冶铁，做成各种器械，什么东西都储备在家中随时取用？为什么许子要这样那样一件件地和各种工匠做买卖？为什么许子这样不怕麻烦？"

陈相答道："各种工匠的工作本来不是一方面耕种一方面能同时干得了的。"

"那么，难道管理国家就能一方面耕种一方面又能同时干得了吗？〔可见必须分工。〕有官吏的工作，有小民的工作。只要是一个人，各种工匠的成品对他都是不可缺少的，如果一件件东西都要自己制造出来才去用它，这是率领天下的人疲于奔命。所以我说，有的人劳动脑力，有的人劳动体力；脑力劳动者统治人，体力劳动者被人统治；被统治者养活别人，统治者靠人养活。这是通行天下的共同原则。

"当尧的时候，天下还不安定，大水为灾，四处泛滥，草木密密麻麻地生长，鸟兽成群地繁殖，谷物却没有收成；飞鸟野兽危害人类，到处都是它们的脚迹。尧一个人为此忧虑，把舜选拔出来总领治理工作。舜命令伯益掌管火政，益便将山野沼泽地带的草木用烈火烧毁，使鸟兽逃跑隐藏。禹又疏濬九河，治理济水、漯水，引流入海，挖掘汝水、汉水，疏通淮水、泗水，引导流入长江，中国才可以耕种。在这个时候，禹八年在外，三次经过自己的家门前都不进去，纵是想亲自种地，可能吗？

"后稷教导百姓种庄稼，栽培谷物。谷物成熟了，便可以养育百姓。人之所以为人，吃饱了，穿暖了，住得安逸了，如果没有教育，也和禽兽差不多。圣人又为此忧虑，便使契做司徒的官，主管教育。用关于人与人的关系的大道理以及行为准则来教养人民——父子之间有骨肉之亲，君臣之间有礼义之道，夫妻之间挚爱而有内外之别，老少之间有尊卑之序，朋友之间有诚信之德。尧说道：'督促他们，纠正他们，帮助他们，使他们各得其所，然后加以提携和教诲。'圣人的为百姓考虑如此周到而烦苦，还有闲暇耕种吗？

"尧把得不着舜这样的人作为自己的忧虑，舜把得不着禹和皋陶这样的人作为自己的忧虑。把自己的田地耕种得不好作为忧虑的，那是农夫。把钱财分给别人的叫做惠，把好的道理教给别人的叫做忠，替天下人民找到出色人才的便叫做仁。〔在我看来，〕把天下让给别人比较容易，替天下找到出色人才却困难些。所以孔子说：'尧的做天子真是伟大！只有天最伟大，也只有尧能够效法天。尧的圣德广阔无边呀，竟使人民找不到恰当的词语来赞美他！舜也是了不得的天子！那么使人敬服地坐了天下，自己却不享受它，占有它！'尧、舜的治理天下，难道不用心思吗？只是不用在庄稼上罢了。

"我只听说过用中国的一切来改变落后国家的，没有听说过用落后国家的一切来改变中国的。陈良本是楚国的土著，却喜爱周公、孔子的学说，由南而北到中国来学习，北方的读书人还没有人能够超过他的，他真是所谓豪杰之士啊！你们兄弟向他学习了几十年，他一死，竟完全背叛他！从前，孔子死了，〔他的门徒都给他守孝三年，〕三年之后，各人收拾行李准备回去，走进子贡住处作揖告别，相对而哭，都泣不成声，这才回去。子贡又回到墓地重新筑屋，独自住了三年，然后回去。过了些时，子夏、子张、子游认为有若有点像孔子，便想要用尊敬孔子之礼来尊敬他，勉强曾子同意。曾子说：'不行；譬如曾经用江汉之水洗濯过，曾经在夏日的太阳里曝晒过，真是洁白得无以复加了。〔谁能再比得孔子呢？〕'如今许行这南方蛮子，说话怪腔怪调，也来指责我们祖先圣王之道，你们却背叛你们的老师去向他学，那和曾子的态度便相反了。〔譬如鸟，〕我只听说过飞出深暗山沟迁往高大树木的，没有听说过离开高大树木飞进深暗山沟的。《鲁颂》说过：'攻击戎狄，痛惩荆舒。'〔楚国这样的国家，〕周公还要攻击它，你却向他学，这简直是越变越坏了。"

陈相说："如果听从许子的学说，那就会做到市场上的物价一致，人人没有欺假。纵令打发小孩子去市场，也没有人来欺骗他。布匹、丝绸的长短一样，价钱便一样；麻线、丝绵的轻重一样，价钱便一样；谷米的多少一样，价钱也一样；鞋的大小一样，价钱也一样。"

孟子说："各种东西的品种质量不一致，这是自然的。〔它们的价格，〕有的相差一倍五倍，有的相差十倍百倍，有的相差千倍万倍；你要〔不分精粗优劣，〕完全使它们一致，只是扰乱天下罢了。好鞋和坏鞋一样价钱，人难道肯干吗？听从许子的学说，是率领大家走向虚伪，哪能够治理国家呢？"

【注释】

① 神农之言——神农，上古传说中的人物，《尚书大传》、《白虎通·号篇》等书以伏羲、神农、燧人为三皇。春秋战国诸子，多托古代所谓圣主以自重，孟子则"言必称尧舜"，因之当时重农学派也托之于神农。《汉书·艺文志》农家有《神农》二十篇，班固自注云："六国时，诸子疾时怠于农业，道耕农事，托之神农。"师古注云："刘向《别录》云：疑李悝及商君所说。"其遗说可窥者，如《吕氏春秋·爱类篇》："神农之教曰：'士有当年而不耕者，则天下或受其饥矣；女有当年而不绩者，则天下或受其寒矣。'故身亲耕，妻亲绩，所以见致民利也。"亦与许行之说相合。　　② 许行——不见于他书。《吕氏春秋·当染篇》有"禽滑黎学于墨子，许犯学于禽滑

矍”之语，某氏云：“禽滑矍，梁氏《人表考》谓即禽滑厘，今按许犯即许行也。春秋时晋有狐突，字伯行；齐有陈逆，字子行。《晋语》韦昭《注》：‘犯，逆也。’《小尔雅·广言》：‘犯，突也。’古人名‘突’、‘逆’字‘行’，知许行盖名‘犯’字‘行’矣。”但此说亦不甚可信，“许犯”与“许行”，一名一字，固可相应，亦不能谓墨家之许犯即农家之许行，某氏勉纳许行于墨家，殊属牵强。且禽滑矍如果是禽滑厘，则其人死年未必能在墨子卒年以后。假定墨子卒于周安王十年，即纪元前三九二年，许行即为其晚年之最小弟子，年亦当在二十左右，则此时与孟子相见（假定为周显王四十八年，纪元前三二一年），则已年逾九十矣，安能仆仆道路自楚之滕耶？某氏亦自知其不可，便谓禽滑矍未必是禽滑厘，又自陷于进退两难之局矣。　　③踵——赵岐《注》云：“至也。”　　④氓——段玉裁《说文注》云：“自他归往之民则谓之氓，故字从民亡。”此一义也。《国策·秦策》：“不忧民氓。”《淮南子·修务训》：“以宽民氓。”高诱《注》皆云：“野民曰氓。”赵岐《注》亦云：“氓，野人之称。”（此即《周礼·遂人》“六遂之民谓之甿”、“以田里安甿”、“以土宜教甿稼穑”之“甿”。）此又一义也。恐以第一义为较确。　　⑤褐——赵岐于“许子衣褐”《注》云：“以毳为之，若今马衣者也；或曰，褐，枲衣也；一曰，粗布衣也。”则褐有三义，一为用细兽毛做的衣，像汉朝的所谓马衣（短褂；后代马褂一词来源是否本此，待考）；二为以未绩之麻所制成的短衣；三为粗布衣。但据陈相对孟子的答语（“否；许子衣褐”），似乎褐不必织而后成，则此处宜取第一或者第二义。　　⑥捆屦——捆（kǔn），《经典释文》引许叔重曰：“捆，织也。”依高诱《淮南子注》与赵岐《孟子》此《注》“捆，叩掝（敲打之意）也”。编草鞋或者麻鞋和编丝组都要一面编织，一面敲打使紧，因之都可以叫"捆"。今日还有把编织草鞋毛衣叫作"打草鞋"、"打毛衣"的，所以《玉篇》也云："捆，织也，纂组也。" ⑦陈良——梁启起《先秦政治思想史》以为即韩非子《显学篇》的"仲良氏之儒"。 ⑧饔飧——(yōng sūn)。赵岐《注》、朱熹《集注》并云："饔飧，熟食也；朝曰饔，夕曰飧。"此"饔飧"作动词用，意谓自炊爨也。 ⑨厉——《论语》"则以为厉己也"。王肃《注》云："厉，病也。" ⑩釜甑——釜，金属器；甑，古人以泥土为之，故字从瓦。 ⑪铁——此指农具，古人有以器物的质料代其器物之名的修辞条例，如《公孙丑下》以"木"代"棺"（木若以美然），可参阅杨树达《古书疑义举例续补》。 ⑫舍——何物也，后代作"偖"，缓言之为"什么"、"甚么"。 ⑬官——《尔雅·释官》释文："古者贵贱同称官，秦汉以来惟王者所居称官焉。" ⑭大人——也同"君子"相似，有时指有德者，有时指有位者；此处则指有位者。⑮路——宋翔凤《孟子赵注补正》云："管子《戒篇》：'举齐国之币握路家五十室。'王引之曰：'握当为振。路读为露，露家，困穷之家也。'《方言》：'露，败也。'《庄子·渔父》曰：'田荒室露。'《管子·四时篇》：'国家乃路。''路'亦同'露'，亦训败也。孟子'率天下而路'，赵《注》谓'羸困之路'，义与《管子》同。" ⑯偪——古逼字。 ⑰敷——遍也（《诗·赉》"敷时绎思"《传》），故《舜典》"敷奏以言"，《史记·五帝纪》译作"遍告以言"。 ⑱九河——《尚书·禹贡》："九河既道。"《毛诗·般》正义引郑玄云："河水自上，至此流盛，而地平无岸，故能分为九以衰其势，壅塞故通利之也。九河之名：徒骇、太史、马颊、覆釜、胡苏、简、絜、钩盘、鬲津。" ⑲济——水名。按济水出自今河南济源县西王屋山，其故道本过黄河而南，东流至山东，与黄河平行入海。

今则下游为黄河所占，惟河北发源处尚存。　⑳漯——此处不读(luò)，而读（tà）（古读入声）。古漯水当出今山东朝城县境。自宋代黄河决口于商胡，朝城绝流，旧迹遂尔湮没。　㉑决汝汉，排淮泗而注之江——此句古今争论最多，原因就在于除汉水外（源出陕西之嶓冢山，经老河口，正支东流至汉阳入于长江），汝与淮泗都不入江。邹汉勋、萧穆等人为此均有详细考证，我们以为孟子不过申述禹治水之功，未必字字实在，所以不必拘泥。　㉒后稷——相传名弃，为周朝的始祖，帝尧时为农师。《诗经·大雅·生民》即是歌咏其事的乐章。　㉓五谷——赵岐《注》云："稻、黍、稷、麦、菽也。"稻，今之水稻；黍，今黄米之粘者，可以酿酒；稷，今之小米；麦，今之小麦；菽，豆类之总名。　㉔人之有道也——句意和"民之为道也"（15·3）相同，则"有"犹"为"也。　㉕"饱食"句——旧以"饱食暖衣"为一读，"逸居而无教"为一读，实误。崔述《论语馀说》云："'饱食暖衣逸居而无教'九字一句，谓衣食居三者俱全而惟无教也，与《中庸》'去谗、远色、贱货而贵德'文意正同。"　㉖有——同"又"。　㉗契——(xiè)，本作"偰"，相传为殷代的祖先。㉘放勋——放旧读上声，放勋，帝尧之名。　㉙曰——臧琳《经义杂记》引孙奭《孟子音义》并按赵岐《注》语，谓此"曰"字乃"日"字之误，是也。惟字误已久，译文仍用"曰"字。　㉚劳之来之——王念孙《广雅疏证》云："《说文》：'勑，劳勑也。'《尔雅》：'劳、来，勤也。'《大雅·下武篇》：'昭兹来许。'郑《笺》：'劳、来，皆谓勤也。'《史记·周纪》：'日夜劳来，定我西土。'《墨子·尚贤篇》：'垂其股肱之力，而不相劳来。'皆谓勤也。"王萰《柔桥文钞·劳之来之解》谓"来"当作"勑"，实即"敕"字。与下文"直"、"翼"、"得"、"德"叶韵。案此言实误。

下文"匡"、"直"同义,"辅"、"翼"同义,则"劳"、"来"不当分为二义。即以韵而论,"来'与"直"、"翼"诸字亦平入相通,何必改字而后叶哉? ㉛ 皋陶——(gāo yáo),又作"咎繇",《书·舜典》云:"皋陶,汝作士。"为虞舜时之司法官。 ㉜ 易——《诗·甫田》毛传:"易,治也。" ㉝"孔子曰"等句——《论语·泰伯》:"子曰,巍巍乎舜禹之有天下也,而不与焉?""与"即"参与"之"与",这里含有"私有"、"享受"之意。又:"子曰:大哉尧之为君也!巍巍乎唯天为大,唯尧则之。荡荡乎民无能名焉。巍巍乎其有成功也!焕乎其有文章!" ㉞ 亦——副词,只也,特也,但也。参见《词诠》。 ㉟ 倍——同"背"。 ㊱ 任——《诗·大雅·生民》"是任是负",郑玄以"抱"释"任",《国语·齐语》注亦云:"任,抱也。"而赵岐此《注》云:"任,担也。"焦循《正义》云:"《郊特牲》注云:'孕,任子也。'孕怀抱在前,则'任'之为'抱',其本义也。因而担于肩者,载于车者(《淮南子》高诱《注》云:'任,载也'。),通谓之任,散言之则通也。" ㊲ 秋阳——阳,太阳也。周正建子,周之七、八月乃今日农历之五、六月,故周之所谓秋阳,实为今夏日之太阳。 ㊳ 暴——"曝"本字。 ㊴ 皜皜——赵岐《注》云:"甚白也。"但"江汉以濯"三句,毛奇龄《四书索解》、焦循《正义》均以为"江汉以濯之,以江汉比夫子也;秋阳以暴之,以秋阳比夫子也;皜皜乎不可上,以天比夫子也。同一水,池沼可濯也,不能及江汉之濯也;同一火,燔燎可暴也,不能及秋阳之暴也;乃以江汉拟之犹未足也,以秋阳拟之犹未尽也,其如天之不可上矣"。此又一解,故云"皜皜谓孔子盛德如天之元气皓旰"。但译文仍从赵义。 ㊵ 鴃——(jué),亦作"鳺"、"鶪",即伯劳鸟。 ㊶"戎狄是膺"两句——诗见《鲁颂·閟宫》。膺,击也。 ㊷ 贾——同"价"。 ㊸ 五尺之童——古人尺短，五尺不过今日之三尺半。　㊹ 蓰——（xǐ），五倍。
㊺ 百——或作"伯"，同。　㊻ 比——旧读去声，朱熹《集注》云："次
也。"　㊼ 巨屦小屦——赵岐《注》云："巨，粗屦也；小，细屦也。"

5·5　墨者夷之①因徐辟②而求见孟子。孟子曰："吾固
愿见，今吾尚病，病愈，我且往见，夷子不来③！"

他日，又求见孟子。孟子曰："吾今则可以见矣。不
直，则道不见④；我且直之。吾闻夷子墨者，墨之治丧也，
以薄为其道也⑤；夷子思以易天下，岂以为非是而不贵也；
然而夷子葬其亲厚，则是以所贱事亲也。"

徐子以告夷子。

夷子曰："儒者之道，古之人若保赤子⑥，此言何谓
也？之则以为爱无差等，施由亲始⑦。"

徐子以告孟子。

孟子曰："夫夷子信以为人之亲其兄之子为若亲其邻之
赤子乎？彼有取尔也。赤子匍匐将入井，非赤子之罪也。
且天之生物也，使之一本，而夷子二本故也⑧。盖上世尝
有不葬其亲者，其亲死，则举而委之于壑。他日过之，狐
狸食之，蝇蚋姑嘬之⑨。其颡有泚⑩，睨而不视。夫泚也，
非为人泚，中心达于面目，盖归反虆梩⑪而掩之。掩之诚是
也，则孝子仁人之掩其亲，亦必有道矣。"

徐子以告夷子。夷子怃然为间⑫曰："命之⑬矣。"

【译文】

墨家信徒夷之借着徐辟的关系要求看孟子。孟子说："我本来愿意接见，不过我现在病着，病好了，我打算去看他，他不必来！"

过了一些时候，又要求来看孟子。孟子说："现在可以相见了。不过，不说直话，真理表现不出，我姑且说说直话吧。我听说夷子是墨家信徒，墨家办理丧葬，以节俭为合理，夷子也想用薄葬来改革天下，自然是认为不薄葬是不足责的；但是他自己埋葬他的父母却相当丰厚，那便是拿他所轻贱所否定的东西对待他的父母亲了。"

徐子把这话告诉了夷子。

夷子说："儒家的学说认为，古代的君王爱护百姓好像爱护婴儿一般，这句话是什么意思呢？我以为他的意思是，人对人的爱并没有亲疏厚薄的区别，只是实行起来从父母亲开始罢了。〔那么，墨家的兼爱之说很有道理，而我的厚葬父母，也就有理由了。〕"

徐子又把这话告诉了孟子。

孟子说："夷子真正以为人们爱他的侄儿，和爱他邻人的婴儿是一样的吗？夷子不过抓住了这一点：婴儿在地上爬行，快要跌到井里去了，这自然不是婴儿自己的罪过。〔这时候，不管是谁的孩子，无论谁看见了，都会去救的，夷子以为这就是爱无次等，其实，这是人的恻隐之心。〕况且天生万物，只有一个根源，〔就人来说，只有父母，所以儒家主张"老吾老以及人之老"，〕夷子却说有两个根源，〔因此认为我的父母和人的父母，没有分别，主张爱无差等。〕道理就在这里。大概上古曾经有不埋葬父母的人，父母死了，抬了他抛弃在山沟中。过了一些时候，经过那里，狐狸在吃着他，苍蝇蚊子在咀吮着他，那个人不禁额头上流着悔恨的汗，斜着眼睛望望，不敢正视。这一种流汗，不是流给别人看的，实是由于衷心的悔恨而在面貌上表达出来的，大概他也回家去取了锄头畚箕再把尸体埋葬了。埋葬尸体诚然是对的，那么，孝子仁人埋葬他的父母，自然有他的道理了。"

徐子把这话告诉了夷子。夷子很为怅惘地停了一会，说道："我懂得了。"

【注释】

① 墨者夷之——墨者，就是信奉墨子学说的人；夷之已无可考。　② 徐辟——赵岐《注》云："孟子弟子也。"　③ 夷子不来——赵岐《注》云："是日夷子闻孟子病，故不来。"焦循《正义》云："赵氏以'夷子不来'是记其实事，近时通解谓亦孟子言，谓我病愈往见夷子，夷子不必来。王氏引之《经传释词》云：'不，毋也，勿也。'"　④ 见——同"现"。　⑤ "墨之治丧"句——墨家主张薄葬，《墨子》有《薄葬篇》。　⑥ 古之人若保赤子——《尚书·康诰》："若保赤子，惟民其康乂。"　⑦ 施由亲始——《论语·为政篇》"施于有政"《集解》云："包曰，施，行也。"案"施"亦当训行，焦循《正义》以为"'恩'、'施'、'爱'三字义通，'施由亲始'即'爱由亲始'"，恐非。　⑧ 一本、二本——原义不明确，译文姑仍旧解足其意。　⑨ 蝇蚋姑嘬之——蚋（ruì），蚊类昆虫；一解以"蚋姑"连读，谓为蝼蛄，即俗名土狗的昆虫。实则"姑"应读为'盬'，咀也（见阮元《释且》）。嘬（chuài），赵岐《注》云："攒共食之也。"　⑩ 泚——（cǐ），赵岐《注》云："汗出泚泚然也。"《周礼·考工记》郑《注》引作"疵"，焦循《正义》云："其颡有疵，谓头额病，犹云疾首也。"亦通。　⑪ 蔂梩——（léi lí）。蔂，盛土之笼；梩，可以臿地铲土者，相当于今日

的锹或者锸。 ⑫忨然为间——忨（wǔ），朱熹《集注》云："忨然，茫然自失之貌。为间者，有顷之间也。" ⑬命之——朱熹《集注》云："命，犹教也，言孟子已教我矣。"则"之"虽为第三人称代词，实则夷之用以自指。

滕文公章句下

凡十章

6·1　陈代①曰："不见诸侯，宜若小然；今一见之，大则以王，小则以霸。且《志》曰：'枉尺而直寻。'宜若可为也。"

孟子曰："昔齐景公田，招虞人以旌②，不至，将杀之。志士不忘在沟壑，勇士不忘丧其元。孔子奚取焉？取非其招不往也。如不待其招而往，何哉？且夫枉尺而直寻者，以利言也。如以利，则枉寻直尺而利，亦可为与？昔者赵简子③使王良④与嬖奚⑤乘，终日而不获一禽。嬖奚反命曰：'天下之贱工也。'或以告王良。良曰：'请复之。'强而后可，一朝而获十禽。嬖奚反命曰：'天下之良工也。'简子曰：'我使掌与女乘。'谓王良。良不可，曰：'吾为之范我驰驱⑥，终日不获一；为之诡遇⑦，一朝而获十。《诗》云："不失其驰，舍矢如破⑧。"我不贯⑨与小人乘，请辞。'御者且羞与射者比⑩；比而得禽兽，虽若丘陵，弗为也。如枉道而从彼，何也？且子过矣：枉己者，未有能直人者也。"

【译文】

陈代说："不去谒见诸侯，似乎只是拘泥于小节吧；如今一去谒见诸侯，大呢，可以实行仁政，统一天下；小呢，可以改革局面，称霸中国。而且《志》上说：'所屈折的譬如只有一尺，而所伸直的却有八尺了。'好像可以干一干。"

孟子说："从前齐景公田猎，用有羽毛装饰的旌旗来召唤猎场管理员，管理员不去，景公便准备杀他。〔可是他并不因此而畏惧，曾经得到孔子的称赞。〕因为有志之士〔坚守节操，〕不怕〔死无葬身之地，〕弃尸山沟；勇敢的人〔见义而为，〕不怕丧失脑袋。孔子对于这一猎场管理员取他哪一点呢？就是取他不是自己所应该接受的召唤之礼，他硬是不去。假定我竟不等待诸侯的招致便去，那又是怎样的呢？而且你说所屈折的只有一尺，所伸直的却有八尺，这完全是从利的观点来考虑的。如果专从利益来考虑，那么，所屈折的有八尺，所伸直的却只一尺，也有利益，也可以干干么？从前，赵简子命令王良替他的宠幸小臣叫奚的驾车去打猎，整天打不着一只兽。奚向简子回报说：‘王良是个拙劣的驾车人。’有人便把这话告诉了王良。王良说：‘希望再来一次。’奚被勉强之后才肯，一个早晨便打中十只兽。便又回报说：‘王良是一个高明的驾车人呀。’赵简子说：‘那么，我就叫他专门替你驾车。’便同王良说，王良不肯，说道：‘我给他依规矩奔驰，整天打不着一只；我给他违背规矩驾车，一个早晨便打了十只。可是《诗经》说过："按照规矩而奔驰，箭一放出便破的。"我不习惯于替小人来驾车，这差事我不能担任。’驾车人尚且以同坏的射手合作为可耻，这种合作得到禽兽纵是堆集如山，也不肯干。假定我们先屈辱自己的志向和主张而追随诸侯，那又是为什么呢？而且你错了，自己不正直的人从来没有能够使别人正直的。"

【注释】

① 陈代——赵岐《注》云："孟子弟子也。"　② 招虞人以旌——旌(jīng)。《说文》云："游车载旌，析羽注旄首，所以精进士卒也。"《左传》昭公二十年云："齐侯田于沛，招虞人以弓，不进，公使执之。辞曰：‘昔我先君之田也，旃以招大夫，弓以招士，皮冠以招虞人。臣不见皮冠，故不敢进。’乃舍之。仲尼曰：‘守道不如守官，君子韪之。’"案《左传》所载与孟子所言虽有所不同，但大体一致。古代君王有所召唤，

一定有相当的事物以见信。旌是召唤大夫用的，弓是召唤士用的，若是召唤虞人（守苑囿之吏），只能用皮冠。　③赵简子——晋国正卿赵鞅。　④王良——《左传》哀公二年云："邮无恤御简子。"杜预《注》云："邮无恤，王良也。"王良为春秋末年的善御者，先秦两汉古籍多称之。⑤嬖奚——嬖（bì），即《梁惠王下》的"嬖人"，爱幸小人也；奚是其名。⑥范我驰驱——"范"作动词用，谓纳我驰驱于轨范之中，根据《谷梁传》昭公八年所载，驾御田猎的车，尘土飞扬不能出于轨道，马蹄应该发足相应，快慢合拍。　⑦诡遇——根据《白氏六帖·执御篇》所引的《孟子》旧注，以"谲"训"诡"，谓不依法驾御为"诡遇"。案此说甚是。⑧"《诗》云"等句——诗句见《小雅·车攻篇》。王引之《经传释词》云："如破，而破也。"　⑨贯——《尔雅·释诂》："习也。"就是今日的"惯"字。　⑩比——旧读去声，《汉书·刘歆传》："比意同力。"颜师古《注》云："比，合也。"案当与"子比而同之"（5·4）的"比"为一义。

6·2　景春①曰："公孙衍②、张仪③岂不诚大丈夫哉？一怒而诸侯惧，安居而天下熄④。"

孟子曰："是焉得为大丈夫乎？子未学礼乎？丈夫之冠也，父命之⑤；女子之嫁也，母命之⑥，往送之门⑦，戒之曰：'往之女家，必敬必戒，无违夫子！'以顺为正者，妾妇之道也。居天下之广居，立天下之正位，行天下之大道⑧；得志，与民由之；不得志，独行其道。富贵不能淫，贫贱不能移，威武不能屈，此之谓大丈夫。"

【译文】

景春说："公孙衍和张仪难道不是真正的大丈夫吗？一发脾气，诸侯便都害怕；安静下来，天下便太平无战事。"

孟子说："这个怎能叫做大丈夫呢？你没有学过礼吗？男子举行加冠礼的时候，父亲给以训导；女子出嫁的时候，母亲给以训导，送她到门口，告诫她说：'到了你家里，一定要恭敬，一定要警惕，不要违背丈夫。'以顺从为最大原则的，这是妇女之道。〔至于男子，〕应住在天下最宽广的住宅——仁——里，站在天下最正确的位置——礼——上，走着天下最光明大路——义；得志的时候，偕同百姓循着大道前进；不得志的时候，也独自坚持自己的原则，富贵不能乱我之心，贫贱不能变我之志，威武不能屈我之节，这样才叫做大丈夫。"

【注释】

① 景春——赵岐《注》云："孟子时人，为从衡之术者。"周广业《孟子古注考》云："《汉艺文志》兵阴阳家有《景子》十三篇，疑即此人。"
② 公孙衍——即魏人犀首，当时著名的说客，在秦为大良造的官，又曾佩五国相印，《史记》卷七十有传。　③ 张仪——魏人，游说六国连横去服从秦国的大政客，《史记》卷七十有传。公孙衍、张仪为同时人，景春说此话时，正是他们得意之时。景春所以不曾说到苏秦的缘故，可能因为此时苏秦已死（周广业《孟子出处时地考》之说）。　④ 熄——赵岐《注》云："安居不用辞说，则天下兵革熄也。"故译文以"太平无战事"译"熄"字。　⑤ 丈夫之冠也，父命之——古时男子到了二十岁，便叫做成年人，行加冠礼。但根据《仪礼·士冠礼》，行加冠礼的时候，祝辞都由"宾"，不由"父"，与孟子所言不同，因之后来有种种解释。

一说，"父不自命，而以其命之意出于宾"。则"宾命"即是"父命"。一说，"命"不必口令，以行与事示之而已（《诂经精舍文集·四集》孙瑛《丈夫之冠也父命之说》）。一说，孟子当时本有父命的礼仪，不必事事与《仪礼》相合。　　⑥"女子之嫁也，母命之"等句——孟子此言也与《仪礼·士昏礼》所载略有不同。　　⑦往送之门——刘宝楠《愈愚录》以为"往"字当作一读，我们以为不必。　　⑧广居、正位、大道——朱熹《集注》云："广居，仁也；正位，礼也；大道，义也。"按之《论语》"立于礼"、《孟子》"居仁由义"（13·33）、"仁，人之安宅也"（3·7又7·11）、"义，人路也"（11·11）诸语，《集注》所释，最能探得孟子本旨。

6·3　周霄①问曰："古之君子仕乎？"

孟子曰："仕。《传》曰：'孔子三月无君，则皇皇②如也，出疆必载质③。'公明仪曰：'古之人三月无君，则吊。'"

"三月无君则吊，不以急乎？"

曰："士之失位也，犹诸侯之失国家也。《礼》曰④：'诸侯耕助⑤，以供粢盛⑥；夫人蚕缲⑦，以为衣服⑧。牺牲不成⑨，粢盛不絜，衣服不备，不敢以祭。惟士无田，则亦不祭。'牲杀、器皿、衣服不备，不敢以祭，则不敢以宴，亦不足吊乎？"

"出疆必载质，何也？"

曰："士之仕也，犹农夫之耕也；农夫岂为出疆舍其耒耜哉？"

曰："晋国⑩亦仕国也，未尝闻仕如此其急。仕如此其急也，君子之难仕，何也？"

曰："丈夫生而愿为之有室，女子生而愿为之有家；父母之心，人皆有之。不待父母之命、媒妁^⑪之言，钻穴隙相窥，逾墙相从，则父母国人皆贱之。古之人未尝不欲仕也，又恶不由其道。不由其道而往者，与钻穴隙之类也^⑫。"

【译文】

周霄问道："古代的君子做官吗？"

孟子答道："做官。《传记》上说：'孔子要是三个月没有君主任用他，就非常焦急，离开一个国家，一定带着准备和别国君主初次相见的礼物。'公明仪也说过：'古代的人三个月没有君主任用，就要去安慰他，给以同情。'"

周霄便问："三个月没有找到君主便去安慰他，不也太急了些吗？"

孟子答道："士的失掉了官位，正好像诸侯的失掉了国家。《礼》上说过：'诸侯亲自参加耕种，就是用来供给祭品；夫人亲自养蚕缲丝，就是用来供给祭服。牛羊不肥壮，谷物不洁净，祭服不具备，不敢用来祭祀。士若没有〔供给祭祀的〕田地，那也不能祭祀。'牛羊、祭具、祭服不具备，不敢用来祭祀，也就不能举行宴会，那不也应该去安慰他吗？"

周霄又问："离开国界一定带着见面的礼物，又是什么道理呢？"

孟子答道："士的做官，就好像农民的耕田；农民难道因为离开国界便舍弃他的农具吗？"

周霄说："魏国也是一个有官可做的国家，我却不曾听说过找官位是这样的急迫的。找官位既这样的急迫，君子却不轻易做官，又是什么道理呢？"

孟子说："男孩子一生下来，父母便希望给他找妻室；女孩子一生下来，父母便希望给他找婆家。爹娘这样的心情，个个都有。但是，若是不等待爹娘开口，不经过媒人介绍，自己便钻洞扒门缝来互相窥望，爬过墙去私会，那么，爹娘和社会人士都会轻视他。古代的人不是不想做官，但是又讨厌不经合乎礼义的道路来找官做。不经合乎礼义的道路的，正和男女的钻洞扒门缝是一样的。"

【注释】

① 周霄——赵岐《注》云："魏人也。"按此人又见于《战国策·魏策》，考其年代，当在梁惠王与襄王之时。　②皇皇——《礼记·檀弓》郑《注》云："皇皇，忧悼在心之貌也。"《楚辞》王逸《注》云："皇皇，惶遽貌。"　③质——（zhì），同"贽"、"挚"。古代初相见，一定用一定的礼物来表示诚意，这礼品便叫"贽"，这礼品，士人一般用雉。　④"《礼》曰"等句——《礼记·祭统》云："天子亲耕于南郊，以共（供）齐（粢）盛；王后蚕于北郊，以共纯服。诸侯耕于东郊，亦以共齐盛；夫人蚕于北郊，以共冕服。"《谷梁传》桓公十四年云："天子亲耕，以共粢盛；王后亲蚕，以供祭服。"又成公十七年云："宫室不设，不可以祭；车马器械不备，不可以祭；有司一人不备其职，不可以祭。"《礼记·曲礼》云："无田禄者不设祭器。"又《王制》云："大夫士宗庙之祭，有田则祭，无田则荐。"都和孟子所说略同。自然孟子所引不是这些书（这些书都著述在《孟子》以后），但他所引的话的起讫，实在无由确定，焦循《孟子正义》以为"牺牲不成"以下非引文，恐误；今暂定"牲杀"以下为孟子伸述之言。⑤ 耕助——此二字为连绵动词，和下文"蚕缲"相对成文。"助"即"藉"（《说文》作"耤"，云："帝耤千亩也。"经传多作"藉"）。《滕文公上》已云："助

者,藉也。"故知《孟子》此处实假"助"为"藉"。古者天子有藉田千亩,诸侯百亩,于每年孟春,率三公九卿诸侯大夫躬耕。天子三推,三公五推,卿、诸侯、大夫九推(见《吕氏春秋·孟春纪》)。则天子他们之耕田,不过做做样子罢了,其实仍须假借人民的力量以为之,所以这田便叫"藉田",而耕种这种"藉田"也叫"藉"。《国语·周语上》:"宣王即位,不藉千亩。"卢植曰:"藉,耕也。"《左传》昭公十八年云:"郧人藉稻。"《正义》引服虔《注》云:"藉,耕种于藉田也。"正是此"助"字之义。赵《注》未了,前人注解以及字书亦皆未及,故详言之。　⑥粢盛——(zī chéng)。"粢"字《说文》作"䆣",重文作"粢",古书或又作"齐"。六谷(黍、稷、稻、粱、麦、苽)之可以盛于器皿中的叫"粢"(《诗·甫田》毛传云:"器实曰齐。"),已经盛于器皿中的叫"盛"(《毛传》云:"在器曰盛")。　⑦夫人蚕缫——此"夫人"专指诸侯之正妻。缫(sāo),抽茧出丝。　⑧衣服——专指祭祀穿用的衣服。　⑨牺牲不成——祭祀所杀的牛羊猪等都叫"牺牲",也叫"牲杀"。王夫之《孟子稗疏》云:"畜牧曰牲,渔猎曰杀。大夫用麋,士用兔,皆渔猎所获,所谓杀也。"《释名·释言语》云:"成,盛也。"赵岐《注》云:"不成,不实肥腯也。"　⑩晋国——详(1·5)注①。　⑪媒妁——《说文》:"媒,谋也,谋合二姓。"又云:"妁,酌也,斟酌二姓也。"　⑫与钻穴隙之类也——这句不合语法,孔广森《经学卮言》以为"与"读为"欤",当属上句,作表停顿的语气词用。但《孟子》全书不见相同的句例,故难以相信。焦循《正义》以为"之类"的"之"字是衍文,本作"与钻穴隙类也";俞樾《孟子平义》则谓"与"当读为"如",亦俱无确证。我们只能存疑。

6·4 彭更①问曰:"后车数十乘,从者数百人,以传食②于诸侯,不以泰乎?"

孟子曰:"非其道,则一箪食不可受于人;如其道,则舜受尧之天下,不以为泰——子以为泰乎?"

曰:"否;士无事而食,不可也。"

曰:"子不通功易事,以羡③补不足,则农有馀粟,女有馀布;子如通之,则梓匠轮舆④皆得食于子。于此有人焉,入则孝,出则悌,守先王之道,以待⑤后之学者,而不得食于子;子何尊梓匠轮舆而轻为仁义者哉?"

曰:"梓匠轮舆,其志将以求食也;君子之为道也,其志亦将以求食与?"

曰:"子何以其志为哉?其有功于子,可食而食之矣。且子食志乎?食功乎?"

曰:"食志。"

曰:"有人于此,毁瓦画墁⑥,其志将以求食也,则子食之乎?"

曰:"否。"

曰:"然则子非食志也,食功也。"

【译文】

彭更问道:"跟随的车辆几十,跟随的人几百,由这一国吃到那一国,〔您这样做,〕不也太过分了吗?"

孟子答道:"如果不合理,就一筐饭也不可以接受;如果合理,舜接受了尧的天下,都不以为过分——你以为过分了吗?"

彭更说：“不是这样说，〔我以为〕读书人不工作，吃白饭，是不可以的。”

孟子说：“你如果不互通各人的成果，交换各行业的产品，用多馀的来弥补不够的，就会使农民有多余的米，〔别人得不着吃；〕妇女有多余的布，〔别人得不着穿；〕如果能互通有无，那么，木匠车工都能够从你那里得着吃的。假定这里有个人，在家孝顺父母，出外尊敬长辈，严守着古代圣王的礼法道义，用来培养后代的学者，却不能从你这里得着吃的；那么，你为什么尊贵木匠车工，却轻视仁义之士呢？”

彭更说：“木匠车工，他们的动机本是谋饭吃；君子的研究学术，推行王道，那动机也是弄到吃的吗？”

孟子说：“你为什么要论动机呢？他们对你有功绩，可以给以吃的，便给以吃的了。而且，你还是论动机而给以吃的呢？还是论功绩而给以吃的呢？”

彭更说：“论动机。”

孟子说：“这里有个匠人，把屋瓦打碎，在新刷的墙壁上乱画，他的动机也是为着弄到吃的，你给他吃的吗？”

彭更说：“不。”

孟子说：“那么，你不是论动机，是论功绩的了。”

【注释】

① 彭更——赵岐《注》云：“孟子弟子。” ② 传食——传，旧读去声，传食犹言转食。 ③ 羡——赵岐《注》云：“馀也。” ④ 梓匠轮舆——《周礼·考工记》有梓人、匠人，为木工；有轮人（制车轮）、舆人（制车箱），为制车之工。 ⑤ 待——焦循《正义》说：赵岐大概是读“待”为“持”，

谓扶持后之学者。　　⑥堲——(màn)，本义为粉刷墙壁的工具，这里似乎指新粉刷的墙壁而言。朱熹《集注》云："堲，墙壁之饰也。"可能亦是此意。

6·5　万章①问曰："宋，小国也；今将行王政，齐楚恶而伐之②，则如之何？"

孟子曰："汤居亳③，与葛④为邻，葛伯放⑤而不祀。汤使人问之曰：'何为不祀？'曰：'无以供牺牲也。'汤使遗之牛羊。葛伯食之，又不以祀。汤又使人问之曰：'何为不祀？'曰：'无以供粢盛也。'汤使亳众往为之耕，老弱馈食。葛伯率其民，要其有酒食黍稻者夺之，不授者杀之。有童子以黍肉饷，杀而夺之。《书》曰：'葛伯仇饷⑥。'此之谓也。为其杀是童子而征之，四海之内皆曰：'非富天下也，为匹夫匹妇复仇也。''汤始征，自葛载⑦'，十一征而无敌于天下。东面而征，西夷怨；南面而征，北狄怨，曰：'奚为后我？'民之望之，若大旱之望雨也。归市者弗止，芸者不变，诛其君，吊其民，如时雨降。民大悦。《书》曰：'徯我后，后来其无罚！''有攸⑧不惟⑨臣，东征，绥厥士女，篚厥玄黄⑩，绍我周王见休⑪，惟臣附于大邑周⑫。'其君子实玄黄于篚以迎其君子，其小人箪食壶浆以迎其小人；救民于水火之中，取其残而已矣。《太誓》⑬曰：'我武惟扬，侵于⑭之疆，则取于⑭残，杀伐用张，于汤有光。'不行王政云尔；苟行王政，四海之内皆举首而望之，欲以为君；齐楚虽大，何畏焉？"

【译文】

万章问道："宋是个小国家，如今想实行仁政，齐楚两个大国却因此讨厌，而出兵攻击它，怎么办呢？"

孟子道："汤居住在亳地，同葛国为邻国，葛伯放肆得很，不守礼法，不祭祀鬼神。汤着人去问：'为什么不祭祀？'答道：'没有牛羊做祭品。'汤便给他以牛羊。葛伯把牛羊吃了，却不用来祭祀。汤又着人去问：'为什么不祭祀？'答道：'没有谷米做祭物。'汤便着亳地百姓去替他们耕种，老弱的人给耕田的人去送饭。葛伯却带领着他的百姓拦住那些拿着酒菜好饭的送饭者进行抢夺，不肯交出来的便杀掉他。有一个小孩去送饭和肉，葛伯竟把他杀掉了，抢去他的饭和肉。《书》上说：'葛伯仇视送饭者。'正是这个意思。汤就为着这一小孩的被杀来讨伐葛伯，天下的人都说：'汤不是贪图天下的财富，是为老百姓报仇。'汤的作战，便从葛国开始，出征十一次，没有能抗拒他的。向东方出征，西方的人便不高兴；向南方出征，北方的人便不高兴，说道：'为什么不先打我们这里？'老百姓的盼望他，正和大干旱年岁盼望雨水一样。〔作战的时候，〕做买卖的不曾停止过，锄地的不曾躲避过，杀掉那暴虐的君主，安慰那可怜的百姓，这也和及时的雨水落下来一样，老百姓非常高兴。《书》也说过：'等待我的王！王来了我们便不再受罪了！'又说：'攸国不服，周王便东行讨伐，来安定那些男男女女，他们也把黑色和黄色的捆好了的绸帛放在筐子里，请求介绍和周王相见，得到光荣，作大周国的臣民。'这说明了周朝初年东征攸国的情况，官员们把那黑色和黄色的束帛装满筐子来迎接官员，老百姓便用竹筐盛饭，用壶盛酒浆来迎接士兵，可见得周王的出师只是把老百姓从水火之中拯救出来，而杀掉那残暴的君主罢了。《泰誓》上说：'我们的威武要发扬，攻到邢国的疆土上，杀掉那残暴的君王，还有一些该死的都得砍光，这样的功绩比汤还辉煌。'不实行仁政便罢了，如果实行王政，天下的人都抬起头盼望着，要拥护他来做君王；齐国楚国纵是强大，怕什么呢？"

【注释】

① 万章——赵岐《万章章句》云："万姓，章名，孟子弟子也。"案此人当是孟子高足弟子，一则问难最多，一则《史记·孟子列传》说孟子"退而与万章之徒作《孟子》七篇"。　② 今将行王政，齐楚恶而伐之——根据《战国策·宋策》、《史记·宋世家》，宋王偃的行为同于桀纣，终于为齐、魏、楚三国所灭。而《孟子》说他行王政，有人说这是王偃早年之事，而"晚节不终"（周广业《孟子出处时地考》），而全祖望、焦循则怀疑《国策》、《史记》的记载，认为是当时齐、楚诸国诬陷之言。　③ 亳——(bó)，自来说汤都者纷歧无定说，而以《汉书·地理志》注臣瓒说为可信，盖在今商邱北，汉时之薄县，说详王国维《观堂集林·说亳》。　④ 葛——古国名，嬴姓，故城在今河南宁陵县北十五里。　⑤ 放——放纵、放肆之意。　⑥ 葛伯仇饷——赵岐《注》云："《尚书》逸篇文。"案梅赜采入伪古文《仲虺之诰》。管同《因寄轩文集》云："吾意《尚书》止云'葛伯仇饷'，所谓'仇饷'者不知何事，至后世或乃言其本末如此。事有无不可知，孟子但以天理人情为断。"　⑦ 汤始征，自葛载——此六字恐仍是《尚书》之文，互详《梁惠王下》十一章注。《毛诗传》云："载，始也。"　⑧ 有攸——旧注把"攸"字当"所"字解，恐误。根据甲文和晚商金文都有攸国之名，故译文作攸国。　⑨ 惟——为也，用法和

《尚书·益稷》"万邦黎献共惟帝臣"的"惟"相同。　⑩ 筐厥玄黄——筐（fěi），这里作动词用，谓把物件装在筐篚之中。玄黄，本为束帛之色，即以指代币帛，用法和《尚书·禹贡》的"玄纁"相同。　⑪ 休——美也。　⑫ 大邑周——甲文中有"大邑商"、"天邑商"之辞，金文中亦有"大邑周"之辞，不仅别人尊之如此称呼，自称亦如此也（"大邑"即"天邑"，《尚书·多士》亦有"天邑商"之文）。自"有攸"以下至此仍是古《尚书》之文，今已亡逸，梅赜由此采入伪《武成篇》。　⑬《太誓》——即《泰誓》，其文早已亡逸，马融所见的"后得"的《泰誓》也是伪作，今天梅赜伪古文的《泰誓》更是赝品了。此数句经他采入《泰誓中篇》。　⑭ 于——这两个"于"字都是国名，陈梦家《尚书通论》云："于即是邘。案《通鉴前编》：'纣十有八祀，西伯伐邘。'《注》引徐广曰：'《大传》作于。''于'疑即卜辞之盂方伯。"

6·6　孟子谓戴不胜①曰："子欲子之王之善与？我明告子。有楚大夫于此，欲其子之齐语也，则使齐人傅诸？使楚人傅诸？"

曰："使齐人傅之。"

曰："一齐人傅之，众楚人咻②之，虽日挞而求其齐也，不可得矣；引而置之庄岳③之间数年，虽日挞而求其楚，亦不可得矣。子谓薛居州，善士也，使之居于王所。在于王所者，长幼卑尊皆薛居州也，王谁与为不善？在王所者，长幼卑尊皆非薛居州也，王谁与为善？一薛居州，独④如宋王何？"

【译文】

孟子对戴不胜说："你想你的君王学好吗？我明白告诉你。这里有位楚国的官员，希望他的儿子会说齐国话，那么，找齐国人来教呢？还是找楚国人来教呢？"

答道："找齐国人来教。"

孟子说："一个齐国人教他，却有许多楚国人在打扰，纵使每天鞭打他，逼他说齐国话，也是做不到的；假若带领他在临淄庄街岳里的闹市住上几年，纵便每天鞭打他逼他说楚国话，也是做不到的。你说薛居州是个好人，要他住在王宫中。如果在王宫中的年龄大的小的、地位低的高的，都是好人，那王同谁干出坏事来呢？如果在王宫中的，年龄大的小的、地位低的高的，都不是好人，那王又同谁干出好事来呢？一个薛居州能把宋王怎么样呢？"

【注释】

① 戴不胜——赵岐《注》云："宋臣。"赵佑《四书温故录》以为即戴盈之（第八章），一名一字，无确据。　　② 咻——（xiū），赵岐《注》云："讙也。"焦循《正义》云："讙即今之喧哗字也。"　　③ 庄岳——顾炎武《日知录》云：庄是街名，岳是里名。《左传》襄公二十八年："得庆氏之木于庄。"杜预《注》以"六轨之道"（大街）释"庄"。又"反陈于岳"。杜《注》云："岳，里名。"　　④ 独——王引之《经传释词》云："独犹将也。"一作单独解。

6·7　公孙丑问曰："不见诸侯何义？"

孟子曰："古者不为臣不见。段干木^①逾垣而辟之，泄柳闭门而不纳^②，是皆已甚；迫，斯可以见矣。阳货欲见孔子③而恶无礼，大夫④有赐于士，不得受于其家，则往拜其门。阳货瞷⑤孔子之亡也，而馈孔子蒸豚；孔子亦瞷其亡也，而往拜之。当是时，阳货先，岂得不见？曾子曰：'胁肩谄笑⑥，病于夏畦⑦。'子路曰：'未同而言，观其色赧赧然，非由之所知也⑧。'由是观之，则君子之所养，可知已矣。"

【译文】

公孙丑问道："不主动地去谒见诸侯，是什么道理？"

孟子说："在古代，〔一个人〕如果不是诸侯的臣属，便不去谒见。〔从前魏文侯去看段干木，〕段干木却跳过墙躲开了，〔鲁穆公去看泄柳，〕泄柳关着大门不加接待，这都做得过分；如果逼着要见，也就可以相见。阳货想要孔子来看他，又不愿自己失礼，〔迳行召唤。有这一条礼节，〕大夫对士有所赏赐，当时士如果不在家，不能亲自接受拜谢，便得再亲自去大夫家里答谢。因此阳货探听到孔子外出的时候，给他送去一个蒸小猪；孔子也探听到阳货不在家，才去答谢。在这个时候，阳货若是〔不耍花招，〕先去看孔子，孔子哪会不去看他？曾子说：'竦起两肩，做着讨好的笑脸，这比夏天在菜地里工作还要累。'子路说：'分明不愿意同这个人来谈，却勉强和他说话，脸上又表现出惭愧的颜色，这种人，我是不赞成的。'从这里看来，君子怎样来培养自己的品德节操，就可以知道了。"

【注释】

① 段干木——姓段，名干木（此从臧庸《拜经日记》说，与《史记集解》以为"段干"复姓者异），魏文侯时贤者，其故事又散见于《史记·魏世家》、《吕氏春秋·期贤篇》、《举难篇》等。《高士传》云："段干木少贫贱，

心志不遂，乃师亊卜子夏与田子方。李克、翟璜、吴起等居于魏，皆为将，惟干木守道不仕。"　　②纳——一作"内"，同。　　③阳货欲见孔子——事又见《论语·阳货篇》。"见"旧读去声，为使动用法，阳货欲使孔子来见之意。　　④大夫——阳货虽然不是鲁国之卿，但为正卿季氏之宰(总管)，所以也得称"大夫"；而其时孔子在野，故称"士"。　　⑤瞰——同"矙"(kàn)，窥伺也。　　⑥胁肩谄笑——胁肩即竦体，故意为恭敬之状；谄笑，强为媚悦之颜。　　⑦夏畦——夏，夏天；畦(xī)，灌园，浇水。　　⑧非由之所知——朱熹《集注》云："甚恶之之辞也。"

6·8 戴盈之①曰："什一，去关市之征，今兹②未能，请轻之，以待来年，然后已，何如？"

孟子曰："今有人日攘③其邻之鸡者，或告之曰：'是非君子之道。'曰：'请损之，月攘一鸡，以待来年，然后已。'——如知其非义，斯速已矣，何待来年？"

【译文】

戴盈之说："税率十分抽一，免除关卡和商品的赋税，今年还办不到，预备先减轻一些，等到明年，然后完全实行，怎么样？"

孟子说："现在有一个人每天偷邻人一只鸡，有人告诉他说：'这不是正派人的行为。'他便说：'预备减少一些，先每一个月偷一只，等到明年，然后完全不偷。'——如果晓得这种行为不合道理，便赶快停止算了，为什么要等到明年呢？"

【注释】

①戴盈之——赵岐《注》云："宋大夫。"　　②兹——《吕氏春秋·任地篇》：

"今兹美禾，来兹美麦。"高诱《注》云："兹，年也。" ③ 攘——(rǎng)，《尚书·吕刑》郑玄《注》云："有因而盗曰攘。"《淮南子·氾论训》"其父攘羊"，高诱《注》亦云："凡六畜自来而取之曰攘。"则"攘"和"盗"（偷）似有所不同。但"日攘一鸡"之"攘"则不便如此解释，因不见得每天都有邻人之鸡"自来"而可以"有因"而取之也。《礼记·礼器》郑玄《注》、《谷梁传》成公五年《释文》都云："攘，盗窃也。"译文仍取此义。

6·9　公都子①曰："外人皆称夫子好辩，敢问何也？"

孟子曰："予岂好辩哉？予不得已也。天下之生久矣，一治一乱。当尧之时，水逆行，氾滥于中国，蛇龙居之，民无所定；下者为巢，上者为营窟②。《书》曰：'洚水警余③。'洚水者，洪水也。使禹治之。禹掘地而注之海，驱蛇龙而放之菹④；水由地中行，江、淮、河、汉是也。险阻既远，鸟兽之害人者消，然后人得平土而居之。

"尧舜既没，圣人之道衰，暴君代作⑤，坏宫室以为污池，民无所安息；弃田以为园囿，使民不得衣食。邪说暴行又作，园囿、污池、沛泽多而禽兽至。及纣之身，天下又大乱。周公相武王诛纣，伐奄三年讨其君⑥，驱飞廉于海隅而戮之⑦，灭国者五十，驱虎、豹、犀、象而远之，天下大悦。《书》曰：'丕显哉，文王谟！丕承哉，武王烈！佑启我后人，咸以正无缺⑧。'

"世衰道微，邪说暴行有⑨作，臣弑其君者有之，子

弑其父者有之。孔子惧，作《春秋》。《春秋》，天子之事也；是故孔子曰：'知我者其惟《春秋》乎！罪我者其惟《春秋》乎！'

"圣王不作，诸侯放恣，处士⑩横议，杨朱⑪、墨翟⑫之言盈天下。天下之言不归杨，则归墨。杨氏为我，是无君也；墨氏兼爱，是无父也。无父无君，是禽兽也。公明仪曰：'庖有肥肉，厩有肥马；民有饥色，野有饿莩，此率兽而食人也。'杨、墨之道不息，孔子之道不著，是邪说诬民，充塞仁义也。仁义充塞，则率兽食人，人将相食。吾为此惧，闲⑬先圣之道，距杨、墨，放淫辞，邪说者不得作。作于其心，害于其事；作于其事，害于其政。圣人复起，不易吾言矣。

"昔者禹抑洪水而天下平，周公兼夷狄、驱猛兽而百姓宁，孔子成《春秋》而乱臣贼子惧。《诗》云：'戎狄是膺，荆舒是惩，则莫我敢承⑭。'无父无君，是周公所膺也。我亦欲正人心，息邪说，距诐行，放淫辞，以承三圣者；岂好辩哉？予不得已也。能言距杨、墨者，圣人之徒也。"

【译文】

公都子说："别人都说您喜欢辩论，请问，为什么呢？"

孟子说："我难道喜欢辩论吗？我是不能不辩论呀。人类社会产生很久了，太平一时，又乱一时。当唐尧的时候，大水横流，到处泛滥，大地上成为蛇和龙的居处，人们无处安身；低地的人在树上搭巢，高地的人便打相连的洞穴。《尚书》说：'洚水警诫我们。'洚水是什么呢？就是洪水。命令禹来治理。禹疏通河道，使水都流到大海里，把蛇和龙赶到草泽里，水顺着河床流动，长江、淮河、黄河、汉水便是这样。危险既已消除，害人的鸟兽也没有了，人才能够在平原居住。

"尧舜死了以后，圣人之道逐渐衰落，残暴君主不断出现，他们毁坏民宅来做深池，使百姓无地安身；破坏农田来做园林，使百姓不能得到衣服和食物；荒谬的学说、残暴的行为随之兴起，园林、深池、草泽多了起来，禽兽也就来了。到商纣的时候，天下又大乱。周公辅助武王，把纣王杀了，又讨伐奄国，三年之后又把奄君杀掉了，并把飞廉赶到海边，也加以杀戮，被灭的国家一共五十个，把老虎、豹子、犀牛、大象赶到远方，天下的百姓非常高兴。《尚书》说过：'文王的谋略多么光明！武王的功烈多么伟大！帮助我们，启发我们，直到后代，使大家都正确而没有缺点。'

"太平之世和仁义之道又逐渐衰微，荒谬的学说、残暴的行为又起来了，有臣子杀死君王的，也有儿子杀死父亲的。孔子深为忧虑，著作了《春秋》一部历史书。著作历史，〔有所赞扬和指谪，〕这本来是天子的职权，〔孔子不得已而做了。〕所以孔子说：'了解我的，怕就在于《春秋》这部著作吧！责骂我的，也怕就在于《春秋》这部著作吧！'

"〔自那以后〕圣王也不再出现，诸侯无所忌惮，一般士人也乱发议论，杨朱、墨翟的学说充满天下，于是所有的主张不属于杨朱派，便属于墨翟派。杨派主张个人第一，这便否定对君上的尽忠，就是目无君上；墨派主张天下同仁，不分亲疏，这便将否定对父亲的尽孝，就是目无父母。目无君上，目无父母，那就成了禽兽。公明仪说过：'厨房里有肥肉，马厩里有肥马，但是，老百姓脸上有饥色，野外躺着饿死的尸体，这就是率领着禽兽来吃人。'杨朱、墨翟的学说不消灭，孔子的学说就无法发扬，这便是荒谬的学说欺骗了百姓，而阻塞了仁义的道路。仁义的道路被阻塞，也就等于率领禽兽来吃人，人与人也将互相残杀。我因而深为忧虑，便出来捍卫古代圣人的学说，反对杨、墨的学说，驳斥错误的言论，使发表荒谬议论的人不能抬头。那种荒谬的学说，从心里产生出来，便会危害工作；危害了工作，也就危害了政治。即使圣人再度兴起，也会同意我这番话的。

"从前大禹制服了洪水，天下才得着太平；周公兼并了夷狄，赶跑了猛兽，百姓才得着安宁；孔子著作了《春秋》，叛乱的臣子、不孝的儿子才有所害怕。《诗》说过：'攻击戎狄，痛惩荆舒，就没有人敢于抗拒我。'像杨、墨这样目无君上目无父母的人，正是周公所要惩罚的。我也要端正人心，消灭邪说，反对偏激的行为，驳斥荒唐的言论来继承大禹、周公、孔子三位圣人的事业，难道是喜欢辩论吗？我是不能不辩论的呀。能够以言论来反对杨、墨的，也就是圣人的门徒了。"

【注释】

① 公都子——赵岐《注》云："孟子弟子也。"　② 营窟——《说文》云："营，匝居也。"段《注》云："匝居谓围绕而居。"焦循《正义》云："此营窟当是相连为窟穴。"　③ 书曰，洚水警余——赵岐《注》云："《尚书》逸篇也。""洚"和"洪"古音相同。　④ 菹——（jù），泽生草曰菹。⑤ 代作——焦循《正义》云："《说文》，代，更也。代作谓更代而作，非一君也。"　⑥ "周公相武王"诸句——崔述《论语馀说》云："'周公相武王诛纣'一句，'伐奄三年讨其君'一句；'伐奄'乃成王事，不得上承'相武王'言之。"朱琦《小万卷斋文稿》说同。　⑦ 驱飞廉于海隅而戮之——《史记·秦本纪》云："蜚廉（'蜚'与'飞'古字相通）生恶来。恶来有力，蜚廉善走，父子俱以材力事殷纣。周武王之伐

纣，并杀恶来。是时蜚廉为纣石北方，还，无所报，为坛霍太山，而报得石棺，铭曰：'帝令处父（处父，蜚廉别号），不与殷乱，赐尔石棺以华氏。'死遂葬于霍太山。"所言与孟子有异。　　⑧"《书》曰丕显哉"数句——赵岐《注》云："《尚书》逸篇也。"案梅赜窃以入伪古文《君牙篇》。"承"是继承之意，译文用意译法。丕，大也。　　⑨有——同"又"。　　⑩ 处士——《汉书·异姓诸侯王表》"处士横议"，《注》云："师古曰：处士谓不官于朝而居家者也。"　　⑪ 杨朱——其人其事又略见于《庄子》及《淮南子》诸书。　　⑫ 墨翟——鲁人，或云宋人，生年当在周敬王之末年，其时或者孔子犹未死，但至迟难出孔子卒后之十年内；享年可能在八十以上，死当在孟子出生前十年左右，当周安王十年左右。其学说备见于《墨子》一书。　　⑬ 闲——《说文》："闲，阑也。从门中有木。"段玉裁《注》云："引申为防闲。"《谷梁》桓二年《传》范宁《注》云："闲谓扞御。"故译为"捍卫"。赵岐《注》云："闲，习也。"恐非。　　⑭ 承——抵御之意。

6·10　匡章①曰："陈仲子②岂不诚廉士哉？居於陵③，三日不食，耳无闻，目无见也。井上有李，螬食实者过半矣④，匍匐往，将食⑤之，三咽，然后耳有闻，目有见。"

孟子曰："于齐国之士，吾必以仲子为巨擘⑥焉。虽然，仲子恶能廉？充仲子之操，则蚓而后可者也。夫蚓，上食槁壤，下饮黄泉⑦。仲子所居之室，伯夷之所筑与？抑亦盗跖⑧之所筑与？所食之粟，伯夷之所树与？抑亦盗跖之所树与？是未可知也。"

曰：“是何伤哉？彼身织屦，妻辟纑^⑨，以易之也。”

曰：“仲子，齐之世家也；兄戴，盖^⑩禄万钟；以兄之禄为不义之禄而不食也，以兄之室为不义之室而不居也，辟^⑪兄离母，处于於陵。他日归，则有馈其兄生鹅^⑫者，己频颇^⑬曰：‘恶用是鶃鶃^⑭者为哉？’他日，其母杀是鹅也，与之食之。其兄自外至，曰：‘是鶃鶃之肉也。’出而哇之。以母则不食，以妻则食之；以兄之室则弗居，以於陵则居之，是尚为能充其类也乎？若仲子者，蚓而后充其操者也。”

【译文】

匡章说：“陈仲子难道不真是一个廉洁的人吗？住在於陵地方，三天没有吃东西，耳朵没有了听觉，眼睛没有了视觉。井上有个李子，金龟子已经吃掉了大半，他爬过去，拿来吃，吞了三口，耳朵才有了听觉，眼睛才有了视觉。”

孟子说：“在齐国人士中间，我一定把仲子看作大拇指。但是，他怎能叫做廉洁？要推广仲子的所作所为，那只有把人变成蚯蚓之后才能办到。蚯蚓，在地面上便吃干土，在地面下便喝泉水。〔真是廉洁之至，无求于人。仲子还不能和它比。为什么呢？〕他所住的房屋，是像伯夷那样廉洁的人所建筑的呢？还是像盗跖那样的强盗所建筑的呢？他所吃的谷米，是像伯夷那样廉洁的人所种植的呢？还是像盗跖那样的强盗种植的呢？这个还是不知道的。”

匡章说：“那有什么关系呢？他亲自编草鞋，他妻子绩麻练麻，交换来的〔，这就行了〕。”

孟子说：“仲子是齐国的宗族大家，享有世代相传的禄田。他哥哥陈戴，从盖邑收入的俸禄便有几万石之多。他却以他哥哥的俸禄为不义之物，不去吃它；以他哥哥的房屋为不义之产，不去住他。避开哥哥，离开母亲，住在於陵地方。有一天回到家里，恰巧有一个人送给了他哥哥一只活鹅，他皱着眉头说：'要这种呃呃叫的东西做甚么呢？'过了些时，他母亲杀了这只鹅，给他吃了。恰巧他哥哥从外面回来，便说：'这就是那呃呃叫的东西的肉呀。'他便跑出门去，呕了出来。母亲的食物不吃，却吃妻子的；哥哥的房屋不住，却住在於陵，这还能算是推广廉洁之义到了顶点吗？像仲子这样的行为，如果要推广到顶点，只有把人变成蚯蚓之后才能办到。"

【注释】

① 匡章——齐人，曾为齐威王将，率兵御秦，大败之。宣王时，又曾将五都之兵以取燕。其言行散见于《战国策·齐策》、《燕策》及《吕氏春秋·不屈》、《爱类》诸篇。其年岁大致和孟子相当，两人当是朋友，《吕氏春秋·不屈篇》高诱《注》云："匡章，孟子弟子也。"恐不可信。

② 陈仲子——即《荀子·不苟篇》、《韩非子·外储说右》的"田仲"，《荀子·非十二子篇》的"陈仲"，亦作"於陵仲子"。《淮南子·氾论训》云："季襄、陈仲子立节抗行，不入洿君之朝，不食乱世之食，遂饿而死。"高诱《注》云："陈仲子，齐人，孟子弟子。"饿死以及孟子弟子之说恐都不可信。　　③ 於陵——於（wū）。阎若璩《四书释地续》引顾野王《舆地志》和唐张说《石泉驿诗》题自注，说於陵在今山东长山县南，和临淄相距近二百里。　　④ 井上有李，螬食实者过半矣——井上之"李"，为李树，还是李实，很难肯定。《文选·张景阳杂诗》注引《孟子章句》作"井上有李实"，姑从之。螬为蛴螬，金龟子的幼虫，但以果树为食物者实为金

龟子，故译文以金龟子译之。 ⑤将食——《荀子·成相篇》"吏谨
将之无铍滑"，杨倞《注》云："将，持也。"管同云："将，取也。《书·微
子》曰：'将食无灾。'《文选注》二十七引《孟子》作'将而食之'，语
意可见。"以'取'训"将"，亦通。 ⑥巨擘——赵岐《注》云："大
指也。"汉人又叫为"大擘"，见郑玄《仪礼·士丧礼注》。 ⑦黄泉——
《左传》隐公元年云："不及黄泉，无相见也。"杜预《注》云："地中之泉，
故曰黄泉。" ⑧盗跖——春秋时有名大盗，柳下惠的兄弟。 ⑨辟
纑——赵岐《注》云："缉绩其麻曰辟，练其麻曰纑(lú)。" ⑩盖——
(gě)，地名，为陈戴采邑。《公孙丑下》有"盖大夫王驩"，阎若璩《四
书释地》云："以半为王朝之下邑，王驩治之；以半为卿族之私邑，陈氏
世有之。"此说甚是。元李治《敬斋古今黈》读"兄戴盖"为句，云"戴盖"
是"乘轩"，恐不可信。 ⑪辟——同"避"。 ⑫鶃——今作"鹅"。
⑬频顣——朱熹《集注》云："频与颦同，顣与蹙同。"则以"频"为颦眉，
"顣"为纠缩眉鼻，表示不高兴。 ⑭鶃鶃——朱熹《集注》云："鹅声也。"

离娄章句上

凡二十八章

7·1　孟子曰："离娄①之明、公输子②之巧，不以规矩，不能成方圆；师旷③之聪，不以六律④，不能正五音⑤；尧舜之道，不以仁政，不能平治天下。今有仁心仁闻⑥而民不被其泽、不可法于后世者，不行先王之道也。故曰：徒善不足以为政，徒法不能以自行。《诗》云：'不愆不忘，率由旧章⑦。'遵先王之法而过者，未之有也。圣人既竭目力焉，继之以规矩准绳，以为方员平直，不可胜用也；既竭耳力焉，继之以六律正五音，不可胜用也；既竭心思焉，继之以不忍人之政，而仁覆天下矣。故曰：为高必因丘陵，为下必因川泽；为政不因先王之道，可谓智乎？是以惟仁者宜在高位。不仁而在高位，是播其恶于众也。上无道揆⑧也，下无法守也，朝不信道，工不信度⑨，君子犯义，小人犯刑，国之所存者幸也。故曰：城郭不完⑩，兵甲不多，非国之灾也；田野不辟⑪，货财不聚，非国之害也。上无礼，下无学，贼民兴，丧无日矣。《诗》曰：'天之方蹶，无然泄泄⑫。'泄泄犹沓沓也。事君无义，进退无礼，言则非⑬先王之道者，犹沓沓也。故曰，责难于君谓之恭，陈善闭邪⑭谓之敬，吾君不能谓之贼。"

【译文】

　　孟子说："就是有离娄的目力，公输般的技巧，如果不用圆规和曲尺，也不能正确地画出方形和圆形；就是有师旷审音的耳力，如果不用六律，便不能校正五音；就是有尧舜之道，如果不行仁政，也不能管理好天下。现在有些诸侯，虽有仁爱的心肠和仁爱的声誉，但老百姓却受不到他的恩泽，他的政治也不能成为后代的模范的，就是因为不去实行前代圣王之道的缘故。所以说：光有好心，不足以治理政治；光有好法，好法自己也动作不起来〔；好心和好法必须配合而行〕。《诗经》说过：'不要偏差，不要遗忘，一切都依循传统的规章。'依循前代圣王的法度而犯错误的，是从来没有过的事。圣人既已用尽了目力，又用圆规、曲尺、水准器、绳墨，来造作方的、圆的、平的、直的东西，那些东西便用之不尽了；圣人既已用尽了耳力，又用六律来校正五音，各种音阶也就运用无穷了；圣人既已用尽了脑力，又实行仁政，那么，仁德便遍盖于天下了。所以说，筑高台一定要凭借山陵，挖深池一定要凭借沼泽；如果管理政治不凭借前代圣王之道，能说是聪明吗？因此，只有仁人应该处于统治地位。不仁的人而处于统治地位，就会把他的罪恶传播给群众。在上的没有道德轨范，在下的没有法律制度，朝廷不相信道义，工匠不相信尺度，官吏触犯义理，百姓触犯刑法，国家还能生存的，那真太侥幸了。所以说，城墙不坚固，军备不充足，不是国家的灾难；田野没开辟，经济不富裕，不是国家的祸害；如果在上的人没有礼义，在下的人没有教育，违法乱纪的人都起来了，国家的灭亡也就快了。《诗经》上说：'上天正在动，不要这样多言。'多言即啰嗦。事君不义，进退无礼，说话便诋毁前代圣人之道，这样就是'喋喋多言'。所以说，用仁政来要求君主才叫做'恭'；向君主讲说仁义，堵塞异端，这才叫'敬'；如果认为君主不能为善，这便是'贼'。"

【注释】

① 离娄——《庄子》作"离朱"，相传为黄帝时人，目力极强，能于百步之外望见秋毫之末。　②公输子——名般（"般"一作"班"），鲁

国人，因之又叫"鲁班"。大概生于鲁定公或者哀公之时，年岁小于孔子，而长于墨子。为中国古代的巧匠，曾为楚惠王制作云梯，欲用之攻打宋国，墨子止之。其人其事散见于《礼记·檀弓》、《战国策》、《墨子》诸书。③ 师旷——晋平公的太师（乐官之长），为中国古代极有名的音乐家。其事散见于《左传》、《礼记》、《国语》及周秦诸子。　④ 六律——指阳律六而言，它是太蔟、姑洗、蕤宾、夷则、无射、黄钟。相传黄帝时伶伦截竹为筒，以筒之长短分别声音之清浊高下，乐器之音即依以为准则。分阴阳各六，阳为律，阴为吕，合称十二律。　⑤ 五音——中国音阶之名，即宫、商、角、徵、羽。宫相当于 do，商相当于 re，角相当于 mi，徵相当于 sol，羽相当于 la。　⑥ 闻——去声，声誉也。　⑦ "不愆"两句——《诗经·大雅·假乐篇》。郑玄《笺》云："愆，过；率，循也。成王之令德，不过误，不遗失，循用旧典之文章。"　⑧ 揆——《尔雅·释言》："揆，度也。"　⑨ 度——此"度"字恐非法度之"度"，似宜读为《韩非子》"宁信度，毋自信也"之"度"，指尺码而言。　⑩ 完——《周礼·考工记·轮人》云："轮人为轮，斩三材必以其时。三材既具，巧者和之。毂也者，以为利转也；辐也者，以为直指也；牙也者，以为固抱也。轮敝，三材不失职，谓之完。"这"完"字有坚牢之义。《孟子》此"完"字之义当同于此。　⑪ 辟——同"闢"。　⑫ "天之方蹶"两句——见《诗经·大雅·板篇》。《毛传》云："蹶，动也。"泄泄，《说文》作"呭呭"，又作"詍詍"，皆云："多言也。"　⑬ 非——及物动词，意动用法，"以为不是"之意。朱熹《集注》云："非，诋毁也。"　⑭ 闲邪——赵岐、朱熹都解为闲君之邪心，译文不从。

7·2　孟子曰："规矩，方员之至①也；圣人，人伦之至①也。欲为君，尽君道；欲为臣，尽臣道。二者皆法尧舜而已矣。不以舜之所以事尧事君，不敬其君者也；不以尧之所以治民治民，贼其民者也。孔子曰：'道二，仁与不仁而已矣。'暴其民甚②，则身弑国亡；不甚②，则身危国削，名之曰'幽'、'厉'③，虽孝子慈孙，百世不能改也。《诗》云：'殷鉴不远，在夏后之世④，此之谓也。"

【译文】

孟子说："圆规和曲尺是方圆的标准，圣人是做人的标准。作为君主，就要尽君主之道；作为臣子，就要尽臣子之道。两种，只要都取法尧和舜便行了。不用舜服事尧的态度和方法来服事君主，便是对他君主的不恭敬；不用尧治理百姓的态度和方法来治理百姓，便是对百姓的残害。孔子说：'治理国家的方法有两种，行仁政和不行仁政罢了。'暴虐百姓太厉害，本身就会被杀，国家会被灭亡；不太厉害，本身也会危险，国力会被削弱，死了的谥号叫做'幽'，叫做'厉'，纵使他有孝子顺孙，经历一百代也是更改不了的。《诗经》说过：'殷商有一面离它不远的镜子，就是前一代的夏朝。'说的正是这个意思。"

【注释】

① 至——《荀子·议兵篇》云："所以不受命于主有三：可杀而不可使处不完，可杀而不可使击不胜，可杀而不可使欺百姓，夫是谓之三至。"杨倞《注》云："至为一守而不变。"《孟子》此"至"字意义固与"极"同，但与《荀子》此"至"字之意义也不相违，所以译文以"标准"译出。

②"暴其民甚"数语——焦循《正义》从赵佑《温故录》之说作如此句读："暴

其民，甚，则身弑国亡；不甚，则身危国削。"译文便当如此："暴虐百姓，重则本身被杀，国家被灭亡；轻则本身危险，国家削弱。""甚"和"不甚"不是指"暴"的程度，而是指后果的轻重，此说亦通。 ③幽、厉——周朝有幽王和厉王。《逸周书·谥法解》云："壅遏不通曰幽，动祭乱常曰幽。杀戮无辜曰厉。"可见"幽"、"厉"都是恶谥。幽王宠爱褒姒，用佞巧之臣虢石父，乃为申侯及犬戎所杀；厉王暴虐，又杀谤者，终被国人所逐。厉王为幽王之祖，在前，孟子说为"幽厉"，只是取以为譬罢了。 ④"殷鉴"两句——见《诗经·大雅·荡篇》。古代的镜子是用铜铸的，叫做"鉴"。

7·3 孟子曰："三代之得天下也以仁，其失天下也以不仁。国之所以废兴存亡者亦然。天子不仁，不保四海；诸侯不仁，不保社稷；卿大夫不仁，不保宗庙①；士庶人不仁，不保四体。今恶死亡而乐不仁，是犹恶醉而强②酒。"

【译文】

孟子说："夏、商、周三代的获得天下是由于仁，他们的丧失天下是由于不仁。国家的兴起和衰败、生存和灭亡也是这个道理。天子如果不仁，便不能保持他的天下；诸侯如果不仁，便不能保持他的国家；卿大夫如果不仁，便不能保持他的祖庙；士人和老百姓如果不仁，便不能保全自己的身体。现在有些人害怕死亡，却乐于不仁，这好比害怕醉却偏要喝酒一样。"

【注释】

①宗庙——卿大夫有采邑然后有宗庙，所以这宗庙实指采邑而言。

② 强——勉强，读上声。

7·4　孟子曰："爱人不亲，反其仁；治人不治，反其智①；礼人不答，反其敬——行有不得者皆反求诸己，其身正而天下归之。《诗》云：'永言配命，自求多福。'"

【译文】

孟子说："我爱别人，可是别人不亲近我，那得反问自己，自己的仁爱还不够吗？我管理别人，可是没管好，那得反问自己，自己的智慧和知识还不够吗？我有礼貌地对待别人，可是得不到相应的回答，那得反问自己，自己的恭敬还不够吗？任何行为如果没得到预期的效果都要反躬自责，自己的确端正了，天下的人自会归向他。《诗经》说过：'与天意相配的周朝万岁呀！幸福都得自己寻求。'"

【注释】

① 治人不治，反其智——《谷梁》僖二十二年《传》也有这种话，云："治人而不治，则反其知。"古代"知"、"智"两字不分，《孟子》原文恐亦作"知"。智慧的强弱本与知识的广狭有关，故译文加"知识"二字。

7·5　孟子曰："人有恒言，皆曰：'天下国家。'天下之本在国，国之本在家①，家之本在身。"

【译文】

孟子说："大家有句口头话，都这么说：'天下国家。'可见天下的基础是国，国的基础是家，而家的基础则是个人。"

【注释】

① 国之本在家——从《大学》"治国"、"齐家"的解释看来，这一"家"字是一般的意义，未必是"大夫曰家"的"家"。

7·6　孟子曰："为政不难，不得罪于巨室①。巨室之所慕，一国慕之；一国之所慕，天下慕之；故沛然德教溢乎四海。"

【译文】

孟子说："搞政治并不难，只要不得罪那些有影响的贤明的卿大夫就行了。因为他们所敬慕的，一国的人都会敬慕；一国人所敬慕的，天下的人都会敬慕，因此德教就可以浩浩荡荡地洋溢于天下。"

【注释】

① 巨室——赵岐《注》云："巨室，大家也，谓贤卿大夫之家。"

7·7　孟子曰："天下有道，小德役大德①，小贤役大贤；天下无道，小役大，弱役强。斯二者，天也。顺天者存，逆天者亡。齐景公曰：'既不能令，又不受命，是绝物也。'涕出而女于吴②。今也小国师大国而耻受命焉，是犹弟子而耻受命于先师也。如耻之，莫若师文王。师文王，大国五年，小国七年，必为政于天下矣。《诗》云③：'商之孙子，其丽④不亿⑤。上帝既命，侯⑥于周服。侯服于周，天命靡常。殷士肤⑦敏，祼⑧将⑨于京⑩。'孔子曰：'仁不可为众也⑪。夫国君好仁，天下无敌。'今也欲无敌于天下而不以仁，是犹执热而不以濯也。《诗》云：'谁能执热，逝不以濯^⑫？'"

【译文】

孟子说："政治清明的时候，道德不高的人为道德高的人所役使，不太贤能的人为非常贤能的人所役使；政治黑暗的时候，力量小的为力量大的所役使，弱的为强的所役使。这两种情况，都是由天决定的。顺从天的生存，违背天的灭亡。齐景公曾经说过：'既然不能命令别人，又不接受别人的命令，这是绝路一条。'因此流着眼泪把女儿嫁到吴国去。如今弱小国家以强大国家为师，却以接受命令为耻，这好比学生以接受老师的命令为耻一样。如果真以为耻，最好以文王为师。以文王为师，强大国家只需要五年，较小国家也只需要七年，一定可以得到天下的政治权力。《诗经》说过：'商代的子孙，数目何止十万。上帝既已授命于文王，他们便都为周朝的臣下。他们都为周朝的臣下，可见天意没有一定。殷代的臣子也都漂亮聪明，执行灌酒的礼节助祭于周京。'孔子也说过：'仁德的力量，是不能拿人多人少来计算的。君主如果爱好仁，天下就不会有敌手。'如今一些诸侯想要天下没有敌手，却又不行仁政，这好比苦热的人不肯洗澡一样。《诗经》说过：'谁能不以炎热为苦，却不去沐浴？'"

【注释】

① 小德役大德——即"小德役于大德"之意，"于"字省略。下三句同。

② 涕出而女于吴——女，去声，嫁的意思。《说苑·权谋篇》云："齐景公以其子妻阖庐，送诸郊，泣曰：'余死不汝见矣。'高梦子曰：'齐负海而县山，纵不能全收天下，谁干我？君爱则勿行。'公曰：'余有齐国之固，不能以令诸侯，又不能听，是生乱也。寡人闻之，不能令，则莫若从。'遂遣之。" ③《诗》云——诗见《大雅·文王篇》。 ④ 丽——

《毛传》云："数也。" ⑤亿——朱骏声《说文通训定声》云："《楚语》注'十万曰亿'，此古数也；今人乃以万万为亿。" ⑥侯——语词，无义。 ⑦肤——《毛传》云："肤，美也。" ⑧祼——亦作"灌"，古代祭祀中的一种仪节，把郁鬯之酒倒在地上以迎接鬼神。 ⑨将——朱熹《集注》云："助也。" ⑩京——周朝都会镐京。遗址属今陕西西安市。 ⑪仁不可为众也——此句只能以意会，不便于逐字译出。《诗·文王》毛传也说过："盛德不可为众也。"郑玄《笺》则说："言众之不如德也。"译文本此。赵岐和朱熹似俱未得其解。 ⑫谁能执热，逝不以濯——见《诗经·大雅·桑柔篇》。逝，语词，无义。段玉裁《经韵楼集·诗执热解》云："寻诗意，执热犹触热苦热，濯谓浴也。濯训涤，沐以濯发，浴以濯身，洗以濯足，皆得云濯。此诗谓谁能苦热而不澡浴以洁其体，以求凉快者乎？郑《笺》，《孟子》赵《注》、朱《注》，《左传》杜《注》皆云'濯其手'，转使义晦，由泥于'执'字耳。"

7·8　孟子曰："不仁者可与言哉？安其危而利其菑，乐其所以亡者。不仁而可与言，则何亡国败家之有？有孺子歌曰：'沧浪①之水清兮，可以濯我缨②；沧浪之水浊兮，可以濯我足。'孔子曰：'小子听之！清斯濯缨，浊斯濯足矣。自取之也。'夫人必自侮，然后人侮之；家必自毁，而后人毁之；国必自伐，而后人伐之。《太甲》曰：'天作孽，犹可违；自作孽，不可活③。'此之谓也。"

【译文】

　　孟子说："不仁的人难道可以同他商议吗？他们眼见别人的危险，无动于中；利用别人的灾难来取利；把荒淫暴虐这些足以导致亡国败家的事情当作快乐来追求。不仁的人如果还可以同他商议，那怎么会发生亡国败家的事情呢？从前有个小孩歌唱道：'沧浪的水清呀，可以洗我的帽缨；沧浪的水浊呀，可以洗我的两脚。'孔子说：'学生们听着！水清就洗帽缨，水浊就洗脚，这都是由水本身决定的。'所以人必先有自取侮辱的行为，别人才侮辱他；家必先有自取毁坏的因素，别人才毁坏它；国必先有自取讨伐的原因，别人才讨伐它。《尚书·太甲篇》说过：'天给造作的罪孽还可以逃开，自己造作的罪孽，逃也逃不了。'正是这个意思。"

【注释】

① 沧浪——卢文弨《钟山札记》云："仓浪，青色；在竹曰苍筤，在水曰沧浪。"按卢说是也。前人有以沧浪为水名者（或云，汉水之支流；或云即汉水），又有以为地名者（在湖北均县北），恐都不可靠。朱琦《小万卷斋文稿》有《沧浪非地名辨》。　② 缨——系帽的丝带。　③"《太甲》曰"数句——请参（3·4）注 ⑬——⑮。

7·9　孟子曰："桀纣之失天下也，失其民也；失其民者，失其心也。得天下有道：得其民，斯得天下矣；得其民有道：得其心，斯得民矣；得其心有道：所欲与之聚之①，所恶勿施，尔也②。民之归仁也，犹水之就下、兽之走圹③也。故为渊敺④鱼者，獭也；为丛敺爵⑤者，鹯也；为汤武敺民者，桀与纣也。今天下之君有好仁者，则诸侯皆为之敺矣。虽欲无王，不可得已。今之欲王者，犹七年之病求三年之艾⑥也。苟为不畜，终身不得。苟不志于仁，终身忧辱，以陷于死亡。《诗》云：'其何能淑，载胥及溺[7]。'此之谓也。"

【译文】

孟子说："桀和纣的丧失天下，是由于失去了百姓的支持；他们的失去百姓的支持，是由于失去了民心。获得天下有方法：获得了百姓的支持，便获得天下了；获得百姓的支持有方法：获得了民心，便获得百姓的支持了；获得民心也有方法：他们所希望的，替他们聚积起来；他们所厌恶的，不要加在他们头上，如此罢了。百姓向仁德仁政归附，正好比水的向下流、兽的向旷野奔走一样。所以替深池把鱼赶来的是水獭，替森林把鸟雀赶来的是鹯鹰，替商汤、周武把百姓赶来的是夏桀和殷纣。现在的诸侯如果有好仁的人，那其他诸侯都会替他把百姓赶来了。纵使不想统一天下，也是做不到的。但是今天这些希望统一天下的人，譬如害了七年的病要用三年的陈艾来医治，如果平常不积蓄，终身都得不到。如果无意于仁政，终身都会受忧受辱，以至于死亡。《诗经》说过：'那如何能办得好，不过相率落水灭顶罢了。'也正是这个意思。"

【注释】

① 与之聚之——"与"字可以看为动词，则"与之"与"聚之"并列，当译为"给与他们并为他们聚积"。但王引之《经传释词》云："家大人曰，'与'，犹'为'也，'为'字读去声，'所欲与之聚之'，言所欲则为民聚之也。"把"与"字看为介词，较好。译文从此说。　② 尔也——赵佑《温故录》云："读'尔也'自为句。"则尔，如此；也，用法同"耳"。　③ 走圹——走，旧读去声。圹同"旷"，旷野也。　④ 敺——同"驱"。　⑤ 爵——同"雀"。　⑥ 三年之艾——赵岐《注》云："艾可以为灸人病，干久益善，故以为喻。"　⑦ "其何能淑"两句——见《诗经·大雅·桑

柔篇》。郑玄《笺》云："淑，善；胥，相；及，与也。"

7·10　孟子曰："自暴①者，不可与有言②也；自弃者，不可与有为②也。言非③礼义，谓之自暴也；吾身不能居仁由义，谓之自弃也。仁，人之安宅也；义，人之正路也。旷安宅而弗居，舍正路而不由，哀哉！"

【译文】

孟子说："自己残害自己的人，不能和他谈出有价值的言语；自己抛弃自己的人，不能和他做出有价值的事业。出言破坏礼义，这便叫做自己残害自己；自己认为不能以仁居心，不能由义而行，这便叫做自己抛弃自己。仁是人类最安适的住宅；义是人类最正确的道路。把最安适的住宅空着不去住，把最正确的道路舍弃不去走，可悲得很呀！"

【注释】

① 暴——朱熹《集注》云："暴，犹害也。"　② 有言、有为——均应看做固定词组。"有为"常见于《孟子》，亦作"有行"，如《万章上》，"知穆公之可与有行也而相之"（9·9）。"有为"、"有行"是"有所作为"之意，则"有言"应是"有善言"之意。　③ 非——此处作及物动词，实是动词的意动用法，"以为不是"之意，朱熹《集注》云："非犹毁也。"

7·11　孟子曰："道在迩①而求诸远，事在易而求诸难：人人亲其亲、长其长，而天下平。"

【译文】

孟子说："道在近处却往远处求，事情本容易却往难处做——只要各人亲爱自己的双亲，尊敬自己的长辈，天下就太平了。"

【注释】

① 迩——近也。朱熹《集注》本作"尔"，《校勘记》云："《考文》古本'迩'作'尔'。"

7·12　孟子曰："居下位而不获于上^①，民不可得而治也。获于上有道，不信于友，弗获于上矣。信于友有道，事亲弗悦，弗信于友矣。悦亲有道，反身不诚，不悦于亲矣。诚身有道，不明乎善，不诚其身矣。是故诚者，天之道也；思诚者，人之道也。至诚而不动者，未之有也；不诚，未有能动者也。"

【译文】

孟子说："职位卑下，又得不到上级的信任，是不能够把百姓治理好的。要得到上级的信任有方法，〔首先要得到朋友的信任，〕若是得不到朋友信任，也就得不到上级的信任了。要使朋友相信有方法，〔首先要得到父母的欢心，〕若是侍奉父母而不能使父母高兴，朋友也就不相信了。要使父母高兴有方法，〔首先要诚心诚意，〕若是反躬自问，心意不诚，也就不能使父母高兴了。要使自己诚心诚意也有方法，〔首先要明白什么是善，〕若是不明白什么是善，也就不能使自己诚心诚意了。所以诚是自然的规律；追求诚是做人的规律。极端诚心而不能使别人感动的，是天下不曾有过的事；不诚心没有能感动别人的。"

【注释】

① 获于上——《礼记·中庸》也有这几句，郑玄《注》云："获，得也。"

按《孟子》有时亦用"得"字，如"不得乎亲不可以为人"（7·28），"不得于君则热中"（9·1）。朱熹《集注》云："'获于上'，得其上之信任也。"

7·13 孟子曰："伯夷辟纣，居北海之滨^①，闻文王作，兴^②曰：'盍归乎来^③！吾闻西伯^④善养老者。'太公辟纣^⑤，居东海之滨^⑥，闻文王作，兴曰：'盍归乎来！吾闻西伯善养老者。'二老者，天下之大老也，而归之，是天下之父归之也。天下之父归之，其子焉往？诸侯有行文王之政者，七年之内^⑦，必为政于天下矣。"

【译文】

孟子说："伯夷避开纣王，住在北海海边，听说文王兴起来了，便说：'何不到西伯那里去呢！我听说他是善于养老的人。'姜太公避开纣王，住在东海海边，听说文王兴起来了，便说：'何不到西伯那里去呢！我听说他是善于养老的人。'伯夷和太公两位老人，是天下最有声望的老人，都归于西伯，这等于天下的父亲归于西伯了。天下的父亲都去了，他们儿子还有哪里可去呢？如果诸侯中间有实行文王的政治的，顶多七年，就一定能掌握天下的政权了。"

【注释】

① 北海之滨——阎若璩《四书释地续》云："伯夷，孤竹国之世子也。前汉辽西郡令支县有孤竹城。《括地志》，孤竹古城在卢龙县南十二里。余谓今永平府治，河入海从右碣石，正古之北海，在今昌黎县西北，亦是当日避纣处，去其国都不远。《通志》以居北海为潍县者误。" ② 作兴——朱熹《集注》以"作"字绝句，"兴"字属下读。赵岐《注》则以

"作兴"为一词。今从朱熹,说详杨树达《古书句读释例》例102。此"兴"
字即"若夫豪杰之士,虽无文王犹兴"(13·10)之"兴"。译文略其义。
③ 来——王引之《经传释词》云:"来,语末助词也。《孟子》'盍归乎来',
《庄子·人间世篇》'尝以语我来',又'子其有以语我来','来'字皆语助。"
④ 西伯——即周文王。 ⑤ 太公辟纣——《史记·齐世家》云:"太
公望吕尚者,东海上人。盖尝穷困,年老矣,以鱼钓奸周西伯。或曰,
太公博闻,尝事纣。纣无道,去之。游说诸侯无所遇,而卒西归周西伯。
或曰,吕尚处士,隐海滨。周西伯拘羑里,散宜生、闳夭素知而招吕尚。
吕尚亦曰,吾闻西伯贤,又善养老,盍往焉。"焦循《正义》云:"《史记》
列三说,是当以《孟子》为断。" ⑥ 东海之滨——阎若璩《四书释地续》
云:"后汉琅邪国海曲县,刘昭引《博物记注》云:太公望所出,今有
东吕乡。又钓于棘津,其浦今存。又于清河国广川县棘津城,辨其当在
琅邪海曲,此城殊非。余谓海曲故城,《通典》称在莒县东,则当日太公
辟纣居东海之滨即是其家。汉崔瑗、晋卢无忌立《齐太公碑》以为汲县
人者,误。" ⑦ 七年之内——第七章云:"师文王,大国五年,小国七年,
必为政于天下矣。"则此一"七年"是就小国言之,大国则不待此数矣。

7·14　孟子曰:"求也为季氏宰,无能改于其德,而
赋粟倍他日。孔子曰:'求非我徒也,小子鸣鼓而攻之可
也①。'由此观之,君不行仁政而富之,皆弃于孔子者也,
况于为之强战?争地以战,杀人盈野;争城以战,杀人盈
城,此所谓率土地而食人肉,罪不容于死。故善战者服上
刑②,连诸侯③者次之,辟草莱、任土地④者次之。"

【译文】

孟子说："冉求做季康子的总管，不能改变他的行为，反而把田赋增加了一倍。孔子说：'冉求不是我的学生，你们大张旗鼓地攻击他都可以。'从这里看来，君主不实行仁政，反而去帮助他聚敛财富的人，都是被孔子所唾弃的，何况替那不仁的君主努力作战的人呢？〔这些人〕为争夺土地而战，杀死的人遍野，为争夺城池而战，杀死的人满城，这就是带领土地来吃人肉，死刑都不足以赎出他们的罪过。所以好战的人应该受最重的刑罚，从事合纵连横的人该受次一等的刑罚，〔为了增加赋税使百姓〕开垦草莽、尽地力的人该受再次一等的刑罚。"

【注释】

① "求也为季氏宰"诸句——《论语·先进篇》云："季氏富于周公。而求也为之聚敛而附益之。子曰：'非吾徒也，小子鸣鼓而攻之可也。'"哀公十一年《左传》云："季氏欲以田赋，使冉有访诸仲尼，曰：'丘不识也。'三发，卒曰：'子为国老，待子而行，若之何子之不言也？'仲尼不对，而私于冉有曰：'君子之行也，度于礼，施取其厚，事举其中，敛从其薄。如是，则以丘亦足矣。若不度于礼，而贪冒无厌，则虽以田赋，将又不足。且子季孙，若欲行而法，则周公之典在；若欲苟而行，又何访焉？'弗听。"焦循《正义》云："季孙斯以哀公三年卒，康子即位。用田赋，时正康子为政。"冉求，字子有。　② 服上刑——《尚书·吕刑》"五罚不服"，《传》云："不服，不应罚也。"则"服"为"应罚"之义。赵岐《注》云："上刑，重刑也。"　③ 连诸侯——朱熹《集注》云："连结诸侯，如苏秦、张仪之类。"　④ 辟草莱、任土地——朱熹《集注》云："辟，开垦也。任土地谓分土授民，使任耕稼之责，如李悝尽地力、商鞅

开阡陌之类也。"开垦荒地这是好事，何以孟子反对呢？大概他认为诸侯之所以如此做，不是为人民，而是为私利。或者他认为当时人民之穷困，不是由于地力未尽，而是由于剥削太重，战争太多。王夫之《孟子稗疏》不得此解，便以为这两句是指按田亩科税而言，实误。

7·15　孟子曰："存^①乎人者，莫良于眸子^②。眸子不能掩其恶。胸中正，则眸子瞭^③焉；胸中不正，则眸子眊^④焉。听其言也，观其眸子，人焉廋^⑤哉？"

【译文】

孟子说："观察一个人，再没比观察他的眼睛更好了。因为眼睛不能遮盖一个人的丑恶。心正，眼睛就明亮；心不正，眼睛就昏暗。听一个人说话的时候，注意观察他的眼睛，这人的善恶又能往哪里隐藏呢？"

【注释】

① 存——《尔雅·释诂》云："存，察也。"　② 眸子——眸（móu），朱熹《集注》云："眸子，目瞳子也。"　③ 瞭——（liǎo），明也。　④ 眊——（mào），赵岐《注》云："眊者，蒙蒙目不明之貌。"　⑤ 廋——（sōu），赵岐《注》云："匿也。"

7·16　孟子曰："恭者不侮人，俭者不夺人。侮夺人之君，惟恐不顺焉，恶得为恭俭？恭俭岂可以声音笑貌为哉？"

【译文】

孟子说："恭敬别人的人不会侮辱别人，自己节俭的人不会掠夺别人。有些诸侯，一味侮辱别人，掠夺别人，只怕别人不顺从自己，那如何能做到恭敬和节俭？恭敬和节俭这两种品德难道是可以光凭好听的声音和笑脸做得出来的吗？"

7·17 淳于髡^①曰："男女授受不亲，礼与？"

孟子曰："礼也。"

曰："嫂溺，则援之以手乎？"

曰："嫂溺不援，是豺狼也。男女授受不亲，礼也；嫂溺，援之以手者，权^②也。"

曰："今天下溺矣，夫子之不援，何也？"

曰："天下溺，援之以道；嫂溺，援之以手——子欲手援天下乎？"

【译文】

淳于髡问："男女之间，不亲手递接东西，这是礼制吗？"

孟子答道："是礼制。"

髡说："那么，假若嫂嫂掉在水里，用手去拉她吗？"

孟子说："嫂嫂掉在水里，不去拉她，这简直是豺狼。男女之间不亲手递接，这是正常的礼制；嫂嫂掉在水里，用手去拉她，这是变通的办法。"

髡说："现在天下的人都掉在水里了，您不去救援，又是什么缘故呢？"

孟子说："天下的人都掉在水里了，要用'道'去救援；嫂嫂掉在水里了，用手去救援——你难道要我用手去救援天下的人吗？"

【注释】

① 淳于髡——姓淳于，名髡，齐国人，曾仕于齐威王、齐宣王和梁惠王之朝，事迹散见《战国策·齐策》、《史记·孟荀列传》、《滑稽列传》诸书。

② 权——《公羊传》桓公十一年云："权者，反于经然后有善者也。"权，变通之意。

7·18　公孙丑曰："君子之不教子，何也？"

孟子曰："势不行也。教者必以正；以正不行，继之以怒。继之以怒，则反夷①矣。'夫子教我以正，夫子未出于正也。'则是父子相夷也。父子相夷，则恶矣。古者易子而教之，父子之间不责善。责善则离，离则不祥②莫大焉。"

【译文】

公孙丑问："君子不亲自教育儿子，为什么呢？"

孟子答道："由于情势行不通。教育一定要用正理正道，用正理正道而无效，跟着来的就是忿怒。一忿怒，那反而伤感情了。〔儿子会这么说，〕'您拿正理王道教我，您的所作所为却不出于正理正道。'那就是父子间互相伤感情了。父子间互相伤感情，便很不好。古时候互相交换儿子来教育，使父子间不因求好而相责备。求其好而相责备，就会使父子间发生隔阂，父子间一有隔阂，那是最为不好的事。"

【注释】

① 夷——《易·序卦传》云："夷者，伤也。"　② 祥——《说文》："祥，福也。"《尔雅·释诂》云："祥，善也。"古人多以"不善"解"不祥"，如《祭义》，"忌日不用，非不祥也"，其中亦有"福"义。

7·19 孟子曰："事，孰为大？事亲为大；守，孰为大？守身为大。不失其身而能事其亲者，吾闻之矣；失其身而能事其亲者，吾未之闻也。孰不为事？事亲，事之本也；孰不为守？守身，守之本也。曾子养曾晳①，必有酒肉；将彻，必请所与；问有馀，必曰：'有。'曾晳死，曾元②养曾子，必有酒肉；将彻，不请所与；问有馀，曰：'亡矣。'——将以复进也③。此所谓养口体者也。若曾子，则可谓养志也。事亲若曾子者，可也。"

【译文】

孟子说："侍奉谁最重要？侍奉父母最重要。守护什么最重要？守护自己〔不使陷于不义〕最重要。自己的品质节操无所失，又能侍奉父母的，我听说过；自己的品质节操已经陷于不义了，却能够侍奉父母的，我没有听说过。侍奉的事都应该做，但是，侍奉父母是根本；守护的事都应该做，但是，守护自己的品质节操是根本。从前曾子奉养他的父亲曾晳，每餐一定都有酒有肉；撤除的时候，一定要问，剩下的给谁；曾晳若问还有剩馀吗，一定答道：'有。'曾晳死了，曾元养曾子，也一定有酒有肉；撤除的时候，便不问剩下的给谁了；曾子若问还有剩馀吗，便说：'没有了。'意思是留下预备以后进用。这个叫做口体之养。至于曾子的对父亲，才可以叫做顺从亲意之养。侍奉父母做到像曾子那样就可以了。"

【注释】

① 曾晳——名点，也是孔子学生。　② 曾元——曾子（曾参）之子，《礼记·檀弓》曾载其人。　③ 将以复进也——赵岐《注》云："曾元曰无，

欲以复进曾子也。"译文本此。

7·20 孟子曰："人不足与适^①也，政不足闲^②也；唯大人为能格君心之非。君仁，莫不仁；君义，莫不义；君正，莫不正。一正君而国定矣。"

【译文】

孟子说："那些当政的小人不值得去谴责，他们的政治也不值得去非议；只有大人才能够纠正君主的不正确思想。君主仁，没有人不仁；君主义，没有人不义；君主正，没有人不正。一把君主端正了，国家也就安定了。"

【注释】

① 人不足与适——适（適）同"谪"（zhé）。赵岐《注》云："时皆小人居位，不足过责也。"译文本此。　　② 闲——去声，非也。一本作"政不足与闲也"。

7·21 孟子曰："有不虞^①之誉，有求全之毁。"

【译文】

孟子说："有意料不到的赞扬，也有过于苛求的诋毁。"

【注释】

① 虞——《诗·大雅·抑》："用戒不虞。"《毛传》："不虞，非度也。"则"虞"有"料想"之义。《方言》云："虞，望也。"亦可通。

7·22 孟子曰："人之易^①其言也，无责耳矣^②。"

【译文】

孟子说："人把什么话都轻易地说出口，那便不足责备了。"

【注释】

① 易——去声，轻易也。　② 无责耳矣——俞樾《孟子平义》云："无责耳矣，乃言其不足责也。孔子称君子'欲讷于言'，又曰，'仁者其言也讱'，若轻易其言，则无以入德矣，故以不足责绝之也。"案赵岐及朱熹解此句都不好，惟此说尚差强人意，姑从之。

7·23　孟子曰："人之患在好为人师。"

【译文】

孟子说："人的毛病在于喜欢做别人的老师。"

7·24　乐正子从于子敖①之齐。

乐正子见孟子。孟子曰："子亦来见我乎？"

曰："先生何为出此言也？"

曰："子来几日矣？"

曰："昔者②。"

曰："昔者，则我出此言也，不亦宜乎？"

曰："舍馆③未定。"

曰："子闻之也，舍馆定，然后求见长者乎？"

曰："克有罪。"

【译文】

乐正子跟随着王子敖到了齐国。

乐正子去见孟子。孟子问："你也来看我吗？"

乐正子答道："老师为什么说这样的话呢？"

孟子问："你来了几天了？"

答道："昨天。"

孟子说："昨天，那么，我说这样的话不也应该吗？"

乐正子说："住所没有找好。"

孟子说："你听说过，要住所找好了才来求见长辈吗？"

乐正子说："我错了。"

【注释】

① 子敖——为王驩之字，见（8·27）。   ② 昔者——昨天。   ③ 舍馆——《说文》："馆，客舍也。"

7·25　孟子谓乐正子曰："子之从于子敖来，徒餔啜① 也。我不意子学古之道而以餔啜也。"

【译文】

孟子对乐正子说："你跟随着王子敖来，只是为着饮食罢了。我没想到你学习古人的大道，竟然是为着饮食。"

【注释】

① 餔啜——餔（bū），朱熹《集注》云："食也。"啜（chuò），朱熹《集注》云："饮也。"

7·26　孟子曰："不孝有三①，无后为大。舜不告而娶，为无后也，君子以为犹告也。"

【译文】

　　孟子说："不孝顺父母的事有三种，其中以没有子孙为最大。舜不先禀告父母就娶妻，为的是怕没有子孙，〔因为先禀告，妻就会娶不成，〕因此君子认为他虽没有禀告，实际上同禀告了一样。"

【注释】

① 不孝有三——赵岐《注》云："于礼有不孝者三者，谓阿意曲从，陷亲不义，一不孝也；家贫亲老，不为禄仕，二不孝也；不娶无子，绝先祖祀，三不孝也。"

　　7·27　孟子曰："仁之实，事亲是也；义之实，从兄是也；智之实，知斯二者弗去是也；礼之实，节文斯二者是也；乐之实，乐斯二者，乐则生矣；生则恶可已也，恶可已，则不知足之蹈之手之舞之。"

【译文】

　　孟子说："仁的主要内容是侍奉父母；义的主要内容是顺从兄长；智的主要内容是明白这两者的道理而坚持下去；礼的主要内容是对这两者既能合宜地加以调节，又能适当地加以修饰；乐的主要内容是从这两者中得到快乐，快乐就会发生了；快乐一发生就无法休止，无法休止就会不知不觉地手舞足蹈起来了。"

　　7·28　孟子曰："天下大悦而将归己，视天下悦而归己，犹草芥也，惟舜为然。不得乎亲，不可以为人；不顺乎亲，不可以为子。舜尽事亲之道而瞽瞍①底豫②，瞽瞍厎豫而天下化，瞽瞍厎豫而天下之为父子者定，此之谓大孝。"

【译文】

孟子说："天下的人都很悦服自己，而且将归附自己，把这一切看成草芥一样，只有舜是如此的。不能得到父母的欢心，不可以做人；不能顺从父母的旨意，不能做儿子。舜竭尽一切心力来侍奉父母，结果他父亲瞽瞍变得高兴了；瞽瞍高兴了，天下的风俗因此转移；瞽瞍高兴了，天下的父子的伦常也由此确定了，这便叫做大孝。"

【注释】

① 瞽瞍——舜的父亲，其事可以参阅本书(9·2)、(9·4)。 ② 厎豫——厎（dǐ），闽本、监本、毛本作"底"，阮元《校勘记》云："案音义'之尔切'，是用'厎'字。"《尔雅》："厎，致也；豫，乐也。"

离娄章句下

凡三十三章

按邵武士人伪托孙奭《疏》本题为三十二章，不数「人有不为也」一章，实误。

8·1　孟子曰："舜生于诸冯，迁于负夏，卒于鸣条①，东夷之人也。文王生于岐周②，卒于毕郢③，西夷之人也。地之相去也，千有馀里；世之相后也，千有馀岁。得志行乎中国，若合符节④，先圣后圣，其揆一也。"

【译文】

孟子说："舜出生在诸冯，迁居到负夏，死在鸣条，则是东方人。文王生在岐周，死在毕郢，则是西方人。两地相隔一千多里，时代相距一千多年，得意时在中国的所作所为，几乎一模一样，古代的圣人和后代的圣人，他们的道路是相同的。"

【注释】

① 诸冯、负夏、鸣条——舜是传说中的人物，此三处地名更无法确指。依《孟子》文意，当在东方，则鸣条未必是《书序》所谓"遂与桀战于鸣条之野"的"鸣条"。诸冯，传说在今山东菏泽县南五十里。　②岐周——周为周代国名，岐即今之岐山（在陕西岐山县东北）。　③毕郢——毕郢即《吕氏春秋·具备篇》"武王尝穷于毕程矣"之"毕程"。刘台拱《经传小记·释毕郢》云："毕者，程之大地名；程者，毕口之小号也。"程在今陕西咸阳市东二十一里。　④ 符节——符和节都是古代表示印信之物，原料有玉、角、铜、竹之不同，形状也有虎、龙、人之别，随用途而异。一般是可剖为两半，各执其一，相合无差，以代印信。

8·2　子产①听郑国之政，以其乘舆②济人于溱洧③。孟子曰："惠④而不知为政。岁十一月⑤，徒杠成；十二月，舆梁⑥成，民未病涉也。君子平其政，行辟⑦人可也，焉得人人而济之？故为政者，每人而悦之，日亦不足矣。"

【译文】

　　子产主持郑国的政治，用所乘的车辆帮助别人渡过溱水和洧水。孟子议论这事道："这只是小恩小惠，他并不懂得政治。如果十一月修成走人的桥，十二月修成走车的桥，百姓就不会再为渡河发愁了。君子只要把政治搞好，他一出外，鸣锣开道都可以，哪里能够一个一个地帮助别人渡河呢？如果搞政治的人，一个一个地去讨人欢心，时间也就会太不够用了。"

【注释】

① 子产——春秋时郑国的贤相公孙侨之字。《左传》、《国语》以及先秦子书多载其言行。　　② 乘舆——舆本是车箱，此处以代车子。乘，仍读平声。"乘舆"犹言所乘之车。　　③ 溱洧——溱，《说文》作"潧"，水名，发源于河南密县东北圣水峪，东南会洧水为双洎河，东流入贾鲁河。洧（wěi），亦水名，源出河南登封县东阳城山，东流经密县与溱水会合。④ 惠——惠，恩惠也。孔子评论子产，曾屡以"惠"字许之。《论语·公冶长》云："子谓子产，其养民也惠。"又《宪问》云："或问子产。子曰：'惠人也。'"《左传》昭公二十年亦云："及子产卒，仲尼闻之，出涕，曰：'古之遗爱也。'"可见孟子之下此字盖有所本。　　⑤ 岁十一月——阮元《校勘记》云："《周礼》之例，凡夏正（建寅）皆曰岁，凡曰岁终，曰正岁，曰岁十二月，皆谓夏时也。凡言正月之吉，不曰岁，谓周正（建子）也。说详《戴震文集》。则《孟子》此言岁十一月、十二月，皆谓夏正。"按《孟子》一书立言体例未必同于《周礼》，若夏历十一月徒杠始成，将嫌太晚，如以为周正，当今九月、十月（夏历）则近于情理。　　⑥ 徒杠成，十二

月舆梁——杠(gāng)，段玉裁《说文注》"桥"字云："凡独木者曰杠，骈木者曰桥，大而为陂陀者曰桥。"又"梁"字下《注》云："梁之字用木跨水，则今之桥也。《孟子》，'十一月舆梁成'，《国语》引《夏令》曰，'九月除道，十月成梁'；《大雅》，'造舟为梁'，皆今之桥制。见于经传者言梁不言桥也。"　⑦辟——同"闢"。古代上层人物出外，前有执鞭者开道，犹如后代的鸣锣开道。

8·3　孟子告齐宣王曰："君之^①视臣如手足，则臣视君如腹心；君之视臣如犬马，则臣视君如国人；君之视臣如土芥，则臣视君如寇仇。"

王曰："礼，为旧君有服^②，何如斯可为服矣？"

曰："谏行言听，膏泽下于民；有故而去，则君使人导之出疆，又先^③于其所往；去三年不反，然后收其田里。此之谓三有礼焉。如此，则为之服矣。今也为臣，谏则不行，言则不听；膏泽不下于民；有故而去，则君搏执之，又极^④之于其所往；去之日，遂收其田里。此之谓寇仇。寇仇，何服之有？"

【译文】

孟子告诉齐宣王说："君主把臣下看待为自己的手脚，那臣下就会把君主看待为自己的腹心；君主把臣下看待为狗马，那臣下就会把君主看待为一般人；君主把臣下看待为泥土草芥，那臣下就会把君主看待为仇敌。"

王说："礼制规定，已经离职的臣下对过去的君主还得服一定的孝服，君主怎样对待臣下，臣下才会为他服孝呢？"

孟子说："谏，他接受照办了；建议，他听从了；政治上的恩惠下达到老百姓；有什么事故不得不离开，那君主一定打发人引导他离开国境，并且先派人到他要去的那一地方作一番布置；离开了三年还不回来，才收回他的土地房屋。这个叫做三有礼。这样做，臣下就会为他服孝了。如今做臣下，劝谏，不被接受；建议，不被听从；政治上的恩惠到不了百姓；有什么事故不得不离开，那君还把他捆绑起来；他去到一个地方，还想方设法使他穷困万分；离开那一天，就收回他的土地房屋。这个叫做仇敌。对仇敌样的旧君，臣下还服什么孝呢？"

【注释】

① 之——之，此处用以表示该句为主从复合句之从句。又王引之《经传释词》云："之，犹'若'也。"恐非。　② 礼，为旧君有服——今《仪礼·丧服篇》亦有大夫为旧君服齐衰三月之文。　③ 先——《礼记·檀弓》："昔者夫子失鲁司寇，将之荆，盖先之以子夏，又申之以冉有，以斯知不欲速贫也。"这一"先"字义同于《檀弓》，使人先去布置之意。　④ 极——《说文》："穷，极也。"《论语·尧曰篇》"四海困穷"，包咸《注》云："困，极也。"则"极"有"困穷"之义。这"极"字是使动用法。

8·4　孟子曰："无罪而杀士，则大夫可以去；无罪而戮民，则士可以徙。"

【译文】

孟子说："士人没有罪，被杀掉，那么大夫便可以离开；百姓没有罪，被人杀戮，那么，士人便可以搬走。"

8·5　孟子曰："君仁，莫不仁；君义，莫不义。"

【译文】

　　孟子说："君主若仁，便没有人不仁；君主若义，便没有人不义。"

8·6　孟子曰："非礼之礼，非义之义，大人弗为。"

【译文】

　　孟子说："似是而非的礼，似是而非的义，有德行的人是不干的。"

8·7　孟子曰："中也养不中，才也养不才①，故人乐有贤父兄也。如中也弃不中，才也弃不才，则贤不肖之相去，其间不能以寸②。"

【译文】

　　孟子说："道德品质很好的人来教育薰陶那道德品质不好的人；有才能的人来教育薰陶那没有才能的人，所以每人都喜欢有个好父兄。如果道德品质很好的人，不去教育薰陶那些道德品质不好的人，有才能的人，不去教育薰陶那些没有才能的人，那么，那所谓好，所谓不好，他们中间的距离也相近得不能用分寸来计量了。"

【注释】

①　中也养不中，才也养不才——朱熹《集注》云："无过不及之谓中，足以有为之谓才；养，谓涵育薰陶，俟其自化也。"　②　其间不能以寸——此句省略了动词，本为"不能以寸量"之意。

8·8 孟子曰："人有不为也，而后可以有为。"

【译文】

孟子说："人要有所不为，才能有所为。"

8·9 孟子曰："言人之不善，当如后患何？"

【译文】

孟子说："宣扬别人的不好，后患来了，该怎么办呢？"

8·10 孟子曰："仲尼不为已甚者。"

【译文】

孟子说："孔子是做什么事都不过火的人。"

8·11 孟子曰："大人者，言不必信，行不必果，惟义所在。"

【译文】

孟子说："有德行的人，说话不一定句句守信，行为不一定贯彻始终，与义同在，依义而行。"

8·12 孟子曰："大人者，不失其赤子之心①者也。"

【译文】

孟子说："有德行的人便是能保持那种婴儿的天真纯朴的心的人。"

【注释】

① 不失其赤子之心——赵岐《注》云："大人谓君，国君视民当如赤子，

不失其民心之谓也。一说曰：赤子，婴儿也。少小之心，专一未变化，人能不失其赤子时心，则为贞正大人也。"按"大人"未必专指"国君"而言，因之前一说未必可信。

8·13　孟子曰："养生者不足以当大事，惟送死可以当大事。"

【译文】

孟子说："养活父母不算什么大事情，只有给他们送终才算得上一件大事情。"

8·14　孟子曰："君子深造之以道，欲其自得之也。自得之，则居之安；居之安，则资①之深；资之深，则取之左右逢其原，故君子欲其自得之也。"

【译文】

孟子说："君子依循正确的方法来得到高深的造诣，就是要求他自觉地有所得。自觉地有所得，就能牢固地掌握它而不动摇；牢固地掌握它而不动摇，就能积蓄很深；积蓄很深，便能取之不尽，左右逢源，所以君子要自觉地有所得。"

【注释】

① 资——《说文》云："资，货也。"段玉裁《注》云："资者，积也。旱则资舟，水则资车，夏则资皮，冬则资绤绤，皆居积之谓。"

8·15 孟子曰："博学而详说之，将以反说约也。"

【译文】

孟子说："广博地学习，详细地解说，〔是要在融会贯通以后，〕回到简略地述说大义的地步去哩。"

8·16 孟子曰："以善①服人者，未有能服人者也；以善养人，然后能服天下。天下不心服而王者，未之有也。"

【译文】

孟子说："拿善来使人服输，没有能够使人服输的；拿善来薰陶教养人，这才能使天下的人都归服。天下的人不心服却能统一天下的，是从来没有过的事。"

【注释】

① 善——孟子本意自然是指仁义礼智诸端而言，但以不具体译出为妥。如译为"真理"，亦未尝不可。

8·17 孟子曰："言无实不祥。不祥之实，蔽贤者当之。"

【译文】

孟子说："说话而无内容，无作用，是不好的。这种不好的结果，将由妨碍贤者进用的人来承当它。"

8·18 徐子①曰："仲尼亟称于水，曰：'水哉，水哉②！'何取于水也？"

孟子曰："源泉混混③，不舍昼夜，盈科④而后进，放乎四海。有本者如是，是之取尔⑤。苟为无本，七八月之间雨集⑥，沟浍皆盈；其涸也，可立而待也。故声闻⑦过情，君子耻之。"

【译文】

徐子说："孔子几次称赞水，说：'水呀，水呀！'他所取于水的是什么呢？"

孟子说："有本源的泉水滚滚地往下流，昼夜不停，把洼下之处注满，又继续向前奔流，一直流到海洋去。有本源的便像这样，孔子取他这一点罢了。假若没有本源，一到七、八月间，雨水众多，大小沟渠都满了；但是一会儿也就干枯了。所以名誉超过实际的，君子引为耻辱。"

【注释】

① 徐子——赵岐《注》云："徐辟也。"参见(5·5)。 ②"仲尼亟称于水"等句——亟，去声，数也。徐子说孔子屡次称赞水，且引"水哉，水哉"之文，现在已经文籍无征。《论语》唯《子罕篇》载有这样一段："子在川上，曰：'逝者如斯夫！不舍昼夜。'" ③ 混混——《说文》："混，丰流也。"段玉裁《注》云："盛满之流也。《孟子》曰：'源泉混混。'古音读如衮，俗字作滚。" ④ 科——赵岐《注》云："坎也。" ⑤ 是之取尔——即"取是尔"之倒装句，"尔"同"耳"。 ⑥ 七八月之间雨集——周正七、八月当夏正五、六月，孟子此用周正。《礼记·月令》："季夏之月，水潦盛昌，大雨时行。"今华北平原犹如此。 ⑦ 声闻——闻，去声，名誉也。

8·19 孟子曰："人之所以异于禽兽者几希，庶民去之，君子存之。舜明于庶物，察于人伦，由仁义行，非行仁义也。"

【译文】

孟子说："人和禽兽不同的地方只那么一点点，一般百姓丢弃它，君子保存了它。舜懂得事物的道理，了解人类的常情，于是从仁义之路而行，不是把仁义作为工具、手段来使用的呢。"

8·20　孟子曰："禹恶旨酒而好善言。汤执中，立贤无方①。文王视民如伤，望道而②未之见。武王不泄迩，不忘远③。周公思兼三王，以施四事；其有不合者，仰而思之，夜以继日；幸而得之，坐以待旦。"

【译文】

孟子说："禹不喜欢美酒，却喜欢有价值的话。汤坚持中正之道，举拔贤人却不拘泥于一定的常规。文王看待百姓好像他们受了伤害一样，〔只加抚慰，不加侵扰，〕追求真理又似乎未曾见到一样〔，毫不自满，努力不懈〕。武王不轻侮在朝廷中的近臣，不遗忘散在四方的远臣。周公想要兼学夏、商、周三代的君王，来实践禹、汤、文王、武王所行的勋业；如果有不合于当日情况的，抬着头考虑，白天想不好，夜里接着想；侥幸地想通了，便坐着等待天亮〔马上付诸实行〕。"

【注释】

① 无方——《礼记·檀弓》"左右就养无方"，《内则》"博学无方"，郑玄《注》并云："方，常也。"焦循《正义》云："惟贤则立，而无常法，乃申上'执中'之有权。"　② 而——朱熹《集注》云："而读为如。"　③ 不泄迩，

不忘远——赵岐《注》云：“泄，狎；迩，近也。不泄狎近贤，不遗忘远善；近谓朝臣，远谓诸侯也。”

8·21　孟子曰：“王者之迹①熄而《诗》亡，《诗》亡然后《春秋》作。晋之《乘》，楚之《梼杌》，鲁之《春秋》②，一也：其事则齐桓、晋文，其文则史。孔子曰：‘其义则丘窃取之矣。’”

【译文】

孟子说：“圣王采诗的事情废止了，《诗》也就没有了；《诗》没有了，孔子便创作了《春秋》。〔各国都有叫做‘春秋’的史书，〕晋国的又叫做《乘》，楚国的又叫做《梼杌》，鲁国的仍叫做《春秋》，都是一样的：所记载的事情不过如齐桓公、晋文公之类，所用的笔法不过一般史书的笔法。〔至于孔子的《春秋》就不然，〕他说：‘《诗》三百篇上寓褒善贬恶的大义，我在《春秋》上便借用了。’”

【注释】

① 迹——《说文解字·辵部》云：“辿，古之遒人，以木铎记诗言。”朱骏声《说文通训定声》云：“《孟子》‘王者之迹熄而诗亡’，‘迹’即‘辿’之误。”程树德《说文稽古篇》曰：“此论甚确。考《左传》引《夏书》曰：‘遒人以木铎徇于路。’杜《注》：‘遒人，行人之官也。木铎，木舌金铃。询于路，求歌谣之言。’伪《胤征》本此。《王制》：‘命太师陈诗以观民风。’《公羊》何《注》：‘五谷毕入，民皆居宅，从十月尽正月止，男女相从而歌，饥者歌其食，劳者歌其事。男年六十女年五十无子者，官衣食之，使之民间求诗，乡移于邑，邑移于国，国以闻于天子，故王者不出户牖，尽

公明仪说："好像没有什么罪过吧。"

孟子说："罪过不大罢了，怎能说一点也没有呢？郑国曾经使子濯孺子侵犯卫国，卫国便使庚公之斯来追击他。子濯孺子说：'今天我的病发作了，拿不了弓，我活不成了。'问驾车的人道：'追我的是谁呀？'驾车的人答道：'庚公之斯。'他便说：'我死不了啦。'驾车的人说：'庚公之斯是卫国有名的射手，您反而说死不了啦，这是什么道理呢？'答道：'庚公之斯跟尹公之他学射，尹公之他又跟我学射。尹公之他是个正派人，他所选择的朋友学生一定也正派。'庚公之斯追上了，问道：'老师为什么不拿弓？'子濯孺子说：'今天我的病发作了，拿不了弓。'庚公之斯便说：'我跟尹公之他学射，尹公之他又跟您学射。我不忍心拿您的技巧反过头来伤害您。但是，今天的事情是国家的公事，我又不敢完全废弃。'于是抽出箭，向车轮敲了几下，把箭头搞掉，发射四箭然后就回去了。"

【注释】

① 逢蒙——逢（péng），又音（páng）。逢蒙，《庄子》作"蓬蒙"，《吕氏春秋》作"蠭蒙"，《荀子》《史记》作"蠭门"，《汉书》作"逢门"。《左传》襄公四年但言羿"将归自田，家众杀而亨之"。则逢蒙既为羿的学生，又为他的家众。后来叛变，帮助寒浞杀羿。　② 羿——夏代诸侯有穷国之君。《左传》襄公四年曾引此事。

8·25　孟子曰："西子①蒙不洁，则人皆掩鼻而过之；虽有恶②人，齐戒沐浴，则可以祀上帝。"

【译文】

孟子说："如果西施身上沾染了肮脏，别人走过的时候，也会捂着鼻子；纵是面貌丑陋的人，如果他斋戒沐浴，也就可以祭祀上帝。"

【注释】

① 西子——赵岐《注》云："西子，古之好女西施也。"其所以说"古之好女"，而不说"越国好女"者，大概因为西施之名，早已见于《管子·小称篇》的缘故。《庄子·齐物论》"厉与西施"《释文》引司马彪云："夏姬也。"周柄中《孟子辨正》云："似乎古有此美人，而后世相因，借以相美，如善射者皆称羿之颜。"　② 恶——《吕氏春秋·去尤篇》高诱《注》云："恶，丑也。"

8·26　孟子曰："天下之言性也，则故而已矣。故者以利①为本。所恶于智者，为其凿也。如智者若禹之行水也，则无恶于智矣。禹之行水也，行其所无事也。如智者亦行其所无事，则智亦大矣。天之高也，星辰之远也，苟求其故，千岁之日至②，可坐而致也。"

【译文】

孟子说："天下的讨论人性，只要能推求其所以然便行了。推求其所以然，基础在于顺其自然之理。我们厌恶使用聪明，就是因为聪明容易陷于穿凿附会。假若聪明人像禹的使水运行一样，就不必对聪明有所厌恶了。禹的使水运行，就是行其所无事〔，顺其自然，因势利导〕。假设聪明人也能行其所无事，〔不违反其所以然而努力实行，〕那聪明也就不小了。天极高，星辰极远，只要能推求其所以然，以后一千年的冬至，都可以坐着推算出来。"

【注释】

① 利——朱熹《集注》云："利犹顺也。"　② 日至——《孟子》两言"日至"，"至于日至之时皆熟矣"（11·7）则谓夏至，这个"日至"，当指冬至，因为周正以冬至之月为元月。

8·27　公行子有子之丧①，右师②往吊。入门，有进而与右师言者，有就右师之位而与右师言者。孟子不与右师言，右师不悦曰："诸君子皆与驩言，孟子独不与驩言，是简驩也。"

孟子闻之，曰："礼，朝廷不历③位而相与言，不逾阶而相揖也。我欲行礼，子敖以我为简，不亦异乎？"

【译文】

公行子死了儿子，右师去吊唁。他一进门，便有人走向前同他说话，〔他坐定了，〕又有人走近他的席位同他说话。孟子不同他说话，他不高兴，说道："各位大夫都同我说话，只有孟子不同我说话，这是对我的简慢。"

孟子知道了，便说："按照礼节，在朝廷中，不跨过位次来交谈，也不越过石阶来作揖。我依礼而行，子敖却以为我简慢了他，不也可怪吗？"

【注释】

① 公行子有子之丧——赵岐《注》云："齐大夫也。"根据《仪礼》，父为长子斩衰三年，公行子死了儿子，齐国诸大臣都去作吊，所以有很多人便说这是他的长子死了。　② 右师——官名，其人即"盖大夫王驩"（4·6），字子敖。　③ 历——"历位"之"历"同于"历阶"之"历"，都是跨越之意。

8·28　孟子曰："君子所以异于人者，以其存心也。君子以仁存心，以礼存心。仁者爱人，有礼者敬人。爱人者，人恒爱之；敬人者，人恒敬之。有人于此，其待我以横逆①，则君子必自反也：我必不仁也，必无礼也，此物奚宜至哉？其自反而仁矣，自反而有礼矣，其横逆由是也，君子必自反也，我必不忠。自反而忠矣，其横逆由是也，君子曰：'此亦妄人也已矣。如此，则与禽兽奚择②哉？于禽兽又何难③焉？'是故君子有终身之忧，无一朝之患也。乃若所忧则有之：舜，人也；我，亦人也。舜为法于天下，可传于后世，我由未免为乡人也，是则可忧也。忧之如何？如舜而已矣。若夫君子所患则亡矣。非仁无为也，非礼无行也。如有一朝之患，则君子不患矣。"

【译文】

　　孟子说："君子同一般人不同的地方，就在于居心不同。君子居心于仁，居心于礼。仁人爱别人，有礼的人恭敬别人。爱别人的人，别人经常爱他；恭敬别人的人，别人经常恭敬他。假定这里有个人，他对我横蛮无理，那君子一定反躬自问，我一定不仁，一定无礼，不然，这种态度怎么会来呢？反躬自问以后，我实在仁，实在有礼，那人的横蛮无理却仍然不改，君子一定又反躬自问，我一定不忠。反躬自问以后，我实在忠心耿耿的，那种横蛮无理仍然一样，君子就会说：'这个人不过是个狂人罢了，既这么样，那同禽兽有什么区别呢？对于禽兽又责备什么呢？'所以君子有长期的忧虑，却没有突发的痛苦。这样的忧虑是有的：舜是人，我也是人。舜呢，为天下人的模范，名声传于后代，我呢，仍然不免是一个普通人。这个才是值得忧愁的事。忧愁了又怎样办呢？

尽力向舜学习罢了。至于君子别的痛苦那就没有了。不是仁爱的事不干，

不是合于礼节的事不做。即使一旦有意外飞来的祸害，君子也不以为痛

苦了。"

【注释】

① 横逆——横，去声。朱熹《集注》云："横逆，谓强暴不顺理也。"

② 择——朱熹《集注》云："奚择，何异也。"以"异"释"择"，甚是。

按"择"有区别之义，如"则牛羊何择焉"(1·7)；今日犹有"择别"之辞。

③ 难——"责难"之意。蒋仁荣《孟子音义考证》谓"何难"，"何患"也，

亦通。

8·29　禹、稷当平世，三过其门而不入①，孔子贤

之。颜子当乱世，居于陋巷，一箪食，一瓢饮，人不堪其

忧，颜子不改其乐，孔子贤之②。孟子曰："禹、稷、颜回同

道。禹思天下有溺者，由己溺之也；稷思天下有饥者，由己

饥之也，是以如是其急也。禹、稷、颜子易地则皆然。今有

同室之人斗者，救之，虽被发缨冠③而救之，可也；乡邻有

斗者，被发缨冠而往救之，则惑也；虽闭户可也④。"

【译文】

　　禹、稷处于政治清明的时代，三次经过自己家门都不进去，孔子称

赞他们。颜子处于政治昏乱的时代，住在狭窄的巷子里，一筐饭，一瓢水，

别人都受不了那种苦生活，他却自得其乐，孔子也称赞他。孟子说："禹、

稷和颜回〔处世的态度虽有所不同，〕道理却一样。禹以为天下的人有遭

淹没的，好像自己使他淹没了一样；稷以为天下的人有挨饿的，好像自己使他挨饿一样，所以他们拯救百姓才这样急迫。禹、稷和颜子如果互相交换地位，颜子也会三过家门不进去，禹、稷也会自得其乐。假定有同屋的人互相斗殴，我去救他，纵是披着头发顶着帽子，连帽带子也不结去救他都可以。〔禹、稷的行为正好比这样。〕如果本地方的邻人在斗殴，也披着头发不结好帽带子去救，那就是糊涂了，纵使把门关着都可以的。〔颜回的行为正好比这样。〕"

【注释】

① 禹、稷当平世，三过其门而不入——杨树达《汉语文言修辞学·私名连及例》云："三过不入，本禹事而亦称稷。" ②"颜子当乱世"等句——《论语·雍也篇》："子曰：贤哉，回也！一箪食，一瓢饮，在陋巷，人不堪其忧，回也不改其乐，贤哉，回也！" ③被发缨冠——朱熹《集注》云："不暇束发，而结缨往救，言急也，以喻禹、稷。"被同"披"。缨本义是"冠系"（帽上带子，自上而下系在颈上的），此作动词用。 ④闭户可也——朱熹《注》云："喻颜子也。"

8·30 公都子曰："匡章，通国皆称不孝焉，夫子与之游，又从而礼貌之，敢问何也？"

孟子曰："世俗所谓不孝者五：惰其四支，不顾父母之养，一不孝也；博奕好饮酒，不顾父母之养，二不孝也；好货财，私妻子，不顾父母之养，三不孝也；从①耳目之欲，以为父母戮②，四不孝也；好勇斗很③，以危父母，五不孝也。章子有一于是乎？夫章子，子父责善而不相遇也④。责善，朋友之道也；父子责善，贼恩之大者。夫章子，岂不欲有夫妻子母之属哉？为得罪于父，不得近，出妻屏⑤子，终身不养焉。其设心以为不若是，是则罪之大者，是则章子而已矣。"

【译文】

公都子说："匡章，全国都说他不孝，您却同他来往，而且相当敬重他，请问这该怎么说呢？"

孟子说："一般人所谓不孝的事情有五件：四肢懒惰，不管父母的生活，一不孝；好下棋喝酒，不管父母的生活，二不孝；好钱财，偏爱妻室儿女，不管父母的生活，三不孝；放纵耳目的欲望，使父母因此受耻辱，四不孝；逞勇敢好斗殴，危及父母，五不孝。章子在这五项之中有一项吗？章子不过是父子中间以善相责而把关系弄坏了罢了。以善相责，这是朋友相处之道；父子之间以善相责，是最伤害感情的事。章子难道不想有夫妻母子的团聚吗？就因为得罪了父亲，不能和他亲近，因此把自己妻室也赶出去，把自己儿子也赶到远方，终身不要他们侍奉。他这样设想，不如此，那罪过更大了，这个就是章子的为人呢。"

【注释】

① 从——同纵。　②戮——朱熹《集注》云："戮，羞辱也。"按朱熹此义甚确。《左传》文公六年"夷之蒐，贾季戮臾骈。臾骈之人欲尽杀贾氏以报焉。臾骈曰，不可"云云，此"戮"亦羞辱之义，不可解为杀戮者。③ 很——今作"狠"，"很"为本字。　④ 章子子父责善而不相遇——《战国策·齐策》载齐威王之言云："章子之母启得罪其父，其父杀之，而埋马栈之下。吾使章子将也，勉之曰：'夫子之强，全兵而还，必更葬将军之母。'对曰：'臣非不能更葬先妾也，臣之母启得罪臣之父，臣之父未

教而死。夫不得父之教而更葬母，是欺死父也。故不敢。'夫为人子而不欺死父，岂为人臣欺生君哉？"全祖望《经史问答》因云："然则所云责善，盖必劝其父以弗为已甚，而父不听，遂不得近，此自是人伦大变。"⑤ 屏——(bǐng)。《礼记·曲礼》郑《注》云："退也。"又《王制》郑《注》云："犹放去也。"

8·31　曾子居武城①，有越寇②。或曰："寇至，盍去诸？"曰："无寓人于我室，毁伤其薪木。"寇退，则曰："修我墙屋，我将反。"寇退，曾子反。左右曰："待先生如此其忠且敬也，寇至，则先去以为民望；寇退，则反，殆于不可③。"沈犹行④曰："是非汝所知也。昔沈犹有负刍之祸⑤，从先生者七十人，未有与焉。"

子思⑥居于卫，有齐寇。或曰："寇至，盍去诸？"子思曰："如伋去，君谁与守？"

孟子曰："曾子、子思同道。曾子，师也，父兄也；子思，臣也，微也。曾子、子思易地则皆然。"

【译文】

曾子在武城居住，越国军队来侵犯。有人便说："敌寇要来了，何不离开一下呢？"曾子说："〔好吧。但是〕不要使别人借住在我这里，破坏那些树木。"敌人退了，曾子说："把我的墙屋修理修理吧，我要回来了。"敌人退了，曾子也回来了。他旁边的人说："武城的官员们对待您是这样地忠诚恭敬，敌人来了，便早早地走开，给百姓做了个坏榜样；敌人退了，马上回来，恐怕不可以吧。"沈犹行说："这个不是你们所晓得的。从前先生住在我那里，有个名叫负刍的作乱，跟随先生的七十个人也都早早走开了。"

子思住在卫国，齐国军队来侵犯。有人说："敌人来了，何不走开呢？"子思说："假若我也走开了，君主同谁来守城呢？"

孟子说："曾子、子思两人所走的道路是相同的。曾子当时是老师，是前辈；子思当时是臣子，是小官。曾子、子思如果对换地位，他们的行为也会是这样的。"

【注释】

①武城——地名，故城在今山东费县西南九十里。 ②有越寇——根据《汉书·地理志》，越王勾践二十五年曾经都于琅琊，筑有馆台。春秋时的琅琊，就在今天山东的诸城市东南一百五十里之地。根据《左传》哀公二十一年以后吴鲁、越鲁关系史的记载，费县东南一带之地，是和越灭吴后的疆界犬牙相错的，因之越寇之来去甚易。 ③殆于不可——这种句法和《礼记·檀弓下》"谓为俑者不仁，殆于用人乎哉"的"殆于用人"相同，殆，近也。 ④沈犹行——赵岐《注》云："曾子弟子也。"按姓沈犹，名行。翟灏《四书考异》云："《荀子·儒效篇》，仲尼将为司寇，沈犹氏不敢朝饮其羊。沈犹，盖鲁之著氏也。" ⑤负刍之祸——赵岐注云："时有作乱者曰负刍，来攻沈犹氏。"是以"负刍"为人名，译文从此说。但朱熹《集注》云："时有负刍者作乱。"则以"负刍"为背草的人。故录之以供参考。 ⑥子思——《史记·孔子世家》云："孔子生鲤，字伯鱼。伯鱼年五十，先孔子死。伯鱼生伋，字子思，年六十二，尝困于宋。子思作《中庸》。"

8·32　储子①曰：“王使人睹②夫子，果有以异于人乎？”

孟子曰：“何以异于人哉？尧舜与人同耳。”

【译文】

储子说：“王打发人来窥探您，您真有跟别人不同的地方吗？”

孟子说：“有什么跟别人不同的地方呢？尧舜也同一般人一样呢。”

【注释】

①储子——赵岐《注》云：“齐人也。”《战国策·燕策》云：“将军市被、太子平谋，将攻子之。储子谓齐闵宣王因而仆之，破燕必矣。”当即此人。当时或为齐相，又见（12·5）。　　②睹——（jiàn），或本作“瞷”，窥也。

8·33　齐人有一妻一妾而处室者，其良人①出，则必餍酒肉而后反。其妻问所与饮食者，则尽富贵也。其妻告其妾曰：“良人出，则必餍酒肉而后反；问其与饮食者，尽富贵也，而未尝有显者来，吾将睹良人之所之也。”

蚤起，施②从良人之所之，遍国中无与立谈者。卒之东郭墦间，之祭者③，乞其馀；不足，又顾而之他——此其为餍足之道也。

其妻归，告其妾，曰：“良人者，所仰望而终身也，今若此——”与其妾讪其良人，而相④泣于中庭⑤，而良人未之知也，施施⑥从外来，骄其妻妾。

由君子观之，则人之所以求富贵利达者，其妻妾不羞也，而不相泣者，几希矣⑦。

【译文】

　　齐国有一个人，家里有一妻一妾。那丈夫每次外出，一定吃得饱饱地，喝得醉醺醺地回家。他妻子问他一道吃喝的是些什么人，据他说来，全都是一些有钱有势的人物。他妻子便告诉他的妾说："丈夫外出，总是吃饱喝醉而后回来；问他同些什么人吃喝，他说全都是些有钱有势的人物，但是，我从来没见过有什么显贵人物到我们家里来，我准备偷偷地看看他究竟到了些什么地方。"

　　第二天一清早起来，她便尾随在他丈夫后面行走，走遍城中，没有一个人站住同她丈夫说话的。最后一直走到东郊外的墓地，他又走近祭扫坟墓的人那里，讨些残菜剩饭；不够，又东张西望地跑到别处去乞讨了——这便是他吃饱喝醉的办法。

　　他妻子回到家里，便把这情况告诉他的妾，并且说："丈夫，是我们仰望而终身倚靠的人，现在他竟是这样的——"于是她两人便共同在庭中咒骂着，哭泣着，而丈夫还不知道，高高兴兴地从外面回来，向他两个女人摆威风。

　　由君子看来，有些人所用的乞求升官发财的方法，能不使他妻妾引为羞耻而共同哭泣的，实在太少了。

【注释】

① 良人——《仪礼·士昏礼》："媵御良席在东。"郑玄《注》云："妇人称夫曰良。"按六朝仍存此称，《乐府诗集·读曲歌》："白门前，乌帽白帽来。白帽郎，是侬良，不知乌帽郎是谁。"可证。王念孙《广雅疏证》云："'良'与'郎'声之侈弇耳，犹古者妇称夫曰'良'，而今谓之'郎'也。"

② 施——（yí），又音（yì），钱大昕《潜研堂答问》云："施，古斜字。"

③ 卒之东郭墦间，之祭者——何焯《义门读书记》云："宋元刊本以'卒之东郭墦间'句，'之祭者乞其馀'句，'不足'句，'又顾而之他'句。上文'瞷良人之所之'，此'卒之'字，'之祭者'字，'之他'字，紧相贯注。"今从此读。又可以作一句读，大意相同。 ④ 相——疑此"相"字意同"相与"，共同之意。 ⑤ 中庭——犹言"庭中"。 ⑥ 施施——赵岐《注》云："犹扁扁，喜悦之貌。" ⑦ 则人之所以求富贵利达者，其妻妾不羞也，而不相泣者，几希矣——这句话的主语是"人之所以求富贵利达其妻妾不羞而不相泣者"，谓语是"几希"；主语中的"者"、"也"两字，不过因主语太长，助其停顿罢了。

万章章句上

凡九章

9·1　万章问曰："舜往于田^①，号泣于旻天^②，何为其号泣也？"

孟子曰："怨慕也^③。"

万章曰："'父母爱之，喜而不忘；父母恶之，劳而不怨^④。'然则舜怨乎？"

曰："长息问于公明高^⑤曰：'舜往于田，则吾既得闻命矣；号泣于旻天，于父母，则吾不知也。'公明高曰：'是非尔所知也。'夫公明高以孝子之心，为不若是恝^⑥，我竭力耕田，共^⑦为子职而已矣，父母之不我爱，于我何哉^⑧？帝使其子九男二女^⑨，百官^⑩牛羊仓廪备，以事舜于畎亩之中，天下之士多就之者，帝将胥^⑪天下而迁之焉。为不顺^⑫于父母，如穷人无所归。天下之士悦之，人之所欲也，而不足以解忧；好色，人之所欲，妻帝之二女，而不足以解忧；富，人之所欲，富有天下，而不足以解忧；贵，人之所欲，贵为天子，而不足以解忧。人悦之、好色、富贵，无足以解忧者，惟顺于父母可以解忧。人少，则慕父母；知好色，则慕少艾^⑬；有妻子，则慕妻子；仕则慕君，不得于君则热中。大孝终身慕父母。五十而慕^⑭者，予于大舜见之矣。"

【译文】

万章问道："舜到田地里去，向着天一面诉苦，一面哭泣，为什么要这样呢？"

孟子答道："由于对父母一方面怨恨，一方面怀恋的原故。"

万章说："〔曾子说过：〕'父母喜爱他，虽然高兴，却不因此而懈怠；

父母厌恶他，虽然忧愁，却不因此而怨恨。'那么，舜怨恨父母吗？"

孟子说："从前长息曾经问过公明高，他说：'舜到田里去，我是已经懂得的了；他向天诉苦哭泣，这样来对待父母，我却还不懂得那是为什么。'公明高说：'这不是你所能懂得的。'公明高的意思，以为孝子的心理是不能像这样地满不在乎的：我尽力耕田，好好地尽我做儿子的职责罢了；父母不喜爱我，叫我有什么办法呢？帝尧打发他的孩子九男二女跟百官一起带着牛羊、粮食等等东西到田野中去为舜服务；天下的士人也有很多到舜那里去，尧也把整个天下让给了舜。舜却只因为没有得着父母的欢心，便好像鳏寡孤独的人找不着依靠一般。天下的士人喜爱他，是谁都愿意的，却不足以消除忧愁；美丽的姑娘，是谁都爱好的，他娶了尧的两个女儿，却不足以消除忧愁；财富，是谁都希望获得的，富而至于占有天下，却不足以消除忧愁；尊贵，是谁都希望获得的，尊贵而至于做了君主，却不足以消除忧愁。大家都喜爱他、美丽的姑娘、财富和尊贵都不足以消除忧愁，只有得着父母的欢心才可以消除忧愁。人在幼小的时候，就怀恋父母；懂得喜欢女子，便想念年轻而漂亮的人；有了妻子，便迷恋妻室；做了官，便讨好君主，得不着君主的欢心，便内心焦急得发热；只有最孝顺的人才终身怀恋父母。到了五十岁的年纪还怀恋父母的，我在伟大的舜身上见到了。"

【注释】

① 舜往于田——相传舜曾耕于历山，"往于田"就是去做庄稼活。

② 号泣于旻天——焦循《正义》云："《颜氏家训·风操篇》云：'礼以哭，有言者为号。'此云号泣，则是且言且泣。"旻（mín），《说文·日部》："旻，秋天也。《虞书》曰，仁闵覆下则称旻天。"　③ 慕——此"慕"字即下

文"大孝终身慕父母"之"慕"，对父母的依恋古人常单用一"慕"字，如《礼记·檀弓上》云："其往也如慕，其反也如疑。"郑玄《注》云："慕谓小儿随父母啼呼。" ④"父母爱之"等句——《礼记·祭义》云："曾子曰：'父母爱之，喜而弗忘；父母恶之，惧而无怨。'"《大戴礼记·曾子大孝篇》也有此语，可见万章这话系引用自曾子，因之孟子推测公明高的心理作答，公明高为曾子弟子，则系以曾子解释曾子也。此"忘"字当读如《左传》隐公七年"郑伯盟，歃如忘"之"忘"，杜《注》云："志不在于歃血也。"故译文以"懈怠"译之。"劳"，《淮南子·精神训》高诱《注》云："忧也。" ⑤长息、公明高——赵岐《注》云："长息，公明高弟子；公明高，曾子弟子。"洪颐煊《经义丛钞》云："《春秋》家公羊高，亦即《孟子》所谓公明高也。"或又谓此公明高与《说苑·修文篇》之公孟子高为一人。 ⑥愬——(jiá)，《说文》引作"忿"，云："忽也。"赵岐《注》云："愬，无愁之貌。" ⑦共——当读为"恭"。 ⑧于我何哉——赵岐《注》云："于我之身独有何罪哉，自求责于己而悲感焉。"朱熹《集注》亦同此意，实误。若如此说，"为不若是愬"便无着落了。焦循《正义》云："一说此申言上'愬'字，若愬然无愁，则以我既竭力耕田共子职矣，尚有何罪而父母不我爱哉？孝子必不若是也。"此说近之。但以"尚有何罪"释"何哉"仍嫌未得，"于我何哉"者，意谓对我有什么关系呢。此古人常语，与《论语》之"于我何有哉"意相近。 ⑨九男二女——尧以二女妻舜事见于《尚书·尧典》；《列女传·母仪篇》谓二女长名娥皇，次名女英。使九男事舜，赵岐《注》以为《逸书》所载。 ⑩百官——或云与《论语·子张篇》"百官之富"的"百官"意义同，指官室而言，不是官吏之意。"官"的本义指官室屋宇，见何绍基《东洲草堂文钞·跋汉潘乾校官碑》和杨树达《积微居小学金石论丛·释官》两文,亦通。但译文仍从旧解。　　⑪ 胥——《尔雅·释诂》云:"胥,皆也。"引伸之便有"尽"义。"胥天下"犹言"尽天下"也。　　⑫ 顺——日本竹添进一郎《左传会笺》释襄公八年"唯子产不顺"云:"顺亦悦也。《孟子》不顺于父母即不悦于父母也。"按此说虽可通,仍嫌佐证不足,姑录之以备参考。　　⑬ 少艾——亦作"幼艾",《战国策》魏牟谓赵王曰:"王不以予工,乃与幼艾。"《楚辞九歌》云:"竦长剑兮拥幼艾。""少艾"、"幼艾"皆谓年轻美貌之人。　　⑭ 五十而慕——赵岐《注》云:"《书》曰:舜生三十征庸,二十(今本作"三十"或"五十"者皆误)在位,在位时尚慕,故言五十也。"

9·2　万章问曰:"《诗》云:'娶妻如之何? 必告父母①'。信斯言也,宜莫如舜。舜之不告而娶,何也?"

孟子曰:"告则不得娶。男女居室,人之大伦也。如告,则废人之大伦,以怼②父母,是以不告也。"

万章曰:"舜之不告而娶,则吾既得闻命矣;帝之妻舜而不告,何也?"

曰:"帝亦知告焉则不得妻也。"

万章曰:"父母使舜完廪,捐阶③,瞽瞍焚廪。使浚井,出④,从而揜⑤之。象⑥曰:'谟盖都君咸我绩⑦,牛羊父母,仓廪父母,干戈朕,琴朕,弤⑧朕,二嫂使治朕栖⑨。'象往入舜宫,舜在床琴。象曰:'郁陶⑩思君尔。'忸怩⑪。舜曰:'惟⑫兹臣庶,汝其于⑬予治。'不识舜不知象之将杀己与?"

曰："奚而⑭不知也？象忧亦忧，象喜亦喜。"

曰："然则舜伪喜者与？"

曰："否；昔者有馈生鱼于郑子产，子产使校人⑮畜之池。校人烹之，反命曰：'始舍之，圉圉⑯焉；少则洋洋⑰焉；攸然⑱而逝。'子产曰：'得其所哉！得其所哉！'校人出，曰：'孰谓子产智？予既烹而食之，曰：得其所哉，得其所哉。'故君子可欺以其方，难罔以非其道。彼以爱兄之道来，故诚信而喜之，奚伪焉？"

【译文】

万章问道："《诗经》说过：'娶妻该怎么办？一定要事先报告父母。'相信这句话的，应该没有人赶得上舜。但是，舜却事先不向父母报告，娶了妻子，又是什么道理呢？"

孟子答道："报告便娶不成。男女结婚，是人与人之间的必然关系。如果舜事先报告了，那么，这一必然关系在舜身上便会被废弃了，结果便将怨恨父母，所以他便不报告了。"

万章说："舜不报告父母而娶妻，那我懂得这道理了；尧给舜以妻子，也不向舜的父母说一声，又是什么道理呢？"

孟子说："尧也知道，假若事先一加说明，便会嫁娶不成了。"

万章问道："舜的父母打发舜去修缮谷仓，等舜上了屋顶，便抽去梯子，他父亲瞽瞍还放火焚烧那谷仓。〔幸而舜设法逃下来了。〕于是又打发舜去淘井，〔他不知道舜从旁边的洞穴〕出来了，便用土填塞井眼。舜的兄弟象说：'谋害舜都是我的功劳，牛羊分给父母，仓廪分给父母，干戈归我，琴归我，张弓归我，两位嫂嫂要她们替我铺床叠被。'象便匆舜的住房走去，舜却坐在床边弹琴，象说：'哎呀！我好想念您呀！'但神情之间是很不好意思的。舜说：'我想念着这些臣下和百姓，你替我管理管理吧！'我不晓得舜不知象要杀他吗？"

孟子答道："为什么不知道呢？象忧愁，他也忧愁；象高兴，他也高兴。"

万章说："那么，舜的高兴是假装的吗？"

孟子说："不；从前有一个人送条活鱼给郑国的子产，子产使主管池塘的人畜养起来，那人却煮着吃了，回报说：'刚放在池塘里，它还要死不活的；一会儿，摇摆着尾巴活动起来了，突然间远远地不知去向。'子产说：'它得到了好地方呀！得到了好地方呀！'那人出来了，说道：'谁说子产聪明，我已经把那条鱼煮着吃了，他还说：'得到了好地方呀，得到了好地方呀！'所以对于君子，可以用合乎人情的方法来欺骗他，不能用违反道理的诡诈欺罔他。象既然假装着敬爱兄长的样子来，舜因此真诚地相信而高兴起来，为什么是假装的呢？"

【注释】

①"《诗》云"等句——诗见《齐风·南山篇》，舜时自然无此诗句，万章说"信斯言也，宜莫如舜"，不过以为舜时当时也有此礼而已。

②怼——（duì），怨也。　③阶——《礼记·丧大记》云："虞人设阶。"郑玄《注》云："阶，所乘以升屋者。"又《说文》云："梯，木阶也。"则"阶"与"梯"有时有区别，有时亦得通用。　④出——赵岐《注》云："使舜浚井，舜入而即出，瞽瞍不知其已出，从而盖其井。"以"出"为"舜出"。另一说，从上下文义看，"出"当是瞽瞍等出；与下文"从而揜之"的"从而"相应。　⑤揜——今通作"掩"。但按之《说文》，"揜"、"掩"

是两字，云："挢，覆也。""掩，敛也。" ⑥象——舜同父异母弟。
⑦谟盖都君咸我绩——盖，"害"之假借字。阮元《释盖》云："《吕刑》
云，'鳏寡无盖'，'盖'即'害'字之借，言尧时鳏寡无害也。《孟子》'谋
盖都君'，此兼井廪言之，盖亦当训为'害'也。若专以'谋盖'为盖井，
而不兼焚廪，则'咸我绩''咸'字，无所著矣。""都君"指舜。舜"一
年而所居成聚，二年成邑，三年成都"（见《史记·五帝本纪》），故有"都
君"之称。 ⑧弤——(dǐ)。赵岐《注》云："雕弓也。天子曰雕弓。
尧禅舜天下，故赐之雕弓也。"焦循《正义》云："乃此时尧不当有禅舜
之意，以弤为天子之弓，于义未协。赵佑《温故录》云：'弤或别一弓之名，
舜所常用，亦如五弦之琴为舜自作者耳。'按《广韵》引《埤苍》云：'弤，
舜弓名。'" ⑨栖——赵岐《注》云："床也。" ⑩郁陶——《楚辞·九
辩》云："岂不郁陶而思君兮。"则"郁陶"为思念之貌。 ⑪忸怩——(niǔ
ní)。《说文·新附》："忸怩，惭也。" ⑫惟——《说文》："惟，凡思也。"
段玉裁《注》云："凡思，谓浮泛之思。" ⑬于——王引之《经传释词》
云："于，为也；为，助也。" ⑭奚而——犹言"奚为"。 ⑮校
人——赵岐《注》云："主池沼小吏也。" ⑯圉圉——(yǔ)。赵岐《注》
云："鱼在水羸劣之貌。" ⑰洋洋——赵岐《注》云："舒缓摇尾之貌。"
⑱攸然——赵岐《注》云："迅走趋水深处也。"

9·3 万章问曰："象日以杀舜为事，立为天子则放
之，何也？"

孟子曰："封之也；或曰，放焉。"

万章曰："舜流共工于幽州①，放驩兜于崇山②，杀三苗

于三危⑧，殛鲧于羽山④，四罪而天下咸服，诛不仁也。象
至不仁，封之有庳⑤。有庳之人奚罪焉？仁人固如是乎——
在他人则诛之，在弟则封之？"

曰："仁人之于弟也，不藏怒焉，不宿怨焉，亲爱之而
已矣。亲之，欲其贵也；爱之，欲其富也。封之有庳，富
贵之也。身为天子，弟为匹夫，可谓亲爱之乎？"

"敢问或曰放者，何谓也？"

曰："象不得有为于其国，天子使吏治其国而纳其贡税
焉，故谓之放。岂得暴彼民哉？虽然，欲常常而见之，故
源源而来，'不及贡，以政接于有庳⑥'，此之谓也。"

【译文】

万章问道："象每天把谋杀舜的事情作为他的工作，等舜做了天子，
却仅仅流放他，这是什么道理呢？"

孟子答道："其实是舜封象为诸侯，不过有人说是流放他罢了。"

万章说："舜把共工流放到幽州，把驩兜发配到崇山，把三苗之君
驱逐到三危，把鲧充军到羽山，惩处了这四个大罪犯，天下便都归服了，
就因为讨伐了不仁的人的缘故。象是最不仁的人，却以有庳之国来封他。
有庳国的百姓又有什么罪过呢？对别人，就加以惩处；对弟弟，就封以
国土，难道仁人的作法竟是这样的吗？"

孟子说："仁人对于弟弟，有所忿怒，不藏于心中；有所怨恨，不
留在胸内，只是亲他爱他罢了。亲他，便要使他贵；爱他，便要使他富。
把有庳国土封给他，正是使他又富又贵。本人做了天子，弟弟却是一个
老百姓，可以说是亲爱吗？"

万章说："我请问，为什么有人说是流放呢？"

孟子说："象不能在他国土上为所欲为，天子派遣了官吏来给他治理国家，缴纳贡税，所以有人说是流放。象难道能够暴虐地对待他的百姓吗？〔自然不能。〕纵是如此，舜还是想常常看到象，象也不断地来和舜相见。〔古书上说，〕'不必等到规定的朝贡的时候，平常也假借政治上的需要来相接待'，就是这个意思。"

【注释】

① 流共工于幽州——此下至"四罪而天下咸服"并见于今《尚书·舜典》。《史记集解》引郑云："共工，水官名。"《尚书》孔颖达《正义》又引郑云："其人名氏未闻，先祖居此官，故以官为氏也。"《史记集解》引马融云："幽州，北裔（边远之地）。"《正义》引《括地志》云："故龚城在檀州燕乐县界，故老传云，舜流共工幽州居此城。"则当在今日密云县东北。

② 放驩兜于崇山——驩兜，尧舜时大臣。崇山，《史记集解》引马云："南裔也。"孙星衍《尚书今古文注疏》云："《御览》四十九引盛宏之《荆州记》曰：《书》云，放驩兜于崇山，崇山在澧阳县南七十五里。"　③ 杀三苗于三危——《舜典》"杀"作"窜"，故很多训诂家都以为这"杀"字不作杀戮解，而是"窜"的假借字。三苗，国名；三危，西裔（俱马融说）。《后汉书·西羌传》注云："三危山在今沙州敦煌县东南，山有三峰，曰三危也。"（按三危之山何在，古今异说纷纭，其实尧舜之历史既属传说，则其人其地皆不必过于实指，因之本文注解亦只略举一说以备一格而已。）　④ 殛鲧于羽山——"殛"或"极"，因之这"殛"字有两解，一作流放解，与上文"流"、"放"、"窜"字义一律。一作诛杀解。羽山，据《汉书·地理志》，当在今江苏赣榆县界。据《太平寰宇记》则以为在

今山东蓬莱县东南三十里。鲧，大禹之父。　　⑤ 有庳——庳(bì)，自《水经注》引王隐之说，谓"应阳县本泉陵之北部，东五里有鼻墟，象所封也。山下有象庙"以来，都以为庳在今湖南道县北。但舜都蒲阪，象封道县，陆路有太行山之阻，水程有洞庭波之隔，相距三千里，何能"常常而见"、"源源而来"耶？故阎若璩《四书释地续》深以为疑。　　⑥ 不及贡，以政接于有庳——这两句疑是《尚书》逸文，所以《孟子》断以"此之谓也"。

9·4　咸丘蒙①问曰："语云：'盛德之士，君不得而臣，父不得而子。'舜南面而立，尧帅诸侯北面而朝之，瞽瞍亦北面而朝之。舜见瞽瞍，其容有蹙②。孔子曰：'于斯时也，天下殆哉，岌岌乎③！'不识此语诚然乎哉？"

孟子曰："否；此非君子之言，齐东野人之语也。尧老而舜摄也。《尧典》曰④：'二十有八载⑤，放勳⑥乃徂落⑦，百姓⑧如丧考妣⑨，三年，四海遏密八音⑩。'孔子曰：'天无二日，民无二王⑪。'舜既为天子矣，又帅天下诸侯以为尧三年丧，是二天子矣。"

咸丘蒙曰："舜之不臣尧，则吾既得闻命矣。《诗》云：'普天之下，莫非王土；率土之滨，莫非王臣⑫。'而舜既为天子矣，敢问瞽瞍之非臣，如何？"

曰："是诗也，非是之谓也；劳于王事而不得养父母也。曰：'此莫非王事，我独贤劳⑬也。'故说诗者，不以文⑭害辞⑮，不以辞害志。以意逆⑯志，是为得之。如以辞而已矣，《云汉》之诗曰：'周馀黎民，靡有孑遗⑰。'信斯言也，是周无遗民也。孝子之至，莫大乎尊亲；尊亲之至，莫大乎以天下养。为天子父，尊之至也；以天下养，养之至也。《诗》曰：'永言孝思，孝思维则⑱。'此之谓也。《书》曰：'祗载见瞽瞍，夔夔齐栗，瞽瞍亦允若⑲。'是为父不得而子也⑳？"

【译文】

咸丘蒙问道："俗话说：'道德最高的人，君主不能够以他为臣，父亲不能够以他为子。'舜〔便是这种人，〕做了天子，尧便率领诸侯向北面去朝他，他父亲瞽瞍也向北面去朝他。舜看见了瞽瞍，容貌局促不安。孔子说道：'在这个时候，天下岌岌乎危险得很呀！'不晓得这话真是如此的吗？"

孟子答道："不；这不是君子的言语，而是齐东野人的话。〔尧活着的时候，舜未尝做天子，不过〕尧当老年时，叫舜代理天子之职罢了。《尧典》上说过：'二十八年以后，尧死了，群臣好像死了父母一样，服丧三年，老百姓也停止一切音乐。'孔子说过：'天上没有两个太阳，人间没有两个天子。'假若舜真在尧死以前做了天子，同时又率领天下的诸侯为尧服丧三年，这便是同时有两个天子了。"

咸丘蒙说："舜不以尧为臣，我已经领受你的教诲了。《诗经》又说过：'遍天下没有一块不是天子的土地；环绕土地的四周，没有一人不是天子的臣民。'如果舜既做了天子，请问瞽瞍却不是臣民，又是什么道理呢？"

孟子说："《北山》这首诗，不是你所说的那意思，而是说作者本人勤劳国事以致不能够奉养父母。他说：'这些事没有一件不是天子之事呀，为什么独我一人劳苦呢？'所以解说诗的人，不要拘于文字而误解词句，也不要拘于词句而误解原意。用自己切身的体会去推测作者的本意，这就对了。假如拘于词句，那《云汉》的诗说过：'周朝剩馀的百姓，没有一个存留。'相信了这一句话，是周朝没有存留一个人了。孝子孝的极点，没有超过尊敬他的双亲的；尊敬双亲的极点，没有超过拿天下来奉养父母的。瞽瞍做了天子的父亲，可说是尊贵到极点了；舜以天下来奉养他，可说是奉养的顶点了。《诗经》又说过：'永远地讲究孝道，孝道便是天下的法则。'正是这个意思。《书经》又说过：'舜恭敬小心地来见瞽瞍，态度谨慎恐惧，瞽瞍也因之真正顺理而行了。'这难道是'父亲不能够以他为子'吗？"

【注释】

① 咸丘蒙——咸丘本是地名（原在鲁国），此以地名为姓氏。赵岐《注》云："咸丘蒙,孟子弟子。"　　② 有慼——"有"为词头,无义。慼（cù）,不安貌。　　③ 天下殆哉, 岌岌乎——此为"天下岌岌乎殆哉"之倒装。古人常以"岌"作状语,表示危殆。《管子·小问篇》云："危哉君之国岌乎！"又《墨子·非儒篇》云："孔丘与其门弟子闲坐,曰,夫舜见瞽瞍蹴然,此时天下圾乎！"《韩非子·忠孝篇》云："舜见瞽瞍,其容造焉。孔子曰,当是时也,危哉天下岌岌！有道者,父固不得而子,君固不得而臣也。"　　④《尧典》曰——以下数句实为今《尚书·舜典》文。按今《尧典》、《舜典》本是一篇,谓之《尧典》。至齐明帝建武年间,吴兴姚方兴于大航头得所谓孔氏传古文,始分《尧典》为二,以"慎徽五典"至末谓之"舜典",而加"粤若稽古帝舜"二十八字于其中,实则与古不合。　　⑤ 二十有八载——有,读为又,古人常于十数与零数之间用"有"字。二十有八载,《史记·尧本纪》云："尧立七十年得舜,二十年而老,令舜摄行天子之政,荐之于天,尧辟位；凡二十八年而崩。"则此"二十

有八载”，谓舜摄政之后的二十八年也。又可与下章“舜相尧二十有八载”互证。　⑥放勋——亦作“放勋”，尧之称号。　⑦徂落——《尔雅·释诂》：“徂落，死也。”　⑧百姓——阎若璩《四书释地又续》云：“‘百姓’义二，有指‘百官’言者，《书》‘百姓’与‘黎民’对，《礼大传》‘百姓’与‘庶民’对是也。有指小民言者，‘百姓不亲，五品不逊’是也。《四书》中‘百姓’凡二十五见，惟‘百姓如丧考妣’指‘百官’，盖有爵土者为天子服斩衰三年，礼也。”王夫之说同。　⑨考妣——父母。郭沫若云：“周彝器中父之严（死后其灵不灭曰严，亦曰鬼）曰考，其配曰母；父以上曰祖，其配曰妣。《尧典》有‘如丧考妣’之语，乃伪托也。”（《金文丛考·传统思想考》，又《甲骨文字研究·释祖妣》。）　⑩四海遏密八音——四海指民间言（本江声《尚书集注音疏》说）。《尔雅·释诂》云：“遏，止也。”密，《说文》作“谧”，云：“谧，静语也；一曰，无声也。”八音，指八种质料（金、石、丝、竹、匏、土、革、木）所作的乐器而言。　⑪“孔子曰”以下诸句——《礼记·曾子问篇》及《坊记》都引有孔子此语，也都作“天无二日，士无二王”。⑫“《诗》云”以下诸句——此见《诗·小雅·北山》。《诗序》云：“《北山》，大夫刺幽王也。役使不均，己劳于从事，而不得养其父母焉。”“率土之滨”之“率”，仍当依《毛传》训“循”，王引之《经义述闻》以为“率，自也。自土之滨者，举外以包内，犹言四海之内”，恐非。　⑬贤劳——《毛传》云：“贤，劳也。‘贤劳’犹言勤劳。”宋翔凤《孟子赵注补正》则云：“《小尔雅》：‘贤，多也。’《诗》：‘大夫不均，我从事独贤。’‘独贤’犹言‘独多’。《孟子》说诗为‘贤劳’，正是‘多劳’之义。”亦通。　⑭文——朱熹《集注》云：“文，字也。”　⑮辞——朱熹《集注》云：“辞，语也。”⑯逆——揣测之意。《易·说卦》云：“知来者逆，是故《易》，逆数也。”“逆”

字与此同。　⑰周馀黎民靡有孑遗——两句见《诗·大雅·云汉》。"黎民"即老百姓之意,有人解释为黎氏族族俘,至少和孟子说诗之意不合。《方言》云:"孑,馀也。周、郑之间或曰孑,青、徐、楚之间曰孑。"故马瑞辰《毛诗传笺通释》云:"孑遗二字同义。"　⑱"《诗》曰"至"维则"——此《大雅·下武篇》文。　⑲"《书》曰"至"允若"——赵岐《注》云:"《尚书》逸篇。"又云:"祗,敬;载,事也。夔夔(kuí)齐(同斋)栗,敬慎战惧貌。"朱熹《集注》云:"允,信;若,顺也。"但俞氏以为"允若"之"若"当属下读,读为"若是,为父不得而子也"则误。　⑳也——同"邪",此从俞樾《孟子平义》之说。

9·5　万章曰:"尧以天下与舜,有诸?"

孟子曰:"否;天子不能以天下与人。"

"然则舜有天下也,孰与之?"

曰:"天与之。"

"天与之者,谆谆①然命之乎?"

曰:"否;天不言,以行与事示之而已矣。"

曰:"以行与事示之者,如之何?"

曰:"天子能荐人于天,不能使天与之天下;诸侯能荐人于天子,不能使天子与之诸侯;大夫能荐人于诸侯,不能使诸侯与之大夫。昔者,尧荐舜于天,而天受之;暴②之于民,而民受之;故曰,天不言,以行与事示之而已矣。"

曰:"敢问荐之于天,而天受之;暴之于民,而民受之,如何?"

曰："使之主祭，而百神享之，是天受之；使之主事，而事治，百姓安之，是民受之也。天与之，人与之，故曰，天子不能以天下与人。舜相尧二十有八载，非人之所能为也，天也。尧崩，三年之丧毕，舜避尧之子于南河③之南，天下诸侯朝觐者，不之尧之子而之舜；讼狱④者，不之尧之子而之舜；讴歌者，不讴歌尧之子而讴歌舜，故曰，天也。夫然后之中国⑤，践天子位焉。而⑥居尧之宫，逼尧之子，是篡也，非天与也。《太誓》曰：'天视自我民视，天听自我民听⑦。'此之谓也。"

【译文】

万章问道："尧拿天下授与舜，有这么回事吗？"

孟子答道："不；天子不能够拿天下授与人。"

万章又问："那么，舜得到了天下，是谁授与的呢？"

答道："天授与的。"

又问道："天授与的，是反复叮咛地告诫他的吗？"

答道："不是；天不说话，拿行动和工作来表示罢了。"

问道："拿行动和工作来表示，是怎样的呢？"

答道："天子能够向天推荐人，却不能强迫天把天下给与他；〔正如〕诸侯能够向天子推荐人，却不能强迫天子把诸侯的职位给与他；大夫能够向诸侯推荐人，却不能强迫诸侯把大夫的职位给与他。从前，尧将舜推荐给天，天接受了；又把舜公开介绍给百姓，百姓也接受了；所以说，天不说话，拿行动和工作来表示罢了。"

问道："推荐给天，天接受了；公开介绍给百姓，百姓也接受了，这是怎样的呢？"

答道："叫他主持祭祀，所有神明都来享用，这便是天接受了；叫他主持工作，工作搞得很好，百姓很满意他，这便是百姓接受了。天授与他，百姓授与他，所以说，天子不能够拿天下授与人。舜帮助尧治理天下，一共二十八年，这不是某一人的意志所能做到的，而是天意。尧死了，三年之丧完毕，舜为要使尧的儿子能够继承天下，自己便逃避到南河的南边去。可是，天下诸侯朝见天子的，不到尧的儿子那里，却到舜那里；打官司的，也不到尧的儿子那里，却到舜那里；歌颂的人，也不歌颂尧的儿子，却歌颂舜，所以说，这是天意。这样，舜才回到首都，坐了朝廷。如果自己居住于尧的官室，逼迫尧的儿子〔让位给自己〕，这是篡夺，而不是天授了。《太誓》说过：'百姓的眼睛就是天的眼睛，百姓的耳朵就是天的耳朵。'正是这个意思。"

【注释】

① 谆谆——《说文》："谆，告晓之孰（熟）也。"《诗·大雅·抑》："诲尔谆谆。"《广韵》云："谆，告之丁宁。"　② 暴——（pù），朱熹《集注》云："显也。"　③ 南河——《史记正义》引《括地志》云："故尧城在濮州鄄城县东北十五里，又有偃朱故城，在县西北十五里。濮州北临漯，大川也，河在尧都之南，故曰南河，《禹贡》'至于南河'是也。其偃朱城所居，即舜让避丹朱于南河之南处也。"按偃朱故城在今河南濮城东二十五里，本名朱家阜。　④ 讼狱——经传多作"狱讼"，如《周礼·地官·大司徒》云："凡民之不服教而有狱讼者。"此作"讼狱"，与"狱讼"同为同义复词。赵岐《注》云："讼狱，狱不能决罪，故讼之。"以"讼狱"为动宾结构，实误。　⑤ 之中国——《文选·陆机答贾长渊诗》注引

此文作"归中国",可能是依上文"避于南河之南"之意,因以"归"释"之",译文从之。又《史记·尧纪》正义引刘熙云:"帝王所都为中,故曰中国。" ⑥而——同"如"。说见王引之《经传释词》。 ⑦"《太誓》"至"民听"——今本《太誓》为梅氏伪古文,此两语亦为所采。"天视自我民视"两句译文用意译法。

9·6 万章问曰:"人有言:'至于禹而德衰,不传于贤,而传于子①。'有诸?"

孟子曰:"否,不然也;天与贤,则与贤;天与子,则与子。昔者,舜荐禹于天,十有七年,舜崩,三年之丧毕,禹避舜之子于阳城②,天下之民从之,若尧崩之后不从尧之子而从舜也。禹荐益于天,七年,禹崩,三年之丧毕,益避禹之子于箕山之阴③。朝觐讼狱者不之益而之启④,曰:'吾君之子也。'讴歌者不讴歌益而讴歌启,曰:'吾君之子也。'丹朱⑤之不肖,舜之子亦不肖。舜之相尧、禹之相舜也,历年多,施泽于民久。启贤,能敬承继禹之道。益之相禹也,历年少,施泽于民未久。舜、禹、益相去久远⑥,其子之贤不肖,皆天也,非人之所能为也。莫之为而为者,天也;莫之致而至者,命也。匹夫而有天下者,德必若舜禹,而又有天子荐之者,故仲尼不有天下。继世以有天下,天之所废,必若桀纣者也,故益、伊尹、周公不有天下。伊尹相汤以王于天下,汤崩,太丁未立,外丙二年,仲壬⑦四年,太甲颠覆汤之典刑,伊尹放之于桐⑧,三年,太甲悔过,自怨自艾，于桐处仁迁义，三年，以听伊尹之训己也，复归于亳⑨。周公之不有天下，犹益之于夏、伊尹之于殷也。孔子曰：'唐虞禅，夏后殷周继，其义一也。'"

【译文】

万章问道："有人说：'到禹的时候道德就衰微了，天下不传给贤圣的人，却传给自己的儿子。'这样的话可靠么？"

孟子答道："不，不是这样的；天要授与贤圣的人，便授与贤圣的人；天要授与君主的儿子，便授与君主的儿子。从前，舜把禹推荐给天，十七年之后，舜死了，三年之丧完毕，禹为着要让位给舜的儿子，自己便躲避到阳城去。可是，天下百姓的跟随禹，正好像尧死了以后他们不跟随尧的儿子却跟随舜一样。禹把益荐给天，七年之后，禹死了，三年之丧完毕，益又为着让位给禹的儿子，自己便躲避到箕山之北去。当时朝见天子的人，打官司的人都不去益那里，而去启那里，说道：'他是我们君主的儿子呀。'歌颂的人也不歌颂益，而歌颂启，说道：'他是我们君主的儿子呀。'尧的儿子丹朱不好，舜的儿子也不好。而且，舜的帮助尧，禹的帮助舜，经过的年岁多，对百姓施与恩泽的时间长。〔启和益就不同。〕启很贤明，能够认真地继承禹的传统。益帮助禹，经过的年岁少，对百姓施与恩泽的时间短。舜、禹、益之间相距时间的长短，以及他们儿子的好坏，都是天意，不是人力所能做到的。没有人叫他们这样做，而竟这样做了的，便是天意；没有人叫他来，而竟这样来了的，便是命运。以一个老百姓而竟得到天下的，他的道德必然要像舜和禹一样，而且还要有天子推荐他，所以孔子〔虽是圣人，因没有天子的推荐，〕便不能得到天下。世代相传而得到天下的，天所要废弃的，一定要像夏桀、商纣那样残暴无德的，所以益、伊尹、周公〔虽是圣人，因为所逢的君主不像桀、纣，〕便不能得到天下。伊尹帮助汤统一了天下，汤死了，太丁未立就死了，外丙在位二年，仲壬在位四年，〔太丁的儿子太甲又继承王位。〕太甲破坏了汤的法度，伊尹便流放他到桐邑，三年之后，太甲悔过，自己怨恨，自己改悔，就在桐邑，便能够以仁居心，唯义是从，三年之后，完全听从伊尹对自己的教训了，然后又回到亳都做天子。周公的不能得到天下，正好像益的在夏朝、伊尹的在殷朝一样。孔子说过：'唐尧虞舜以天下让贤，夏商周三代却世世代代传于子孙，道理是一样的。'"

【注释】

① "人有言"至"传于子"——翟灏《四书考异》云："《新序·节士篇》：'禹问伯成子高曰：昔者尧治天下，吾子立为诸侯；尧授舜，吾子犹存焉；及吾在位，子辞诸侯而耕，何故？'子高曰：'昔尧之治天下，举天下而传之他人，至无欲也；择贤而与之，至公也。舜亦犹然。今君之所怀者私也，百姓知之，贪争之端自此始矣；德自此衰，刑自此繁矣。吾不忍见，以是野处也。'《韩非子·外储说》：'潘寿对燕王曰，禹爱益而任天下于益，已而以启人为吏。及老，而以启为不足任天下，故传天下于益，而势重尽在启也。已而启以友党攻益而夺之天下。是禹名传天下于益，而实令启自取之也。此禹之不及尧舜明矣。'万章所谓人言，盖此等言也。"按《晋书·束皙传》引《竹书纪年》云："益干启位，启杀之。"此又一异说。

② 阳城——山名，在今河南登封县北三十八里，阎若璩《四书释地》以为禹避于此。又邑名，在今河南登封县东南三十五里，今为告成镇，《清一统志》以为禹避于此。　③ 箕山之阴——《史记·夏本纪》作"箕山之阳"。山北曰阴。箕山在今河南登封县东南。　④ 启——禹之子，

古书亦作"开"。启之为人，孟子以为贤，但考之《楚辞》、《墨子》、《竹书纪年》、《山海经》诸书，未必为贤主。《楚辞·离骚》云："启九辩与九歌兮，夏康娱（'康娱'二字连读，此二字连文，《楚辞》屡见，以'夏康'连文者误。）以自纵。不顾难以图后兮，五子用失乎家巷。"《天问》云："启代益作后，卒然离蠥，何启惟忧？而能拘是达？"又云："启棘宾商，九辩九歌，何勤子屠母，而死分竟地？"《墨子·非乐篇》引《武观》云："启乃淫溢康乐，野于饮食，将将铭苋磬以力（此句有脱误），湛浊于酒，渝食于野，万舞翼翼，章闻于大，天用弗式。"《山海经·大荒西经》云："有人珥两青蛇，乘两龙，名曰夏后开。开上三嫔于天，得九辩与九歌以下，此大穆之野高二千仞，开焉得始歌《九招》？"与儒家所传者不同。皮锡瑞云："孟子以为贤者，为世立教耳。"（王先谦《尚书孔传参正》卷七）

⑤ 丹朱——本名朱，后封于丹，故称丹朱。说见阎若璩《四书释地续》。
⑥ 舜、禹、益相去久远——意谓三人之相距有久有不久，此"久远"包括"暂短"而言。原意本谓舜相尧二十八年，禹相舜十七年，皆久远者；益相禹则只七年而禹死，比之舜、禹，则短暂矣。　⑦ 外丙、仲壬——卜辞作"卜丙"、"中壬"。　⑧ 桐——《史记正义》引《晋太康地记》云："尸乡南有亳坂，东有城，太甲所放处也。"尸乡在今河南偃师县西南五里。阎若璩《释地又续》以山西荣河县（其百祥村西有汤陵，恐属附会）为太甲所放处。恐非。　⑨ 亳——（bó），当在今河南偃师县西，亦曰尸乡。

9·7　万章问曰："人有言，'伊尹以割烹要汤①'，有诸？"

孟子曰："否，不然；伊尹耕于有莘②之野，而乐尧舜之道焉。非其义也，非其道也，禄之以天下，弗顾也；系马千驷，弗视也。非其义也，非其道也，一介^③不以与人，一介不以取诸人。汤使人以币^④聘之，嚣嚣^⑤然曰：'我何以汤之聘币为哉？我岂若处畎亩之中，由是以乐尧舜之道哉？'汤三使往聘之，既而幡^⑥然改曰：'与^⑦我处畎亩之中，由是以乐尧舜之道，吾岂若使是君为尧舜之君哉？吾岂若使是民为尧舜之民哉？吾岂若于吾身亲见之哉？天之生此民也，使先知觉后知，使先觉觉后觉也。予，天民之先觉者也；予将以斯道觉斯民也。非予觉之，而谁也？'思天下之民匹夫匹妇有不被尧舜之泽者，若己推而内^⑧之沟中。其自任以天下之重如此，故就汤而说^⑨之以伐夏救民。吾未闻枉己而正人者也，况辱己以正天下者乎？圣人之行不同也，或远，或近；或去，或不去；归洁其身而已矣。吾闻其以尧舜之道要汤，未闻以割烹也。《伊训》曰：'天诛造攻自牧宫，朕载自亳^⑩。'"

【译文】

万章问道："有人说，'伊尹使自己作了厨子切肉做菜以便向汤有所干求'，有这么回事吗？"

孟子答道："不，不是这样的；伊尹在莘国的郊野种庄稼，而以尧舜之道为乐。如果不合道义，纵使以天下的财富作为他的俸禄，他都不回头望一下；纵使有四千匹马系在那里，他也都不望一下。如果不合道义，一点也不给与别人，一点也不取于别人。汤曾使人拿礼物去聘请他，他却安静地说：'我干什么要接受汤的这个聘礼呢？我何不住在田野之中，由此以尧舜之道为自得之乐呢？'汤几次使人去聘请他，不久，他便完全改变了态度，说：'我与其住在田野之中，由此以尧舜之道为个人的快乐，又何不如使现在的君主做尧舜一样的君主呢？又何不如使现在的百姓做尧舜时代一样的百姓呢？〔尧舜的盛世，〕我何不使它在我这时候亲自看到呢？上天生育人民，就是要先知先觉者来使后知后觉者有所觉悟。我呢，是百姓中间的先觉者；我就得拿这个尧舜之道使现在的人有所觉悟。不是我去使他们觉悟，又有谁去呢？'伊尹是这样考虑的：在天下的百姓中，如果有一个男子或一个妇女，没有沾润上尧舜之道的惠泽，便好像自己把他推进山沟中一样。他是像这样地以天下的重担挑在自己肩上，所以到了汤那里，便用讨伐夏桀、拯救百姓的道理来说给汤听。我没有听说过，先使自己屈曲，却能够匡正别人的；何况先使自己遭受侮辱，却能够匡正天下的呢？圣人的行为，可能各有不同，有的疏远当时君主，有的靠拢当时君主，有的离开朝廷，有的留恋朝廷，归根到底，都得使自己身体干干净净，不沾肮脏。我只听说过伊尹用尧舜之道向汤干求，没有听说过他切肉做菜的事。《伊训》说过：'上天的讨伐，最初的祸根起自夏桀的官室，我呢，不过从殷都亳邑开始打算罢了。'"

【注释】

① 人有言，伊尹以割烹要汤——《墨子·尚贤篇》云："昔伊尹为莘氏女师仆，亲为庖人，汤得而举之。"《史记·殷本纪》云："伊尹名阿衡。阿衡欲干汤而无由，乃为有莘氏媵臣（商汤后妃的陪嫁奴仆），负鼎俎，以滋味说汤，至于王道。"而《吕氏春秋·本味篇》记载此事尤为详细。

② 有莘——莘，国名，亦作"㜪"。《史记正义》引《括地志》云："古莘国，在汴州陈留县东五里故莘城是也。"则在今河南陈留镇东北。"有"为置

于名词前之词头。前文第三章"有庳"之"有"亦如此。　③一介——
王引之《经义述闻·通说》以为"介"即"个"字，赵岐《注》则以"一
介草"释"一介"。按《论衡·知实篇》云："天下之人有如伯夷之廉，
不取一芥于人。"则"一介"、"一芥"犹言一点点小东西。　④币——
《说文》云："币，帛也。"则币本意是缯帛（生丝绸），古以束帛为赠劳
宾客及享聘之礼物，故郑玄注《聘礼记》云："币谓束帛也。"其后因为
车马玉帛同为聘享之礼物，所以浑言之皆曰币（见徐灏《说文解字注笺》）。
⑤ 嚚嚚——闲暇貌。　⑥ 幡——与"翻"同。　⑦ 与——与其。
⑧ 内——同"纳"。　⑨ 说——（shuì），游说。　⑩《伊训》曰"
数句——赵岐《注》云："《伊训》，《尚书》逸篇名。"今本《尚书·伊训》
为伪古文。造，始也。牧官，桀官。载，亦始也。朕，伊尹自谓，盖《伊
训》乃伊尹训太甲之文也（此本江声《尚书集注音疏》之说）。任启运《四
书约旨》则谓"牧官，汤祖庙。汤为牧伯，故祖庙称牧官。古者大征伐
必告庙而出，反亦必告庙。此'造攻自牧官'，是告而出"。

9·8　万章问曰："或谓孔子于卫主痈疽①，于齐主侍
人瘠环②，有诸乎？"

孟子曰："否，不然也；好事者为之也。于卫主颜雠
由③。弥子④之妻与子路之妻，兄弟也。弥子谓子路曰：'孔
子主我，卫卿可得也。'子路以告。孔子曰：'有命。'孔子
进以礼，退以义，得之⑤不得曰'有命'。而主痈疽与侍人
瘠环，是无义无命也。孔子不悦于鲁卫⑥，遭宋桓司马将要
而杀之⑦，微服⑧而过宋。是时孔子当厄，主司城贞子⑨，为

陈侯周^⑩臣。吾闻观近臣^⑪，以其所为主；观远臣^⑫，以其所主。若孔子主痈疽与侍人瘠环，何以为孔子？"

【译文】

万章问道："有人说，孔子在卫国住在卫灵公所宠幸的宦官痈疽家里，在齐国，也住在宦官瘠环家里。真有这一回事吗？"

孟子说："不，不是这样的；这是好事之徒捏造出来的。孔子在卫国，住在颜雠由家中。弥子瑕的妻子和子路的妻子是姊妹。弥子瑕对子路说：'孔子住在我家中，卫国卿相的位置便可以得到。'子路把这话告诉了孔子。孔子道：'一切由命运决定。'孔子依礼法而进，依道义而退，所以他说得着官位和得不着官位'由命运决定'。如果他住在痈疽和宦官瘠环家中，这种行为，便是无视礼义和命运了。孔子在鲁国和卫国不得意，又碰上了宋国的司马向魋预备拦截他并将他杀死，只得改变服装悄悄地走过宋国。这时候，孔子正处在困难的境地，便住在司城贞子家中，做了陈侯周的臣子。我听说过，观察在朝的臣子，看他所招待的客人；观察外来的臣子，看他所寄居的主人。如果孔子真的以痈疽和宦官瘠环为主人，还怎么能算'孔子'呢？"

【注释】

①主痈疽——主，名词作动词用。"主痈疽"，以痈疽为主人也。译文则用《史记》之说法。痈疽，《史记·孔子世家》作雍渠，《韩非子》作雍鉏，《说苑·至公篇》作雍睢。翟灏《考异》云："均以声同通借耳。"　②侍人瘠环——侍人，《说苑·至公篇》作"寺人"，故朱熹《集注》云："侍人，奄人也。"痈疽也是寺人（宦官），而不言者，大概因为其人较被人所知的缘故。古代以与宦官交往为丑事。　③颜雠由——《史记·孔子世家》作"颜

浊邹"。《左传》、《庄子》、《吕氏春秋》又有一颜浊聚，则为齐人。夏炘《景紫堂文集》申张守节《史记正义》之说以仇由、浊邹、浊聚为同一人（《汉书·古今人表》亦误以浊邹为浊聚），恐误。　④弥子——卫灵公宠臣弥子瑕。《吕氏春秋·慎大览》云："孔子乃道弥子瑕见釐夫人，因也。"《淮南子·泰族训》亦云："孔子欲行王道，七十说而无所偶，故因卫夫人、弥子瑕而欲通其道。"可见当时有人曾造作孔子与弥子瑕交游的蜚语，孟子因连带及之，更可以表现孔子之未曾主痈疽了。　⑤之——此"之"字作"与"字用。　⑥不悦于鲁卫——"不悦于鲁"指"齐人馈女乐，季桓子受之"事，"不悦于卫"指"招摇市过之"事。俱详《孔子世家》。⑦遭宋桓司马将要而杀之——十字作一句读。《史记·孔子世家》云："孔子去曹适宋，与弟子习礼大树下。宋司马桓魋（tuí）欲杀孔子，拔其树。孔子去。"要，平声，拦截。　⑧微服——谓变易平常的服装以避人耳目。此为当日常语，不宜拆开。微读如"微行"之"微"。《说文》："微，隐行也。"　⑨司城贞子——《史记·孔子世家》云："孔子遂至陈，主于司城贞子家。"则司城贞子为陈人。朱亦栋《孟子札记》以为即《左传》哀公十五年"陈侯使公孙贞子吊焉"之公孙贞子。赵岐《注》以为"宋卿"，恐误。　⑩陈侯周——赵岐《注》云："陈怀公子也。为楚所灭，故无谥，但曰陈侯周。"但据《史记·陈杞世家》，陈怀公子为楚所灭者为湣公，名越，不名周。《索隐》云："按《左传》，湣公名周，是史官记不同也。"则司马贞所据《左传》有谓湣公名周者矣（或者司马贞误记《孟子》为《左传》）。全祖望《经史问答》云："《左传》、《史记》、《世本》诸家所载诸侯之名，异同甚多，安在陈侯名周，不又各有所本？"此说得之。明人郝敬不识此理，训"周"为"忠"，实谬。　⑪近臣——朱熹《集注》云：

"近臣,在朝之臣。" ⑫ 远臣——朱熹《集注》云:"远臣,远方来仕者。"

9·9 万章问曰:"或曰:'百里奚自鬻于秦养牲者五羊之皮食牛以要秦穆公①。'信乎?"

孟子曰:"否,不然;好事者为之也。百里奚,虞人也。晋人以垂棘之璧与屈产之乘假道于虞以伐虢②。宫之奇谏,百里奚不谏。知虞公之不可谏而去之秦,年已七十矣;曾③不知以食牛干秦穆公之为污也,可谓智乎?不可谏而不谏,可谓不智乎?知虞公之将亡而先去之,不可谓不智也。时举于秦,知穆公之可与有行④也而相之,可谓不智乎?相秦而显其君于天下,可传于后世,不贤而能之乎?自鬻以成其君,乡党自好者不为,而谓贤者为之乎?"

【译文】

万章问道:"有人说:'百里奚把自己卖给秦国养牲畜的人,得价五张羊皮,替人家饲养牛,以此来干求秦穆公。'这话可以相信吗?"

孟子答道:"不,不是这样的;这是好事之徒捏造的。百里奚是虞国人。晋人用垂棘的美玉和屈地所产的良马向虞国借路,来攻打虢国。当时虞国的大臣宫之奇谏阻虞公,劝他不要允许;百里奚却不去劝阻。他知道虞公是不可以劝阻的,因而离开虞国,搬到秦国,这时已经七十岁了。他竟不知道用饲养牛的方法来干求秦穆公是一种恶浊行为,可以说是聪明吗?但是,他预见到虞公不可以劝阻,便不去劝阻,又可以说不聪明吗?他又预见到虞公将要被灭亡,因而早早离开,又不能说不聪明。当他在秦国被推举出来的时候,便知道秦穆公是位可以帮助而有作为的君主，因而辅助他，又可以说是不聪明吗？为秦国的卿相，使穆公在天下有显赫的名望，而且足以流传于后代，不是贤者能够如此吗？卖掉自己来成全君主，乡里中一个洁身自爱的人都不肯干，反说贤者肯干吗？”

【注释】

① 百里奚自鬻于秦养牲者五羊之皮食牛以要秦穆公——关于百里奚的故事，散见于战国以至西汉书籍中者甚多，但其中颇有同异。《史记·商君列传》载赵良对商鞅之言，曰：“夫五羖大夫（羖音古，夏羊牡曰羖），荆之鄙人也；闻秦缪公之贤，而愿望见，行而无资，自粥于秦客，被褐食牛。期年，缪公知之，举之牛口之下，而加之百姓之上。”但《秦本纪》又云：“晋献公灭虞虢，虏虞君，与其大夫百里奚，以璧马赂于虞故也。既虏百里奚，以为秦缪公夫人媵于秦。百里奚亡秦走宛，楚鄙人执之。缪公闻百里奚贤，欲重赎之，恐楚人不与，乃使人谓楚曰：‘吾媵臣百里奚在焉，请以五羖羊皮赎之。’楚人遂许与之。当是时，百里奚年已七十馀。缪公释其囚，与语国事，大说，授之国政，号曰五羖大夫。”同出太史公之笔，即有所不同。但百里奚号为五羖大夫，其人必与“五羊之皮”有关连。《史记·秦本纪》以“五羖羊皮”为赎金，《孟子》则似以“五羊之皮”为卖价。考之《战国策》、《韩诗外传》、《说苑》诸书，皆以五羊皮为卖价，与《孟子》之传说同。　　② 晋人以垂棘之璧与屈产之乘假道于虞以伐虢——《左传》僖公二年云：“晋荀息请以屈产之乘与垂棘之璧假道于虞以伐虢。公曰：‘是吾宝也。’对曰：‘若得道于虞，犹外府也。’乃使荀息假道于虞。虞公许之，且请先伐虢。宫之奇谏，不听。”又僖五年云：“晋侯复假道于虞以伐虢。宫之奇谏，弗听，许晋使。宫之奇以其族行，曰：‘虞不腊矣。’”按此时晋正都于绛（故绛，非新田

之绛），绛在今山西翼城县东南十五里；而虞则在今山西平陆县东北六十里，虢则在今平陆县。由绛伐虢，南行必经虞，故假道。垂棘，晋国地名，今未详所在。屈产，《左传》杜预《注》及《谷梁》范宁《注》均以"屈"为地名。"产"，生也。"屈产之乘"意即屈地所生足以驾车的良马。

③ 曾——乃也，竟也。　　④ 有行——与"有为"同。

万章章句下

凡九章

10·1　孟子曰:"伯夷,目不视恶色,耳不听恶声。非其君,不事;非其民,不使。治则进,乱则退。横①政之所出,横民之所止,不忍居也。思与乡人处,如以朝衣朝冠坐于涂炭也。当纣之时,居北海之滨,以待天下之清也。故闻伯夷之风者,顽②夫廉,懦夫有立志。

"伊尹曰:'何事非君?何使非民?'治亦进,乱亦进,曰:'天之生斯民也,使先知觉后知,使先觉觉后觉。予,天民之先觉者也。予将以此道觉此民也。'思天下之民匹夫匹妇有不与被尧舜之泽者,若己推而内之沟中——其自任以天下之重也③。

"柳下惠不羞污君,不辞小官。进不隐贤,必以其道。遗佚而不怨,厄穷而不悯。与乡人处,由由然不忍去也。'尔为尔,我为我,虽袒裼裸裎于我侧,尔焉能浼我哉?'故闻柳下惠之风者,鄙④夫宽,薄夫敦。

"孔子之去齐,接淅⑤而行;去鲁,曰:'迟迟吾行也,去父母国之道也。'可以速而⑥速,可以久而久,可以处而处,可以仕而仕,孔子也。"

孟子曰:"伯夷,圣之清者也;伊尹,圣之任者也;柳下惠,圣之和者也;孔子,圣之时者也。孔子之谓集大成。集大成也者,金声而玉振之⑦也。金声也者,始条理也;玉振之也者,终条理也。始条理者,智之事也;终条理者,圣之事也。智,譬则巧也;圣,譬则力也。由⑧射于百步之外也,其至,尔力也;其中,非尔力也。"

【译文】

孟子说："伯夷，眼睛不看不好的事物，耳朵不听不好的声音。不是他理想的君主，不去侍奉；不是他理想的百姓，不去使唤。天下太平，就出来做事；天下混乱，就退居田野。施行暴政的国家，住有暴民的地方，他都不愿意去居住。他以为同乡下佬相处，好像穿戴着礼服礼帽坐在泥涂或者炭灰之上。当商纣的时候，住在北海海边，等待天下的清平。所以听到伯夷的风节的人，贪得无厌的人都廉洁起来了，懦弱的人也都有独立不屈的意志了。

"伊尹说：'哪个君主，不可以侍奉？哪个百姓，不可以使唤？'因此天下太平也出来做官，天下混乱也出来做官，并且说：'上天的生育这些百姓，就是要先知先觉的人来开导后知后觉的人。我是这些人之中的先觉者，我将以尧舜之道来开导这些人。'他这样想：在天下的百姓中，只要有一个男子或一个妇女没有沾润尧舜之道的好处，便好像自己把他推进山沟之中——这便是他把天下的重担自己挑起来的态度。

"柳下惠不以侍奉坏君为可羞，也不以官小而辞掉。立于朝廷，不隐藏自己的才能，但一定按他的原则办事。自己被遗弃，也不怨恨；穷困，也不忧愁。同乡下佬相处，高高兴兴地不忍离开。〔他说：〕'你是你，我是我，你纵然在我旁边赤身露体，哪能就沾染着我呢？'所以听到柳下惠风节的人，胸襟狭小的人也宽大起来了，刻薄的人也厚道起来了。

"孔子离开齐国，不等把米淘完，漉干就走；离开鲁国，却说：'我们慢慢走吧，这是离开祖国的态度。'应该马上走就马上走，应该继续干就继续干，应该不做官就不做官，应该做官就做官，这便是孔子。"

孟子又说："伯夷是圣人之中清高的人，伊尹是圣人之中负责的人，柳下惠是圣人之中随和的人，孔子则是圣人之中识时务的人。孔子，可以叫他为集大成者。‘集大成’的意思，〔譬如奏乐，〕先敲镈钟，最后用特磬收束〔，有始有终的〕一样。先敲镈钟，是节奏条理的开始；用特磬收束，是节奏条理的终结。条理的开始在于智，条理的终结在于圣。智好比技巧，圣好比气力。犹如在百步以外射箭，射到，是你的力量；射中，却不是你的力量。”

【注释】

① 横——去声，与“横逆”（8·28）之“横”同义。　　② 顽——毛奇龄《四书剩言》云：“《孟子》‘顽夫廉’，‘顽’字古皆是‘贪’字。”举证甚多。臧琳《经义杂记》亦如此说。　　③ 其自任以天下之重也——此句本当作“此其自任以天下之重也”，主语“此”字省略。　　④ 鄙——朱熹《集注》云：“鄙，狭陋也。”　　⑤ 接淅——《说文》：“淅，汰米也。”又云：“潃，浚干渍米也。从水，竟声。《孟子》曰，夫子去齐，潃淅而行。”是许慎所据《孟子》“接”作“潃”。“潃”是漉干之意。淅米、汰米，今曰淘米。　　⑥ 而——用法同“则”，《公孙丑上》有此四句，“而”皆作“则”（3·2）。　　⑦ 金声而玉振之——朱熹《集注》云：“并奏八音，则于其未作，而先击镈钟（独立悬挂的较大之钟）以先其声；俟其既阕，而后击特磬（独立悬挂之磬）以收其韵。”振，犹收也（《中庸》“振河海而不泄”郑玄《注》）。　　⑧ 由——同“犹”。

10·2　北宫锜①问曰：“周室班②爵禄也，如之何？”

孟子曰：“其详不可得闻也，诸侯恶其害己也，而皆去其籍；然而轲也尝闻其略也。天子一位，公一位，侯一位，伯一位，子、男同一位，凡五等也。君一位，卿一位，大夫一位，上士一位，中士一位，下士一位，凡六等。天子之制，地方千里，公侯皆方百里，伯七十里，子、男五十里，凡四等。不能③五十里，不达于天子，附于诸侯，曰附庸④。天子之卿受地视⑤侯，大夫受地视伯，元士受地视子、男。大国地方百里，君十卿禄，卿禄四大夫，大夫倍上士，上士倍中士，中士倍下士，下士与庶人在官者同禄，禄足以代其耕也。次国地方七十里，君十卿禄，卿禄三大大，大夫倍上士，上士倍中士，中士倍下士，下士与庶人在官者同禄，禄足以代其耕也。小国地方五十里，君十卿禄，卿禄二大夫，大夫倍上士，上士倍中士，中士倍下士，下士与庶人在官者同禄，禄足以代其耕也。耕者之所获，一夫百亩；百亩之粪⑥，上农夫食九人，上次食八人，中食七人，中次食六人，下食五人。庶人在官者，其禄以是为差。"

【译文】

北宫锜问道："周朝制定的官爵和俸禄的等级制度是怎样的呢？"

孟子答道："详细情况已经不能够知道了，因为诸侯厌恶那一种制度的不利于自己，都把那些文献毁灭了。但是，我也曾经大略听到些。天子为一级，公一级，侯一级，伯一级，子和男共为一级，一共五级。君为一级，卿一级，大夫一级，上士一级，中士一级，下士一级，一共六级。天子直接管理的土地纵横各一千里，公和侯各一百里，伯七十里，子、男各五十里，一共四级。土地不够五十里的国家，不能直接与天子发生关系，而附属于诸侯，叫做附庸。天子的卿所受的封地同于侯，大夫所受的封地同于伯，元士所受的封地同于子、男。公侯大国土地纵横各一百里，君主的俸禄为卿的十倍，卿为大夫的四倍，大夫为上士的一倍，上士倍于中二，中士倍于下士，下士的俸禄则和老百姓而在公家当差的相同，所得俸禄也足以抵偿他们的耕种的收入了。中等国家土地为方七十里，君主的俸禄为卿的十倍，卿为大夫的三倍，大夫倍于上士，上士倍于中士，中士倍于下士，下士的俸禄则和在公家当差的老百姓相同，所得俸禄也足以抵偿他们的耕种的收入了。小国的土地为方五十里，君主的俸禄为卿的十倍，卿为大夫的二倍，大夫倍于上士，上士倍于中士，中士倍于下士，下士的俸禄则和在公家当差的老百姓相同，所得俸禄也足以抵偿他们的耕种的收入了。耕种的收入，一夫一妇分田百亩。百亩田地的施肥耕种，上等的农夫可以养活九个人，其次的养活八个人，中等的养活七个人，其次六个人，下等的五个人。老百姓在公家当差的，他们的俸禄也比照这个分等级。”

【注释】

① 北宫锜——锜（qí），赵岐《注》云："卫人。" ② 班——赵岐《注》云："列也。"此"列"字为"等列"之"列"，用为动词，则是规定等级之义。
③ 不能——朱熹《集注》云："不能，犹不足也。"按《淮南子·修务训》云："绝国殊俗僻远幽闲之处不能被德承泽。"高诱亦注云："能，犹及也。"但《淮南子》之"能"仍可如字释之，不必训为"及"。"能"之训"足"训"及"，于其他古书似无所征，则朱熹以及高诱盖皆望文为训，似不足据，故译文仍旧如字释之，原文不过"能"下省"有"字，这是古书常有的句法。 ④ 附庸——卫湜《礼记集说》云："王莽封诸侯置附城，则汉人以'城'解'庸'也。古文'庸'即'墉'，后人加土别之。" ⑤ 视——

赵岐《注》云："比也。" ⑥粪——段玉裁《说文解字注》云："凡粪田多用所除之秽为之，故曰粪。"

10·3 万章问曰："敢问友。"

孟子曰："不挟长，不挟贵，不挟兄弟①而友。友也者，友其德也，不可以有挟也。孟献子，百乘之家也，有友五人②焉：乐正裘，牧仲③，其三人，则予忘之矣。献子之与此五人者友也，无献子之家者也。此五人者，亦有献子之家，则不与之友矣。非惟百乘之家为然也，虽小国之君亦有之。费④惠公曰：'吾于子思，则师之矣；吾于颜般⑤，则友之矣；王顺、长息⑥则事我者也。'非惟小国之君为然也，虽大国之君亦有之。晋平公之于亥唐⑦也，入云则入，坐云则坐，食云⑧则食；虽蔬食⑨菜羹，未尝不饱，盖不敢不饱也。然终于此而已矣。弗与共天位也，弗与治天职也，弗与食天禄也，士之尊贤者也，非王公之尊贤也。舜尚⑩见帝，帝馆甥⑪于贰室⑫，亦飨舜，迭为宾主，是天子而友匹夫也。用⑬下敬上，谓之贵贵；用上敬下，谓之尊贤。贵贵尊贤，其义一也。"

【译文】

万章问道："请问交朋友的原则。"

孟子答道："不倚仗自己年纪大，不倚仗自己地位高，不倚仗自己兄弟的富贵。交朋友，因为朋友的品德而去交他，因此心目中不能存在任何有所倚仗的观念。孟献子是位具有一百辆车马的大夫,他有五位朋友，乐正裘，牧仲，其馀三位，我忘记了。献子同这五位相交，自己心目中并不存有自己是大夫的观念。这五位，如果也存在着献子是位大夫的观念，也就不会同他交友了。不仅具有一百辆车马的大夫是如此的，纵使小国的君主也有朋友。费惠公说：'我对于子思，则以为老师；对于颜般，则以为朋友；至于王顺和长息，那不过是替我工作的人罢了。'不仅小国的君主是如此，纵使大国之君也有朋友。晋平公的对于亥唐，亥唐叫他进去，便进去，叫他坐，便坐，叫他吃饭，便吃饭。纵使糙米饭小菜汤，不曾不饱，因为不敢不饱。然而晋平公也只是做到这一点罢了。不同他一起共有官位，不同他一起治理政事，不同他一起享受俸禄，这只是一般士人尊敬贤者的态度，不是王公尊敬贤者所应有的态度。舜谒见尧，尧请他这位女婿住在另一处官邸中，也请他吃饭，〔舜有时也作东道，〕互为客人和主人，这是以天子的高位同老百姓交友的范例。以职位卑下的人尊敬高贵的人，叫做尊重贵人；以高贵的人尊敬职位卑下的人，叫做尊敬贤者。尊重贵人和尊敬贤者，道理是相同的。"

【注释】

① 挟兄弟——江永《群经补义》云："古人以婚姻为兄弟，如张子之于二程，程允夫之于朱子，皆有中表之亲，既为友则有师道，不可谓我与彼为姻亲，有疑不肯下问也。'挟兄弟而问'与'挟故而问'相似。俗解谓不挟兄弟多人而友。兄弟多人，有何可挟乎？须辨别之。"赵佑《四书温故录》云："兄弟，等夷之称。必其人之与己等夷而后友之，则不肯与胜己处，不能不耻下问矣。兄弟有富贵者，则仍挟贵意耳。"以上两说，与赵岐异，录之以供参考。　　② 孟献子有友五人——孟献子，鲁国大夫仲孙蔑，卒于鲁襄公十九年。焦循云："《国语·晋语》：'赵简子曰，

鲁孟献子有斗臣五人。'《注》云:'斗臣,扞难之士。'未知即此五人否?"
③乐正裘,牧仲——《汉书·古今人表》以此两人与孟献子俱列于第四
等。 ④费——小国名。 ⑤颜般——般(bān),《汉书·古今人
表》作颜敢,"敢"、"般"以形近而误。 ⑥王顺、长息——长息见
(9·1)。王顺,《汉书·古今人表》作王慎。费惠公、颜敢、王慎、长息
同列第四等。 ⑦亥唐——《太平御览》引皇甫谧《高士传》云:"亥
唐者,晋人也。晋平公时,朝多贤臣,祁奚、赵武、师旷、叔向皆为卿
大夫,名显诸侯。唐独不官,隐于穷巷。平公闻其贤,致礼与相见而请
事焉。平公待于门,唐曰入,公乃入;唐曰坐,公乃坐;唐曰食,公乃
食。唐之食公也,虽蔬食菜羹,公不敢不饱。"此盖本《孟子》而演绎为
之,未必另有所据也。 ⑧入云、坐云、食云——"云入"、"云坐"、"云
食"之倒文。 ⑨蔬食——赵岐《注》云:"粝食也。""蔬"同"疏"。
⑩尚——同"上"。以匹夫而晋谒天子,故云"上"。 ⑪甥——赵岐《注》
云:"礼,谓妻父曰外舅,谓我舅者,吾谓之甥。" ⑫贰室——赵岐《注》
云:"副宫也。" ⑬用——以也。

10·4 万章问曰:"敢问交际①何心也?"

孟子曰:"恭也。"

曰:"'却之却之为不恭',何哉?"

曰:"尊者②赐之,曰:'其所取之者义乎,不义乎?'
而后受之,以是为不恭,故弗却也。"

曰:"请无以辞却之,以心却之,曰:'其取诸民之不义
也。'而以他辞无受,不可乎?"

曰："其交也以道，其接也以礼，斯孔子受之矣。"

万章曰："今有御③人于国门之外者，其交也以道，其馈也以礼，斯可受御与？"

曰："不可；《康诰》曰：'杀越人于货，闵不畏死，凡民罔不譈④。'是不待教而诛者也。殷受夏，周受殷，所不辞也；于今为烈，如之何其受之？"

曰："今之诸侯取之于民也，犹御也。苟善其礼际矣，斯君子受之，敢问何说也？"

曰："子以为有王者作，将比⑤今之诸侯而诛之乎？其教之不改而后诛之乎？夫谓非其有而取之者盗也，充类至义⑥之尽也。孔子之仕于鲁也，鲁人猎较⑦，孔子亦猎较。猎较犹可，而况受其赐乎？"

曰："然则孔子之仕也，非事道⑧与？"

曰："事道也。"

"事道奚猎较也？"

曰："孔子先簿正祭器⑨，不以四方之食供簿正。"

曰："奚不去也？"

曰："为之兆⑩也。兆足以行矣，而不行，而后去，是以未尝有所终三年淹也。孔子有见行可之仕，有际可之仕，有公养⑪之仕。于季桓子，见行可之仕也；于卫灵公，际可之仕也；于卫孝公⑫，公养之仕也。"

【译文】

万章问道："请问交际的时候，当如何存心？"

孟子答道："应该存心恭敬。"

万章说："〔俗话说，〕'一再拒绝人家的礼物，这是不恭敬。'为什么呢？"

孟子说："尊贵的人有所赐与，自己先便想想：'他取得这种礼物是合于义的呢？还是不合于义的呢？'想了以后才接受，这是不恭敬的。因此便不拒绝。"

万章说："我说，拒绝他的礼物，不明白说出，只是心里不接受罢了，心里说：'这是他取自百姓的不义之财呀！'因而用别的借口来拒绝，难道不可以吗？"

孟子说："他依规矩同我交往，依礼节同我接触，这样，孔子都会接受礼物的。"

万章说："如今有一个在国都郊野拦路抢劫的人，他也依了规矩同我交往，也依礼节向我馈赠，这种赃物，便可以接受了吗？"

孟子说："不可以；《康诰》说：'杀死别人，抢夺财物，横强不怕死，这种人，是没有人不痛恨的。'这是不必先去教育他就可以诛杀的。殷商接受了夏朝的这种法律，周朝接受了殷商的这种法律，没有更改。现在抢杀行为更为厉害，怎样能够接受呢？"

万章说："今天这些诸侯，他们的财物取自民间，也和拦路抢劫差不多。假若把交际的礼节搞好，君子也就接受了，请问这又是什么道理呢？"

孟子说："你以为若有圣王兴起，对于今天的诸侯，是一例看待全部诛杀呢？还是先行教育，如再不改悔，然后诛杀呢？而且，不是自己所有，而去取得它，把这种行为说成抢劫，这只是提高到原则性高度的话。

孔子在鲁国做官的时候，鲁国人争夺猎物，孔子也争夺猎物。争夺猎物都可以，何况接受赐与呢？"

万章说："那么，孔子的做官，不是为着行道吗？"

孟子说："为着行道。"

"既为着行道，为什么又来争夺猎物呢？"

孟子说："孔子先用文书规定祭祀所用器物和祭品，不用别处的食物来供祭祀。〔所争夺来的猎物原为着祭祀，既不能用来供祭祀，便无所用之，争夺猎物的风气自然可以逐渐衰灭了。〕"

万章说："孔子为什么不辞官而走呢？"

孟子说："孔子做官，先得试行一下。试行的结果，他的主张可以行得通，而君主却不肯行下去，这才离开，所以孔子不曾在一个朝廷停留整整三年。孔子有因可以行道而做官，也有因为君主对他的礼遇不错而做官，也有因国君养贤而做官。对于鲁国的季桓子，是因为可以行道而做官；对于卫灵公，是因为礼遇不错而做官；对于卫孝公，是因为国君养贤而做官。"

【注释】

① 交际——朱熹《集注》云："交际，谓人以礼仪币帛相交接也。"把"交际"的含义限于礼物的馈赠，大概因为下文所言都是指礼物的收受与否的缘故。我们以为下文所以只限于礼物的收拒者，盖由"却之却之为不恭"一问而引起，不关"交际"的涵义。　② 尊者——与"长者"不同。此以位言，"长者"以齿言。　③ 御——朱熹《集注》云："御，止也。止人而杀之，且夺其货也。"　④《康诰》曰：杀越人于货，闵不畏死，凡民罔不譈——今本《尚书·康诰》作"杀越人于货，暋不畏死，罔弗憝"。

赵岐《注》云："越，于也。""越"为虚词，无义。"于货"犹《诗经·七月》之"于貉"。《毛传》云："于貉，谓取狐狸皮也。"则"于货"，谓取其货也。"闵"同"瞀"，《说文》云："瞀，冒也。"《伪孔传》云："瞀，强也。""譀"、"憨"同。《说文》云："憨，怨也。"　⑤ 比——旧读去声。《礼记·乐记》郑《注》云："比犹同也。"故译为"一例看待"。　⑥ 充类至义——"充类"即"充其类"（6·10），"至义"犹言"极其义"，其以"充类至"为一读者，误。　⑦ 猎较——较，旧音角。赵岐《注》云："猎较者，田猎相较夺禽兽，得之以祭，时俗所尚，以为吉祥。"　⑧ 事道——犹言"为道而事"，古文常有此语法。　⑨ 簿正祭器——《集注》引徐氏云："先以簿书正其祭器，使有定数，不以四方难继之物实之。夫器有常数，实有常品，则其本正矣。彼猎较者，将久而自废矣。"　⑩ 兆——赵岐《注》云："始也。"　⑪ 际可、公养——两者似乎相同，但"际可"为"独对某一人之礼遇"，"公养"则可能如齐稷下贤者之例，对当时一般人之礼待。　⑫ 卫孝公——《左传》、《史记》皆无卫孝公，当即出公辄，一人而二谥，本有此例。

10·5　孟子曰："仕非为贫也，而有时乎为贫；娶妻非为养也，而有时乎为养。为贫者，辞尊居卑，辞富居贫。辞尊居卑，辞富居贫，恶乎宜乎？抱关击柝①。孔子尝为委吏②矣，曰：'会计当而已矣。'尝为乘田③矣，曰：'牛羊茁④壮长而已矣。'位卑而言高，罪也；立乎人之本朝⑤，而道不行，耻也。"

【译文】

孟子说:"做官不是因为贫穷,但有时候也因为贫穷。娶妻不是为着孝养父母,但有时候也为着孝养父母。因为贫穷而做官的,便该拒绝高官,居于卑位;拒绝厚禄,只受薄俸。拒绝高官,居于卑位;拒绝厚禄,只受薄俸,那居于什么位置才合宜呢?那像守门打更的小吏都行。孔子也曾经做过管理仓库的小吏,他说:'出入的数字都对了。'也曾经做过管理牲畜的小吏.他说:'牛羊都壮实地长大了。'位置低下,而议论朝廷大事,这是罪行;在那君主的朝廷上做官,而自己正义的主张不能实现,这是耻辱。"

【注释】

① 抱关击柝——《荀子·荣辱篇》杨倞《注》云:"抱关,门卒也。"赵岐《注》云:"柝,行夜所击木也。" ② 委吏——赵岐《注》云:"主委积仓廪之吏也。" ③ 乘田——乘,去声。赵岐《注》云:"苑囿之吏也,主六畜之刍牧者也。" ④ 茁——(zhuó),焦循《正义》云:"《说文》云:'茁,草初生出地貌。'茁,草木生出之名,借以形容牛羊。" ⑤ 本朝——即"朝廷"之义。"本朝"一词又见于《管子·重令篇》、《晏子春秋·谏篇》、《荀子·仲尼篇》、《儒效篇》、《吕氏春秋·音律篇》,亦犹《秦策》"本国残社稷坏",谓国家为本国也。

10·6 万章曰:"士之不托诸侯①,何也?"

孟子曰:"不敢也。诸侯失国,而后托于诸侯,礼也;士之托于诸侯,非礼也。"

万章曰:"君馈之粟,则受之乎?"

曰："受之。"

"受之何义也？"

曰："君之于氓②也，固周③之。"

曰："周之则受，赐之则不受，何也？"

曰："不敢也。"

曰："敢问其不敢何也？"

曰："抱关击柝者皆有常职以食于上。无常职而赐于上者，以为不恭也。"

曰："君馈之，则受之，不识可常继乎？"

曰："缪公之于子思也，亟问④，亟馈鼎肉⑤。子思不悦。于卒也，摽⑥使者出诸大门之外，北面稽首再拜⑦而不受，曰：'今而后知君之犬马畜伋。'盖自是台⑧无馈也。悦贤不能举，又不能养也，可谓悦贤乎？"

曰："敢问国君欲养君子，如何斯可谓养矣？"

曰："以君命将⑨之，再拜稽首而受。其后廪人继粟，庖人⑩继肉，不以君命将之。子思以为鼎肉使己仆仆尔⑪亟拜也，非养君子之道也。尧之于舜也，使其子九男事之，二女女焉，百官牛羊仓廪备，以养舜于畎亩之中，后举而加⑫诸上位，故曰，王公之尊贤者也。"

【译文】

万章说："士不像寓公那样靠诸侯生活，这是什么道理呢？"

孟子说："不敢如此。诸侯丧失了自己的国家，然后在别国作寓公，这是合于礼的；士作寓公，是不合于礼的。"

万章道："君主如果给与他以谷米，那接受不接受呢？"

孟子说："接受。"

"接受又是什么道理呢？"

答道："君主对于由外国来的人士，本来可以周济他。"

问道："周济他，就接受；赐与他，就不接受，又是什么道理呢？"

答道："由于不敢接受的缘故。"

问道："不敢接受，又是什么道理呢？"

答道："守门打更的人都有一定的职务，因而接受上面的给养。没有一定的职务，却接受上面的赐与的，这是被认为不恭敬的。"

问道："君王给他馈赠，他也就接受，不知道可以经常如此吗？"

答道："鲁缪公对于子思，就是屡次问候，屡次送给他肉物，子思很不高兴。最后一次，子思便把来人赶出大门，自己朝北面先磕头后作揖地拒绝了，说道：'今天才知道君主把我当成犬马一样地畜养。'大概从此便不给子思送礼了。喜悦贤人，却不能重用，又不能有礼貌地照顾生活，可以说是喜悦贤人吗？"

问道："国君要对君子给以生活照顾，要怎样才叫做有礼貌地照顾呢？"

答道："先称述君主的旨意送给他，他便先作揖后磕头，接受了。然后管理仓廪的人经常送来谷米，掌供膳馐的人经常送来肉食，这些都不用称述君主的旨意了〔，接受者也就可以不再作揖磕头了〕。子思以为为着一块肉便使自己屡次屡次地作揖行礼，这便不是照顾君子生活的方式了。尧对于舜，使自己的九个儿子向他学习，把自己的两个女儿嫁给他，而且各种官吏，以及牛羊、仓库无不具备，来使舜在田野之中得着周到的生活照顾，然后提拔他到很高的职位上，所以说，这是王公尊敬贤者的范例。"

【注释】

① 士之不托诸侯——周广业《孟子出处时地考》云："古之上士、中士、下士者，皆有职之人也。其未仕而读书谭道者，通谓之儒，《周礼》'儒以道得民'，《鲁论》'女为君子儒'是也。间亦称士，如《管子》士农工商为四民，曾子'士不可以不弘毅'之类。春秋而后，有游士处士，则皆无位而客游人国者矣。《孟子》所言士亦有二，万章之'不托诸侯'，彭更之'无事而食'及王子垫所问，此无位者也。答北宫锜及'士以旟、大夫以旌'，'前以士、后以大夫'，则并指有位者也。"托诸侯，犹言"托诸侯以生存"，译文用旧称"寓公"两字以表达之。"寓公"近代的意义是客居他乡不工作的人。在古代则指丧失国家寄居别国的诸侯，如《礼记·郊特牲》："诸侯不臣寓公。"　② 氓——焦循《正义》云："不言'君之于民'而言'氓'者，'氓'是自他国至此国之民，与寄之义合。"③ 周——《礼记·月令》："季春之月，天子布德行惠，开府库，出币帛，周天下。"郑玄注云："周谓给不足也。"　④ 问——当读如《诗·女曰鸡鸣》"杂佩以问之"之"问"，盖古人于人有所问讯或问候，多以物相赠而表意，此"亟问"与"亟馈鼎肉"，乃一事而分言之。　⑤ 鼎肉——《礼记·少仪》郑玄《注》云："鼎肉，谓牲体已解，可升于鼎。"则以为生肉。但朱熹《集注》则云："鼎肉，熟肉也。"　⑥ 摽——（biāo），赵岐《注》云："麾也。"　⑦ 稽首再拜——拜头至地谓之稽首；既跪而拱手，而头俯至于手，与心平，谓之拜。再拜，拜两次。"再拜稽首"，谓之吉拜，表示接受礼物；"稽首再拜"，谓之凶拜，此处则表示拒绝礼物。说详阎

若璩《释地又续》及段玉裁《经韵楼集·释拜》。　　⑧台——杨树达《积微居小学金石论丛·孟子台无馈解》云:"台当读为始,'盖自是台无馈',谓鲁缪公自是始不馈子思也。《说文》云:'始,女之初也。从女,台声。'"　　⑨将——《尔雅·释言》云:"将,送也。"　　⑩庖人——官名,《周礼》天官之属,掌供膳馐。详见《周礼·天官·冢宰第一》。　　⑪仆仆尔——赵岐《注》云:"仆仆,烦猥貌。"　　⑫加——与"夫子加齐之卿相"(3·2)的"加"同义,同"居"。

10·7　万章曰:"敢问不见诸侯,何义也?"

孟子曰:"在国曰市井之臣,在野曰草莽之臣,皆谓庶人。庶人不传质①为臣,不敢见于诸侯,礼也。"

万章曰:"庶人,召之役,则往役;君欲见之,召之,则不往见之,何也?"

曰:"往役,义也;往见,不义也。且君之欲见之也,何为也哉?"

曰:"为其多闻也,为其贤也。"

曰:"为其多闻也,则天子不召师,而况诸侯乎?为其贤也,则吾未闻欲见贤而召之也。缪公亟见于子思②,曰:'古千乘之国以友士,何如?'子思不悦,曰:'古之人有言曰,事之云乎,岂曰友之云乎③?'子思之不悦也,岂不曰:'以位,则子,君也;我,臣也;何敢与君友也?以德,则子事我者也,奚可以与我友?'千乘之君求与之友而不可得也,而况可召与?齐景公田④,招虞人以旌,不至，将杀之。志士不忘在沟壑，勇士不忘丧其元。孔子奚取焉？取非其招不往也。"

曰："敢问招虞人何以？"

曰："以皮冠⑤，庶人以旃⑥，士以旂⑦，大夫以旌。以大夫之招招虞人，虞人死不敢往；以士之招招庶人，庶人岂敢往哉？况乎以不贤人之招招贤人乎？欲见贤人而不以其道，犹欲其入而闭之门也。夫义，路也；礼，门也。惟君子能由是路，出入是门也。《诗》云⑧：'周道如底⑨，其直如矢；君子所履，小人所视⑩。'"

万章曰："孔子，君命召，不俟驾而行⑪；然则孔子非与？"

曰："孔子当仕有官职，而以其官召之也。"

【译文】

万章问道："请问士子不去谒见诸侯，这是什么道理呢？"

孟子答道："不曾有过职位的人，如果居住于城市，便叫做市井之臣；如果居住于田野，便叫做草莽之臣，这都叫做老百姓。老百姓不致送见面礼物而为臣属，不敢去谒见诸侯，这是合于礼的。"

万章说："老百姓，召唤他去服役，便去服役；君主若要同他会晤，召唤他，却不去谒见，这又为什么呢？"

孟子说："去服役，是应该的；去谒见，是不应该的。而且君主想去同他会晤，为的是什么呢？"

万章说："为的是他见闻广博，为的是他品德高洁。"

孟子说："如果为的是他见闻广博，〔那便当以他为师。〕天子还不能召唤老师，何况诸侯呢？如果为的是他品德高洁，那我也不曾听说过想要同贤人相见却随便召唤的。鲁缪公屡次地去访晤子思，说道：'古代具有千辆兵车的国君若同士人交友，是怎样的呢？'子思不高兴，说道：'古代人的话，是说国君以士人为师吧，难道说是同士人交友吗？'子思的不高兴，难道不是这样的意思吗：'论地位，那你是君主，我是臣下，哪敢同你交朋友呢？论道德，那你是向我学习的人，怎样可以同我交朋友呢？'具有一千辆兵车的国君求同他交朋友都做不到，何况召唤呢？齐景公田猎，用有羽毛为装饰的旌旗召唤猎场管理员，他不来，准备杀他。有志之士不怕〔死无葬身之地，〕弃尸山沟；勇敢的人〔见义勇为，〕不怕丧失脑袋。孔子对这一管理员取他哪一点呢？就是取他不是自己所应该接受的召唤之礼，他硬是不去。"

问道："召唤猎场管理员该用什么呢？"

答道："用皮帽子。召唤老百姓用全幅红绸做的曲柄旗，召唤士用有铃铛的旗，召唤大夫才用有羽毛的旗。用召唤大夫的旗帜去召唤猎场管理员，猎场管理员死也不敢去；用召唤士人的旗帜去召唤老百姓，老百姓难道敢去吗？何况用召唤不贤之人的礼节去召唤贤人呢？想同贤人会晤，却不依循规矩礼节，这就好像要请人家进来却关着大门。义好比是大路，礼好比是大门。只有君子能从这一条大路行走，由这处大门出进。《诗经》说：'大路像磨刀石一样平，像箭一样直。这是君子所行走的，小人所效法的。'"

万章问道："孔子，听说有国君之命的召唤，不等车马驾好自己便先行走去，这样，孔子错了吗？"

答道："那是因为孔子正在做官，有职务在身，国君用他担任的官职去召唤他。"

【注释】

① 传质——质见 (6·3) 注释。庶人的质用鹜 (wù，即今之家鸭)。《孟子音义》云："执贽 (同质) 请见，必由将命者传之，故谓之传贽。"② 见于子思——以"暴见于王"、"他日见于王" (2·1 又 4·4) 诸句语法例之，知此是缪公往见子思，为子思所接见。　③ 云乎——《公羊传》庄公二十四年："然则曷用？枣栗云乎？服修云乎？"何休《注》云："云乎，辞也。"　④"齐景公田"等句——参见 (6·1) 并注释。　⑤ 皮冠——周柄中《孟子辨正》云："皮冠盖加于礼冠之上，田猎则以御尘，亦以御雨雪。楚灵狩于州来，去皮冠而与子革语，必非科头也，可见去皮冠而仍有礼冠矣。"　⑥ 旃——(zhān)，《说文》云："旗曲柄也，所以表士众。《周礼》曰：'通帛为旃。'"　⑦ 旂——(qí)，《说文》："旗有众铃以令众也。"又《周礼·春官·司常》云："交龙为旂"。　⑧《诗》云——以下四句见《小雅·大东篇》。　⑨ 周道如底——"周道"犹如《卷耳》之"寘彼周行"之"周行"，谓大道也。"底"当作"厎"，"厎"即"砥"字，《诗》文正作"砥"，磨刀石也。　⑩ 视——与"天子之卿受地视侯" (10·2) 之"视"字意义相近。《广雅·释诂》云："视，效也。"　⑪ 孔子，君命召，不俟驾而行——《论语·乡党篇》云："君命召，不俟驾行矣。"

10·8　孟子谓万章曰："一乡之善士斯友一乡之善士，一国之善士斯友一国之善士，天下之善士斯友天下之善士。以友天下之善士为未足，又尚①论古之人。颂②其诗，读③其书，不知其人，可乎？是以论其世也。是尚友也。"

【译文】

孟子对万章说道："一个乡村的优秀人物便和那一乡村的优秀人物交朋友，全国性的优秀人物便和全国性的优秀人物交朋友，天下性的优秀人物便和天下性的优秀人物交朋友。认为和天下性的优秀人物交朋友还不够，便又追论古代的人物。吟咏他们的诗歌，研究他们的著作，不了解他的为人，可以吗？所以要讨论他那一个时代。这就是追溯历史与古人交朋友。"

【注释】

① 尚——同"上"。　　② 颂——同"诵"。《周礼·大司乐》郑玄《注》云："倍（同背）文曰讽，以声节之曰诵。"　　③ 读——此字有数义，断其章句曰读，如《周礼注》"郑司农读火绝之"；讽诵亦为读，如《左传》"公读其书"；抽绎其义蕴亦曰读，《说文》云："读，籀书也。"即此义。此处读字涵义，既有诵读之义，亦可有抽绎之义，故译文用"研究"两字。

10·9　齐宣王问卿。孟子曰："王何卿之问也？"

王曰："卿不同乎？"

曰："不同；有贵戚之卿①，有异姓之卿。"

王曰："请问贵戚之卿。"

曰："君有大过则谏；反覆之而不听，则易位。"

王勃然变乎色。

曰："王勿异也。王问臣，臣不敢不以正②对。"

王色定，然后请问异姓之卿。

曰："君有过则谏，反覆之而不听，则去。"

【译文】

齐宣王问关于公卿的事情。孟子说："王所问的是哪一种类的公卿？"

王说："公卿难道还不一样吗？"

孟子说："不一样；有和王室同宗族的公卿，有非王族的公卿。"

王说："我请问和王室同宗族的公卿。"

孟子说："君王若有重大错误，他便加劝阻；如果反覆劝阻了还不听从，就把他废弃，改立别人。"

宣王突然变了脸色。

孟子说："王不要奇怪。王问我，我不敢不拿老实话答复。"

宣王脸色正常了，又请问非王族的公卿。

孟子说："君王若有错误，便加劝阻；如果反复劝阻了还不听从，自己就离职。"

【注释】

① 贵戚之卿——赵岐《注》云："贵戚之卿谓内外亲族也。"此说值得商量。以汉代而言，外戚当权，可以说是"贵戚之卿"，霍光且废昌邑王而改立宣帝，但不能以之解释《孟子》。《孟子》此文以"贵戚之卿"与"异姓之卿"对文，则"贵戚"为同姓可知。核之儒家所传宗法制度，亦当如此解释，"外亲"不在"贵戚之卿"数内也。　② 正——《论语·述而篇》："正唯弟子不能学也。"郑玄《注》云："鲁读'正'为'诚'。"此处亦当读为"诚"。

告子章句上

凡二十章

11·1　告子曰："性犹杞柳①也，义犹桮棬②也；以人性为仁义，犹以杞柳为桮棬。"

孟子曰："子能顺杞柳之性而以为桮棬乎？将戕贼杞柳而后以为桮棬也？如将戕贼杞柳而以为桮棬，则亦将戕贼人以为仁义与？率天下之人而祸仁义者，必子之言夫！"

【译文】

告子说："人的本性好比杞柳树，义理好比杯盘；把人的本性纳于仁义，正好比用杞柳树来制成杯盘。"

孟子说："您是顺着杞柳树的本性来制成杯盘呢？还是毁伤杞柳树的本性来制成杯盘呢？如果要毁伤杞柳树的本性然后制成杯盘，那也要毁伤人的本性然后纳之于仁义吗？率领天下的人来损害仁义的，一定是您的这种学说罢！"

【注释】

① 杞柳——旧说都以为就是榉树，但此物不能为木材，仅可以取其新枝条之长六七尺者供编物之用。如用作杯盘，恐亦不能盛液体。疑而不能决，姑依旧说译之。　　② 桮棬——"桮"同"杯"（《说文》只有"桮"字）。棬音圈。《礼记·玉藻》云："母没而杯圈不能饮焉。""杯圈"当即"桮棬"。但赵岐注《孟子》则以"桮棬"为"桮素"（杯盘之胎，未加工者），而郑玄注《玉藻》则以"杯圈"为盛羹、注酒及盥洗等器之通名。

11·2　告子曰："性犹湍①水也，决诸东方则东流，决诸西方则西流。人性之无分于善不善也，犹水之无分于东西也。"

孟子曰："水信^②无分于东西，无分于上下乎？人性之善也，犹水之就下也。人无有不善，水无有不下。今夫水，搏而跃之，可使过颡；激而行之，可使在山。是岂水之性哉？其势则然也。人之可使为不善，其性亦犹是也。"

【译文】

告子说："人性好比急流水，从东方开了缺口便向东流，从西方开了缺口便向西流。人的没有善不善的定性，正同水的没有东流西流的定向相类似。"

孟子说："水诚然没有东流西流的定向，难道也没有向上或者向下的定向吗？人性的善良，正好像水性的向下流。人没有不善良的，水没有不向下流的。当然，拍水使它跳起来，可以高过额角；屏水使它倒流，可以引上高山。这难道是水的本性吗？形势使它如此的。人的可以使他做坏事，本性的改变也正像这样。"

【注释】

① 颡——(tuān)，《说文》云："颡，急濑也。"译文本此。赵岐《注》云："颡者，圜也，谓颡颡漾水也。"亦通。　②信——《说文》云："信，诚也。"

11·3　告子曰："生之谓性^①。"

孟子曰："生之谓性也，犹白之谓白与？"

曰："然。"

"白羽之白也，犹白雪之白；白雪之白犹白玉之白与？"

曰："然。"

"然则犬之性犹牛之性，牛之性犹人之性与？"

【译文】

告子说："天生的资质叫做性。"

孟子说："天生的资质叫做性，好比一切东西的白色叫做白吗？"

答道："正是如此。"

"白羽毛的白犹如白雪的白，白雪的白犹如白玉的白吗？"

答道："正是如此。"

"那么，狗性犹如牛性，牛性犹如人性吗？"

【注释】

① 生之谓性——"性"字从"生"得声，"生"和"性"古音相同。《荀子·正名篇》云："生之所以然者谓之性。"《春秋繁露·深察名号篇》云："如其生之自然之资谓之性。"《论衡·初禀篇》云："性，生而然者也。"告子的话，意或与此相近，不过告子借以证明其人性无善恶论罢了。

11·4 告子曰："食色，性也①。仁，内也，非外也；义，外也，非内也②。"

孟子曰："何以谓仁内义外也？"

曰："彼长而我长之，非有长于我也；犹彼白而我白之，从其白于外也，故谓之外也。"

曰："异于③白马之白也，无以异于白人之白也；不识长马之长也，无以异于长人之长与？且谓长者义乎？长之者义乎？"

曰："吾弟则爱之，秦人之弟则不爱也，是以我为悦者也，故谓之内。长楚人之长，亦长吾之长，是以长为悦者也，故谓之外也。"

曰："耆④秦人之炙，无以异于耆吾炙，夫物则亦有然者也，然则耆炙亦有外欤？"

【译文】

告子说："饮食男女，这是本性。仁是内在的东西，不是外在的东西；义是外在的东西，不是内在的东西。"

孟子说："怎样叫做仁是内在的东西、义是外在的东西呢？"

答道："因为他年纪大，于是我去恭敬他，恭敬之心不是我所预有，正好比外物是白的，我便认它为白色之物，这是由于外物的白而我加以认识的缘故，所以说是外在的东西。"

孟子说："白马的白和白人的白或者无所不同，但是不知道对老马的怜悯心和对老者的恭敬心，是不是也没有什么不同呢？而且，您说，所谓义，在于老者呢？还是在于恭敬老者的人呢？"

答道："是我的弟弟便爱他，是秦国人的弟弟便不爱他，这是因我自己的关系而高兴这样的，所以说仁是内在的东西。恭敬楚国的老者，也恭敬我自己的老者，这是因为外在的老者的关系而这样的，所以说义是外在的东西。"

孟子说："喜欢吃秦国人的烧肉，和喜欢吃自己的烧肉无所不同，各种事物也有如此的情形，那么，难道喜欢吃烧肉的心也是外在的东西吗？〔那不和您说的饮食是本性的论点相矛盾了吗？〕"

【注释】

① 食色，性也——《礼记·礼运篇》："饮食男女，人之大欲存焉。"儒家之意与告子同，故下文不相诘难，而最后"然则耆炙亦有外与"一句，

且据以驳倒了告子。　　②仁内义外——《管子·戒篇》云："仁从中出，义由外作。"盖与告子主张相同。是《墨子·经说下》云："仁，爱也；义，利也。爱利，此也；所爱所利，彼也。爱利不相为内外（意云，都是内在的），所爱利亦不相为外内（俱是外在的）。其为'仁内也，义外也'，举爱与所利也，是狂举也。"此从告子的立论根据而加以逻辑的驳诘，比孟子所驳更为明显有力。　　③异于——朱熹《集注》引张氏曰："二字疑衍。"按此说较是。焦循《正义》强加解释，无当于古代语法，故不从。④耆——同"嗜"。

11·5　孟季子①问公都子曰："何以谓义内也？"

曰："行吾敬，故谓之内也。"

"乡人长于伯兄一岁，则谁敬？"

曰："敬兄。"

"酌则谁先？"

曰："先酌乡人。"

"所敬在此，所长在彼，果在外，非由内也。"

公都子不能答，以告孟子。

孟子曰："敬叔父乎？敬弟乎？彼将曰：'敬叔父。'曰：'弟为尸②，则谁敬？'彼将曰：'敬弟。'子曰：'恶在其敬叔父也？'彼将曰：'在位故也。'子亦曰：'在位故也。庸敬在兄，斯须之敬在乡人。'"

季子闻之，曰："敬叔父则敬，敬弟则敬，果在外，非由内也。"

公都子曰："冬日则饮汤，夏日则饮水，然则饮食亦在外也？"

【译文】

孟季子问公都子："怎么说义是内在的东西呢？"

答道："恭敬从我的内心发出，所以说是内在的东西。"

"本乡人比大哥大一岁，那你恭敬谁？"

答道："恭敬哥哥。"

"如果在一块儿饮酒，先给谁斟酒？"

答道："先给本乡长者斟酒。"

"你心里恭敬的是大哥，却向本乡长者敬礼，可见义毕竟是外在的东西，不是由内心发出的。"

公都子不能对答，便来告诉孟子。

孟子说："〔你可以说：〕'恭敬叔父呢？还是恭敬弟弟呢？'他会说：'恭敬叔父。'你又说：'弟弟若做了受祭的代理人，那又恭敬谁呢？'他会说：'恭敬弟弟。'你便说：'那为什么又说恭敬叔父呢？'他会说：'这是由于弟弟在于当受恭敬之位的缘故。'那你也就说：'那也是由于本乡长者在于当给首先斟酒之位的缘故。平常的恭敬在于哥哥，暂时的恭敬在于本地长者。'"

季子听到了这话，又说："对叔父也是恭敬，对弟弟也是恭敬，毕竟义是外在的，不是由内心出发的。"

公都子说："冬天喝热水，夏天喝凉水，那么，难道饮食〔便不是由于本性，〕也是外在的了吗？"

【注释】

① 孟季子——其人不详。翟灏《四书考异》以为原文本无"孟"字，此季子即是"季任为任处守"（12·5）之季任。　　② 尸——古代祭祀不用牌位或者神主，更无画像，而用男女儿童为受祭代理人，便叫之为"尸"。尸，主也。

11·6　公都子曰："告子曰：'性无善无不善也。'或曰：'性可以为善，可以为不善①；是故文武兴，则民好善；幽厉兴，则民好暴。'或曰：'有性善，有性不善②；是故以尧为君而有象；以瞽瞍为父而有舜；以纣为兄之子，且以为君，而有微子启、王子比干。'今曰'性善'，然则彼皆非与？"

孟子曰："乃若③其情④，则可以为善矣，乃所谓善也。若夫为不善，非才④之罪也。恻隐之心，人皆有之；羞恶之心，人皆有之；恭敬之心，人皆有之；是非之心，人皆有之。恻隐之心，仁也；羞恶之心，义也；恭敬之心，礼也；是非之心，智也。仁义礼智，非由外铄⑤我也，我固有之也，弗思耳矣。故曰：'求则得之，舍则失之。'或相倍蓰而无算者，不能尽其才者也。《诗》曰：'天生蒸民，有物有则。民之秉彝，好是懿德⑥。'孔子曰：'为此诗者，其知道乎！故有物必有则；民之秉彝也，故好是懿德。'"

【译文】

公都子说："告子说：'本性没有什么善良，也没有什么不善良。'

也有人说：'本性可以使它善良，也可以使它不善良；所以周文王、武王在上，百姓便趋向善良；周幽王、厉王在上，百姓便趋向横暴。'也有人说：'有些人本性善良，有些人本性不善良；所以以尧这样的圣人为君，却有象这样不好的百姓；以瞽瞍这样坏的父亲，却有舜这样好的儿子；以纣这样恶的侄儿，而且为君王，却有微子启、王子比干这样的仁人。'如今老师说本性善良，那么，他们都错了吗？"

孟子说："从天生的资质看，可以使它善良，这便是我所谓的人性善良。至于有些人不善良，不能归罪于他的资质。同情心，每个人都有；羞耻心，每个人都有；恭敬心，每个人都有，是非心，每个人都有。同情心属于仁，羞耻心属于义，恭敬心属于礼，是非心属于智。这仁义礼智，不是由外人给与我的，是我本来就具有的，不过不曾探索它罢了。所以说：'一经探求，便会得到；一加放弃，便会失掉。'人与人之间有相差一倍、五倍甚至无数倍的，就是不能充分发挥他们的人性的本质的缘故。《诗经》说：'天生育众民，每一样事物，都有它的规律。百姓把握了那些不变的规律，于是乎喜爱优良的品德。'孔子说：'这篇诗的作者真懂得道呀！有事物，便有它的规律；百姓把握了这些不变的规律，所以喜爱优良的品德。'"

【注释】

① 或曰：性可以为善，可以为不善——王充《论衡·本性篇》云："周人世硕以为性有善有恶，举人之善性养而致之，则善长；恶性养而致之，则恶长，故世子作《养书》一篇。宓子贱、漆雕开、公孙尼子之徒亦论性情，与世子相出入。"孔广森《经学卮言》云："公都子此问，即其说也。"《汉书·艺文志》有《世子》二十一篇。原注云："名硕，陈人，七十子之弟子。"

② 或曰：有性善，有性不善——《汉书·古今人表序》云："孔子曰：'唯

上智与下愚不移。'《传》曰:'譬如尧、舜、禹、稷、契与之为善,则行;鲧、驩兜欲与为恶,则诛。可与为善,不可与为恶,是谓上智。桀、纣、龙逢、比干欲与之为善,则诛;于莘、崇侯与之为恶,则行。可与为恶,不可与为善,是谓下愚。'"可谓与此说相类似。 ③乃若——程瑶田《通艺录·论学小记》云:"乃若者,转语也。"按相当于"若夫"、"至于"诸词。 ④情、才——皆谓质性。戴震《孟子字义疏证》云:"情犹素也,实也。"《说文》:"才,草木之初也。"草木之初曰才,人初生之性亦可曰才。 ⑤铄——朱骏声《说文通训定声补遗》云:"铄又为效。《孟子》'非由外铄我也',按授也。" ⑥"《诗》曰"数句——见《大雅·烝民篇》。"蒸民"《诗》作"烝民",《毛传》云:"烝,众;物,事;则,法;彝,常;懿,美也。"《郑笺》云:"秉,执也。"

11·7 孟子曰:"富岁,子弟多赖①;凶岁,子弟多暴,非天之降才尔殊也,其所以陷溺其心者然也。今夫𪩘麦②,播种而耰③之,其地同,树之时又同,浡然而生,至于日至④之时,皆熟矣。虽有不同,则地有肥硗⑤、雨露之养、人事之不齐也。故凡同类者,举相似也,何独至于人而疑之?圣人,与我同类者。故龙子曰:'不知足而为屦,我知其不为蒉也。'屦之相似,天下之足同也。口之于味,有同耆也;易牙⑥先得我口之所耆者也。如使口之于味也,其性与人殊⑦,若犬马之与我不同类也,则天下何耆皆从易牙之于味也?至于味,天下期于易牙,是天下之口相似也。惟⑧耳亦然。至于声,天下期于师旷,是天下之耳相似也。惟⑧目亦然。至于子都⑨，天下莫不知其姣也。不知子都之姣者，无目者也。故曰，口之于味也，有同耆焉；耳之于声也，有同听焉；目之于色也，有同美焉。至于心，独无所同然乎？心之所同然者何也？谓理也，义也。圣人先得我心之所同然耳。故理义之悦我心，犹刍豢⑩之悦我口。"

【译文】

孟子说："丰收年成，少年子弟多半懒惰；灾荒年成，少年子弟多半强暴，不是天生的资质这样不同，是由于环境使他们心情变坏的缘故。把大麦作比喻吧，播了种，耪了地，如果地土一样，种植的时候一样，便会蓬勃地生长，迟到夏至，都会成熟了。纵有所不同，那便是由于地土的肥瘠、雨露的多少、人工的勤惰不同的缘故。所以一切同类之物，无不大体相同,为什么一讲到人类便怀疑了呢？圣人也是我们的同类。龙子曾经说过：'不看清脚样去编草鞋，我准知道不会编成筐子。'草鞋的相近，是因为各人的脚大体相同。口对于味道，有相同的嗜好；易牙早就摸准了这一嗜好。假使口对于味道，人人不同，而且像狗马和我们人类本质上的不相同一样，那么，凭什么天下的人都追随着易牙的口味呢？一讲到口味，天下都期望做到易牙那样，这就说明了天下人的味觉大体相同。耳朵也如是。一讲到声音，天下都期望做到师旷那样，这就说明了天下人的听觉大体相同。眼睛也如此。一讲到子都，天下没有人不知道他美丽。不认为子都美丽的，那是没有眼睛的人。所以说，口对于味道，有相同的嗜好；耳对于声音，有相同的听觉；眼睛对于容色，有相同的美感。谈到心，就独独没有相同之处吗？心的相同之处是什么呢？是理，是义。圣人早就懂得了我们内心的相同的理义。所以理义之使我心高兴，正和猪狗牛羊肉合乎我的口味一般。"

【注释】

① 赖——阮元云："'富岁子弟多赖'，'赖'即'嬾'（今作'懒'）。"

② 鉾麦——鉾(móu)，鉾麦即大麦。　③ 耰——(yōu)，《说文》作"櫌"，云："摩田器也。"盖本是器物之名，其后用作动词，摩田亦曰耰。摩田者，即今之秒（又作抄）田，耪地，耙松其土并使土块细也。以土覆种亦用此器，亦须耙秒，故又训为"覆种"（郑玄《论语注》）。　④ 日至——此指"夏至"，古或谓之"长至"、"日南至"。　⑤ 硗——(qiāo)，土地瘠薄。

⑥ 易牙——《左传》僖公十七年云："雍巫有宠于卫共姬，因寺人貂以荐羞于公。"杜预《注》云："雍巫，雍人，名巫，即易牙。"其人为齐桓公宠臣，其故事散见于周秦古籍。　⑦ 与人殊——意盖谓人人不同。此宜云"人与人殊"，原文盖省一"人"字。　⑧ 惟——语首词，无义。

⑨ 子都——《诗·郑风·山有扶苏》："不见子都，乃见狂且。"《毛传》云："子都，世之美好者也。"疑即郑庄公时之公孙阏，其人字子都，又曾射杀颍考叔，而郑庄公竟不欲置之典刑，其有宠可见。事详《左传》隐公十一年。　⑩ 刍豢——草食曰刍，牛羊是也；谷食曰豢，犬豕是也。豢(huàn)。

11·8　孟子曰："牛山①之木尝美矣，以其郊②于大国③也，斧斤伐之，可以为美乎？是其日夜之所息，雨露之所润，非无萌蘖之生焉，牛羊又从而牧之④，是以若彼濯濯⑤也。人见其濯濯也，以为未尝有材焉，此岂山之性也哉？虽存乎人者，岂无仁义之心哉？其所以放其良心者，

亦犹斧斤之于木也，旦旦而伐之，可以为美乎？其日夜之
所息，平旦之气，其好恶与人相近也者几希⑥，则其旦昼⑦
之所为，有梏亡之矣⑧。梏之反复，则其夜气不足以存；
夜气不足以存，则其违禽兽不远矣。人见其禽兽也，而以
为未尝有才焉者，是岂人之情也哉？故苟得其养，无物不
长；苟失其养，无物不消。孔子曰：'操则存，舍则亡；出
入无时，莫知其乡⑨。'惟心之谓与？"

【译文】

　　孟子说："牛山的树木曾经是很茂盛的，因为它长在大都市的郊外，
老用斧子去砍伐，还能够茂盛吗？当然，它日日夜夜在生长着，雨水露
珠在润泽着，不是没有新条嫩芽生长出来，但紧跟着就放羊牧牛，所以
变成那样光秃秃了。大家看见那光秃秃的样子，便以为这山不曾有过大
树木，这难道是山的本性吗？在某些人身上，难道没有仁义之心吗？他
之所以丧失他的善良之心，也正像斧子之对于树木一般，每天每天地去
砍伐它，能够茂盛吗？他在日里夜里发出来的善心，他在天刚亮时所接
触到的清明之气，这些在他心里所激发出来的好恶跟一般人相近的也有
一点点。可是一到第二天白昼，所行所为又把它消灭了。反复地消灭，
那么，他夜来心里所发出的善念自然不能存在；夜来心里所发出的善念
不能存在，便和禽兽相距不远了。别人看到他简直是禽兽，因之以为他
不曾有过善良的资质，这难道也是这些人的本性吗？所以假若得到滋养，
没有东西不生长；失掉滋养，没有东西不消亡。孔子说过：'抓住它，就
存在；放弃它，就亡失；出出进进没有一定时候，也不知道它何去何从。'
这是指人心而言的吧。"

【注释】

① 牛山——齐国都于临淄，牛山在今临淄镇南十里。　②郊——此作动词用，谓"居其郊"也。刘宝楠《愈愚录》谓"郊，犹居也"，盖不明古人实词虚用之义例。　③大国——谓临淄，不但为齐之首都，亦为当时大都市之一。　④牛羊又从而牧之——此句为"又从而牧牛羊焉（之）"之变式。　⑤濯濯——赵岐《注》云："无草木之貌。"⑥几希——赵岐《注》云："几，岂也。岂希，言不远也。"但古书未见此用法，故不从。　⑦旦昼——焦循《正义》云："旦昼，犹云明日。"⑧有梏亡之矣——有，何焯《义门读书记》云："当读去声。"则与"又"同。梏同牿（gù），圈禁也。　⑨乡——赵岐《注》云："乡犹里，以喻居也。"焦循《正义》云："近读乡为向。"按两说皆可通，而后义较胜。

11·9　孟子曰："无或①乎王之不智也。虽有天下易生之物也，一日暴之，十日寒之，未有能生者也。吾见亦罕矣，吾退而寒之者至矣，吾如有萌焉何哉？今夫弈②之为数③，小数也；不专心致志，则不得也。弈秋，通国之善弈者也。使弈秋诲二人弈，其一人专心致志，惟弈秋之为听。一人虽听之，一心以为有鸿鹄④将至，思援弓缴⑤而射之，虽与之俱学，弗若之矣。为是其智弗若与？曰：非然也。"

【译文】

孟子说："王的不聪明，不足奇怪。纵使有一种最容易生长的植物，晒它一天，冷它十天，没有能够再长的。我和王相见的次数也太少了，我退居在家，把他冷淡得也到了极点了，他虽有善良之心的萌芽，我对它能有什么帮助呢？譬如下棋，这只是小技术，如果不一心一意，那就学不好。弈秋是全国的下棋圣手。假使让他教授两个人，一个人一心一意，只听弈秋的话。另一个呢，虽然听着，而心里却以为，有只天鹅快要飞来，想拿起弓箭去射它。这样，即使和那人一道学习，他的成绩一定不如人家。是因为他的聪明不如人家吗？自然不是的。"

【注释】

① 或——同"惑"。《吕氏春秋·审为篇》高诱《注》云："惑，怪也。"
② 弈——《说文》云："弈，围棋也。" ③ 数——赵岐《注》云："数，技也。" ④ 鸿鹄——朱骏声《说文通训定声》云："凡鸿鹄连文者，即鹄也。"鹄，今名天鹅。 ⑤ 缴——（zhuó），《说文》云："缴，生丝缕也。"缴本是生丝缕，用它来系在箭上，因称系着丝线的箭为缴。

11·10 孟子曰："鱼，我所欲也，熊掌亦我所欲也；二者不可得兼，舍鱼而取熊掌者也。生亦我所欲也，义亦我所欲也；二者不可得兼，舍生而取义者也。生亦我所欲，所欲有甚于生者，故不为苟得也；死亦我所恶，所恶有甚于死者，故患有所不辟也。如使人之所欲莫甚于生，则凡可以得生者，何不用也？使人之所恶莫甚于死者，则凡可以辟患者，何不为也？由是则生而有不用也，由是则可以辟患而有不为也，是故所欲有甚于生者，所恶有甚于死者。非独贤者有是心也，人皆有之，贤者能勿丧耳。一箪食，一豆①羹，得之则生，弗得则死，嘑尔而与之，行道之人弗受②；蹴尔而与之，乞人不屑也。万钟则不辩礼义而受之。万钟于我何加焉？为宫室之美、妻妾之奉、所识穷乏者得我与？乡为身死而不受，今为宫室之美为之；乡为身死而不受，今为妻妾之奉为之；乡为身死而不受，今为所识穷乏者得我而为之，是亦不可以已乎？此之谓失其本心。”

【译文】

孟子说：“鱼是我所喜欢的，熊掌也是我所喜欢的；如果两者不能并有，便牺牲鱼，而要熊掌。生命是我所喜欢的，义也是我所喜欢的；如果两者不能并有，便牺牲生命，而要义。生命本是我所喜欢的，但是还有比生命更为我所喜欢的，所以我不干苟且偷生的事；死亡本是我所厌恶的，但是还有比死亡更为我所厌恶的，所以有的祸害我不躲避。如果人们所喜欢的没有超过生命的，那么，一切可以求得生存的方法，哪有不使用的呢？如果人们所厌恶的没有超过死亡的，那么，一切可以避免祸害的事情，哪有不干的呢？〔然而，有些人〕由此而行，便可以得到生存，却不去做；由此而行，便可以避免祸害，却不去干，由此可知有比生命值得喜欢的东西，也有比死亡令人厌恶的东西。这种心不仅仅贤人有，人人都有，不过贤人能够保持它罢了。一筐饭，一碗汤，得着便活下去，得不着便死亡，呼喝着给与他，就是过路的饿人都不会接受；脚踏过再给与他，就是乞丐也不屑于要。〔然而竟有人于〕万钟的俸禄却不问合于礼义与否，欣然接受了。万钟的俸禄对我有什么好处呢？为着住宅的华丽、妻妾的侍奉和我所认识的贫苦人感激我吗？过去宁肯死亡而不接受的，今天却为着住宅的华丽而接受了；过去宁肯死亡而不接受的，今天却为着妻妾的侍奉而接受了；过去宁肯死亡而不接受的，今天却为着我所认识的贫苦人的感激而接受了，这些不是可以罢手的么？这便叫做丧失了他的本性。”

【注释】

① 豆——古代盛羹汤之具。 ② 嘑尔而与之，行道之人弗受——嘑，同"呼"，旧读去声 (hù)。赵岐《注》云："嘑尔，犹呼尔，咄啐之貌也。"《礼记·檀弓》有一段故事，情节相类，录供参考。"齐大饥，黔敖为食于路以待饿者而食之。有饿者蒙袂辑屦贸贸然来。黔敖左奉食，右执饮，曰：'嗟！来食！'扬其目而视之，曰：'予唯不食嗟来之食以至于斯也。'从而谢焉，终不食而死。"

11·11　孟子曰："仁，人心也；义，人路也。舍其路而弗由，放其心而不知求，哀哉！人有鸡犬放，则知求之；有放心而①不知求。学问之道无他，求其放心②而已矣。"

【译文】

孟子说："仁是人的心，义是人的路。放弃了那条正路而不走，丧失了那善良之心而不晓得去找，可悲得很呀！一个人，有鸡和狗走失了，便晓得去寻找，有善良之心丧失了，却不晓得去寻求。学问之道没有别的，就是把那丧失的善良之心找回来罢了。"

【注释】

① 而——用法同"则"，此从俞樾《孟子平义》说。 ② 求放心——吴定《紫石山房文集·求放心解》云："孟子所谓'求放心'者，非纳其放心聚之于学之谓，'放心'即孟子所谓'放其良心'、'失其本心'者也。"

11·12　孟子曰："今有无名之指屈而不信①，非疾痛害事也，如有能信之者，则不远秦楚之路，为指之不若人

也。指不若人，则知恶之；心不若人，则不知恶，**此之谓
不知类**②**也**。"

【译文】

  孟子说："现在有人，他无名指弯曲而不能伸直，虽然不痛苦，也
不妨碍工作，如果有人能够使它伸直，就是走向秦国、楚国，都不以为
远，〔而去医治，〕为的是无名指不及别人。无名指不及别人，就知道厌恶；
心性不及别人，竟不知道厌恶，这个叫做不懂得轻重。"

【注释】

① 信——同"伸"。 ② 不知类——朱熹《集注》云："不知类，言不
知轻重之等也。"译文本此。

  11·13 孟子曰："拱把①之桐梓，人苟欲生之，皆知
所以养之者。至于身，而不知所以养之者，岂爱身不若桐
梓哉？弗思甚也。"

【译文】

  孟子说："一两把粗的桐树、梓树，假若要使它生长起来，都晓得
如何去培养。至于本人，却不晓得如何去培养，难道爱自己还不及爱桐树、
梓树吗？真是太不动用脑筋了。"

【注释】

① 拱把——赵岐《注》云："拱，合两手也。把，以一手把之也。"此言
树之尚小。

  11·14 孟子曰："人之于身也，兼所爱。兼所爱，
则兼所养也。无尺寸之肤不爱焉，则无尺寸之肤不养也。

所以考其善不善者，岂有他哉？于己取之而已矣。体有贵贱，有小大①。无以小害大，无以贱害贵。养其小者为小人，养其大者为大人。今有场师，舍其梧槚②，养其樲棘③，则为贱场师焉。养其一指而失其肩背，而不知也，则为狼疾④人也。饮食之人，则人贱之矣，为其养小以失大也。饮食之人无有失也，则口腹岂适⑤为尺寸之肤哉？"

【译文】

孟子说："人对于身体，哪一部分都爱护。都爱护便都保养。没有一尺一寸的皮肤肌肉不爱护，便没有一尺一寸的皮肤肌肉不保养。考察他护养得好或者不好，难道有别的方法吗？只是看他所注重的是身体的哪一部分罢了。身体有重要部分，也有次要部分；有小的部分，也有大的部分。不要因为小的部分损害大的部分，不要因为次要部分损害重要部分。保养小的部分的就是小人，保养大的部分的便是君子。假若有一位园艺家，放弃梧桐、楸树，却去培养酸枣、荆棘，那就是位很坏的园艺家。如果有人只保养他的一个手指，却丧失了肩头、背脊，自己还不明白，那便是糊涂透顶的人了。只是讲究吃喝〔而不顾思想意识的培养〕的人，人家都轻视他，因为他保养了小的部分，丧失大的部分。如果讲究吃喝的人不影响思想意识的培养，那么，吃喝的目的难道仅仅为着口腹的那小部分吗？"

【注释】

① 贵贱小大——朱熹《集注》云："贱而小者，口腹也；贵而大者，心志也。"

② 梧槚——梧，梧桐。陈翥《桐谱》云："古诗书或称桐，或称梧，或曰梧桐，其实一也。"槚（jià），即楸树，木理细密。梧桐、楸树均为好木料。

③棫棘——棫（èr），酸枣；棘，荆棘。阮元《校勘记》以为"棫棘"本作"棫枣"，但钱大昕《十驾斋养新录》云："《尔雅》：'棫，酸枣。'不闻'棫棘'为小枣。梧槚二物，则棫棘必非一物。棫即酸枣，棘即荆棘之棘也。"今从之。　④狼疾——按赵岐《注》读为"狼藉"。　⑤适——《战国策·秦策》云："疑臣者不适三人。"高诱《注》云："适音翅，翅与啻同。"

11·15　公都子问曰："钧①是人也，或为大人，或为小人，何也？"

孟子曰："从其大体为大人，从其小体为小人②。"

曰："钧是人也，或从其大体，或从其小体，何也？"

曰："耳目之官不思，而蔽于物。物交物，则引之而已矣。心之官则思，思则得之③，不思则不得也。此④天之所与我⑤者。先立乎其大者，则其小者不能夺也。此为大人而已矣。"

【译文】

公都子问道："同样是人，有些是君子，有些是小人，什么缘故？"

孟子答道："求满足身体重要器官的需要的是君子，求满足身体次要器官的欲望的是小人。"

问道："同样是人，有人要求满足重要器官的需要，有人要求满足次要器官的欲望，又是什么缘故？"

答道："耳朵、眼睛这类的器官不会思考，故为外物所蒙蔽。〔因此，耳目不过是一物罢了。〕一与外物相接触，便被引向迷途了。心这个器官职在思考，〔人的善性，〕一思考便得着，不思考便得不着。这个器官是天特意给我们人类的。因此，这是重要器官，要先把它树立起来，那么，次要的器官便不能把这善性夺去了。这样便成了君子了。"

【注释】

① 钧——同"均"，同也。　② 从其大体为大人，从其小体为小人——这两句依《孟子》上文之义用意译法，读者不必拘泥于原文字句。③ 思则得之——此"之"字何所指，古今注释家都未能明确指出，宋元理学家竟以为指"理"而言。按之第六章"求则得之，舍则失之"两句，与此立意相同，彼处是指"我固有之"的"仁义礼智"的"才"而言，则此亦当同。　④ 此——朱熹《集注》云："旧本多作'比'，而赵《注》亦以'比方'释之。今本既多作'此'，作'比方'于义为短，故且从今本云。"又王引之《经传释词》训"比"为"皆"，谓"耳目心思皆天之所与我者"，亦不可信。今仍作"此"，盖独指"心"而言。　⑤ 我——扩充用法，指人类。

11·16　孟子曰："有天爵者，有人爵者。仁义忠信，乐善不倦，此天爵也；公卿大夫，此人爵也。古之人修其天爵，而人爵从之。今之人修其天爵，以要人爵；既得人爵，而弃其天爵，则惑之甚者也，终亦必亡而已矣。"

【译文】

孟子说："有自然爵位，有社会爵位。仁义忠信，不疲倦地好善，这是自然爵位；公卿大夫，这是社会爵位。古代的人修养他的自然爵位，于是社会爵位随着来了。现在的人修养他的自然爵位，来追求社会爵位，已经得到了社会爵位，便放弃他的自然爵位，那就太糊涂了，结果连社会爵位也会丧失的。"

11·17　孟子曰："欲贵者，人之同心也。人人有贵于己者，弗思耳矣。人之所贵者，非良贵也。赵孟①之所贵，赵孟能贱之。《诗》云②：'既醉以酒，既饱以德。'言饱乎仁义也，所以③不愿④人之膏粱⑤之味也；令闻广誉施于身，所以不愿人之文绣⑥也。"

【译文】

孟子说："希望尊贵，这是人们的共同心理。但每人自己都有可尊贵的东西，只是不去思考它罢了。别人所给与的尊贵，不是真正值得尊贵的。赵孟所尊贵的，赵孟同样可以使他下贱。《诗经》说：'酒已经醉了，德已经饱了。'这是说仁义之德很富足了，也就不羡慕别人的肥肉细米了；到处皆知的好名声在我身上，也就不羡慕别人的绣花衣裳了。"

【注释】

①赵孟——晋国正卿赵盾字孟，因而其子孙都称赵孟。孙奕《示儿篇》云："晋有三赵孟，赵朔之子曰武，谥文子，称赵孟。赵武之子曰成，赵成之子曰鞅，又名志父，谥简子，亦称赵孟。赵鞅之子曰无恤，谥襄子，亦称赵孟。"　②《诗》云——以下两句见《大雅·既醉篇》。　③所以——直译为"的原因"（译文用意译法），与今日的"所以"用法不同，《马氏文通》以下诸语法书都认为同于今日的"所以"，误。　④愿——郑玄《礼记·祭义注》云："愿，羡也。"《荀子·荣辱篇》杨倞《注》云："愿犹慕也。"　⑤膏粱——韦昭《国语注》云："膏，肉之肥者。"粱为精细而色白的小米，古代以稻粱为细粮，为有钱之人所食者，不是今日的高粱。

⑥ 文绣——古代衣服有等，必须有爵命的人才能着文绣之服。

11·18　孟子曰："仁之胜不仁也，犹水胜火。今之为仁者，犹以一杯水救一车薪之火也；不熄，则谓之水不胜火，此又与①于不仁之甚者也，亦终必亡而已矣。"

【译文】

孟子说："仁的胜过不仁正像水可以扑灭火一样。如今行仁的人，好像用一杯水来救一车柴木的火焰，火焰不熄灭，便说水不能扑灭火，这些人又和很不仁的人相同了，结果连他们已行的这点点仁都会消失的。"

【注释】

① 与——同也。

11·19　孟子曰："五谷者，种之美者也；苟为不熟，不如荑稗①。夫仁，亦在乎熟之而已矣。"

【译文】

孟子说："五谷是庄稼中的好品种，假若不能成熟，反而不及稊米和稗子。仁，也在于使它成熟罢了。"

【注释】

① 荑稗——(tí bài)，即"稊稗"。稊，稗类，结实甚小；可以作家畜饲料，古人也用以备凶年。

11·20　孟子曰："羿之教人射，必志于彀①；学者亦必志于彀。大匠诲人必以规矩，学者亦必以规矩。"

【译文】

孟子说：“羿教人射箭，一定拉满弓；学习的人也一定要求努力拉满弓。有名的木工教导人，一定依循规矩，学习的人也一定要依循规矩。”

【注释】

① 必志于彀——朱熹《集注》云：“志犹期也；彀（gòu），弓满也。”

告子章句下

凡十六章

12·1　任①人有问屋庐子②曰："礼与食孰重？"

曰："礼重。"

"色与礼孰重？"

曰："礼重。"

曰："以礼食，则饥而死；不以礼食，则得食，必以礼乎？亲迎③，则不得妻；不亲迎，则得妻，必亲迎乎？"

屋庐子不能对，明日之邹④以告孟子。

孟子曰："于答是也，何有？不揣⑤其本，而齐其末，方寸之木可使高于岑楼⑥。金重于羽者，岂谓一钩金⑦与一舆羽之谓哉？取食之重者与礼之轻者而比之，奚翅⑧食重？取色之重者与礼之轻者而比之，奚翅色重？往应之曰：'紾⑨兄之臂而夺之食，则得食；不紾，则不得食，则将紾之乎？逾东家墙而搂⑩其处子⑪，则得妻；不搂，则不得妻，则将搂之乎？'"

【译文】

有一位任国人问屋庐子道："礼和食哪样重要？"

答道："礼重要。"

"娶妻和礼哪样重要？"

答道："礼重要。"

问道："如果按着礼节去找吃的，便会饿死；不按着礼节去找吃的，便会得到吃的，那一定要按着礼节行事吗？如果按照亲迎礼，便得不到妻子；如果不行亲迎礼，便会得着妻子，那一定要行亲迎礼吗？"

屋庐子不能对答，第二天便去邹国，把这话告诉孟子。

孟子说："答复这个有什么困难呢？如果不揣度基地的高低是否一致，而只比较其顶端，那一寸厚的木块，〔若放在高处，〕可以使它比尖角高楼还高。我们说，金子比羽毛重，难道是说三钱多重的金子比一大车的羽毛还重吗？拿吃的重要方面和礼的细节相比较，何止于吃的重要？拿婚姻的重要方面和礼的细节相比较，何止于娶妻重要？你这样去答复他吧：'扭折哥哥的胳膊，抢夺他的食物，便得到吃的；不扭，便得不着吃的，那会去扭吗？爬过东邻的墙去搂抱女子，便得到妻室；不去搂抱，便得不着妻室，那会去搂抱吗？'"

【注释】

① 任——阎若璩《释地》云："任，国名，太皞之后，风姓。汉为任城县，后汉为任城国，今济宁州东任城废县是。"按当即今山东济宁市。
② 屋庐子——孟子弟子，名连，由"屋庐子喜曰：'连得间矣。'"（12·5）知之。　③ 亲迎——古代婚姻，新郎亲迎新妇，自诸侯至于老百姓都如此。至于天子，《左传》以为天子不亲迎，《公羊传》则云天子亦亲迎，礼经又无明文，因之未有定论。　④ 邹——在今山东邹城东南二十六里，与故任国相距约百里，因之屋庐子可以明日即往。　⑤ 揣——《方言》云："度高为揣。"《左传》昭公二十三年云："揣高卑。"义同。
⑥ 岑楼——赵岐《注》云："岑楼，山之锐岭者。"则读"楼"为"楼"。朱熹《集注》云："岑楼，楼之高锐似山者。"则于"楼"字如字读之。按《说文》云："岑，山小而高。"《楚辞》王逸《注》云："岑，锐也。"则"岑"有高义，又有锐义，以山之高者其顶必锐也。故高而锐之鼎曰岑鼎（《吕氏春秋·审己篇》，即《韩非子·说林篇》之"谗鼎"），高而锐之石曰岑石（《楚辞·逢纷》），则楼之高而锐者亦可曰岑楼。朱熹说较

可从。　　⑦一钩金——孔广森《经学卮言》云:"《晏子春秋》曰:'大带重半钩,鸟屦倍重。'郑君说:'东莱称以大半两为钧。'然则带钩金半钩,才重三分两之一。"　　⑧奚翅——"翅"同"啻",止也,但也。⑨绐——赵岐《注》云:"戾也。"即今扭转之意。　　⑩搂——《说文》云:"搂,曳聚也。"赵岐《注》云:"搂,牵也。"按《孟子》除此章"搂"字外,又有"五霸者搂诸侯以伐诸侯者也"(12·7)一句。此章"搂"字宜训"抱持","搂诸侯"的"搂"字宜训"挟持"。　　⑪处子——犹言"处女"。《诗·桃夭》"之子于归,宜其室家",《论语·公冶长》"以其子妻之",诸"子"字俱指女子而言。

12·2　曹交①问曰:"人皆可以为尧舜,有诸?"

孟子曰:"然。"

"交闻文王十尺,汤九尺,今交九尺四寸以长,食粟而已,如何则可?"

曰:"奚有于是?亦为之而已矣。有人于此,力不能胜一匹雏②,则为无力人矣;今曰举百钧,则为有力人矣。然则举乌获③之任,是亦为乌获而已矣。夫人岂以不胜为患哉?弗为耳。徐行后长者谓之弟,疾行先长者谓之不弟。夫徐行者,岂人所不能哉?所不为也。尧舜之道,孝弟而已矣。子服尧之服,诵尧之言,行尧之行,是尧而已矣。子服桀之服,诵桀之言,行桀之行,是桀而已矣。"

曰:"交得见于邹君,可以假馆,愿留而受业于门。"

曰:"夫道若大路然,岂难知哉?人病不求耳。子归而求之，有馀师。"

【译文】

曹交问道："人人都可以做尧舜，有这话吗？"

孟子答道："有的。"

曹交问："我听说文王身高一丈，汤身高九尺，如今我有九尺四寸多高，只会吃饭罢了，要怎样才成呢？"

孟子说："这有什么关系呢？只要去做就行了。要是有人，自己以为一只小鸡都提不起来，便是毫无力气的人了；如果说能够举重三千斤，便是很有力气的人了。那么，举得起乌获所能举的重量的，也就是乌获了。人难道以不能胜任为忧吗？只是不去做罢了。慢点儿走，走在长者之后，便叫悌；走得很快，抢在长者之前，便叫不悌。慢点儿走，难道是人所不能的吗？只是不那样做罢了。尧舜之道，也不过就是孝和悌而已。你穿尧的衣服，说尧的话，做尧的所作所为，便是尧了。你穿桀的衣服，说桀的话，做桀的所作所为，便是桀了。"

曹交说："我准备去谒见邹君，向他借个住的地方，情愿留在您门下学习。"

孟子说："道就像大路一样，难道难于了解吗？只怕人不去寻求罢了。你回去自己寻求罢，老师多得很呢。"

【注释】

① 曹交——赵岐《注》云："曹交，曹君之弟，交，名也。"但曹国为宋所灭，明载于《左传》哀公八年，故王应麟《困学纪闻》云："至孟子时，曹亡久矣。"复安得有曹君暨其弟？赵岐此注不知何据。　②一匹雏——"一匹雏"之语例与"一钩金"、"一奥羽"同，"钩"与"奥"皆作量词，则

"匹"亦为量词。"匹"本为计马数之量词，毛公鼎、智鼎以及其他金文习见之，《尚书·文侯之命》亦云"马四匹"。而"匹夫匹妇"则又用以计人，此则借以计雏。"一匹雏"犹今言一只小鸡。　　③乌获——《史记·秦本纪》言秦武王时有力士乌获，但此时孟子年已逾七十，而乌获远在西方之秦，未必能举以为例证，此乌获或者是古之有力人，秦之力士又袭用其名耳。

12·3　公孙丑问曰："高子①曰：《小弁》②，小人之诗也。"

孟子曰："何以言之？"

曰："怨。"

曰："固哉，高叟之为诗也！有人于此，越人关弓而射之，则己谈笑而道之；无他，疏之也。其兄关弓而射之，则己垂涕泣而道之；无他，戚③之也。《小弁》之怨，亲亲也。亲亲，仁也。固矣夫，高叟之为诗也！"

曰："《凯风》④何以不怨？"

曰："《凯风》，亲之过小者也；《小弁》，亲之过大者也。亲之过大而不怨，是愈疏也；亲之过小而怨，是不可矶⑤也。愈疏，不孝也；不可矶，亦不孝也。孔子曰：'舜其至孝矣，五十而慕⑥。'"

【译文】

公孙丑问道："高子说：《小弁》这篇诗章是小人所作的，是吗？"

孟子说："为什么这么说呢？"

答道："因为诗章有怨恨之情。"

孟子说："高老先生的讲诗真是太机械了！这里有个人，若是越国人张开弓去射他，他可以有说有笑地讲述着这事；这没有别的原因，因为越国人和他关系疏远。若是他哥哥张开弓去射他，那他会哭哭啼啼地讲述着这事；这没有别的原因，因为哥哥是亲人。《小弁》的怨恨，正是热爱亲人的缘故。热爱亲人，是合乎仁的。高老先生的讲诗实在是太机械了！"

公孙丑说："《凯风》这一篇诗又为什么没有怨恨之情呢？"

答道："《凯风》这篇诗，是由于母亲的过错小；《小弁》这一篇诗，却是由于父亲的过错大。父母的过错大，却不抱怨，是更疏远父母的表现；父母的过错小，却去抱怨，是反而激怒自己。更把父母疏远是不孝，反而使自己激怒也是不孝。孔子说：'舜是最孝顺的人吧，五十岁还依恋父母。'"

【注释】

① 高子——《孟子》中"高子"凡数见，赵岐《注》以为"孟子弟子"。此处治诗之高子，以孟子称之为"高叟"论之，似年长于孟子，不当为孟子弟子，故梁玉绳《古今人表考》以为是二人，然亦有以为一人者。至陆德明《经典释文·序录》述《诗》之传授，"子夏授高行子"之高行子，与孟子年代难于相接，疑别是一人。陈奂《毛诗传疏》以为即是此高子，恐误。　　② 《小弁》——弁（pán）。《小弁》在《小雅》，《毛诗》以为刺幽王，太子宜白之傅作。（周幽王先娶申国之女，生宜白，立为太子；其后又得褒姒，极为宠爱，生子伯服，便废申后及太子宜白，而立伯服为太子，宜白且将被杀。）三家诗则以为周宣王时名臣尹吉甫之子

伯奇所作（据云吉甫娶后妻，生子伯邦，乃谮伯奇于吉甫，放之于野）。
③戚——赵岐《注》云："戚，亲也。"　④《凯风》——诗在《国风·邶
风》，凡四章，通篇都是自责而慰母之辞。一则曰："母氏圣善，我无令人。"
再则曰："有子七人，莫慰母心。"《诗序》云："《凯风》，美孝子也。卫
之淫风流行，虽有七子之母，犹不能安其室，故美七子能尽其孝道，以
慰母心，而成其志尔。"　⑤矶——（jī）。赵岐《注》云："矶，激也。"
朱熹《集注》云："不可矶，言微激之而遽怒也。"　⑥慕——《万章上》
第一章云："万章问曰：'舜往于田，号泣于旻天，何为其号泣也？'孟
子曰：'怨慕也。'"下文又云："五十而慕者，予于大舜见之矣。"舜于父
母，因慕而怨，"慕"字虽无怨义，但在此实包涵有怨恨之意，以与上文
诸"怨"字相照应。

12·4　宋牼①将之楚，孟子遇于石丘②，曰："先生③将
何之？"

曰："吾闻秦、楚构兵④，我将见楚王说而罢之。楚王
不悦，我将见秦王说而罢之。二王我将有所遇焉。"

曰："轲也请无问其详，愿闻其指。说之将何如？"

曰："我将言其不利也。"

曰："先生之志则大⑤矣，先生之号⑥则不可。先生以
利说秦、楚之王，秦、楚之王悦于利，以罢三军之师，是
三军之士乐罢而悦于利也。为人臣者怀利以事其君，为
人子者怀利以事其父，为人弟者怀利以事其兄，是君臣、
父子、兄弟终⑦去仁义，怀利以相接，然而不亡者，未之

有也。先生以仁义说秦、楚之王，秦、楚之王悦于仁义，而罢三军之师，是三军之士乐罢而悦于仁义也。为人臣者怀仁义以事其君，为人子者怀仁义以事其父，为人弟者怀仁义以事其兄，是君臣、父子、兄弟去利，怀仁义以相接也，然而不王者，未之有也。何必曰利？"

【译文】

宋牼到楚国去，孟子在石丘地方碰到了他，孟子问道："先生准备往哪里去？"

答道："我听说秦、楚两国交兵，我打算去谒见楚王，向他进言，劝他罢兵。如果楚王不听，我又打算去谒见秦王，向他进言，劝他罢兵。在两个国王中，我总会有所遇合。"

孟子说："我不想问得太详细，只想知道你的大意，你将怎样去进言呢？"

答道："我打算说，交兵是不利的。"

孟子说："先生的志向是很好的了，可是先生的提法却不行。先生用利来向秦王、楚王进言，秦王、楚王因为有利而高兴，于是停止军事行动，这就将使军队的官兵乐于罢兵，因之喜悦利。做臣属的怀抱着利的观念来服事君主，做儿子的怀抱着利的观念来服事父亲，做弟弟的怀抱着利的观念来服事哥哥，这就会使君臣之间、父子之间、兄弟之间都完全去掉仁义，怀抱着利的观念来互相对待，如此而国家不灭亡的，是没有的事情。若是先生用仁义来向秦王、楚王进言，秦王、楚王因仁义而高兴，于是停止军事行动，这就会使军队的官兵乐于罢兵，因之喜悦仁义。做臣属的怀抱着仁义来服事君主，做儿子的怀抱着仁义来服事父亲，做弟弟的怀抱着仁义来服事哥哥，这就会使君臣之间、父子之间、兄弟之间都去掉利的观念，怀抱着仁义来互相对待，如此而国家不以德政统一天下的，也是没有的事。为什么一定要说到'利'呢？"

【注释】

① 宋牼——宋人，《庄子·天下篇》、《荀子·非十二子篇》作宋钘，《韩非子·显学篇》作宋荣（《庄子·逍遥游篇》亦作宋荣），为战国一有名学者。其主张大旨为寡欲，见侮不以为辱，以救民之互斗；禁攻寝兵，以救当时之攻战；破除主观成见（别囿），以识万物之真相。 ② 石丘——伪孙奭《疏》以为宋国地名，《一统志》以为在今河南旧卫辉府，未必有据。 ③ 先生——焦循《正义》云："《礼记·曲礼》云：'从于先生。'《注》云：'先生，老人教学者。'《国策·卫策》云：'乃见梧下先生。'《注》云：'先生，长者有德者称。'《齐策》云：'孟尝君燕坐，谓三先生。'《注》云：'长老先己以生者也。'牼盖年长于孟子，故孟子以先生称之而自称名。"但某氏云："今按其时孟子年已逾七十（说详下条），而牼欲历说秦、楚，意气犹健，年未能长于孟子。先生自是稷下学士先辈之通称，孟子亦深敬其人，故遂自称名为谦耳。" ④ 秦、楚构兵——张宗泰《孟子诸国年表说》云："当孟子时，齐、秦所共争者惟魏，若楚虽近秦，时方强盛，秦尚未敢与争。惟梁襄王元年癸卯，有楚与五国共击秦不胜之事，而独与秦战，则在怀王十七年。孟子是年因燕人畔去齐，疑孟子或有事于宋，而自宋之薛，因与宋牼遇于石丘。"若孟子生于周安王之十三年与二十年间（约当公元前 389 年稍后），则至楚怀王十七年（当公元前 312 年），年已逾七十了。 ⑤ 大——《易·系辞》云："莫大乎蓍龟"，《汉书·艺文志》引作"莫善乎蓍龟"，可见"大"有"善"义，

此"大"字也当作"善"字解。　⑥号——意谓所用的提法。　⑦终——
《吕氏春秋·音律篇》:"数将几终。"高诱《注》云:"终,尽也。"

12·5　孟子居邹,季任①为任处守,以币交,受之而
不报。处于平陆②,储子为相,以币交,受之而不报。他
日,由邹之任,见季子;由平陆之齐,不见储子。屋庐子
喜曰:"连得间矣。"问曰:"夫子之任,见季子;之齐,不
见储子,为其为相与?"

曰:"非也;《书》曰③:'享多仪④,仪不及物曰不
享,惟不役志于享。'为其不成享也。"

屋庐子悦。或问之。屋庐子曰:"季子不得之邹,储子
得之平陆。"

【译文】

当孟子住在邹国的时候,季任留守任国,代理国政,送礼物来和孟
子交友,孟子接受了礼物,并不回报。又当孟子住在平陆的时候,储子
做齐国的卿相,也送礼物来和孟子交友,孟子接受了,并不回报。过一
段时间,孟子从邹国到任国,拜访了季子;从平陆到齐都,却不去拜访
储子。屋庐子高兴地说:"我找到了老师的岔子了。"便问道:"老师到任
国,拜访季子;到齐都,不拜访储子,是因为储子只是卿相吗?"

答道:"不是;《尚书》说过:'享献之礼可贵的是仪节,如果仪节不够,
礼物虽多,只能叫做没有享献,因为享献人的心意并没有用在这上面。'
这是因为他没有完成那享献的缘故。"

屋庐子高兴得很。有人问他。他说:"季子不能够亲身去邹国,储

子却能够亲身去平陆〔，他为什么只送礼而不自己去呢〕。”

【注释】

① 季任——赵岐《注》云：“季任，任君弟也。”任，风姓。见《左传》僖廿一年。任国在今山东济宁市。 ② 平陆——阎若璩《释地续》云：“平陆为今汶上县，去齐都临淄凡六百里，而储子既相，必朝夕左右为王办政事，非奉王命，似亦未易出郊外，何必孟子望其身亲至六百里外之下邑方为礼称其币？既思《范雎列传》云：‘秦相穰侯东行县邑东骑至湖关。’湖今阌乡县，去秦都咸阳亦几六百里，是当日国相皆得周行其境之内，非令所禁，故曰：‘储子得之平陆’。” ③ “《书》曰”等句——见今《尚书·洛诰篇》。 ④ 享多仪——周用锡《尚书证义》云：“‘多’如《汉书·袁盎传》‘皆多盎’之‘多’，‘享多仪’，享以仪为多也。”

12·6　淳于髡曰：“先名实者，为人也；后名实者，自为也①。夫子在三卿②之中，名实未加于上下而去之，仁者固如此乎？”

孟子曰：“居下位，不以贤事不肖者，伯夷也；五就汤，五就桀者，伊尹也；不恶污君，不辞小官者，柳下惠也。三子者不同道，其趋一也。一者何也？曰：仁也。君子亦仁而已矣，何必同？”

曰：“鲁缪公之时，公仪子③为政，子柳④、子思为臣，鲁之削也滋甚⑤；若是乎，贤者之无益于国也！”

曰：“虞不用百里奚而亡，秦穆公用之而霸。不用贤则亡，削何可得与？”

曰："昔者王豹⑥处于淇，而河西⑦善讴；绵驹处于高唐⑧，而齐右⑨善歌；华周、杞梁之妻善哭其夫⑩而变国俗。有诸内，必形诸外。为其事而无其功者，髡未尝睹之也。是故无贤者也；有则髡必识之。"

曰："孔子为鲁司寇，不用，从而祭，燔肉不至⑪，不税冕而行⑫。不知者以为为肉也，其知者以为为无礼也。乃孔子则欲以微罪行⑬，不欲为苟去。君子之所为，众人固不识也。"

【译文】

淳于髡说："重视名誉功业是为着济世救民，轻视名誉功业是为着独善其身。您为齐国三卿之一，对于上辅君王下济臣民的名誉和功业都没有建立，您就离开，仁人原来是这样的吗？"

孟子说："处在卑贱的职位，不拿自己贤人的身份去服事不肖的人的，这是伯夷；五次往汤那里去，又五次往桀那里去的，这是伊尹；不讨厌恶浊的君主，不拒绝微贱的职位的，这是柳下惠。三个人的行为不相同，但总方向是一样的。这一样的是什么呢？应该说，就是仁。君子只要仁就行了，为什么一定要相同呢？"

淳于髡说："当鲁缪公的时候，公仪子主持国政，泄柳和子思也都立于朝廷,鲁国的削弱却更厉害,贤人对国家的毫无好处竟像这样的呀！"

孟子说："虞国不用百里奚，因而灭亡;秦穆公用了百里奚，因而称霸。不用贤人就会遭致灭亡，即使要求勉强存在，都是办不到的。"

淳于髡说："从前王豹住在淇水旁边，河西的人都会唱歌；绵驹住在高唐，齐国西部地方都会唱歌；华周、杞梁的妻子痛哭她们的丈夫，因而改变了国家风尚。里面存在了什么，一定会表现在外面。如果从事某种工作，却见不到功绩的，我没有看过这样的事。所以今天是没有贤人；如果有贤人，我一定会知道他。"

孟子说："孔子做鲁国司寇的官，不被信任，跟随着去祭祀，祭肉也不见送来，于是匆忙地离开。不知道孔子的人以为他是为争祭肉而去，知道孔子的人以为他是为鲁国失礼而去。至于孔子，却是要自己背一点小罪名而走，不想随便离开。君子的作为，一般人本来是不知道的。"

【注释】

① 先名实为人，后名实自为——朱熹《集注》云："名，声誉也；实，事功也。言以名实为先而为之者，是有志于救民也；以名实为后而不为者，是欲独善其身者也。"　　② 三卿——全祖望《经史问答》云："孟子之世，七国官制尤草草。大抵三卿者，指上卿、亚卿、下卿而言。乐毅初入燕乃亚卿，是其证也。或曰，一卿是相，一卿是将，其一为客卿，而上下本无定员，亦通。"　　③ 公仪子——当是公仪休。《史记·循吏传》云："公仪休者，鲁博士也，以高第为鲁相。奉法循礼，无所变更。"云云。　　④ 子柳——赵岐《注》云："子柳，泄柳也。"　　⑤ 鲁之削也滋甚——按之《史记·六国年表》："齐宣公四十四年，伐鲁莒及安阳；四十五年，伐鲁，取都；四十八年，取鲁郕，齐康公十一年，伐鲁，取最；十五年，鲁败我（齐）平陆；二十年，伐鲁，破之。"诸事都当鲁缪公之世，除仅一度于平陆打败齐国以外，其馀都是兵败地削，可以为此语佐证。⑥ 王豹——赵岐《注》云："王豹，卫之善讴者。"但郑珍《巢经巢文集》据《左传》哀六年文，以为是齐人，可从。　　⑦ 河西——《诗经·卫风·硕人》云："河水洋洋，北流活活。"而《左传》僖公四年载齐管仲

对楚人之言曰："赐我先君履，东至于海，西至于河"。则是齐在当日黄河之东，卫在其西。此"河西"实指卫境而言。　⑧绵驹处于高唐——《韩诗外传》云："淳于髡曰：昔者揖封生高商，齐人好歌。"高商盖即高唐，揖封盖即绵驹。高唐，按《战国策》云："齐威王曰，吾臣有盼子者，使守高唐，则赵人不敢东渔于河。"当即此，故城在今山东禹城县西南。　⑨齐右——高唐在齐之西部，西在右（以朝南论），故曰齐右。⑩华周杞梁之妻善哭其夫——赵岐《注》云："华周，华旋也；杞梁，杞殖也。"按《左传》襄公二十三年云："（齐袭莒，）杞殖、华还（同旋）载甲，夜入且于之隧，宿于莒郊。明日，先遇莒子于蒲侯氏。莒子重赂之，使无死，曰：'请有盟。'华周对曰：'贪货弃命，亦君所恶也。昏而受命，日未中而弃之，何以事君？'莒子亲鼓之，从而伐之，获杞梁。齐侯归，遇杞梁之妻于郊，使吊。辞曰：'殖之有罪，何辱命焉？若免于罪，犹有先人之敝庐在，下妾不得与郊吊。'齐侯吊诸其室。"但《说苑·善说篇》云："昔华舟、杞梁战而死，其妻悲之，向城而哭，隅为之崩，城为之阤（zhǐ，小崩也）。"《列女传·贞顺篇》所载略同。　⑪燔肉不至——燔亦作"膰"，即祭肉，又曰胙，又曰脤，又曰福肉，又曰厘肉。古礼，宗庙社稷诸祭，必分赐祭肉与同姓之国以及有关诸人，表示"同福禄"。《史记·孔子世家》云："齐陈女乐，季桓子微服往观，怠于政事。子路曰：'夫子可以行矣。'孔子曰：'鲁今且郊，如致膰乎大夫，则吾犹可以止。'桓子卒受齐女乐，三日不听政，郊又不致膰俎于大夫，孔子遂行。"　⑫不税冕而行——税（tuō）。"不税冕"言其匆忙，未必为真的如赵岐《注》所言"反归其舍，未及税解祭之冕而行"。因为冕只是用于祭祀，平常不戴。而致送祭肉必在已祭之后，甚或在祭毕后之第二三日，孔子祭毕刚反归其舍，不能知道是不是会致送膰肉，怎么会贸然离开呢？ ⑬欲以微罪行——阎若璩《四书释地续》云："盖孔子为鲁司寇，既不用其道，宜去一；膰俎又不去，宜去二。其去之之故，天下自知之，但孔子不欲其失纯在君相，己亦带有罪焉。乐毅报燕王尚云：'忠臣去国，不洁其名。'况孔子乎？又礼：'大夫士去国，不说人以无罪。'《注》云：'己虽遭放逐，不自以无罪解说于人，过则称己也。'以膰肉不至遂行，无乃太甚，此之谓以微罪行。鲁人为肉、为无礼之议，正惬孔子微罪之心。"

12·7 孟子曰："五霸①者，三王②之罪人也；今之诸侯，五霸之罪人也；今之大夫，今之诸侯之罪人也。天子适诸侯曰巡狩，诸侯朝于天子曰述职。春省耕而补不足，秋省敛而助不给。入其疆，土地辟，田野治，养老尊贤，俊杰在位，则有庆③；庆以地。入其疆，土地荒芜，遗老失贤，掊克④在位，则有让⑤。一不朝，则贬其爵；再不朝，则削其地；三不朝，则六师移之⑥。是故天子讨而不伐，诸侯伐而不讨。五霸者，搂诸侯以伐诸侯者也，故曰，五霸者，三王之罪人也。五霸，桓公为盛。葵丘⑦之会，诸侯束牲⑧载书⑨而不歃血⑩。初命曰，诛不孝，无易树子，无以妾为妻。再命曰，尊贤育才，以彰有德。三命曰，敬老慈幼，无忘宾旅。四命曰，士无世官，官事无摄，取士必得⑪，无专杀大夫。五命曰，无曲防⑫，无遏籴，无有封而不告⑬。曰，凡我同盟之人，既盟之后，言归于好。今之诸侯皆犯此五禁，故曰，今之诸侯，五霸之罪人也。长⑭君之恶其罪小，逢君

之恶其罪大。今之大夫皆逢君之恶，故曰，今之大夫，今之
诸侯之罪人也。"

【译文】

孟子说："五霸，对三王说来，是有罪之人；现在的诸侯，对五霸
说来，又是有罪的人；现在的大夫，对现在的诸侯说来，又是有罪之人。
天子巡行诸侯的国家叫做巡狩，诸侯朝见天子叫做述职。〔天子的巡狩，〕
春天考察耕种情况，补助不足的人；秋天考察收获情况，周济不够的人。
一进到某国的疆界，如果土地已经开辟，田里工作也搞得很好，老人被
赡养，贤者被尊贵，出色的人才立于朝廷，那么就有赏赐；赏赐用土地。
如果一进到某国的疆界，土地荒废，老人被遗弃，贤者不被任用，搜刮
钱财的人立于朝廷，那么就有责罚。〔诸侯的述职，〕一次不朝，就降低
爵位；两次不朝，就削减土地；三次不朝，就把军队开去。所以天子的
用武力是'讨'，不是'伐'；诸侯则是'伐'，不是'讨'。五霸呢，是
挟持一部分诸侯来攻伐另一部分诸侯的人，所以我说，五霸，对三王说
来，是有罪的人。五霸，齐桓公最了不得。在葵丘的一次盟会，捆绑了
牺牲，把盟约放在它身上，〔因为相信诸侯不敢负约，〕便没有歃血。第
一条盟约说：诛责不孝之人，不要废立太子，不要立妾为妻。第二条盟
约说：尊贵贤人，养育人才，来表彰有德者。第三条盟约说：恭敬老人，
慈爱幼小，不要怠慢贵宾和旅客。第四条盟约说：士人的官职不要世代
相传，公家职务不要兼摄，录用士子一定要得当，不要独断独行地杀戮
大夫。第五条盟约说：不要到处筑堤，不要禁止邻国来采购粮食，不要
有所封赏而不报告〔盟主〕。最后说，所有我们参与盟会的人从订立盟约
以后，完全恢复旧日的友好。今日的诸侯都违犯了这五条禁令，所以说，

今天的诸侯，对五霸说来是有罪之人。君主有恶行，臣下加以助长，这罪行还小；君主有恶行，臣下加以逢迎，〔给他找出理论根据，使他无所忌惮，〕这罪行可大了。而今天的大夫，都逢迎君主的恶行，所以说，今天的大夫，对诸侯说来又是有罪之人。"

【注释】

① 五霸——五霸之说有四：(甲) 夏代之昆吾氏，殷商之大彭氏、韦豕氏，周之齐桓公、晋文公（《白虎通·号篇》）。但以《孟子》"五霸，桓公为盛"之语观之，显然此说不是孟子之意。(乙) 齐桓公、晋文公、秦穆公、楚庄王、吴王阖闾（《白虎通·号篇》）。(丙) 齐桓公、晋文公、秦穆公、宋襄公、楚庄王（《白虎通·号篇》、赵岐《注》同）。以《孟子》"秦穆公用之而霸"（12·6）观之，孟子所谓五霸，必是此两说中之一。(丁) 齐桓公、晋文公、楚庄王、吴王阖闾、越王勾践（《荀子·王霸篇》）。此说无秦穆公，当不合孟子之意。　　② 三王——夏禹、商汤、周文王武王。　　③ 庆——赵岐《注》云："庆，赏也。"　　④ 掊克——《诗经·大雅·荡》："曾是掊克。"《释文》云："掊克，聚敛也。"　　⑤ 则有让——朱熹《集注》云："自'入其疆'至'则有让'，言巡狩之事。"　　⑥ 六师移之——朱熹《集注》又云："自'一不朝'至'六师移之'，言述职之事。"　　⑦ 葵丘——地名，春秋时属宋，今河南考城县东三十里。《考城县志》云："葵丘东南有盟台，其地名盟台乡。"　　⑧ 束牲——古代定盟多用牺牲，或杀，或不杀。《谷梁传》僖公九年云："葵丘之盟，陈牲而不杀。"故此云"束牲"，赵岐《注》云："束缚其牲。"又《谷梁传》范宁《集解》引郑君曰："盟牲，诸侯用牛，大夫用豭。"则此牲当是牛。　　⑨ 载书——古代盟约谓之载书，但此"载书"不是一个词。"载"是动词，

加也。"书"即指盟辞。即《谷梁传》僖公九年所云"葵丘之盟，陈牲而不杀，读书，加于牲上"者也。　⑩歃血——字书："喋，喋也。书亦作'歃'，所洽反（shà），谓以口微吸之也。"　⑪取士必得——赵岐《注》云："取士必得贤，立之无方也。"则此"得"字，实"得贤"、"得人"之意。　⑫无曲防——《管子·大匡篇》及《霸形篇》皆作"无曲堤"，可见"防"即"堤"，亦即《谷梁》僖公九年《传》之"毋壅泉"。盖当时诸侯各筑堤防，大水则以邻国为壑，旱则专擅水利，使邻国受灾。（至于《汉书·沟洫志》引贾让奏言谓"盖堤防之作，近起战国"，本是不肯定之词，不足为的据。）"曲"是副词，与《易·系辞》"曲成万物而不遗"、《荀子·非相篇》"曲得所谓焉"、《礼论篇》"曲容备物之谓道矣"诸"曲"字同义，有"无不"、"遍"之义。前人多不得其解，惟刘念亲《荀子·正名篇诂释》曾略及之。　⑬无有封而不告——赵岐《注》云："无以私恩擅有所封赏而不告盟主也。"明人郝敬谓"封"当读"窆"，葬下棺也，"有封"指哀礼而言，恐非。《孟子》原文"告"下无宾语，或以为告盟主，或以为告天子。但齐桓公自是盟主，且僖公二年城楚邱而封卫，亦未尝告天子，此岂不自己掌嘴？因取赵《注》之说。　⑭长——依赵岐《注》似读为"张"，声张之意。稽之古训既不合，亦未见同样句例，故不取。

12·8　鲁欲使慎子①为将军。孟子曰："不教民而用之，谓之殃民②。殃民者，不容于尧舜之世。一战胜齐，遂有南阳③，然且不可④——"

慎子勃然不悦曰："此则滑厘所不识也。"

曰："吾明告子。天子之地⑤方千里；不千里，不足以待诸侯。诸侯之地⑤方百里；不百里，不足以守宗庙之典籍⑥。周公之封于鲁，为方百里也；地非不足，而俭⑦于百里。太公之封于齐也，亦为方百里也；地非不足也，而俭于百里。今鲁方百里者五⑧，子以为有王者作，则鲁在所损乎，在所益乎？徒取诸彼以与此，然且仁者不为，况于杀人以求之乎？君子之事君也，务引其君以当道，志于仁而已。"

【译文】

　　鲁国打算叫慎子做将军。孟子说："不先教导百姓便用他们打仗，这叫做加害于百姓。加害于百姓的人，如果在尧舜的时代，是不被容纳的。即使只作战一次便打败了齐国，因而得到了南阳，这样尚且不可以——"

　　慎子勃然不高兴地说："这是我所不了解的了。"

　　孟子说："我明白地告诉你吧。天子的土地纵横一千里；如果不到一千里，便不够接待诸侯。诸侯的土地纵横一百里；如果不到一百里，便不够来奉守历代相传的礼法制度。周公被封于鲁，是应该纵横一百里的；土地并不是不够，但实际上少于一百里。太公被封于齐，也应该是纵横一百里的；土地并不是不够，但实际上少于一百里。如今鲁国有五个一百里的长度和宽度，你以为假如有圣主明王兴起，鲁国的土地是在减少之列呢？还是在被增加之列呢？不用兵力，白白地取自那国来给与这国，仁人尚且不干，何况杀人来求得土地呢？君子的服事君王，只是专心一意地引导他趋向正路，有志于仁罢了。"

【注释】

　　① 慎子——赵岐《注》云："慎子，善用兵者。"焦循《正义》疑即慎到。按慎到之学说尚残存于《庄子·天下篇》、《荀子·解蔽》、《天论》、《非

十二子》诸篇。大概其学近于黄老而主张法治。《荀子》说他"有见于后，无见于先"，《庄子》说他"弃知去己"，如此之人，何能做将军？焦说不可信。有人又疑心慎滑厘即禽滑厘。按禽滑厘的年代当在纪元前470—前400年间，这时孟子尚未出生，所以也不可信。　②不教民而用之，谓之殃民——《论语·子路篇》："以不教民战，是谓弃之。"与此同意。③南阳——即汶阳，在泰山之西南，汶水之北。春秋之世为齐鲁所争之地，本属鲁，其后逐渐为齐所侵夺。说详全祖望《经史问答》。　④然且不可——此句未完，因慎子勃然不悦，抢着说去。所以知之者，凡用"尚且"、"犹且"、"然且"诸副词之句，多是主从复合句，从句用"且"，主句用反问句，如下文"然且仁者不为，况于杀人以求之乎"即是。此处下文无主句，且有"慎子勃然不悦"诸叙述语，所以知之。　⑤天子之地、诸侯之地——毛奇龄《四书剩言》云："《孟子》'天子之地方千里，诸侯皆方百里'，其'地'字，《王制》改作'田'字。田即地也。但地有山林、川泽、城郭、宫室、陂池、涂港种种，而田则无有，故田较之地，则每里减三分之一，是地有千里者，田未必有千里矣。既云'班禄'，禄出于田，当纪实数焉。得以三分减一之地而强名千里，汉后儒者所以不能无纷纷也。不知孟子所云'地'字亦只是'田'字。《鲁欲使慎子为将军章》：'周公之封于鲁，为方百里也，地非不足也，而俭于百里。'又曰：'不百里，不足以守宗庙之典籍。'则较量千百惟恐不足，当必是实数可知。而按其上文仍是'地'字，固知地即田耳。"按毛说失之拘。孟子所言古制古史未必全可凭信，即如谓"太公之封于齐，俭于百里"，便与《左传》管仲所言"赐我先君履，东至于海，西至于河，南至于穆陵，北至于无棣"不合。若看得太死，便上当了。　⑥典籍——重要文册。　⑦俭——

焦循《正义》云："《说文》：'俭，约也。'《淮南子·主术训》，'所守甚约'。高诱《注》云：'约，少也。'" ⑧今鲁方百里者五——顾栋高《春秋大事表》云："伯禽初封曲阜，《汉书·地理志》云：'成王以少暤之墟曲阜封周公子伯禽为鲁侯。'今为山东曲阜县。后益封奄；隐二年入极，十年败宋师于菅，辛未取郜，辛巳取防，僖十七年灭项，三十三年伐邾，取訾娄；文十年伐邾，取须句；宣四年伐莒，取向；宣九年取根牟；十年伐邾，取绎；成六年取鄟；襄十三年取邿；二十一年邾庶以其漆闾邱来奔；昭元年伏莒，取郓；四年取鄫；五年，莒牟夷以牟娄及防兹来奔；十年伐莒，取郠；三十一年邾黑肱以滥来奔；哀二年伐邾，取漷东田及沂西田；三年城启阳；哀十七年越使后庸来言邾田，二月盟于平阳。平阳在邹县西南，本邾邑，为鲁所取。鲁在春秋，实兼九国之地。"

12·9　孟子曰："今之事君者皆曰：'我能为君辟土地，充府库。'今之所谓良臣，古之所谓民贼也。君不乡道①，不志于仁，而求富之，是富桀也。'我能为君约与国，战必克。'今之所谓良臣，古之所谓民贼也。君不乡道，不志于仁，而求为之强战，是辅桀也。由今之道②，无变今之俗，虽与之天下，不能一朝居也。"

【译文】

孟子说："今天服事君主的人都说：'我能够替君主开拓土地，充实府库。'今天的所谓好臣子正是古代的所谓百姓的贼害者。君主不向往道德，无意于仁，却想使他钱财富足，这等于使夏桀钱财富足。〔又说：〕'我能够替君主邀结盟国，每战一定胜利。'今天的所谓好臣子正是古代所谓百姓的贼害者。君主不向往道德，无意于仁，却想替他勉强作战，这等于帮助夏桀。从目前这样的道路走去，也不改变今天这样的风俗习气，纵使把整个天下给他，他是一天也坐不稳的。"

【注释】

① 君不乡道——焦循《正义》云："道为道德之道，上云'君不乡道'是也。"乡，去声，同"向"。　② 由今之道——焦循《正义》又云："道之训亦为行，今之道犹云今之行。""道"、"行"都是道路之意。

12·10　白圭①曰："吾欲二十而取一，何如？"

孟子曰："子之道，貉②道也。万室之国，一人陶，则可乎？"

曰："不可，器不足用也。"

曰："夫貉，五谷不生，惟黍③生之；无城郭、宫室、宗庙、祭祀之礼，无诸侯币帛饔飧④，无百官有司，故二十取一而足也。今居中国，去人伦，无君子⑤，如之何其可也？陶以寡，且不可以为国，况无君子乎？欲轻之于尧舜之道者，大貉、小貉也⑥；欲重之于尧舜之道者，大桀、小桀也⑥。"

【译文】

白圭说："我想定税率为二十抽一，怎么样？"

孟子说："你的方针是貉国的方针。假若有一万户的国家，一个人制作瓦器，那可以吗？"

答道："不可以，因为瓦器会不够用。"

孟子说："貉国，各种谷类都不生长，只生长糜子；又没有城墙、房屋、祖庙和祭祀的礼节，也没有各国间的互相往来，致送礼物和飨宴，也没有各种衙署和官吏，所以二十抽一便够了。如今在中国，不要社会间的一切伦常，不要各种官吏，那怎么能行呢？做瓦器的太少，尚且不能够使一个国家搞好，何况没有官吏呢？想要比尧舜的十分抽一的税率还轻的，是大貉、小貉；想要比尧舜的十分抽一的税率还重的，是大桀、小桀。"

【注释】

① 白圭——人名，其事迹散见于《吕氏春秋·听言》、《先识》、《不屈》、《应言》、《举难》、《知分》等篇，《韩非·内储说下》、《喻老》诸篇，《战国策·魏策》以及《史记·邹阳传》和《货殖传》。曾相魏，曾筑堤治水，善生产，年代与孟子相值而略少于孟子。　　② 貉——同貊(mò)，北方的一个国名。
③ 黍——今称黄米，粘性。但此处可能指"黍之不粘者"(详程瑶田《通艺录·九谷考》)，即古之所谓稷。今日之糜子，北方有些地区叫为糜子的，实包含黍稷两物而言。稷实似小米(粟)而略大。　　④ 飨飧——朱熹《集注》云："以饮食馈客之礼也。"　　⑤ 去人伦，无君子——朱熹《集注》云："无君臣祭祀交际之礼，是去人伦；无百官有司，是无君子。"　　⑥ 大貉小貉、大桀小桀——《公羊传》宣公十五年云："古者什一而籍。古者曷为什一而籍？什一者，天下之中正也。多乎什一，大桀、小桀；寡乎什一，大貉、小貉。"当本于孟子。

12·11　白圭曰："丹之治水也愈于禹①。"

孟子曰："子过矣。禹之治水，水之道也，是故禹以四海为壑②。今吾子以邻国为壑。水逆行谓之洚水——洚水者，洪水也——仁人之所恶也。吾子过矣。"

【译文】

白圭说："我治理水患比大禹还强。"

孟子说："你错了。禹的治理水患，是顺乎水的本性而行的，所以禹使水流注于四海。如今你却使水流到邻近的国家去。水逆流而行叫做洚水——洚水就是洪水——是有仁爱之心的人所最厌恶的。你错了。"

【注释】

① 丹之治水——《韩非子·喻老篇》云："白圭之行堤也，塞其穴，是以无水难。"可见白圭的治水在乎谨筑堤防，所以孟子责他以"邻国为壑"。

② 壑——本为"沟壑"之"壑"，此则扩大其义，故朱熹《集注》云："壑，受水处也。"

12·12　孟子曰："君子不亮①，恶乎执？"

【译文】

孟子说："君子不讲诚信，如何能有操守？"

【注释】

① 亮——同"谅"，信也。《论语》"岂若匹夫匹妇之为谅也"，"君子贞而不谅"，皆谓小信。《孟子》此"亮"字则指一般的诚信。两人所指实有不同，不可混而为一。

12·13　鲁欲使乐正子①为政。孟子曰："吾闻之，喜而不寐。"

公孙丑曰："乐正子强乎？"

曰："否。"

"有知虑乎？"

曰："否。"

"多闻识乎？"

曰："否。"

"然则奚为喜而不寐？"

曰："其为人也好善②。"

"好善足乎？"

曰："好善优于天下③，而况鲁国乎？夫苟好善，则四海之内皆将轻④千里而来告之以善；夫苟不好善，则人将曰：'訑訑⑤，予既⑥已知之矣。'訑訑之声音颜色距⑦人于千里之外。士止于千里之外，则谗谄面谀之人⑧至矣。与谗谄面谀之人居，国欲治，可得乎？"

【译文】

鲁国打算叫乐正子治理国政。孟子说："我听到这一消息，高兴得睡不着。"

公孙丑说："乐正子很坚强吗？"

答道："不。"

"有聪明有主意吗？"

答道："不。"

"见多识广吗？"

答道："不。"

"那你为什么高兴得睡不着呢？"

答道："他的为人喜欢听取善言。"

"喜欢听取善言就够了吗？"

答道："喜欢听取善言，用这个来治理天下都是能够应付裕馀的，何况仅仅治理鲁国呢？假如喜欢听取善言，那四处的人都会从千里之外赶来把善言告诉他；假如不喜欢听取善言，那别人会〔模仿他的话〕说："呵呵！我早已都晓得了！"呵呵的声音面色就会把别人拒绝于千里之外了。士人在千里之外停止不来，那进谗言而当面奉承的人就会来了。同进谗言而当面奉承的人住在一起，要把国家搞好，做得到吗？"

【注释】

① 乐正子——赵岐《注》云："乐正克也。"　② 好善——赵岐《注》云："乐闻善言，是采用之也。"　③ 优于天下——"优于治天下"之意。④ 轻——朱熹《集注》云："轻，易也；言不以千里为难也。"　⑤ 訑訑——赵岐《注》云："自足其智不嗜善言之貌。"　⑥ 既——尽也。⑦ 距——同"拒"。　⑧ 谗谄面谀之人——说小话是谗，谄是揣度别人心意而说逢迎之言。译文把"谄"包括在"说奉承话"之中。

12·14　陈子①曰："古之君子何如则仕？"

孟子曰："所就三，所去三。迎之致敬以有礼；言，将行其言也，则就之。礼貌②未衰，言弗行也，则去之。其次，虽未行其言也，迎之致敬以有礼，则就之。礼貌衰，则去之。其下，朝不食，夕不食，饥饿不能出门户，君闻之，曰：'吾大者不能行其道，又不能从其言也，使饥饿于我土地，吾耻之。'周之，亦可受也，免死而已矣。"

【译文】

陈子说：“古代的君子要怎样才出来做官？”

孟子说：“就职的情况有三种，离职的情况也有三种。有礼貌恭敬地来迎接，对他的言论，又打算实行，便就职。礼貌虽未衰减，但言论已不实行了，便离开。其次，虽然没有实行他的言论，还是很有礼貌很恭敬地来迎接，也便就职。礼貌衰减，便离开。最下的，早晨没有吃，黄昏也没有吃，饿得不能够走出住屋，君主知道了便说：‘我上者不能实行他的学说，又不听从他的言论，使他在我国土上饿着肚皮，我引为耻辱。’于是周济他，这也可以接受，免于死亡罢了。”

【注释】

① 陈子——赵岐《注》以为即陈臻。　② 礼貌——当看为一词，正和“笑貌”（7·17）相似。又可以作动词用，如“又从而礼貌之”（8·30）。赵岐《注》谓：“礼衰，不敬也；貌衰，不悦也。”分“礼”与“貌”为二，实误。

12·15　孟子曰：“舜发于畎亩之中①，傅说举于版筑之间②，胶鬲举于鱼盐之中③，管夷吾举于士④，孙叔敖举于海⑤，百里奚举于市。故天将降大任于是人也，必先苦其心志，劳其筋骨，饿其体肤，空乏其身，行拂乱其所为，所以动心忍性⑥，曾⑦益其所不能。人恒过，然后能改；困于心，衡于虑⑧，而后作；征于色，发于声，而后喻。入则无法家拂士，出则无敌国外患者⑨，国恒亡。然后知生于忧患而死于安乐也。”

【译文】

孟子说:"舜从田野之中兴起来,傅说从筑墙的工作中被提举出来,胶鬲从鱼盐的工作中被提举出来,管夷吾从狱官的手里被释放而提举出来,孙叔敖从海边被提举出来,百里奚从买卖场所被提举出来。所以天将要把重大任务落到某人身上,一定先要苦恼他的心意,劳动他的筋骨,饥饿他的肠胃,穷困他的身子,他的每一行为总是不能如意,这样,便可以震动他的心意,坚韧他的性情,增加他的能力。一个人,错误常常发生,才能改正;心意困苦,思虑阻塞,才能有所愤发而创造;表现在面色上,吐发在言语中,才能被人了解。一个国家,国内没有有法度的大臣和足为辅弼的士子,国外没有相与抗衡的邻国和外患的忧惧,经常容易被灭亡。这样,就可以知道忧愁患害足以使人生存,安逸快乐足以使人死亡的道理了。"

【注释】

①舜发于畎亩之中——舜曾耕于历山,又见(9·1)。 ②傅说举于版筑之间——《史记·殷本纪》云:"武丁夜梦得圣人,名曰说。以梦所见,视群臣百吏皆非也,于是乃使百工营求之野,得说于傅险中。是时说为胥靡(轻刑之名),筑于傅险,见于武丁。武丁曰:'是也。'得而与之语,果圣人,举以为相。殷国大治。故遂以傅险姓之,号曰傅说。"版筑,古人筑墙,用两版相夹,实土于其中,以杵筑之。 ③胶鬲举于鱼盐之中——胶鬲见(3·1)。但他"举于鱼盐之中",故事已不见于他书;所谓"鱼盐之中"是指"鱼盐贩子之中"呢,还是指"鱼盐生产者之中"呢,亦不得而知。故译文不增字。且胶鬲是商纣之臣,殷商亡后,他是否又在周朝做事,亦不得而知。孟子以"降大任"称之,亦不可解。

④管夷吾举于士——管夷吾即管仲。"士"为狱官之长。《左传》庄公九年云："鲍叔率师来言曰：'子纠，亲也，请君讨之；管召，仇也，请受而甘心焉。'乃杀子纠于生窦。召忽死之。管仲请囚，鲍叔受之，及堂阜而税（脱）之。归而以告曰：'管夷吾治于高傒，使相可也。'公从之。"　⑤孙叔敖举于海——孙叔敖，楚国令尹（宰相），《荀子》和《吕氏春秋》都曾说他本是"期思之鄙人"，楚之期思疑即今河南固始县东北蒋家集之地，在淮河支流之滨，这可能就是孟子所谓"举于海"的根据。　⑥忍性——赵岐《注》云："坚忍其性。"　⑦曾——同"增"。⑧衡于虑——赵岐《注》云："衡，横也。横塞其虑于胸臆之中。"焦循《正义》云："《大戴记·曾子大孝篇》云：'夫孝，置之则塞于天地，衡之而衡于四海。'《注》云：'衡，犹横也。'是'横'与'塞'义相近。"　⑨入则无法家拂士，出则无敌国外患者——赵岐《注》云："入，谓国内也；出，谓国外也。""拂"，假借为"弼"。赵岐《注》云："法度大臣之家，辅拂之士。"

12·16　孟子曰："教亦多术矣，予不屑之教诲也者，是亦教诲之而已矣。"

【译文】

孟子说："教育也有很多方式，我不屑于去教诲他，这也是一种教诲呢。"

尽心章句上

赵岐《章句》作四十七章，今依朱熹《集注》把原《孟子自范之齐章》及《王子宫室车马章》合并为一章。又伪孙奭《疏》把第一、第二两章合并为一章，作四十五章。

13·1 孟子曰："尽其心者，知其性也。知其性，则知天矣。存其心，养其性，所以事天也。夭寿不贰，修身以俟之，所以立命也。"

【译文】

孟子说："充分扩张善良的本心，这就是懂得了人的本性。懂得了人的本性，就懂得天命了。保持人的本心，培养人的本性，这就是对待天命的方法。短命也好，长寿也好，我都不三心两意，只是培养身心，等待天命，这就是安身立命的方法。"

13·2 孟子曰："莫非命也，顺受其正；是故知命者不立乎岩墙之下。尽其道而死者，正命也；桎梏死者，非正命也。"

【译文】

孟子说："无一不是命运，但顺理而行，所接受的便是正命；所以懂得命运的人不站在有倾倒危险的墙壁之下。尽力行道而死的人所受的是正命，犯罪而死的人所受的不是正命。"

13·3 孟子曰："求则得之，舍则失之，是求有益于得也，求在我者也。求之有道，得之有命，是求无益于得也，求在外者也。"

【译文】

孟子说："〔有些东西〕探求，便会得到；放弃，便会失掉，这是有益于收获的探求，因为所探求的对象存在于我本身之内。探求有一定的方式，得到与否却听从命运，这是无益于收获的探求，因为所探求的对象存在于我本身之外。"

13·4　孟子曰："万物皆备于我矣。反身而诚，乐莫大焉。强恕而行，求仁莫近焉。"

【译文】

孟子说："一切我都具备了。反躬自问，自己是忠诚踏实的，便是最大的快乐。不懈地以推己及人的恕道做去，达到仁德的道路没有比这更直捷的了。"

13·5　孟子曰："行之而不著焉，习矣而不察焉，终身由之而不知其道者，众①也。"

【译文】

孟子说："如此做去，却不明白其当然；习惯了却不深知其所以然，一生都从这条大路走去，却不了解这是什么道路的，这是一般的人。"

【注释】

① 众——即"众庶"之意。《文选·幽通赋》："斯众兆之所惑。"曹大家《注》云："众，庶也。"

13·6　孟子曰："人不可以无耻，无耻之①耻，无耻矣。"

【译文】

孟子说："人不可以没有羞耻，不知羞耻的那种羞耻，真是不知羞耻呀！"

【注释】

① 之——有人把这个"之"字看为动词,适也。那么,"无耻之耻,无耻矣"便当如此翻译:由没有羞耻之心到有羞耻之心,便没有羞耻之事了。但我们认为"之"字用作动词,有一定范围,一般"之"下的宾语多是地方、地位之词语,除了如在"遇观之否"等卜筮术语中"之"字后可不用地方、地位词语以外,极少见其他用法,因此不取。

13·7　孟子曰:"耻之于人大矣,为机变①之巧者,无所用耻焉。不耻不若人,何若人有?"

【译文】

　　孟子说:"羞耻对于人关系重大,干机谋巧诈事情的人是没有地方用得着羞耻的。不以赶不上别人为羞耻,怎样能赶上别人呢?"

【注释】

① 机变——犹言机械变诈。《淮南子·原道训》云:"故机械之心藏于胸中。"高诱《注》云:"机械,巧诈也。"正可解释此"机变"一词。

13·8　孟子曰:"古之贤王好善而忘势;古之贤士何独不然?乐其道而忘人之势,故王公不致敬尽礼,则不得亟见之。见且由不得亟,而况得而臣之乎?"

【译文】

　　孟子说:"古代的贤君乐于善言善行,因而忘记自己的富贵权势;古代的贤士何尝不是这样?乐于走他自己的道路,因而也忘记了别人的富贵权势,所以王公不对他恭敬尽礼,就不能够多次地和他相见。相见的次数尚且不能够多，何况要他作为臣下呢？"

13·9 孟子谓宋勾践①曰："子好游②乎？吾语子游。人知之，亦嚣嚣③；人不知，亦嚣嚣。"

曰："何如斯可以嚣嚣矣？"

曰："尊德乐义，则可以嚣嚣矣。故士穷不失义，达不离道。穷不失义，故士得己④焉；达不离道，故民不失望焉。古之人，得志，泽加于民；不得志，修身见于世。穷则独善其身，达则兼善天下。"

【译文】

孟子对宋勾践说："你喜欢游说各国的君主吗？我告诉你游说的态度。别人理解我，我也自得其乐；别人不理解我，我也自得其乐。"

宋勾践说："要怎样才能够自得其乐呢？"

答道："崇尚德，喜爱义，就可以自得其乐了。所以，士人穷困时，不失掉义；得意时，不离开道。穷困时不失掉义，所以自得其乐；得意时不离开道，所以百姓不致失望。古代的人，得意，惠泽普施于百姓；不得意，修养个人品德，以此表现于世人。穷困便独善其身，得意便兼善天下。"

【注释】

① 宋勾践——其人姓名不见于其他古籍，已不可知。　② 游——朱熹《集注》云："游，游说也。"　③ 嚣嚣——赵岐《注》云："自得无欲之貌。"
④ 得己——犹言"自得"。赵岐《注》解为"得己之本性"，增字为训，恐误。
朱熹《集注》谓"言不失己也"，虽可通，但与"嚣嚣"之义关连不密，

恐亦不确。

13·10　孟子曰："待文王而后兴①者，凡民也。若夫豪杰之士，虽无文王犹兴。"

【译文】

孟子说："一定要等待文王出来而后奋发的，是一般百姓。至于出色的人才，纵使没有文王，也能奋发起来。"

【注释】

① 兴——朱熹《集注》云："兴者，感动奋发之意。"

13·11　孟子曰："附①之以韩、魏之家②，如其自视欿然③，则过人远矣。"

【译文】

孟子说："用春秋时晋国六卿中的韩、魏两家大臣的财富来增强他，如果他并不自满，这样的人就远远超出一般人。"

【注释】

① 附——即《论语·先进》："季氏富于周公而求也为之聚敛而附益之"的"附益"，故以"增强"译之。　② 韩、魏之家——大夫曰家，所以知道这不是指战国时的韩、魏两国，而是指春秋时晋国的韩氏、魏氏两家大臣。　③ 欿然——欿（kǎn），段玉裁《说文解字注》云："《孟子》假欿为坎，谓视盈若虚也。"

13·12　孟子曰："以佚道使民，虽劳不怨。以生道杀民^①，虽死不怨杀者。"

【译文】

孟子说："在求老百姓安逸的原则下来役使百姓，百姓虽然劳苦，也不怨恨。在求老百姓生存的原则下来杀人，那人虽被杀死，也不会怨恨那杀他的人。"

【注释】

① 以生道杀民——此句可以有两种解释：一种是"刑期无刑，杀以止杀"之意；一种是正如欧阳修《泷冈阡表》所云："此死狱也，我求其生不得尔。求其生而不得，则死者与我皆无恨也。"译文取前义。

13·13　孟子曰："霸者之民欢虞^①如也，王者之民皡皡^②如也。杀之而不怨，利之而不庸^③，民日迁善而不知为之者。夫君子^④所过者化，所存者神，上下与天地同流，岂曰小补之哉？"

【译文】

孟子说："霸主的〔功业显著，〕百姓欢喜快乐，圣王的〔功德浩荡，〕百姓心情舒畅。百姓被杀了，也不怨恨；得到好处，也不认为应该酬谢，每日里向好的方面发展，也不知道谁使他如此。圣人经过之处，人们受到感化，停留之处，所起的作用，更神秘莫测；上与天，下与地同时运转，难道只是小小的补益吗？"

【注释】

① 欢虞——即"欢娱"。　② 皡皡——朱熹《集注》云："广大自得之貌。"
③ 庸——当读为"车服以庸"（《尚书·舜典》、《左传》僖公二十七年）

之"庸",酬功之意。　④君子——这一"君子"的意义和一般有德者谓之君子以及有位者谓之君子的意义不同,故朱熹《集注》云:"君子,圣人之通称也。"不但指"王者",可能也指非王者之"圣人",如孔子等,所以此处不用"王者"字样而改用"君子"两字。

13·14　孟子曰:"仁言不如仁声①之入人深也,善政不如善教之得民也。善政,民畏之;善教,民爱之②。善政得民财,善教得民心。"

【译文】

孟子说:"仁德的言语赶不上仁德的音乐入人心之深,良好的政治赶不上良好的教育的获得民心。良好的政治,百姓怕它;良好的教育,百姓爱它。良好的政治得到百姓的财富,良好的教育得到百姓的心。"

【注释】

①仁声——在《孟子》书中"声"有二义,一为"禹之声"、"文王之声"(14·22)的"声",指音乐而言,赵岐取此义,《注》云:"仁声,乐声雅颂也。"一为"声闻过情"(8·18)之"声",名誉之意,朱熹取此义,《集注》云:"仁声谓仁闻,谓有仁之实而为众所称道者也。尤见仁德之昭著,故其感人尤深也。"译文取前义。　②善政,民畏之;善教,民爱之——赵岐《注》云:"畏之,不逋怠,故赋役举而财聚于一家也;爱之,乐风化而上下亲,故欢心可得也。"

13·15　孟子曰:"人之所不学而能者,其良能①也;所不虑而知者,其良知①也。孩提之童②无不知爱其亲者,及其长也，无不知敬其兄也。亲亲，仁也；敬长，义也；无他，达之天下也。"

【译文】

孟子说："人不待学习便能做到的，这是良能；不待思考便会知道的，这是良知。两三岁的小孩儿没有不爱他父母的，等到他长大，没有不知道尊敬兄长的。亲爱父母是仁，尊敬兄长是义，这没有其他原因，因为这两种品德可以通行于天下。"

【注释】

① 良能、良知——赵岐《注》云："良，甚也。"则"良能"、"良知"当译为"所最能的、所最知的"。朱熹《集注》云："良者，本然之善也。"则"良能"可译为"本能"。此孟子哲学术语，不译为妥。 ② 孩提之童——孩，小儿笑也。赵岐《注》云："孩提，二三岁之间在襁褓知孩笑可提抱者也。"

13·16　孟子曰："舜之居深山之中，与木石居，与鹿豕游，其所以异于深山之野人者几希；及其闻一善言，见一善行，若决江河，沛然莫之能御也。"

【译文】

孟子说："舜住在深山的时候，在家只有树和石，出外只见鹿和猪，跟深山中的一般人不同的地方极少；等到他听到一句好的言语，看到一桩好的行为，〔便采用推行，〕这种力量，好像江河的决了口，哗啦哗啦地没有人能阻止得住了。"

13·17　孟子曰："无为其所不为，无欲其所不欲①，如此而已矣。"

【译文】

孟子说："不干那我所不干的事，不要那我所不要之物，这样就行了。"

【注释】

① 无为其所不为，无欲其所不欲——赵岐《注》云："无使人为己所不欲为者，无使人欲己之所不欲者。"增字为释，恐非孟子本意。

13·18　孟子曰："人之有德慧术知①者，恒存乎疢疾②。独孤臣孽子③，其操心也危④，其虑患也深，故达⑤。"

【译文】

孟子说："人之所以有道德、智慧、本领、知识，经常是由于他有灾患。只有那孤立之臣、庶孽之子，他们时常提高警惕，考虑患害也深，所以才通达事理。"

【注释】

① 德慧术知——赵岐《注》云："德行、知慧、道术、才智。"朱熹《集注》云："德之慧，术之知。"今从赵《注》。　　② 疢疾——疢(chèn)，朱熹《集注》云："疢疾，犹灾患也。"　　③ 孽子——古代男子常一夫多妻，非嫡妻之子叫做庶子，也叫孽子，地位卑贱。　　④ 危——不安也。《论语·宪问篇》"危言危行"的"危"亦此义。　　⑤ 达——朱熹《集注》云："达，谓达于事理。"按即《论语·雍也篇》"赐也达，于从政乎何有"之"达"。

13·19　孟子曰："有事君人者，事是君则为容悦者也；有安社稷臣者，以安社稷为悦者也；有天民者，达可行于天下而后行之者也；有大人①者，正己而物正者也。"

【译文】

孟子说："有侍奉君主的人，那是侍奉某一君主，就一味讨他喜欢的人；有安定国家之臣，那是以安定国家为高兴的人；有天民，那是他的道能行于天下时，然后去实行的人；有大人，那是端正了自己，外物便随着端正了的人。"

【注释】

① 大人——《孟子》数言"大人"，涵义不一。《史记索隐》引向秀《易·乾卦注》云："圣人在位，谓之大人。"或者是此"大人"之义。

13·20　孟子曰："君子有三乐，而王天下不与存焉。父母俱存，兄弟无故①，一乐也；仰不愧于天，俯不怍于人，二乐也；得天下英才而教育之，三乐也。君子有三乐，而王天下不与存焉。"

【译文】

孟子说："君子有三种乐趣，但是以德服天下并不在其中。父母都健康，兄弟没灾患，是第一种乐趣；抬头无愧于天，低头无愧于人，是第二种乐趣；得到天下优秀人才而对他们进行教育，是第三种乐趣。君子有三种乐趣，但是以德服天下并不在其中。"

【注释】

① 故——《礼记·曲礼》云："君无故，玉不去身。"郑玄《注》云："故，灾患丧病也。"今日之言"事故"，即此"故"字。

13·21　孟子曰："广土众民，君子欲之，所乐不存焉；中天下而立，定四海之民，君子乐之，所性不存焉。君子所性，虽大行①不加焉，虽穷居不损焉，分定故也。君子所性，仁义礼智根于心，其生色也睟然②，见于面，盎③于背，施④于四体，四体不言而喻。"

【译文】

孟子说："拥有广大的土地、众多的人民，是君子所希望的，但是乐趣不在这儿；居于天下的中央，安定天下的百姓，君子以此为乐，但是本性不在这儿。君子的本性，纵使他的理想通行于天下并不因此而增，纵使穷困隐居并不因此而减，因为本分已经固定了的缘故。君子的本性，仁义礼智之根植在他心中，而发出来的神色是纯和温润，它表现于颜面，反映于肩背，以至于手足四肢，在手足四肢的动作上，不必言语，别人一目了然。"

【注释】

① 大行——与"武王周公继之，然后大行"（3·1）的"大行"同义。
② 睟然——睟（suì），朱熹《集注》云："清和润泽之貌。"这两字旧属下读，以"睟然见于面"为句，今从周广业《孟子逸文考》的读法。　　③ 盎——（àng），显现。　　④ 施——延及也。

13·22　孟子曰："伯夷辟纣，居北海之滨，闻文王作，兴曰：'盍归乎来，吾闻西伯善养老者。'太公辟纣，居东海之滨，闻文王作，兴曰：'盍归乎来，吾闻西伯善养老者。'天下有善养老，则仁人以为己归矣。五亩之宅，树墙下以桑，匹妇蚕之，则老者足以衣帛矣。五母鸡，二母彘，无失其时，老者足以无失肉矣。百亩之田，匹夫耕之，八口之家足以无饥矣。所谓西伯善养老者，制其田里，教之树畜，导其妻子使养其老。五十非帛不暖，七十非肉不饱。不暖不饱，谓之冻馁。文王之民无冻馁之老者，此之谓也。"

【译文】

孟子说："伯夷避开纣王，住在北海海边，听说文王兴起来了，便说：'何不归到西伯那里去呢！我听说他是善于养老的人。'姜太公避开纣王，住在东海海边，听说文王兴起来了，便说：'何不归到西伯那里去呢！我听说他是善于养老的人。'天下有善于养老的人，那仁人便把他作自己的依靠了。五亩地的房屋，在墙下栽培桑树，妇女养蚕缫丝，老年人足以有丝棉穿了。五只母鸡，二只母猪，加以饲养，使它们繁殖，老年人足以有肉吃了。百亩的土地，男子去耕种，八口人的家庭足以吃饱了。所谓西伯善于养老，就在于他制定土地制度，教育人民栽种畜牧，引导百姓奉养他们的老人。五十岁，没有丝棉便穿不暖；七十岁，没有肉便吃不饱。穿不暖、吃不饱，叫做挨冻受饿。文王的百姓没有挨冻受饿的老人，就是这个意思。"

13·23　孟子曰："易①其田畴②，薄其税敛，民可使富也。食之以时，用之以礼，财不可胜用也。民非水火不生活，昏暮叩人之门户求水火，无弗与者，至足矣③。圣人治天下，使有菽粟如水火。菽粟如水火，而民焉有不仁者乎？"

【译文】

孟子说："搞好耕种，减轻税收，可以使百姓富足。按时食用，依礼消费，财物是用不尽的。百姓没有水和火便不能生存，黄昏夜晚敲别人的门户来求水火，没有不给与的，为什么呢？因为水火极多的缘故。圣人治理天下，要使粮食好比同水火那样多。粮食同水火那样多了，百姓哪有不仁爱的呢？"

【注释】

① 易——赵岐《注》云："易，治也。"　② 田畴——《一切经音义》引《国语》贾氏《注》云："一井为畴，九夫为一井。"《史记·天官书》如淳引蔡邕云："麻田为畴。"按"田畴"无妨作一词看，犹言"田地"。③ 矣——此"矣"字用法同"也"，"至足矣"为解释句，说明上句的原因。"矣"字这种用法很少见，(一般古书，"也"与"矣"用法分别很清，故《淮南子·说林训》云："'也'之与'矣'，相去千里。")前代传抄是否有误，不得而知。

13·24　孟子曰："孔子登东山①而小鲁，登泰山而小天下，故观于海者难为水，游于圣人之门者难为言。观水有术，必观其澜。日月有明，容光②必照焉。流水之为物也，不盈科不行；君子之志于道也，不成章③不达。"

【译文】

孟子说："孔子上了东山，便觉得鲁国小了；上了泰山，便觉得天下也不大了；所以对于看过海洋的人，别的水便难于吸引他了；对于曾在圣人之门学习过的人，别的议论也就难于吸引他了。看水有方法，一定要看它的壮阔的波澜。太阳月亮都有光辉，一点儿缝隙都一定照到。流水这个东西不把洼地流满，不再向前流；君子的有志于道，没有一定的成就，也就不能通达。"

【注释】

① 东山——当即蒙山，在今山东蒙阴县南。　② 容光——赵岐《注》云："容光，小隙也。"焦循《正义》云："苟有丝发之际可以容纳，则光必入而照焉。容光非小隙之名，至于小隙，极言其容之微者，以见其照之大也，故以小隙明容光。"　③ 成章——《说文》："乐竟为一章。"按由此引伸，事物达到一定阶段，具一定规模，则可曰成章，《国语·周语》"得以讲事成章"，《吕氏春秋·大乐篇》"阴阳变化，一上一下，合而成章"，都是此义。

13·25　孟子曰："鸡鸣而起，孳孳为善者，舜之徒也；鸡鸣而起，孳孳为利者，蹠①之徒也。欲知舜与蹠之分，无他，利与善之间②也。"

【译文】

孟子说："鸡叫便起来，努力行善的人，是舜一类人物；鸡叫便起来，努力求利的人，是蹠一类人物。要晓得舜和蹠的分别，没有别的，利和善的不同罢了。"

【注释】

① 蹠——亦作"跖"(zhí)。相传为柳下惠的弟弟，春秋时大盗，《庄子》有《盗跖篇》，说他"从卒九千人，横行天下，侵暴诸侯，穴室枢户，驱人牛马，取人妇女"等等。　② 间——(jiàn)。《论语·先进篇》云：

"人不间于其父母昆弟之言。"朱熹《集注》以"异"字解之,异,不同也。

13·26　孟子曰:"杨子取①为我,拔一毛而利天下,不为也。墨子兼爱,摩顶放踵②利天下,为之。子莫③执中。执中为近之。执中无权,犹执一也。所恶执一者,为其贼道也,举一而废百也。"

【译文】

　　孟子说:"杨子主张为我,拔一根汗毛而有利于天下,都不肯干。墨子主张兼爱,摩秃头顶,走破脚跟,只要对天下有利,一切都干。子莫就主张中道。主张中道便差不多了。但是主张中道如果没有灵活性,不懂得变通的办法,便是执着一点。为什么厌恶执着一点呢?因为它有损害于仁义之道,只是拿起一点而废弃了其馀的缘故。"

【注释】

①取——动词。《老子》云:"取天下常以无事;及其有事,不足以取天下。"又云:"以正治国,以奇用兵,以无事取天下。"诸"取"字当作"治"字解。《孟子》此"取"字亦当训"治",故译为"主张"。　　②摩顶放踵——赵岐《注》云:"摩秃其顶,下至于踵。"此处以"至"训"放",恐不确。或以为"放者犹谓放纵",是不着屦(屦有系偪束之)而着跂屩(跂,木屐,雨天所穿;屩,不另有底之鞋,晴天步行所穿,取其轻便。)之意,恐亦不确。此盖当日成语,已难以求其确诂,译文只取其大意而已。
③子莫——赵岐《注》云:"鲁之贤人也。"孙诒让《籀庼述林》、俞樾《茶香室经说》以为即魏中山公子牟,近人罗根泽已驳之。黄鹤《四书异同商》疑即《说苑·修文篇》(黄氏原书误作《荀子》)之颛孙子莫,罗根泽尤

主此说，近之。详罗氏《诸子考索·子莫考》。

13·27　孟子曰："饥者甘食，渴者甘饮，是未得饮食之正也，饥渴害之也。岂惟口腹有饥渴之害？人心亦皆有害。人能无以饥渴之害为心害，则不及人不为忧矣。"

【译文】

孟子说："饥饿的人觉得任何食物都是美的，干渴的人觉得任何饮料都是甜的。他不能知道饮料食品的正常滋味，是由于受了饥饿干渴的损害的缘故。难道仅仅口舌肚皮有饥饿干渴的损害吗？人心也有这种损害。如果人们〔能够经常培养心志，〕不使它遭受口舌肚皮那样的饥饿干渴，那〔自然容易进入圣贤的境界，〕不会以赶不上别人为忧虑了。"

13·28　孟子曰："柳下惠不以三公易其介①。"

【译文】

孟子说："柳下惠不因为有大官做便来改变他的操守。"

【注释】

① 介——《文选》注引刘熙云："介，操也。"

13·29　孟子曰："有为者辟若掘井，掘井九轫①而不及泉，犹为弃井也。"

【译文】

孟子说："做一件事情譬如掏井，掏到六七丈深还不见泉水，仍然是一个废井。"

【注释】

① 轫——同"仞",七尺曰仞（赵岐《注》云："轫，八尺也。"此从程瑶田《通艺录》说）。

13·30 孟子曰："尧舜，性之也；汤武，身之也；五霸，假之也。久假而不归，恶知其非有也。"

【译文】

孟子说："尧舜的实行仁义，是习于本性，因其自然；商汤和周武王便是亲身体验，努力推行；五霸便是借来运用，以此谋利。但是，借得长久了，总不归还，你又怎能知道他不〔弄假成真〕终于变成他自己的呢？"

13·31 公孙丑曰："伊尹曰：'予不狎于不顺，放太甲于桐①，民大悦。太甲贤，又反之，民大悦。'贤者之为人臣也，其君不贤，则固可放与？"

孟子曰："有伊尹之志，则可；无伊尹之志，则篡也。"

【译文】

公孙丑说："伊尹说过：'我不愿亲近违背义礼的人，因此把太甲放逐到桐邑，百姓大为高兴。太甲变好了，又恢复他的王位，百姓大为高兴。'贤人作为臣属，君王不好，就可以放逐吗？"

孟子说："有伊尹那样的心迹，未尝不可；如果没有伊尹那样的心迹，便是篡夺了。"

【注释】

① 放太甲于桐——事见《万章上》第六章。本章所引伊尹的话，当是旧日《尚书》之文，今日的《太甲》三篇是伪古文。

13·32 公孙丑曰："《诗》曰：'不素餐兮①。'君子之不耕而食，何也？"

孟子曰："君子居是国也，其君用之，则安富尊荣；其子弟从之，则孝悌忠信。'不素餐兮'，孰大于是？"

【译文】

公孙丑说："《诗经》说，'不白吃饭呀。'可是君子不种庄稼，也来吃饭，为什么呢？"

孟子说："君子居住在一个国家，君王用他，就会平安、富足、尊贵而有名誉；少年子弟信从他，就会孝父母、敬兄长、忠心而守信实。'不白吃饭'，还有比这更好的吗？"

【注释】

① 不素餐兮——见《诗经·魏风·伐檀篇》。

13·33 王子垫①问曰："士何事？"

孟子曰："尚志。"

曰："何谓尚志？"

曰："仁义而已矣。杀一无罪非仁也，非其有而取之非义也。居恶在？仁是也；路恶在？义是也。居仁由义，大人之事备矣。"

【译文】

王子垫问道："士干什么事？"

孟子答道："士要使自己的志行高尚。"

问道："怎样才算使自己的志行高尚？"

答道："行仁和义罢了。杀一个无罪的人，是不仁；不是自己所有，却去取了过来，是不义。所居住之处在哪里呢？仁便是，所行走之路在哪里呢？义便是。居住于仁，行走由义，大人的工作便齐全了。"

【注释】

① 王子垫——赵岐《注》云："齐王子，名垫也。"

13·34　孟子曰："仲子，不义与之齐国而弗受①，人皆信之，是舍箪食豆羹之义也。人莫大焉亡亲戚君臣上下②。以其小者信其大者，奚可哉？"

【译文】

孟子说："陈仲子，假定不合理地把齐国交给他，他都不会接受，别人都相信他。〔但是，〕他那种义也只是抛弃一筐饭一碗汤的义。人的罪过没有比不要父兄君臣尊卑还大的，而〔仲子便是这种人。〕因为他有小节操，便相信他的大节操，怎么可以呢？"

【注释】

① 仲子，不义与之齐国而弗受——仲子即陈仲子，详《滕文公下》第十章。"与之齐国而不受"乃是设想之辞，不是真有这事。　② 人莫大焉亡亲戚君臣上下——王引之《经传释词》云："焉，犹于也。""亡"同"无"。仲子避兄离母，耻其兄为齐卿，故孟子大不以为然，说他无亲戚君臣上下。

13·35　桃应①问曰："舜为天子，皋陶为士，瞽瞍杀人，则如之何？"

孟子曰："执之而已矣。"

"然则舜不禁与？"

曰："夫舜恶得而禁之？夫有所受之也。"

"然则舜如之何？"

曰："舜视弃天下犹弃敝蹝②也。窃负而逃，遵海滨而处，终身䜣③然，乐而忘天下。"

【译文】

桃应问道："舜做天子，皋陶做法官，假如瞽瞍杀了人，那怎么办？"

孟子答道："把他逮捕起来罢了。"

"那么，舜不阻止吗？"

答道："舜怎么能阻止呢？他去逮捕是有根据的。"

"那么，舜又怎么办呢？"

答道："舜把抛弃天子之位看成抛弃破鞋一样。偷偷地背负了父亲而逃走，沿着海边住下来，一辈子快乐得很，把曾经做过天子的事情忘记掉。"

【注释】

① 桃应——赵岐《注》云："孟子弟子。"　② 蹝——（xǐ），亦作"屣"，没有脚跟的鞋子。一曰草鞋。　③ 䜣——同"欣"。

13·36　孟子自范之齐①，望见齐王之子，喟然叹曰："居移气，养移体，大哉居乎！夫非尽人之子与？"

孟子曰："王子宫室、车马、衣服多与人同，而王子若彼者，其居使之然也；况居天下之广居^②者乎？鲁君之宋，呼于垤泽之门^③。守者曰：'此非吾君也，何其声之似我君也？'此无他，居相似也。"

【译文】

孟子从范邑到齐都，远远地望见了齐王的儿子，长叹地说："环境改变气度，奉养改变体质，环境真是重要呀！他难道不也是人的儿子吗？〔为什么就显得特别不同了呢？〕"

又说："王子的住所、车马和衣服多半同别人相同，为什么王子却像那样呢？就因为他所居住的环境使他这样的；何况以'仁'为自己住所的人呢？鲁君到宋国去，在宋国的东南城门下呼喊，守门的说：'这不是我的君主啦，为什么他的声音同我们君主这样相像呢？'这没有别的缘故，只因为环境相像罢了。"

【注释】

① 自范之齐——范，地名，故城在今山东范县东南二十里，为从梁（魏）到齐的要道。魏源《古微堂外集·孟子年表考》云："梁襄嗣位之后，值齐宣新政之初，孟子闻其足用为善，故自范之齐。"　　② 广居——"广居"指仁，见（6·2）。　　③ 垤泽之门——垤（dié）。即《左传》襄公十七年之"泽门"，杜预《注》云："宋东城南门也。"

13·37　孟子曰："食而弗爱，豕交之也；爱而不敬，兽畜之也。恭敬者，币之未将^①者也。恭敬而无实，君子不可虚拘。"

【译文】

孟子说："〔对于人〕养活而不爱，等于养猪；爱而不恭敬，等于畜养狗马。恭敬之心是在致送礼物以前就具备了的。徒有恭敬的形式，没有恭敬的实质，君子便不可以被这种虚假的礼文所拘留住。"

【注释】

① 将——《尔雅·释言》云："将，送也。"《仪礼·少仪》郑注云："将，犹奉也。"

13·38 孟子曰："形色，天性也；惟圣人然后可以践形。"

【译文】

孟子说："人的身体容貌是天生的，〔这种外表的美要靠内在的美来充实它，〕只有圣人才能做到〔，不愧于这一天赋〕。"

13·39 齐宣王欲短丧。公孙丑曰："为期之丧，犹愈于已乎？"

孟子曰："是犹或绐其兄之臂，子谓之姑徐徐云尔，亦①教之孝悌而已矣。"

王子有其母死者，其傅为之请数月之丧②。公孙丑曰："若此者何如也？"

曰："是欲终之而不可得也。虽加一日愈于已，谓夫莫之禁而弗为者也。"

【译文】

齐宣王想要缩短守孝的时间。公孙丑说:"〔父母死了,〕守孝一年,不是还比完全不守孝强些吗?"

孟子说:"这好比有一个人在扭他哥哥的胳膊,你却对他说,暂且慢慢地扭吧。〔这算什么呢?〕只是教导他以孝父母敬兄长便行了。"

王子有死了母亲的,王子的师傅替他请求守孝几个月。公孙丑问道:"像这样的事,怎么样?"

孟子答道:"这个是由于王子想要把三年的丧期守完,而办不到,那么〔我上次所讲,〕纵使多守孝一天也比不守孝好。是对那些没有人禁止他守孝自己却不去守孝的人说的。"

【注释】

① 亦——但也,只也。 ② 王子母死数月之丧——按照《仪礼·丧服记》的说法,王子的母亲死了,因为父亲还在的缘故,不但不为母亲服丧三年,甚至无服,只是穿穿麻衣,埋葬以后仍然脱掉。那么,"其傅为之请数月之丧",便不是"短丧"了。孟子说,"是欲终之而不可得",是不是如《丧服记》之所说呢?我们已经无法知道了。

13·40 孟子曰:"君子之所以教者五:有如时雨化之者,有成德者,有达财①者,有答问者,有私淑艾②者。此五者,君子之所以教也。"

【译文】

孟子说:"君子教育的方式有五种:有像及时的雨水那样沾溉万物的,有成全品德的,有培养才能的,有解答疑问的,还有以流风馀韵为后人所私自学习的。这五种便是君子教育的方法。"

【注释】

① 财——朱熹《集注》云:"财与材同。"　② 私淑艾——焦循《正义》云:"《毛诗·豳风·七月》:'九月叔苴。'《传》云:'叔,拾也。''淑'与'叔'通。《诗·周南·葛覃》:'是刈是濩。'《释文》云:'刈本又作艾。'《韩诗》云:'刈,取也。'盖'私淑诸人'(8·22)即'私拾诸人'也。'淑艾'二字义相叠,'私淑艾'者,即'私拾取'也。其实'私淑艾'犹'私淑'也。"

13·41　公孙丑曰:"道则高矣,美矣,宜若登天然,似不可及也;何不使彼为可几及而日孳孳也?"

孟子曰:"大匠不为拙工改废绳墨,羿不为拙射变其彀率。君子引而不发,跃如也。中道而立,能者从之。"

【译文】

公孙丑说:"道是很高很好,几乎像登天一般,似乎不可攀,为什么不使它变成可以有希望攀求的因而叫别人每天去努力呢?"

孟子说:"高明的工匠不因为拙劣工人改变或者废弃规矩,羿也不因为拙劣射手变更拉开弓的标准。君子〔教导别人正如射手,〕张满了弓,却不发箭,作出跃跃欲试的样子。他在正确道路之中站住,有能力的便跟随着来。"

13·42　孟子曰:"天下有道,以道殉身①;天下无道,以身殉道②;未闻以道殉乎人③者也。"

【译文】

孟子说："天下清明，〔君子得志，〕'道'因之得到施行；天下黑暗，〔君子守道，〕不惜为'道'而死；没有听说过牺牲'道'来迁就王侯的。"

【注释】

① 以道殉身——意思是"道"为己所运用，故朱熹《集注》云："身出则道在必行。" ② 以身殉道——朱熹《集注》云："道屈则身在必退，以死相从而不离也。" ③ 以道殉乎人——朱熹《集注》云："以道从人，妾妇之道。"意思是不惜把"道"歪曲破坏以逢迎当世王侯。

13·43 公都子曰："滕更①之在门也，若在所礼，而不答，何也？"

孟子曰："挟贵而问，挟贤而问，挟长而问，挟有勋劳而问，挟故而问，皆所不答也。滕更有二焉。"

【译文】

公都子说："滕更在您门下的时候，似乎该在以礼相待之列，可是您却不回答他，为什么呢？"

孟子说："倚仗着自己的势位而来发问，倚仗着自己贤能而来发问，倚仗着自己年纪大而来发问，倚仗着自己有功劳而来发问，倚仗着自己是老交情而来发问，都是我所不回答的。〔在这五条里面〕滕更占了两条。"

【注释】

① 滕更——赵岐《注》云："滕君之弟，来学于孟子者也。"

13·44 孟子曰："于不可已①而已者，无所不已。于所厚者薄，无所不薄也。其进锐者，其退速。"

【译文】

孟子说："对于不可以停止的工作却停止了，那没有什么不可以停止的了；对于所厚待的人却去薄待他，那没有谁不可以薄待的了。前进太猛的人，后退也会快。"

【注释】

① 已——朱熹《集注》云："已，止也。"赵岐《注》云："已，弃也。"今从朱注。

13·45 孟子曰："君子之于物也，爱之而弗仁；于民也，仁之而弗亲。亲亲而仁民，仁民而爱物。"

【译文】

孟子说："君子对于万物，爱惜它，却不用仁德对待它；对于百姓，用仁德对待他，却不亲爱他。君子亲爱亲人，因而仁爱百姓；仁爱百姓，因而爱惜万物。"

13·46 孟子曰："知者无不知也，当务之为急；仁者无不爱也，急亲贤之为务。尧舜之知而不遍物，急先务也；尧舜之仁不遍爱人，急亲贤也。不能三年之丧，而缌①、小功②之察；放饭③流歠④，而问无齿决⑤，是之谓不知务。"

【译文】

孟子说："智者没有不该知道的，但是急于当前重要工作；仁者没有不爱的，但是务必先爱亲人和贤者。尧舜的智慧不能完全知道一切事物，因为他急于知道首要任务；尧舜的仁德不能普遍爱一切的人，因为他急于爱亲人和贤者。如果不能够实行三年的丧礼，却对于缌麻三月、小功五月的丧礼仔细讲求；在尊长之前用餐，大口吃饭，大口喝汤，〔没有礼貌，〕却讲求不要用牙齿啃断干肉，这个叫做不识大体。"

【注释】

① 缌——（sī），指缌麻三月的孝服。缌麻三月是五种孝服（斩衰、齐衰、大功、小功、缌麻）中的最轻者，用熟布为孝服，服丧三个月，如女婿为岳父母带孝，古人便用此服。　②小功——五月的孝服，如外孙为外祖父母带孝，古人用此种孝服。　③放饭——赵岐《注》云："放饭，大饭也（放，副词；饭，动词）。"但《曲礼》郑玄《注》以为把吃剩下的饭退还于饭器中为"放饭"（"放"，动词；"饭"，名词），这是人家以为肮脏的。此说似不可信。　④流歠——歠（chuò），饮也。赵岐《注》云："流歠，长歠也。"《曲礼》云："毋放饭，毋流歠。"赵岐此注云："于尊者前赐饭，大饭长歠，不敬之大者。"　⑤齿决——《曲礼》又云："濡肉齿决，干肉不齿决。"就是湿肉能用牙齿啃断，干肉只能用手折断。在长者前干肉齿决，这是不大礼貌的。

尽心章句下

14·1　孟子曰：“不仁哉梁惠王也！仁者以其所爱及其所不爱，不仁者以其所不爱及其所爱。”

公孙丑问曰：“何谓也？”

“梁惠王以土地之故，糜烂其民而战之，大败，将复之，恐不能胜，故驱其所爱子弟以殉之，是之谓以其所不爱及其所爱也。”

【译文】

孟子说：“梁惠王真是不仁呀！仁人把他对待所喜爱者的恩德推而及于他所不爱的人，不仁者却把他加给所不喜爱者的祸害推而及于他所喜爱的人。”

公孙丑问道：“这话是什么意思呢？”

答道：“梁惠王因为争夺土地的缘故，驱使他所不喜爱的百姓去作战，使他们〔暴尸郊野，〕骨肉糜烂。被打得大败了，预备再战，怕不能得胜，又驱使他所喜爱的子弟去死战，这个便叫做把他加给所不喜爱者的祸害推而及于他所喜爱的人。”

14·2　孟子曰：“春秋无义战。彼善于此，则有之矣。征者，上伐下也，敌国不相征也。”

【译文】

孟子说：“春秋时代没有正义战争。那一国的君主比这一国的君主好一点，那是有的。但是征讨的意思是上级讨伐下级，同等级的国家是不能互相征讨的。”

14·3　孟子曰："尽信《书》，则不如无《书》。吾于《武成》①，取二三策②而已矣。仁人无敌于天下，以至仁伐至不仁，而何其血之流杵也？"

【译文】

孟子说："完全相信《书》，那不如没有《书》。我对于《武成》一篇，所取的不过两三页罢了。仁人在天下没有敌手，凭周武王这极为仁道的人来讨伐商纣这极为不仁的人，怎么会使血流得〔那么多，甚至〕把捣米用的长木槌都漂流起来了呢？"

【注释】

① 尽信《书》，则不如无《书》。吾于《武成》——《书》，《尚书》。《武成》，《尚书》篇名，所叙大概是周武王伐纣时的事。依《尚书正义》引郑氏说，《武成》到建武（东汉光武帝年号）之际已经亡失。今日的《尚书·武成篇》是伪古文，叙"血流漂杵"为商纣士兵倒戈自相残杀所致，与孟子原意不合，自不可信。　　② 策——竹简。古代用竹简书写。

14·4　孟子曰："有人曰：'我善为陈①，我善为战。'大罪也。国君好仁，天下无敌焉。南面而征，北狄②怨；东面而征，西夷怨，曰：'奚为后我？'武王之伐殷也，革车三百两，虎贲三千人。王曰：'无畏！宁尔也，非敌百姓也。'若崩厥角③稽首。征之为言正也，各欲正己也，焉用战？"

【译文】

孟子说："有人说：'我善于摆作战的阵势，我善于作战。'其实这是大罪恶。一国的君主如果喜爱仁德，整个天下便不会有敌手。〔商汤〕征讨南方，北方便怨恨；征讨东方，西方便怨恨，说：'为什么不先到我这里来？'周武王的讨伐殷商，兵车三百辆，勇士三千人。武王〔对殷商的百姓〕说：'不要害怕！我是来安定你们的，不是同你们为敌的。'百姓便都把额角触地叩起头来，声响好像山陵倒塌一般。征的意思是正，各人都希望端正自己，那又何必要战争呢？"

【注释】

① 陈——今作"阵"。　② 北狄——一本作"北夷"。　③ 厥角——厥，同"蹶"，顿也。《说文》云："顿，下首也。"角，额角。"厥角"之意即"顿首"。

14·5　孟子曰："梓匠轮舆能与人规矩，不能使人巧。"

【译文】

孟子说："木工以及专做车轮或者车箱的人能够把制作的规矩准则传授给别人，却不能够使别人一定具有高明的技巧〔，那是要自己去寻求的〕。"

14·6　孟子曰："舜之饭糗①茹草②也，若将终身焉；及其为天子也，被袗衣③，鼓琴，二女果④，若固有之。"

【译文】

孟子说："舜吃干粮啃野菜的时候，似乎准备终身如此；等待他做了天子，穿着麻葛单衣，弹着琴，尧的两个女儿侍候着，又好像这些都是早已具有了的。"

【注释】

① 饭糗——饭，动词，旧读上声。糗（qiǔ），干饭。　② 茹草——茹（rú），《方言》："茹，食也。"　③ 袗衣——赵岐《注》云："袗，画也。"按赵氏此训于经传缺乏例证，恐不可信。孔广森《经学卮言》云："袗非画也，义如《论语》'袗绤绤'之'袗'。《史记·本纪》'尧赐舜绤衣与琴'是也。"又按《曲礼》注云："袗，单也。"故译文以"麻葛单衣"译之。④ 果——赵岐《注》云："果，侍也。"《说文》作"婐"，云："女侍曰婐。"

14 · 7　孟子曰："吾今而后知杀人亲之重也：杀人之父，人亦杀其父；杀人之兄，人亦杀其兄。然则非自杀之也，一间①耳。"

【译文】

　孟子说："我今天才知道杀戮别人的亲人报复之重：杀了别人的父亲，别人也就会杀他的父亲；杀了别人的哥哥，别人也就会杀他的哥哥。那么，〔虽然父亲和哥哥〕不是被自己杀掉的，但相差也不远了。"

【注释】

① 一间——间，去声，隔也，离也。一间言相距甚近。

14 · 8　孟子曰："古之为关也，将以御暴；今之为关也，将以为暴。"

【译文】

　孟子说："古代的设立关卡是打算抵御残暴，今天的设立关卡却是打算实行残暴。"

14·9　孟子曰："身不行道，不行于妻子；使人不以道，不能行于妻子。"

【译文】

孟子说："本人不依道而行，道在妻子身上都行不通〔，更不要说对别人了。〕使唤别人不合于道，要去使唤妻子都不可能〔，更不要说使唤别人了〕。"

14·10　孟子曰："周①于利者凶年不能杀②，周于德者邪世不能乱。"

【译文】

孟子说："财利富足的人荒年都不受窘困，道德高尚的人乱世都不会迷惑。"

【注释】

① 周——朱熹《集注》云："足也。"　② 杀——缺乏，有窘困意。

14·11　孟子曰："好名之人能让千乘之国，苟非其人，箪食豆羹见于色。"

【译文】

孟子说："好名的人可以把有千辆兵车国家的君位让给别人，但是，若不是那受让的对象，就是要他让一筐饭，一碗汤，他那不高兴神色都会在脸上表现出来。"

14·12　孟子曰："不信仁贤，则国空虚①；无礼义，则上下乱；无政事，则财用不足。"

【译文】

　　孟子说："不信任仁德贤能的人，那国家就会空虚；没有礼义，上下的关系就会混乱；没有好的政治，国家的用度就会不够。"

【注释】

① 空虚——其实际意义是什么，很难揣测。朱熹《集注》云："空虚言若无人然。"姑录之供参考。

　　14·13　孟子曰："不仁而得国者，有之矣；不仁而得天下者，未之有也。"

【译文】

　　孟子说："不仁道却能得着一个国家的，有这样的事；不仁道却能得到天下的，这样的事就不曾有过。"

　　14·14　孟子曰："民为贵，社稷次之，君为轻。是故得乎丘民①而为天子，得乎天子为诸侯，得乎诸侯为大夫。诸侯危社稷，则变置。牺牲既成，粢盛既絜，祭祀以时，然而旱干水溢，则变置社稷。"

【译文】

　　孟子说："百姓最为重要，土谷之神为次，君主为轻。所以得着百姓的欢心便做天子，得着天子的欢心便做诸侯，得着诸侯的欢心便做大夫。诸侯危害国家，那就改立。牺牲既已肥壮，祭品又已洁净，也依一定时候致祭，但是还遭受旱灾水灾，那就改立土谷之神。"

【注释】

① 丘民——丘，众也。或云："丘"借为"区"，小也。

14·15　孟子曰："圣人，百世之师也，伯夷、柳下惠是也。故闻伯夷之风者，顽夫廉，懦夫有立志；闻柳下惠之风者，薄夫敦，鄙夫宽。奋乎百世之上，百世之下，闻者莫不兴起也。非圣人而能若是乎？——而况于亲炙之者乎？"

【译文】

孟子说："圣人是百代的老师，伯夷和柳下惠便是这样的人。所以听到伯夷的风操的人，贪得无厌的人清廉起来了，懦弱的人也有独立不屈的意志了；听到柳下惠的风操的人，刻薄的人也厚道起来了，胸襟狭小的人也宽大起来了。他们在百代以前发奋而为，在百代而后，听到的人没有不为之感动奋发的。不是圣人，能够像这样吗？〔百代以后还如此，〕何况亲自接受熏陶的人呢？"

14·16　孟子曰："仁也者，人也①。合而言之，道也。"

【译文】

孟子说："'仁'的意思就是'人'，'仁'和'人'合并起来说，便是'道'。"

【注释】

① 仁也者人也——古音"仁"与"人"相同。《说文》云："仁，亲也。从人二。"意思是只要有两个人在一起，便不能不有仁的道德，而仁的道德也只能在人与人间产生。《中庸》也说："仁者，人也。"

14·17 孟子曰："孔子之去鲁，曰：'迟迟吾行也，去父母国之道也。'去齐，接淅而行——去他国之道也。"

【译文】

孟子说："孔子离开鲁国，说：'我们慢慢走罢，这是离开祖国的态度。'离开齐国，便不等把米淘完沥干就走——这是离开别国的态度。"

14·18 孟子曰："君子之厄于陈、蔡之间[1]，无上下之交也。"

【译文】

孟子说："孔子被困在陈国、蔡国之间，是由于对两国的君臣都没有交往的缘故。"

【注释】

[1] 君子之厄于陈、蔡之间——君子指孔子，《论语·卫灵公篇》："在陈绝粮，从者病，莫能兴。"即是此事。《史记·孔子世家》载此事则说是楚使人聘孔子，孔子将往，陈、蔡两国的大夫怕孔子诛责他们的罪恶，因而围困孔子。

14·19 貉稽[1]曰："稽大不理[2]于口。"

孟子曰："无伤也。士憎兹多口。《诗》云：'忧心悄悄，愠于群小[3]。'孔子也。'肆不殄厥愠，亦不殒厥问[4]。'文王也。"

【译文】

貉稽说："我被人家说得很坏。"

孟子说："没有关系。士人便厌恶这种七嘴八舌。《诗经》说过：'烦恼沉沉压在心，小人当我眼中钉。'孔子可以说是这样的人。又说：'不消灭别人的怨恨，也不失去自己的名声。'这说的是文王。"

【注释】

① 貉稽——赵岐《注》云："貉，姓；稽，名；仕者也。"　　② 理——《广雅·释诂》云："理，顺也。"王念孙《疏证》曾引《易经·说卦传》"和顺于道德而理于义"及《周礼·考工记·匠人》"水属不理孙，谓之不行"以相印证，此"理"字亦可训"顺"，则"不理于口"犹言"不顺于人口"。③ "忧心"两句——见《诗·邶风·柏舟》。　　④ "肆不殄"两句——见《诗·大雅·绵》。肆，故也；殄，绝也。郑玄笺以"问"为"聘问"之义，孟子则以"问"为"声闻"。

14·20　孟子曰："贤者以其昭昭使人昭昭，今以其昏昏使人昭昭。"

【译文】

孟子说："贤人〔教导别人，〕必先使自己彻底明白了，然后才去使别人明白；今天的人〔教导别人，〕自己还模模糊糊，却用这些模模糊糊的东西去使别人明白。"

14·21　孟子谓高子曰："山径①之蹊②，间介然③用之而成路；为间④不用，则茅塞之矣。今茅塞子之心矣。"

【译文】

孟子对高子说道："山坡的小路只一点点宽，经常去走它便变成了一条路；只要有一个时候不去走它，又会被茅草堵塞了。现在茅草也把你的心堵塞了。"

【注释】

① 山径——径同"陉"，《广雅·释丘》："陉，阪（山坡）也。" ② 蹊——(xī)，同"徯"，段玉裁《说文》"徯"字下注云：《孟子》'山径之蹊'，《月令》'塞徯径'，凡始行之以待后行之径曰'蹊'。" ③ 间介然——《荀子·修身篇》云："善在身，介然必以自好也。"此"间介然"当与《荀子》之"介然"同义，都是意志专一而不旁骛之貌。赵岐《注》似以"介然"属上读，今不从。 ④ 为间——即"有间"，为时不久之意。

14·22 高子曰："禹之声尚文王之声。"

孟子曰："何以言之？"

曰："以追蠡①。"

曰："是奚足哉？城门之轨，两马②之力与？"

【译文】

高子说："禹的音乐高于文王的音乐。"

孟子说："这样说有什么根据呢？"

答道："因为禹传下来的钟钮都快断了。"

孟子说："这个何足以证明呢？城门下车迹那样深，难道只是几匹马的力量吗？〔是由于日子长久车马经过多的缘故。禹的钟钮要断绝了，也是由于日子长久了的关系呢。〕"

【注释】

① 追蠡——追旧读 duī，蠡（lǐ）。赵岐《注》云："追，钟钮也。"又云："蠡

蠡，欲绝之貌也。"钟纽（钮）是古钟悬挂之处，其上有眼，把它安放在钟架上横梁的槽眼中，再用穿钉套过去，可能再有一个横销把穿钉管住，这样悬挂，钟身既不会因敲打而转动（程瑶田《通艺录·考工创物小记》说钟纽取其"宛转流动不为声病"，实误），且四壁悬空，也不会妨害钟声。详《文物参考资料》1958年第一期《信阳战国楚墓出土乐器初步调查记》。② 两马——"两"字不可拘泥，赵岐《注》把"两马"解为"国马"、"公马"两种马，曹之升《四书摭馀说》谓"夏驾二马"，有人又谓大夫之车驾二马，都失之拘。这章真义如何，朱熹《集注》云："此章文义本不可晓，旧说相承如此。"译文只依旧说解之。关于"追蠡"之义，古今尚有几种不同解释，都不可信，故略之。

14·23　齐饥。陈臻曰："国人皆以夫子将复为发棠[1]，殆不可复。"

孟子曰："是为冯妇[2]也。晋人有冯妇者，善搏虎，卒为善士。则之野[3]，有众逐虎。虎负嵎，莫之敢撄。望见冯妇，趋而迎之。冯妇攘臂下车。众皆悦之，其为士者笑之。"

【译文】

齐国遭了饥荒，陈臻对孟子说："国内的人都以为老师会再度劝请齐王打开棠地的仓廪来赈济人民，大概不可以再这样做吧。"

孟子说："再这样做便成了冯妇了。晋国有个人叫冯妇的，善于和老虎搏斗，后来变成善人〔，不再打虎了〕。有次他到野外，有许多人正追逐老虎。老虎背靠着山角，没有人敢于去迫近它。他们望到冯妇了，便快步向前去迎接。冯妇也就捋起袖子，伸出胳膊，走下车来。大家都高兴他，可是作为士的那些人却在讥笑他。"

【注释】

① 发棠——"发"即"涂有饿莩而不知发"（1·3）的"发"，发仓廪以赈贷也。棠，地名，今山东即墨县南八十里有甘棠社，当即此。顾炎武《山东考古录》云："当时即墨为齐之大都，仓廪在焉。" ② 冯妇——赵岐《注》云："冯，姓；妇，名也。" ③ 卒为善士，则之野——周密《志雅堂杂抄》云："一本以'善'字、'之'字点句（刘昌诗《芦浦笔记》亦云，"恐合以'卒为善'为一句，'士则之'为一句，'野有众逐虎'为一句"），前云'士则之'，后云'其为士者笑之'，文义相属。"阎若璩《四书释地又续》则云："古人文字叙事未有无根者，惟冯妇之野，然后众得望见冯妇。若如宋周密断'士则之'为句，'野'字遂属下，'野'但'有众'耳，何由有冯妇来？此为无根。"案两读皆可通，说见杨树达《古书句读释例》例一百六十四。

14·24　孟子曰："口之于味也，目之于色也，耳之于声也，鼻之于臭①也，四肢之于安佚也，性也，有命焉，君子不谓性也。仁之于父子也，义之于君臣也，礼之于宾主也，知之于贤者也，圣人之于天道也，命也，有性焉，君子不谓命也。"

【译文】

　　孟子说："口的对于美味，眼的对于美色，耳的对于好听的声音，鼻的对于芬芳的气味，手足四肢的喜欢舒服，这些爱好，都是天性，但是得到与否，却属于命运，所以君子不把它们认为是天性的必然〔，因此不去强求〕。仁在父子之间，义在君臣之间，礼在宾主之间，智慧的对于贤者，圣人的对于天道，能够实现与否，属于命运，但也是天性的必然，所以君子不把它们认为是该属于命运的〔，因而努力去顺从天性，求其实现〕。"

【注释】

① 臭——（xiù），上句"味"、"色"、"声"都是中性词（不含美恶之义），但用在此处，则指"美味"、"美色"、"乐声"，此种用法，以前诸章不乏其例。"臭"字亦如此。"臭"的本义是"气味"，不论香臭都叫"臭"，此则专指芬香之气。正如《左传》僖公四年的"一薰一莸，十年尚有臭"的"臭"专指恶臭一般。

14·25　浩生不害①问曰："乐正子何人也？"

孟子曰："善人也，信人也。"

"何谓善？何谓信？"

曰："可欲之谓善，有诸己之谓信，充实之谓美，充实而有光辉之谓大，大而化之之谓圣，圣而不可知之之谓神。乐正子，二之中、四之下也。"

【译文】

浩生不害问道："乐正子是怎样的人？"

孟子答道："好人，实在人。"

"怎么叫好？怎么叫实在？"

答道："那人值得喜欢便叫做'好'；那些好处实际存在于他本身便叫做实在；那些好处充满于他本身便叫做'美'；不但充满，而且光辉地表现出来便叫做‘大’；既光辉地表现出来了，又能融化贯通，便叫做‘圣’；圣德到了神妙不可测度的境界便叫做‘神’。乐正子是介于好和实在两者之中，‘美’、‘大’、‘圣’、‘神’四者之下的人物。”

【注释】

① 浩生不害——赵岐《注》云："浩生，姓；不害，名；齐人也。"

14·26　孟子曰："逃墨必归于杨，逃杨必归于儒。归，斯受之而已矣。今之与杨、墨辩者，如追放豚，既入^①其苙^②，又从而招^③之。"

【译文】

孟子说："离开墨子一派的一定归入杨朱这一派来；离开杨朱一派的，一定回到儒家来。回来，这就接受他算了。今天同杨、墨两家相辩论的人，好像追逐已走失的猪一般，已经送回猪圈里了，还要把它的脚绊住〔，生怕它再走掉〕。"

【注释】

① 入——同"纳"。　　② 苙——（lì），畜养牲畜的栏。　　③ 招——赵岐《注》云："招，胃（羁其足）也。"孟子对于学生，"往者不追"（14·30），便与这一态度相反。大概当时儒家中有如此的，所以孟子加以批评。

14·27　孟子曰："有布缕之征，粟米之征，力役之征。君子用其一，缓其二。用其二而民有殍，用其三而父子离。"

【译文】

孟子说："有征收布帛的赋税，有征收谷米的赋税，还有征发人力的赋税。君子于三者之中，采用一种，那两种便暂时不用。如果同时用两种，百姓便会有饿死的；如果同时用三种，那父亲便顾不得儿子，儿子也顾不得父亲了。"

14·28　孟子曰："诸侯之宝三：土地、人民、政事。宝珠玉者，殃必及身。"

【译文】

孟子说："诸侯的宝贝有三样：土地、百姓和政治。以珍珠美玉为宝贝的，祸害一定会到他身上来。"

14·29　盆成括①仕于齐，孟子曰："死矣盆成括！"

盆成括见杀，门人问曰："夫子何以知其将见杀？"

曰："其为人也小有才，未闻君子之大道也，则足以杀其躯而已矣。"

【译文】

盆成括在齐国做官，孟子说："盆成括要死了！"

盆成括被杀，学生问道："老师怎么知道他会被杀？"

答道："他这个人有点小聪明，但是不曾知道君子的大道，那只足以杀害自己的身体罢了。"

【注释】

① 盆成括——赵岐《注》云："盆成，姓；括，名也。"《晏子春秋·外篇第七》有一盆成适，另是一人。

14·30　孟子之滕，馆于上宫①。有业屦②于牖上，馆人求之弗得。或问之曰："若是乎从者之廋也？"

曰："子以是为窃屦来与？"

曰："殆非也。夫子③之设科也，往者不追，来者不拒。苟以是心至，斯受之而已矣。"

【译文】

孟子到了滕国，住在上宫。有一双没有织成的草鞋在窗上不见了，旅馆中人寻找不着。有人便问孟子说："像这样，是跟随您的人把它藏起来了吧？"

孟子说："你以为他们是为着偷草鞋而来的吗？"

答道："大概不是的。〔不过，〕你老人家开设课程，〔对学生的态度是〕去的不追问，来的不拒绝。只要他们怀着学习的心来，便也接受了〔，那难免良莠不齐呢〕。"

【注释】

① 上宫——朱熹《集注》云："上宫，别宫名。"赵岐《注》云："上宫，楼也。"焦循《正义》云："此'上宫'当如'上舍'，谓上等之馆舍也。"译文于此三说不作可否。　② 业屦——赵岐《注》云："织之有次业而未成也。"③ 夫子——据赵岐《注》，他的本子作"夫予"，则"夫"为提挈之词，"予"，孟子自称。那"夫予之设科也"以下为孟子之言，而不是馆人的话了。译文未采此说。

14·31　孟子曰："人皆有所不忍，达之于其所忍，仁也；人皆有所不为，达之于其所为，义也。人能充无欲害人之心，而仁不可胜用也；人能充无穿逾之心，而义不可胜用也；人能充无受尔汝之实①，无所往而不为义也。士未可以言而言，是以言餂②之也；可以言而不言，是以不言餂之也，是皆穿逾之类也。"

【译文】

孟子说："每个人都有不忍心干的事，把它扩充到所忍心干的事上，便是仁；每个人都有不肯干的事，把它扩充到所肯干的事上，便是义。〔换句话说，〕人能够把不想害人的心扩而充之，仁便用不尽了；人能够把不挖洞跳墙的心扩而充之，义便用不尽了；人能够把不受轻贱的实际言行扩而充之，〔以至所言所行都不会遭致轻贱，〕那无论到哪里都合于义了。〔怎样叫做挖洞跳墙呢？譬如，〕一个士人，不可以同他谈论却去同他谈论，这是用言语来诱他以便自己取利；可以同他谈论却不去同他谈论，这是用沉默来诱他以便自己取利，这些都是属于挖洞跳墙这一类型的。"

【注释】

① 无受尔汝之实——"尔"、"汝"为古代尊长对卑幼的对称代词，如果平辈用之，便表示对他的轻视、贱视。孟子之意，若要不受别人的轻贱，自己便先应有不受轻贱的言语行为，这便是"无受尔汝之实"。
② 餂——(tiǎn)，《方言》作"铦"，云："取也。"郭璞《注》云："谓挑取物也。"今天伸舌触物叫做"舔"，或者由此而来。

14·32　孟子曰："言近而指远者，善言也；守约而施①博者，善道也。君子之言也，不下带②而道存焉；君子

之守，修其身而天下平。人病舍其田而芸人之田——所求
于人者重，而所以自任者轻。"

【译文】

　　孟子说："言语浅近，意义却深远的，这是'善言'；所操持的简单，
效果却广大的，这是'善道'。君子的言语，讲的虽是常见的事情，可是'道'
就在其中；君子的操守，从修养自己开始，〔然后去影响别人，〕从而使
天下太平。有些人的毛病就在于放弃自己的田地，却去替别人芸田——
要求别人的很重，自己负担的却很轻。"

【注释】

① 施——《易·乾》："见龙在田，德施普也。"《疏》云："道德恩施能普
遍也。"《左传》僖公二十四年云："报者倦矣，施者未厌。"杜《注》云："施，
功劳也。有劳则望报过甚。"此"施"字之义与上两"施"字同，"恩惠"
之意。　　② 不下带——带，束腰之带。朱熹《集注》云："古人视不
下于带，则带之上乃目前常见至近之处也。举目前之近事，而至理存焉。"

　　14·33　　孟子曰："尧舜，性者也；汤武，反之也。动
容周旋中礼者，盛德之至也。哭死而哀，非为生者也。经
德不回①，非以干禄也。言语必信，非以正行②也。君子行
法，以俟命而已矣。"

【译文】

　　孟子说："尧舜的行仁德是出于本性，汤武经过修身来回复本性然
后力行。动作容貌无不合于礼的，是美德中极高的了。哭死者而悲哀，
不是做给生者看的。依据道德而行，不致违礼，不是为着谋求官职。言

语一定信实，不是为着要使人知道我的行为端正。君子依法度而行，〔结果如何〕等待命运罢了。"

【注释】

① 经德不回——赵岐《注》云："经，行也。""回"同"违"。违是违背礼节的意思，说见杨伯峻《论语译注》（2·5）。　② 非以正行——赵岐《注》谓"非以正行为名"，虽增字为释，然无他善解，姑从之。

14·34　孟子曰："说大人，则藐之，勿视其巍巍然。堂高①数仞，榱题②数尺，我得志，弗为也。食前方丈，侍妾数百人，我得志，弗为也。般乐饮酒，驱骋田猎，后车千乘，我得志，弗为也。在彼者，皆我所不为也；在我者，皆古之制也，吾何畏彼哉？"

【译文】

孟子说："向诸侯进言，就得轻视他，不要把他高高在上的地位放在眼里。殿堂的基础两三丈高，屋檐几尺宽，我如果得志，不这样干。菜肴满桌，姬妾几百，我如果得志，不这样干。饮酒作乐，驰驱田猎，跟随的车子千把辆，我如果得志，不这样干。他所干的，都是我所不干的；我所干的，都符合古代制度，那我为什么要怕他呢？"

【注释】

① 堂高——焦循《正义》云："经传称堂高者，皆指堂阶而言。"故译文加"基础"两字。　② 榱题——榱（cuī），本义是房椽子（支持房顶承托灰瓦的细长条木材），此处可能指屋檐而言，详焦循《正义》。

14·35 孟子曰："养心莫善于寡欲。其为人也寡欲，虽有不存①焉者，寡矣；其为人也多欲，虽有存①焉者，寡矣。"

【译文】

孟子说："修养心性的方法最好是减少物质欲望。他的为人，欲望不多，那善性纵使有所丧失，也不会多；他的为人，欲望很多，那善性纵使有所保存，也是极少的了。"

【注释】

① 不存、存——此指孟子所谓"善性"、"夜气"而言，《离娄下》云："人之所以异于禽兽者几希，庶民去之，君子存之。"(8·19)《告子上》亦云："虽存乎人者，岂无仁义之心哉？"(11·8)诸"存"字即此"存"字。赵岐《注》以人的生死释之，大误。

14·36 曾皙嗜羊枣①，而曾子不忍食羊枣。公孙丑问曰："脍炙②与羊枣孰美？"

孟子曰："脍炙哉！"

公孙丑曰："然则曾子何为食脍炙而不食羊枣？"

曰："脍炙所同也，羊枣所独也。讳名③不讳姓，姓所同也，名所独也。"

【译文】

曾皙喜欢吃羊枣，曾子因而不忍吃羊枣。公孙丑问道："炒肉末同羊枣哪一种好吃？"

孟子答道："炒肉末呀！"

公孙丑又问："那么，曾子为什么吃炒肉末却不吃羊枣？"

答道："炒肉末是大家都喜欢吃的，羊枣只是个别人喜欢吃的。犹之如父母之名应该避讳，姓却不避讳，因为姓是大家相同的，名却是他独自一个人的。"

【注释】

① 羊枣——何焯《义门读书记》云："羊枣非枣也，乃柿之小者。初生色黄，孰则黑，似羊矢，其树再接则成柿。今俗呼牛奶柿，一名梬枣。"
② 脍炙——肉之细切剁碎的叫脍，即今之肉臊子。炙，烧肉也，因古代烹调之法已不得知，姑以"炒肉末"译之。　　③ 讳名——古代于父母、君上的名字，讲不得，写不得，叫做避讳。

14·37　万章问曰："孔子在陈曰：'盍归乎来！吾党之小子①狂简，进取，不忘其初②。'孔子在陈，何思鲁之狂士？"

孟子曰："孔子'不得中道而与之③，必也狂狷④乎！狂者进取，狷者有所不为也'。孔子岂不欲中道哉？不可必得，故思其次也。"

"敢问何如斯可谓狂矣？"

曰："如琴张⑤、曾皙、牧皮⑥者，孔子之所谓狂矣。"

"何以谓之狂也？"

曰："其志嘐嘐⑦然，曰：'古之人，古之人。'夷⑧考其行，而不掩焉者也。狂者又不可得，欲得不屑不絜之士而与之，是獧也，是又其次也。孔子曰：'过我门而不入我室，我不憾焉者，其惟乡原⑨乎！乡原，德之贼也。'"

曰："何如斯可谓之乡原矣？"

曰："'何以是嘐嘐也？言不顾行，行不顾言，则曰，古之人，古之人⑩。行何为踽踽凉凉⑪？生斯世也，为斯世也，善斯可矣。'阉然媚于世也者，是乡原也。"

万子曰："一乡皆称原人焉，无所往而不为原人，孔子以为德之贼，何哉？"

曰："非之无举也，刺之无刺也，同乎流俗，合乎污世，居之似忠信，行之似廉絜，众皆悦之，自以为是，而不可与入尧舜之道，故曰'德之贼'也。孔子曰：恶似而非者：恶莠，恐其乱苗也；恶佞，恐其乱义也；恶利口，恐其乱信也；恶郑声，恐其乱乐也；恶紫，恐其乱朱也；恶乡原，恐其乱德也。君子反经⑫而已矣。经正，则庶民兴；庶民兴，斯无邪慝矣。"

【译文】

万章问道："孔子在陈国，说道：'何不回去呢！我那些学生们志大而狂放，进取而不忘本。'孔子在陈国，为什么思念鲁国这些狂放之人？"

孟子答道："孔子说过：'得不着中行之士同他相交，那一定只能结识狂放之人和狷介之士吧。狂放之人向前进取，狷介之士有所不为。'孔子难道不想中行之士吗？不能一定得到，所以只想次一等的了。"

"请问，怎么样的人才能叫做狂放的人？"

答道："像琴张、曾皙、牧皮这类人就是孔子所说的狂放的人。"

"为什么说他们是狂放的人呢？"

答道："他们志大而言夸，嘴巴总是说：'古人呀，古人呀！'可是一考察他们的行为，却不和言语相吻合。这种狂放之人如果又不可以得到，便想和不屑于做坏事的人来交友，这便是狷介之士，这又是次一等的。孔子说："从我家大门经过，却不进到我屋里来，我不觉得不满意的，那只有好好先生吧。好好先生，是贼害道德的人呢。'"

问道："怎样的人就可以叫他做好好先生呢？"

答道："〔好好先生批评狂放之人说：〕'为什么这样志气高大呢？实在是言语不能和行为相照应，行为也不能同言语相照应，就只说古人呀，古人呀。'〔又批评狷介之士说：〕'又为什么这样落落寡合呢？'〔又说：〕'生在这个世界上，为这个世界做事，只要过得去便行了。'八面玲珑，四方讨好的人就是好好先生。"

万章说："全乡的人都说他是老好人，他也到处表现出是一个老好人，孔子竟看他为贼害道德的人，为什么呢？"

答道："这种人，要指摘他，却又举不出什么大错误来；要责骂他，却也无可责骂的，他只是同流合污，为人好像忠诚老实，行为好像方正清洁，大家也都喜欢他，他自己也以为正确，但是与尧舜之道完全违背，所以说他是贼害道德的人。孔子说过，厌恶那种外貌相似内容全非的东西：厌恶狗尾草，因为怕它把禾苗搞乱了；厌恶不正当的才智，因为怕它把义搞乱了；厌恶夸夸其谈，因为怕它把信实搞乱了；厌恶郑国的乐曲，因为怕它把雅乐搞乱了；厌恶紫色，因为怕它把大红色搞乱了；厌恶好好先生，就因为怕它把道德搞乱了。君子使一切事物回到经常正道便行了。经常正道不被歪曲，老百姓就会兴奋积极；老百姓兴奋积极，就没有邪恶了。"

【注释】

① 小子——朱熹《集注》本作"士"，今从监本、汲古阁本。　②"盖

归乎来"等句——《论语·公冶长篇》："子在陈曰：'归与归与！吾党之小子狂简，斐然成章，不知所以裁之。'"和万章所说略有不同。　③孔子不得中道而与之——《论语·子路篇》："子曰：'不得中行而与之，必也狂狷乎！狂者进取，狷者有所不为也。'"据孟子所言亦似引孔子之语，故朱熹《集注》云："'孔子'下当有'曰'字。"译文从朱说，作孟子引孔子之言。"中行"即不左不右，不偏不倚，一切都恰合于仁义道德的。④狷——朱熹《集注》本、焦循《正义》本都作"獧"，"獧"同"狷"。⑤琴张——此人古书凡两见，《左传》昭公二十年云："琴张闻宗鲁死，将往吊之。"《庄子·大宗师篇》云："子桑户、孟子反、子琴张三人相与友。"贾逵、郑众以及赵岐都以为即颛孙师（字子张），恐不可信。至王肃伪造《孔子家语》以为即琴牢，《读书杂志》已引王引之之说辨驳之矣。此人因未见于《仲尼弟子列传》，已不能详知。　⑥牧皮——无考。马叙伦《庄子义证》疑心牧皮就是《论语·雍也篇》的孟子反，亦欠确证。　⑦嘐嘐——嘐(xiāo)，赵岐《注》云："嘐嘐，志大言大者也。"⑧夷——此字不可解，前人有疑其为语首助词而无义者。　⑨乡原——"原"同"愿"，《说文》云："愿，谨也。"《左传》襄公三十一年云："子皮曰：'愿，吾爱之，不吾叛也。'"杜注云："愿，谨善也。"　⑩"何以是嘐嘐也"等句——朱熹《集注》云："乡原讥狂者曰，何用如此嘐嘐然，行不掩其言，而徒每事必称古人耶？"此说甚是，焦循《正义》以为乡原亦称古之人，恐非。　⑪行何为踽踽凉凉——踽(jǔ)。朱熹《注》云："踽踽，独行不进之貌。"　⑫反经——这种结构犹如《论语·颜渊篇》的"复礼"，"归于礼法"便叫"复礼"，"归于经常"便叫"反经"，"反"同"返"。

14·38　孟子曰："由尧舜至于汤，五百有馀岁；若禹、皋陶，则见而知之；若汤，则闻而知之。由汤至于文王，五百有馀岁，若伊尹、莱朱①，则见而知之；若文王，则闻而知之。由文王至于孔子，五百有馀岁，若太公望、散宜生②，则见而知之；若孔子，则闻而知之。由孔子而来至于今，百有馀岁，去圣人之世若此其未远也，近圣人之居若此其甚也，然而无有乎尔，则亦无有乎尔。"

【译文】

孟子说："从尧舜到汤，经历了五百多年，像禹、皋陶那些人，便是亲身看见尧舜之道而知道的；像汤，便是只听到尧舜之道而知道的。从汤到文王，又有五百多年，像伊尹、莱朱那些人，便是亲自看见而知道的；像文王，便只是听到而知道的。从文王到孔子，又有五百多年，像太公望、散宜生那些人，便是亲自看见而知道的；像孔子，便只是听到而知道的。从孔子一直到今天，一百多年了，离开圣人的年代像这样的不远，距离圣人的家乡像这样的近，但是没有承继的人，也竟然没有承继的人了。"

【注释】

① 莱朱——赵岐《注》云："莱朱，亦汤贤臣也。一曰仲虺是也。"焦循《正义》云："在汤时，举一伊尹、莱朱，则当时贤臣如女鸠、女房、义伯、仲伯、咎单等括之矣。在文王时，举一太公望、散宜生，则虢叔、泰颠、闳夭、召公、毕公、荣公等括之矣。非谓见知者，仅此一二人也。"译文从此说，故加"那些人"三字。　　② 散宜生——《尚书·君奭篇》有其名。伪《孔传》以为姓散名宜生，江声《尚书集注音疏》云："《大戴礼·帝系》云：'尧取于散宜氏之子。'则散宜为氏，自古有之，伪《孔》非是。"

孟子词典

例　言

一、本词典论"词"不论"字"，偶亦收近于"词"的"词
　　组"。

二、排列依笔画为次，同笔画者依所属部首为先后。多音词
　　先依第一字的笔画，次依第二字的笔画。

三、凡见于《孟子》本文之词，不论基本词或者派生词，习
　　见义或者罕见义，一律载入。

四、每词每义都标注出现次数。对于实词，分别词义，而不
　　一定分别词性；对于虚词，则分别词性。

五、基本词之习见义，一般不加解释。

六、词典与注释交相为用。注释有较详解说者，多在词典中
　　加以注明，以便参阅。

七、每义仅举一例。间有举三数例句者，则因其用法微有不
　　同，并举之以示区别。

八、例句后括弧中的数字就是篇章的数字，和本文每章之首
　　的数字相同，检查甚便。

九、旧日的训诂，我们嫌其粗疏，未必便于今日的读者；本

词典的释义，虽然大多承袭了前人的研究成果，但解说方式则出自心裁。错误自难避免，欢迎读者指教。

一　画

一（119次）①数词（109次）：
吾何爱一牛（1·7）以一服八
（1·7）耕者九一（2·5）

②副词，表示两件相为因果的事
情时间上的紧接（6次）：文
王一怒而安天下之民（2·3）

③一统，统一（3次）：定于一
（1·6）孰能一之（1·6）

④开始（1次）：见"汤一征自葛
始"（2·11）注。

一介（2次）犹言"一点点"，
见"一介不以与人，一介不以
取诸人"（9·7）注。

一夫（2次）即"独夫"：
见"残贼之人谓之一夫"
（2·8）注。

一间（1次）极言其相距不远：
然则非自杀之也，一间耳
（14·7）

二　画

七（28次）数词：七十者可以食
肉矣（1·3）七八月之间旱
（1·6）

乃（11次）①连系性动词，与
现代语"便是"、"就是"
相当（2次）：是乃仁术也
（1·7）

②顺承连词，和现代语"就"、
"便"、"于是"相当（6
次）：民乃作慝（2·4）

③副词，如此、这样（1次）：夫
我乃行之（1·7）

④转折连词的他转，和"至于"
相当（2次）：乃所愿则学孔
子也（3·2）

乃若（2次）表示他转的转折连
词，与"乃"的④用法同：乃
若所忧则有之（8·28）

九（11次）数词：海内之地方千
里者九（1·7）

二（39次）数词：君请择于斯二
者（2·15）

二三子（1次）尊长对卑幼表多
数的对称词：二三子何患乎无
君（2·15）

人（469次）①名词，一般意
义（426次）：狗彘食人食
（1·3）

②名词，指特定的某种人或某
个人（2次）：人不足与适

也（7·20）予私淑诸人也（8·22）

③名词人才（5次）：为天下得人者谓之仁（5·4）

④量词（7次）：吾有司死者三十三人（2·12）

⑤代词，别人，人家（29次）：老吾老以及人之老（1·7）

——另见"野人"。

人人（3次）每个人：人人亲其亲长其长而天下平（7·11）

人伦（6次）古人以为父子、君臣、夫妇、长幼、朋友五种关系是人类社会中不可变革的，而处理这五种关系又必须依循一定的准则，因之便把它们叫"人伦"或"伦常"：使契为司徒，教以人伦——父子有亲，君臣有义，夫妇有别，长幼有叙，朋友有信（5·4）

入（27次）①"出入"之"入"（23次）：数罟不入洿池（1·3）

②意义同"内外"之"内"（3次）：入以事其父兄（1·5）入则无法家拂士（12·15）

③意义同"纳"（1次）：既入其苙（14·26）

八（10次）数词：八口之家可以无饥矣（1·7）

八音（1次）指八种不同质料所制的乐器，见"四海遏密八音"（9·4）注。

几（1次）古代老年人坐时所用以倚靠的矮凳，见"隐几而卧"（4·11）注。

几〔幾〕（4次）①多少（1次）：子来几日矣（7·24）

②平声，近也（1次）：几千人矣（2·12）

③同"冀"，希望（1次）：何不使彼为可几及而日孳孳也（13·41）

——另见"庶几"。

几希（4次）很少，极少：人之所以异于禽兽者几希（8·19）

力（23次）①名词（22次）：文王以民力为台为沼（1·2）

②副词，努力地（1次）：子力行之（5·3）

力役（1次）力役之征（14·27）

十（55次）数词：或五十步而后止（1·3）君十卿禄（10·2）

又（34次）副词：今又倍地而不行仁政（2·11）

三　画

丈（1次）食前方丈（14·34）

丈夫（6次）年满二十岁的男子，见"有贱丈夫焉"（4·10）注。

三（50次）数词，如用作副词，有时只是虚数，言其多而已：前以三鼎而后以五鼎与（2·16）三过其门而不入（8·29）卿禄三大夫（10·2）

三公（1次）公卿的总称：柳下惠不以三公易其介（13·28）

三王（2次）夏禹、商汤以及周代之文王武王这三代之王的总称：周公思兼三王以施四事（8·20）

三代（3次）夏、商、周三个朝代的总称：三代共之（5·2）

三危（1次）古代西方边疆地名，见"杀三苗于三危"（9·3）注。

三军（5次）军队之意：是畏三军者也（3·2）

三苗（1次）古代国名，见"杀三苗于三危"（9·3）注。

上（29次）①方位名词（9次）：王立于沼上（1·2）

②方位词用如形容词，表示等第（3次）：上农夫食九人（10·2）后举而加诸上位（10·6）

③方位词用如副词（1次）：夫蚓上食槁壤（6·10）

④动词，同"尚"，加也（1次）：草尚之风，必偃（5·2）

⑤名词，在上位之人（15次）：人不得则非其上矣（2·4）

上下（7次）①上面和下面（3次）：无分于上下乎（11·2）上下与天地同流（13·13）

②在上者和在下者（4次）：上下交征利（1·1）

上士（7次）古代官阶：上士一位（10·2）

上世（1次）上古：盖上世尝有不葬其亲者（5·5）

上刑（1次）最重的刑罚：故善战者服上刑（7·14）

上帝（3次）天帝：惟曰其助上帝宠之（2·3）

上宫（1次）高等宾馆，见"馆于上宫"（14·30）注。

下（39次）①方位词（18次）：民归之由水之就下（1·6）

②表等第（5次）：下食五人（10·2）其下（12·14）

③在下位之人（8次）：是上慢而残下也（2·12）

④动词（7次）：沛然下雨（1·6）

⑤副词（1次）：下饮黄泉（6·10）

下士（7次）古代的官阶：下士一位（10·2）

与（225次）①动词，给与（31次）：子哙不得与人燕（4·8）

②动词，交与，偕同（2次）：孔子不得中道而与之（14·37）

③去声，动词，参预（4次）：思天下之民匹夫匹妇有不与被尧舜之泽者（10·1），又见"巍巍乎有天下而不与焉"（5·4）注。

④动词，相同（1次），见"此又与于不仁之甚者也"（11·18）注。

⑤动词，随从（2次）：孰能与之（1·6）

⑥介词（92次）㈠同，和：古之人与民偕乐（1·2）㈡向：齐人无以仁义与王言者（4·2）㈢为：昔者赵简子使王良与嬖奚乘（6·1）

⑦并列等立连词，和，同（28次）：谷与鱼鳖不可胜食（1·3）

⑧连词，与其（1次）：与我处畎亩之中，由是以乐尧舜之道，吾岂若使是君为尧舜之君哉（9·7）

⑨语气词，同"欤"（64次）：然则废衅钟与（1·7）

与国（1次）同盟国：我能为君约与国（12·9）

万（20次）数词：万乘之国（1·1）或相千万（5·4）

万子（1次）**万章**（22次）孟子学生之名：万章问曰（6·5）

久（14次）久远（1次）行乎国政如彼其久也（3·1）舜禹益相去久远（9·6）

义（108次）①合于某种道和理的叫义（98次）：亦有仁义而已矣（1·1）

②道理，正理（10次）：天下之通义也（5·4）

乞（2次）乞求：乞其馀（8·33）

也（1214次）语气词　①表停顿：寡人之于国也，尽心焉耳矣（1·3）

②表终结和肯定：未有仁而遗其亲者也（1·1）

③表疑问，句中一定有疑问代词或者形容词或者副词：何也（1·3）

④表必然之境界，用法同"矣"：无是馁也（3·2）

⑤表限止，用法同"耳"：利与善之间也（13·25）

乡（11次）①乡里（5次）：死徙无出乡（5·3）

②同"向"，不久的以前（3次）：乡为身死而不受（11·10）

③同"向"，向往（2次）：君不乡道（12·9）

④同"向"，方向，朝向（1次）：莫知其乡（11·8）

乡人（7次）①本乡本土之人（3次）：先酌乡人（11·5）

②野人，一般农民（4次）：我由未免为乡人也（8·28）

乡里（1次）乡党（3次）本乡本土，同乡之人：乡里同井（5·3）非所以要誉于乡党朋友也（3·6）

乡原（5次）一乡的好好先生：其惟乡原乎（14·37）

于（34次）①国名，同"邘"（2次）：见"侵于之疆"（6·5）注。

②动词，取也（1次）：见"杀越人于货"（10·4）注。

③动词，往也（1次）：见"昼尔于茅"（5·3）注。

④介词（30次）㊀在、至、对诸义：定于一（1·6）㊁表比较：于汤有光（6·5）㊂为也，助也：汝其于予治（9·2）㊃被动句中介出主动者：愠于群小（14·19）

于时（1次）于是：畏天之威，于时保之（2·3）

于〔於〕（496次）介词：王立于沼上（1·2）则无望民之多于邻国也（1·3）王如施仁政于民（1·5）民之憔悴于虐政（3·1）

于是（2次）于是始兴发补不足（2·4）

亡（27次）①死亡（4次）：民欲与之偕亡（1·2）

②丧失（6次）：舍则亡（11·3）

③灭亡（8次）：暴其民甚则身弑国亡（7·2）

④出外，或者去位，或者去国（3次）：今日不知其亡也（2·7）　阳货瞰孔子之亡也而馈孔子蒸豚（6·7）

⑤乐酒无厌（3次）：流连荒亡（2·4）

⑥同"无"（3次）：若夫君子所患则亡矣（8·28）

亿（1次）十万：其丽不亿（7·7）

凡（10次）①形容词，平常的，普通的（2次）：待文王而后兴者凡民也（13·10）

②形容词，表数，一切，所有（5次）：故凡同类者举相似也（11·7）

③副词，总共（3次）：凡五等也

（10·2）

刃 （3次）刀锋：兵刃既接（1·3）

千 （29次）数词：不远千里而来（1·1）

习 （1次）习惯：习矣而不察焉（13·5）

卫 （8次）国名：郑人使子濯孺子侵卫（8·24）

卫孝公 （1次）春秋时卫国之君：于卫孝公，公养之仕也（10·4）

卫灵公 （1次）春秋时卫国之君：于卫灵公，际可之仕也（10·4）

口 （17次）①"口舌"、"口腹"之口（14次）：为肥甘不足于口与（1·7）士憎兹多口（14·19）

②量词，用以计算人数（3次）：数口之家可以无饥矣（1·3）

土 （7次）①土地，泥土（6次）：且比化者无使土亲肤（4·7）

②同"杜"，树根，见"彻彼桑土"（3·4）注。

土地 （10次）欲辟土地（1·7）

士 （64次）①古代社会阶层之一（56次），见"则天下之士皆悦而愿立于其朝矣"（3·5）及"士之不托诸侯何也"

（10·6）注。

②古代官阶之一（5次）：士师不能治士（2·6）

③古代司法官（1次）：皋陶为士（13·35）

④人名（2次）：见"尹士语人曰"（4·12）注。

——另见"上士"、"下士"、"中士"、"元士"。

士师 （3次）古代司法官，同"士"的③：为士师则可以杀之（4·8）

夕 （1次）黄昏：夕不食（12·14）

大 （103次）①名词，大的东西，大国（8次）：以小易大（1·7）

②形容词（78次）：若是其大乎（2·2）

③副词（12次）：吊者大悦（5·2）

④动词（2次）：王请大之（2·3）

⑤善，好（2次）：见"先生之志则大矣"（12·4）注。

⑥哲学术语（1次）：充实而有光辉之谓大（14·25）

大人 （12次）有时指在高位之人，有时指有德之人，偶尔以之指"圣人"之在位者：说大人则藐之（14·34）从其大体为大人（11·15）有大人者（13·19）

大丈夫（3次）此之谓大丈夫（6·2）

大夫（30次）古代官阶：大夫一位（10·2）

大王（2次）即"太王"，见"故太王事獯鬻"（2·3）注。

大师（1次）即"太师"，古代乐官之长：召大师曰（2·4）

大邑（1次）殷周两代自称之词：惟臣附于大邑周（6·5）

大事（3次）指丧礼而言：恐其不能尽于大事（5·2）

大故（1次）重大事故，此指父丧，见"今也不幸至于大故"（5·2）注。

大略（1次）此其大略也（5·3）

大舜（2次）对舜的尊称：大舜有大焉（3·8）

女（18次）①"男女"之"女"（11次）：爱及姜女（2·5）

②去声，动词，嫁也。（2次）：涕出而女于吴（7·7）

③同"汝"，对称代词（5次）：予及女偕亡（1·2）

女子（2次）女子之嫁也，母命之（6·2）

子（134次）①男子之通称（3次）：夫二子之勇未知其孰贤（3·2）

②名词，儿女（55次）：老而无子曰独（2·5）

③动词，以为儿女（2次）：父不得而子（9·4）

④副词，像儿女似地（1次）：庶民子来（1·2）

⑤古代爵位之一（3次）：子男同一位（10·2）

⑥代词，表对称（70次）：而子为我愿之乎（3·1）

——另见"树子"。

子之（1次）人名：子之不得受燕于子哙（4·8），参"齐人伐燕，胜之"（2·10）注。

子产（5次）公孙侨之字，见"子产听郑国之政"（8·2）注。

子孙（1次）后世子孙必有王者矣（2·14）

子弟（7次）年辈较低之人：系累其子弟（2·11）

子贡（7次）孔子学生端木赐之字：宰我、子贡善为说辞（3·2）

子张（2次）孔子学生颛孙师之字：子夏、子游、子张皆有圣人之一体（3·2）

子叔疑（1次）人名，见"异哉子叔疑"（4·10）注。

子思（16次）孔子之孙，见"昔者鲁缪公无人乎子思之侧"

（4·11）注。

子柳（1次）即泄柳，见"泄柳申详无人乎缪公之侧"（4·11）注。

子哙（2次）燕王之名，见"齐人伐燕，胜之"（2·10）注。

子夏（3次）孔子学生卜商之字：北宫黝似子夏（3·2）

子敖（3次）齐国右师王欢之字：乐正子从于子敖之齐（7·24）

子游（2次）孔子学生言偃之字：子夏、子游、子张皆有圣人之一体（3·2）

子莫（1次）人名，见"子莫执中"（13·26）注。

子都（2次）人名，见"至于子都"（11·7）注。

子路（6次）孔子学生仲由之字：吾子与子路孰贤（3·1）

子襄（1次）人名：昔者曾子谓子襄曰（3·2）

子濯孺子（2次）人名，见"郑人使子濯孺子侵卫"（8·24）注。

子遗（1次）剩馀：靡有子遗（9·4）

寸（4次）中古棺七寸（4·7）
——另见"尺寸"。

小（53次）①形容词（36次）：民犹以为小也（2·2）王请无好小勇（2·3）
②形容词作名词用，小的事物，小国，小人（10次）：以小易大（1·7）然则小固不可以敌大（1·7）慴于群小（14·19）
③副词（3次）：今病小愈（4·2）
④动词（3次）：㊀使动用法：匠人斲而小之（2·9）㊁意动用法：孔子登东山而小鲁，登泰山而小天下（13·24）
⑤精细，细致（粗大之反）（1次）：巨屦小屦同贾，人岂为之哉（5·4）
——另见"褊小"。

小人（16次）①指老百姓，小民（9次）：小人之德草也（5·2）
②品德恶劣的人（6次）：士诚小人也（4·12）
③自称的谦辞（1次）：小人学射于尹公之他（8·24）

小丈夫（1次）意同"小人"②：予岂若是小丈夫然哉（4·12）

小子（3次）学生们：小子听之（7·8）

小功（1次）古代丧服的一种，见"而缌小功之察"（13·46）注。

小弁（3次）《诗》篇名：《小弁》，小人之诗也（12·3）

尸 （1次）古代祭祀，以童年男女代表受祭主，便叫"尸"：弟为尸，则谁敬（11·5）

山 （8次）斧斤以时入山林（1·3）

川 （1次）为下必因川泽（7·1）

工 （7次）①手工艺者（5次）：何为纷纷然与百工交易（5·4）

②对驾车的人偶亦称"工"（2次）：天下之贱工也（6·1）

工师 （2次）建筑师：则必使工师求大木（2·9）

已 （33次）①动词，罢休，休止（21次）：如不得已（2·7），又参"毁诸已乎"（2·5）注。

②动词，罢免（1次）：已之（2·6）

③副词，已经（3次）：今乘舆已驾矣（2·16）

④副词，太（2次）：是皆已甚（6·7）

⑤语气词，同"矣"，相当今日的"了"（6次）：然则王之所大欲可知已（1·7）

——另见"而已"、"而已矣"。

已矣 （3次）语气词的连用：①同"矣"或"已"（2次）：则君子之所养可知已矣（6·7）

②同"也"（1次）：是则章子已矣（8·30）

己 （35次）自己：①主位，己频顣曰（6·10）

②宾位，民以为将拯己于水火之中也（2·11）

③领位，尧以不得舜为己忧（5·4）

干 （5次）①古代武器（2次）：见"干戈戚扬"（2·5）注。

②动词，干求（3次）：则是干泽也（4·12）

干〔乾〕 （1次）"湿"之反：然而旱干水溢（14·14）

弓 （8次）弓矢斯张（2·5）

弓人 （1次）作弓的人：由弓人而耻为弓（3·7）

才 （11次）①才能（3次）：其为人也小有才（14·29）

②有才能之人（5次）：才也养不才（8·7）

③孟子哲学术语，意指本性（3次）：见"非才之罪也"（11·6）注。

——又见"英才"。

广 （4次）广大，宽广：居天下之广居（6·2）

门 （18次）蹴门而告文公曰（5·4）

门人 （2次）学生：门人治任将归（5·4）

门户（2次）饥饿不能出门户（12·14）

飞（1次）凤凰之于飞鸟（3·2）

飞廉（1次）人名：驱飞廉于海隅而戮之（6·9）

马（14次）厩有肥马（1·4）

四　画

无（268次）①没有（222次）：无如寡人之用心者（1·3）

②否定副词，不（17次）：持其志无暴其气（3·2）

③否定的命令或愿望的副词，同"毋"，不要（29次）：则无望民之多于邻国也（1·3）

无名之指（1次）第四个手指：今有无名之指（11·12）

专（4次）①专一（2次）：不专心致志则不得也（11·9）

②专擅，专权（2次）：无专杀大夫（12·7）

不（1066次）①否定副词，一般的否定（1065）：不远千里而来（1·1）

②否定副词，表示禁止，"不必"、"不要"的意思（1次）：夷子不来（5·5）

不日（1次）犹言"不终日"，可译为"没有一天"或者"不到几天"：不日成之（1·2）

不肖（6次）不贤：前日不知虞之不肖（4·7）

丑（1次）景丑自称其名：丑见王之敬子也（4·2）

丑〔醜〕（1次）相若，相同，相等：今天下地丑德齐（4·2）

为（469次）①连系性动词，是（70次）：不为不多矣（1·1）

②动词，古代使用"为"字作动词极为灵活，可以随文生义，在《孟子》中大致有下列诸义（288次）：㊀作为，做：为民父母（1·4）㊁治理：王之为都者（4·4）㊂制作：为此诗者其知道乎（3·4）㊃解说：固矣夫，高叟之为诗也（12·3）㊄信仰而实践之：有为神农之言者许行（5·4）

③动词，同"谓"（3次）：而子为我愿之乎（3·1）

④动词，有也（2次）：将为君子焉，将为野人焉（5·3）

⑤去声，副词，将也（1次）：君为来见也（2·16）

⑥去声，介词（101次），㊀因为，为着：为其象人而用之也（1·4）㊁代替：为长者折枝（1·7）㊂向：臣请为王言乐（2·1）

⑦连词，与，同（1次）：得之为有财（4·7）

⑧语气词，一定与疑问词用在一起（3次）：子何以其志为哉（6·4）

——另见"之为"、"以为"。

为臣（2次）臣位：致为臣而去（4·5）

为间（2次）即"有间"，一会儿：夷子怃然为间曰（5·5）

中（42次）①方位词（26次）：则是方四十里为阱于国中（2·2）

②表等第（2次）：中食七人（10·2）

③作动词用，"在中间"之意（3次）：中天下而立（13·21）

④哲学术语，"中庸"无过无不及（4次）：汤执中（8·20）

⑤有"中庸"道德的人（4次）：中也养不中（8·7）

⑥去声，射箭中靶，与相合（3次）：发而不中（3·7）动容周旋中礼者盛德之至也（14·33）

中士（7次）古代官阶之一：中士倍下士（10·2）

中心（2次）以德服人者中心悦而诚服也（3·3）

中古（1次）表时代之词，见"中古棺七寸"（4·7）注。

中国（8次）①指汉民族所居的全部土地（7次）：莅中国（1·7）

②指首都（1次），见"夫然后之中国践天子位焉"（9·5）注。

中道（2次）即孔子的"中行"，遇事合于他们所谓中庸之德的人：孔子不得中道而与之（14·37）

乌获（2次）人名，见"然则举乌获之任，是亦为乌获而已矣"（12·2）注。

丹（1次）白圭自称其名：丹之治水也愈于禹（12·11）

丹朱（1次）尧的儿子，见"丹朱之不肖"（9·6）注。

之（1902次）①代词，作宾语用（844次）：而民欢乐之（1·2）

②形似宾语而实非宾语（3次）：则苗浡然兴之矣（1·6）

③小品词（1007次）：万乘之国（1·1）寡人之于国也（1·3）子是之学亦为不善变矣（5·4）

④代词，用法同"其"（4次）：作之君，作之师（2·6）

⑤动词，适，往（42次）：牛何之（1·7）

⑥连词，用法同"与"（1次），

见"得之不得"（9·8）注。

⑦人名，夷之自称（1次）：之则
以为爱无差等（5·5）

之为（3次）用于倒装句，帮
助倒装，无义：当务之为急
（13·46）

予（45次）自称代词，用作主语
和宾语，不用于领位：予及女
偕亡（1·2）

书（14次）①书籍，著作（1
次）：读其书（10·8）

②盟约（1次）：诸侯束牲载书而
不歃血（12·7）

③《尚书》（12次）：尽信《书》
不如无《书》（14·3）

云（31次）动词，说：《诗》云
（1·2）

云乎（2次）表疑问语气词，见
"事之云乎"（10·7）注。

云尔（4次）语气词，罢了：是
何足与言仁义也云尔（4·2）

云〔雲〕（2次）天油然作云
（1·6）

云汉（1次）《诗经》篇名：
《云汉》之诗曰（9·4）

五（47次）①表计数之词（44
次）：或五十步而后止
（1·3）

②表序数之词（1次）：五命曰
（12·7）

③副词，五次（2次）：五就汤五

就桀者，伊尹也（12·6）

五谷（6次）各种谷物的总称：
五谷不登（5·4）

五音（2次）音阶之名，见"不
以六律不能正五音"（7·1）
注。

五霸（7次）五个霸主，见
"五霸者三王之罪人也"
（12·7）注。

井（10次）①井水的"井"（7
次）：今人乍见孺子将入于井
（3·6）

②井田的"井"（3次）：方里而
井（5·3）

——另见"市井"。

井地（2次）古人理想的一种
土地制度：使毕战问井地
（5·3）

凤凰（1次）凤凰之于飞鸟
（3·2）

历（3次）①经历（2次）：舜之
相尧，禹之相舜也，历年多
（9·6）

②跨越，逾越（1次）：礼，朝廷
不历位而相与言（8·27）

厄（1次）处于困境：君子之厄于
陈蔡之间（14·18）

厄〔阨〕（1次）穷困，不
顺：是时孔子当厄（9·8）

厄穷（2次）穷困：厄穷而不悯
（3·9）

以（411次）①介词，"因"、"用"、"拿"、"把"、"依"诸义（281次）：文王以民力为台为沼（1·2）

②动词，以为（17次）：百姓皆以王为爱也（1·7）

③副词，太（4次）：三月无君则吊，不以急乎（6·3）

④动词，同"已"，止也（1次）：无以，则王乎（1·7）

⑤连词，连接两事，前一事为后一事所用的方法手段，后一事为前一事的目的，译为现代汉语可用"来"字（86次）：使不得耕耨以养其父母（1·5）

⑥连词，表原因（2次）：以其外之也（3·2）

⑦连词，其下多用"来"、"后"诸字（6次）：自生民以来（3·5）

⑧常置于副词或者助动词之下，其已经成为习惯常用词者如"可以"、"足以"等另见者外，尚有"能以"，如"皆能以朝诸侯"（3·2），"徒法不能以自行"（7·1）；"明以"，如"明以教我"（1·7）。有时亦置于"有"、"无"之下，如"有以异乎"、"无以异也"（1·4）。

——另见"可以"、"何以"、"足以"、"所以"、"是以"。

以为（29次）以为能胜其任也（2·9）

以至（1次）自耕稼陶渔以至为帝（3·8）

什（4次）意义同"十"，不过特用以表分数或倍数：其实皆什一也（5·3）或相什百（5·4）

仁（157次）亦有仁义而已矣（1·1）仁者无敌（1·5）仁则荣（3·4）

仆（3次）驾车之人：问其仆曰（8·24）

仆仆（1次）烦琐之貌：子思以为鼎肉使己仆仆尔亟拜也（10·6）

仇（2次）仇视，以为仇敌：葛伯仇饷（6·5）为匹夫匹妇复仇也（6·5）

——另见"寇仇"。

从（45次）①动词，跟随，随从，听从（41次）：然后从而刑之（1·7）必从吾言矣（3·2）

②介词，由也（3次）：施施从外来（8·33）

③同"纵"（1次）：从耳目之欲（8·30）

今（95次）当今之时（3·1）今夫天下之人牧未有不嗜杀人者

也（1·6）

今日（9次）今日病矣（3·2）

介（1次）操守，见"柳下惠不以
三公易其介"（13·28）注。

——另见"一介"。

仓（2次）①粮仓：故居者有积仓
（2·5）

②动词，人于仓库：乃积乃仓
（2·5）

仓廪（5次）粮库：而君之仓廪
实（2·12）

允（1次）真诚，确实：暬瞍亦允
若（9·4）

元（2次）脑袋：勇士不忘丧其元
（6·1）

元士（1次）古代官阶：元士受
地视子男（10·2）

内（21次）①内外之"内"（18
次）：海内之地（1·7）

②同"纳"，交结也（1次），见
"非所以内交于孺子之父母
也"（3·6）注。

③同"纳"，送进去（2次）：若己
推而内之沟中（9·7）

——另见"河内"。

公（14次）①"私"之反（6
次）：雨我公田（5·3）

②古代爵位或者官阶（6次）：公
侯皆方百里（10·2）公卿大
夫（11·16）

③指鲁平公（2次）：公曰（2·16）

——另见"三公"。

公行子（1次）人名：公行子有
子之丧（8·27）

公仪子（1次）人名，见"公仪
子为政"（12·6）注。

公孙丑（17次）孟子弟子：公
孙丑问曰（3·1）

公孙衍（1次）人名，见"公
孙衍、张仪岂不诚大丈夫哉"
（6·2）注。

公刘（1次）人名，见"昔者公
刘好货"（2·5）注。

公明高（3次）人名，见"长息
问于公明高曰"（9·1）注。

公明仪（4次）人名，见"公明
仪曰"（5·1）注。

公都子（9次）孟子弟子：公都
子以告（4·5）

公输子（1次）人名，见"公输
子之巧"（7·1）注。

六（3次）数词：贤圣之君六七作
（3·1）

六师（1次）古代天子六师，因
以为天子的军队的总称：三不
朝则六师移之（12·7）

六律（2次）古代乐音标准之
名，见"不以六律不能正五
音"（7·1）注。

兮（4次）语气词，仅用于诗歌
中：沧浪之水清兮（7·8）

凶（9次）灾荒，收成坏：河内凶则移其民于河东（1·3）

分（8次）①分别（5次）：人性之无分于善不善也，犹水之无分于东西也（11·2）

②分开来，分给（2次）：分田制禄可坐而定也（5·3）

③去声，分际，界限（1次）：分定故也（13·21）

勾践（1次）越王之名：勾践事吴（2·3）

勿（24次）不要：百亩之田勿夺其时（1·3）

化（5次）①化育（4次）：夫君子所过者化（13·13）

②死亡（1次），见"且比化者无使土亲肤"（4·7）注。

匹（1次）量词，见"力不能胜一匹雏"（12·2）注。

匹夫（9次）一个男人，指老百姓中的男子：此匹夫之勇（2·3）

匹妇（4次）一个女人，指老百姓中的女子：匹妇蚕之（13·22）

及（33次）①动词，到，至于（17次）：老吾老以及人之老（1·7）

②动词，赶上（5次）：晋楚之富不可及也（4·2）

③介词，等到（8次）：及寡人之身，东败于齐（1·5）

④介词，趁（2次）：及是时，明其政刑（3·4）

⑤连词，与，同（1次）：予及女偕亡（1·2）

及至（1次）介词，和"及"的③同：及至葬，四方来观之（5·2）

友（27次）①名词（8次）：王之臣有托其妻子于其友而之楚游者（2·6）

②动词（19次）：出入相友（5·3）

——另见"朋友"。

反（53次）①回（5次）：盖亦反其本矣（1·7）

②使回，回报（有报仇的意思）（4次）：夫民今而后得反之也（2·12）

③同"返"，回家（13次）：比其反也（2·6）

④使回家（3次）：反其旄倪（2·11）

⑤翻过来（5次）：以齐王由反手也（3·1）

⑥回报使命（5次）：然友反命（5·2）

⑦往还（2次）：反齐滕之路未尝与之言行事也（4·6）

⑧反躬，反省（16次）：反而求之（1·7）

反覆（3次）反覆之而不听则易位（10·9）

劝（2次）劝勉，勉励别人做某一件事：劝齐伐燕（4·8）

天（81次）①自然之天：天油然作云（1·6）

②命运之天：若夫成功则天也（2·14）

③略有主宰的涵义：无敌于天下者天吏也（3·5）

天下（172次）斯天下之民至焉（1·3）

天子（35次）天子适诸侯曰巡狩（2·4）

天道（1次）指自然和人的关系而言：圣人之于天道也（14·24）

夭（1次）短命而死：夭寿不贰（13·1）

太丁（1次）人名：太丁未立（9·6）

太山（4次）即"泰山"：挟太山以超北海（1·7）

太公（3次）太公望（1次）人名，见"太公辟纣"（7·13）及"若太公望、散宜生则见而知之"（14·38）注。

太王（2次）亦作"大王"，人名，见"故太王事獯鬻"（2·3）注。

太甲（6次）①人名（4次）：太甲颠覆汤之典刑（9·6）

②《尚书》篇名（2次）：《太甲》曰（3·4）

太誓（1次）即"《泰誓》"，《尚书》篇名，见"《太誓》曰"（6·5）注。

夫（68次）①名词，男子（9次）：顽夫廉（10·1）

②名词，丈夫（4次）：老而无夫曰寡（2·5）

③代词，他（3次）：夫既或治之（4·6）

④指示形容词，那（4次）：王知夫苗乎（2·6）

⑤提挈之词（45次）：夫谁与王敌（1·5）

⑥语气词，相当今日的"罢"（3次）：吾死矣夫（8·24）

——另见"大丈夫"、"大夫"、"小丈夫"、"丈夫"、"匹夫"、"今夫"、"若夫"、"农夫"、"褐夫"、"馀夫"。

夫人（1次）诸侯之妻：夫人蚕缲，以为衣服（6·3）

夫子（34次）①名词，丈夫（1次）：无违夫子（6·2）

②代词，对称，您（31次）：夫子之谓也（1·7）

③代词，他称，他老人家（2次）：以予观于夫子贤于尧舜

远矣（3·2）

夫里之布（1次）古代税收制度之一，见"廛无夫里之布"（3·5）注。

孔子（81次）孔子兼之（3·2）

孔距心（1次）人名：知其罪者惟孔距心（4·4）

少（5次）①"多"之反（2次）：邻国之民不加少（1·3）

②少数的人（1次）：与少乐乐，与众乐乐，孰乐（2·1）

③时间副词，少顷（1次）：少则洋洋焉（9·2）

④去声，年轻（1次）：人少，则慕父母（9·1）

少艾（1次）年轻貌美的女子，见"知好色，则慕少艾"（9·1）注。

尤（3次）罪过，归罪：畜君何尤（2·4）君无尤焉（2·12）

尹士（3次）人名：尹士语人曰（4·12）

尹公之他（5次）人名：庾公之斯学射于尹公之他（8·24）

尺（9次）尺地莫非其有也（3·1）

尺寸（3次）言其不大：无尺寸之肤不爱焉（11·14）

引（5次）①引弓（1次）：君子引而不发（13·41）

②延伸，伸长（1次）：则天下之民皆引领而望之矣（1·6）

③引道，领着，带着（3次）：引而置之庄岳之间数年（6·6）

币（6次）币帛，缯帛，古人以为礼品：汤使人以币聘之（9·7）无诸侯币帛饔飧（12·10）

心（117次）尽心焉耳矣（1·3）

——另见"中心"。

心志（1次）必先苦其心志（12·15）

心思（1次）既竭心思焉（7·1）

戈（2次）古代的兵器：干戈戚扬（2·5）

户（2次）单扇的门，室门：绸缪牖户（3·4）

——又见"门户"。

手（7次）以齐王由反手也（3·1）

支（1次）同"肢"：惰其四支（8·30）

文（5次）①名词，文辞（1次）：其文则史（8·21）

②名词，字（1次），见"不以文害辞"（9·4）注。

③动词，文饰（1次）：礼之实，节文斯二者是也（7·27）

④周文王的简称，常和"武"字连言：是故文武兴则民好善

（11·6）

⑤若"桓文"连言，则指晋文公
（1次）：仲尼之徒无道桓文
之事者（1·7）

文公（2次）指滕文公：踵门而
告文公曰（5·4）

文王（35次）周文王：文王以民
力为台为沼（1·2）

文绣（1次）衣服之有画和刺
绣的：所以不愿人之文绣也
（11·17）

斤（3次）斧：斧斤伐之
（11·8）

方（40次）①名词，"四方"、
"东方"的"方"（9次）：
远方之人闻君行仁政（5·4）

②表面积的词（21次）见"地方
百里而可以王"（1·5）注。

③"方圆"的"方"（3次）：不
以规矩不能成方圆（7·1）

④方法，方术（2次）：立贤无方
（8·20）

⑤动词，违背（1次）：方命虐民
（2·4）

⑥副词，正（2次）：周公方且膺
之（5·4）

⑦副词，才，方才（2次）：爰方
启行（2·5）

日（56次）①太阳（3次）：时日
害丧（1·2）

②日子，天，（49次）：子来几

日矣（7·24）日亦不足矣
（8·2）

③副词，每天地（4次）：虽日
挞而求其齐也，不可得矣
（6·6）

④白天（3次）：夜以继日
（8·20）

日至（2次）①冬至：千岁之日
至，可坐而致也（8·26）

②夏至：至于日至之时皆熟矣
（11·7）

曰（962次）①说（947次）：王
曰（1·1）

②叫做（15次）：谓其台曰灵台
（1·2）

月（13次）①月亮（2次）：其过
也如日月之食（4·9）

②月份（8次）：七八月之间旱
（1·6）

③时间的计算单位（3次）：今
既数月矣（4·5）月攘一鸡
（6·8）

木（11次）①树木（7次）：犹缘
木而求鱼也（1·7）

②木材（3次）：为巨室则必使工
师求大木（2·9）

③棺木（1次）：木若以美然
（4·7）

——另见"材木"、"乔木"。

止（16次）①休止，停留（14
次）：或百步而后止（1·3）

②退处，不做官（2次）：可以止则止（3·2）

比（12次）①动词，相比，看做（4次）：尔何曾比予于管仲（3·1）

②动词，旧读去声，比次，比近，一例看待（5次），见"子比而同之"（5·4）及"将比今之诸侯而诛之"（10·4）注。

③介词，去声，等到（1次）：比其反也（2·6）

④介词，去声，为也（2次）：愿比死者一洒之（1·5）

毛（1次）汗毛：拔一毛而利天下，不为也（13·26）

水（44次）①一般意义，有时亦指河流（43次）：民归之由水之就下（1·6）丹之治水也愈于禹（12·11）

②与"汤"对言，则意义为冷水（1次）：夏日则饮水（11·5）

火（13次）避水火也（2·10）

父（78次）为民父母（1·4）

牛（16次）有牵牛而过堂下者（1·7）

牛山（1次）齐国都城南郊的山名：牛山之木尝美矣（11·8）

犬（6次）事之以犬马（2·15）

王（224次）①古天子称王，战国时大国诸侯亦称王（21次）：吾王之好古乐，夫何使我至于此极也（2·1）

②特指圣明天子而言，如言"先王"（10次）、"王者"（9次）、"王政"（5次）、"圣王"（1次）。

③动词，去声，以德统一天下（30次）：然而不王者，未之有也（1·3）

④承上文或者用于对称，指特定之王，计指周文王者2次，指周武王者1次，指梁惠王者12次，指梁襄王者1次，指宋王者6次，指齐宣王者126次。

——另见"三王"。

王子（3次）当时大国诸侯之子：王子宫室车马衣服多与人同（13·36）

王子比干（2次）人名：又有微子、微仲、王子比干（3·1）

王子垫（1次）人名：王子垫问曰（13·33）

王良（3次）人名：昔者赵简子使王良与嬖奚乘（6·1）

王顺（1次）人名：王顺长息则事我者也（10·3）

王豹（1次）人名，见"昔者王豹处于淇而河西善讴"（12·6）注。

王道（1次）以德统一天下之道：王道之始也（1·3）

王驩（2次）人名：王使盖大夫王驩为辅行（4·6）

见（114次）①看见（85次）：就之而不见所畏焉（1·6）

②往见（21次）：孟子见梁惠王（1·1）

③使往见（1次）：阳货欲见孔子（6·7）

④同"现"（4次）：悻悻然见于其面（4·12）

⑤助动词，表被动（3次）：百姓之不见保（1·7）

车（8次）百姓闻王车马之音（2·1）

长（41次）①"长短"之"长"（3次）：今滕绝长补短将五十里也（5·1）

②长处，擅长（1次）：敢问夫子恶乎长（3·2）

③多（1次）：今交九尺四寸以长（12·2）

④上声，年纪大（15次）：为长者折枝（1·7）不挟长（10·3）

⑤上声，年纪大的人（5次）：在王所者长幼卑尊皆薛居州也

（6·6）

⑥上声，上级，长官（1次）：斯民亲其上死其长矣（2·12）

⑦上声，生长（7次）：勿助长也（3·2）

⑧上声，使其生长（1次）：长君之恶其罪小（12·7）

⑨上声，恭敬，事以长者之礼（5次）：长之者义乎（11·4）

⑩上声，作为统治者，为其长上（1次）：辅世长民莫如德（4·2）

⑪上声，大，第一（1次）：长子死焉（1·5）

长上（2次）上级，统治者：出以事其长上（1·5）

长息（2次）人名：长息问于公明高曰（9·1）

风（8次）①名词（2次）：君子之德，风也（5·2）

②动词，吹风，受风（1次）：有寒疾不可以风（4·2）

③风俗（1次）：流风善政（3·1）

④风操（4次）：故闻伯夷之风者（10·1）

气（18次）体气，精神，神态：孟施舍之守气又不如曾子之守约也（3·2）

——另见"夜气"。

斗 （3次）打架，斗力：今有同室之人斗者（8·29）

讥 （2次）苛察，仔细检查，见"关市讥而不征"（2·5）注。

五　　画

东 （16次）河内凶则移其民于河东（1·3）

东山 （1次）山名，见"孔子登东山而小鲁"（13·24）

东海 （2次）太公辟纣居东海之滨（7·13）

东郭氏 （1次）人名：明日出吊于东郭氏（4·2）

从 （1次）丛林，草木之林：为丛敺爵者鸇也（7·9）

丝 （1次）麻缕丝絮轻重同（5·4）

且 （30次）①表态副词，姑且（1次）：我且直之（5·5）

②表态副词，尚且（8次）：兽相食且人恶之（1·4）

③表时副词，将（1次）：病愈，我且往见（5·5）

④连词，而且（18次）：且以文王之德，百年而后崩（3·1）

⑤连词，表示同时如此又如彼，古人所说"两务之词"（2次）：百工之事固不可耕且为

也（5·4）

且由 （1次）且犹 （1次）表态副词，和单独用"且"或"犹"相同，尚且：见且由不得亟（13·8）管仲且犹不可召（4·2）

丕 （2次）语首词，无义：丕显哉文王谟（6·9）

业 （3次）①事业（1次）：君子创业垂统（2·4）

②学业（1次）：愿留而受业于门（12·2）

③开始编织而未成的（1次）：有业屦于牖上（14·30）

世 （36次）①时代，子孙的一代，古人说，三十年为一世（31次）：是以后世无传焉（1·7）

②代代相传的（5次）：仕者世禄（2·5）

世俗 （2次）直好世俗之乐耳（2·1）

丘 （1次）孔子自称其名：其义则丘窃取之矣（8·21）

丘民 （1次）老百姓，见"是故得乎丘民而为天子"（14·14）注。

丘垤 （1次）小山丘：泰山之于丘垤（3·2）

丘陵 （2次）山丘：虽若丘陵（6·1）

乐（77次）①快乐（55次）：贤者亦乐此乎（1·2）

②音岳，音乐（17次）：王语暴以好乐（2·1）

③同上义，但特指所谓"雅乐"而言（1次）：恶郑声，恐其乱乐也（14·37）

④奏音乐（4次）：今王鼓乐于此（2·1）

——另见"安乐"、"般乐"、"欢乐"。

乐正子（9次）人名：乐正子入见曰（2·16）

乐正裘（1次）人名：乐正裘牧仲（10·3）

主（15次）①名词，主人（2次）：迭为宾主（10·3）

②动词，以为主人（9次）：或谓孔子于卫主痈疽（9·8）

③动词，以为主（2次）：父子主恩，君臣主敬（4·2）

④动词，主持（2次）：使之主祭而百神享之（9·5）

乍（1次）时间副词，突然：今人乍见孺子将入于井（3·6）

乎（200次）①介词，同"于"（44次）：天下恶乎定（1·6）

②语气词，表感叹（15次）：宜乎百姓之谓我爱也（1·7）王之好乐甚，则齐国其庶几乎（2·1）

③语气词，表疑问或者反诘（135次）：亦将有以利吾国乎（1·1）

④语气词，为形容词或者副词的语尾（6次）：荡荡乎民无能名焉（5·4）而有时乎为贫（10·5）

——另见"云乎"。

乎尔（2次）语气词的连用：然而无有乎尔，则亦无有乎尔（14·38）

乎哉（3次）语气词的连用，兼有疑问与感叹两种语气：若寡人者可以保民乎哉（1·7）

仕（29次）①做官（28次）：使天下仕者皆欲立于王之朝（1·7）

②同"士"（1次），见"有仕于此"注。

他（31次）①他称代词，别的（15次）：古之人所以大过人者无他焉（1·7）

②他称指示形容词，"他人"（2次），"他日"（12次），"他辞"（1次），"他国"（1次）。

仞（1次）七尺曰仞：堂高数仞（14·34）

代（4次）①世代，一代代地（1次）：暴君代作（6·9）

②代替（3次）：禄足以代其耕也
（10·2）

——另见"三代"。

仪（2次）仪节，仪式：享多仪
（12·5）

令（3次）①名词，命令（1
次）：王速出令（2·11）

②动词，命令（1次）：既不能令
（7·7）

③形容词，善，好的（1次）：令
闻广誉施于身（11·17）

——另见"使令"。

刍（4次）①刍草，饲料（2
次）：则必为之求牧与刍矣
（4·4）

②割草（1次）：刍荛者往焉
（2·2）

③吃草之兽，如牛羊（1次）：犹
刍豢之悦我口（11·7）

兄（39次）哥哥：入以事其父兄
（1·5）

充（13次）①充实，充满（4
次）：府库充（2·12）充府
库（12·9）

②扩充（9次）：苟能充之，足以
保四海（3·6）

充实（2次）充实之谓美
（14·25）

充虞（2次）人名：充虞请曰
（4·7）

充塞（2次）因充满而阻塞：是
邪说诬民充塞仁义也（6·9）

击（2次）敲打：抱关击柝
（10·5）

冉牛（2次）孔子弟子：冉牛闵
子颜渊善言德行（3·2）

冬（1次）冬日则饮汤（11·5）

出（40次）①出来，离开（30
次）：出以事其长上（1·5）
三宿而后出昼（4·12）

②发出（7次）：王速出令
（2·11）

③超出（1次）：出于其类（3·2）

④逐出（2次）：出妻屏子（8·30）

功（9次）功效：今恩足以及禽兽
而功不至于百姓者（1·7）

——另见"小功"、"成功"。

功烈（1次）功绩，烈绩：功烈
如彼其卑也（3·1）

加（10次）①增加（6次）：寡人
之民不加多（1·3）

②被也（2次）：古之人，得志，
泽加于民（13·9）

③同"居"（2次），见"夫子加
齐之卿相"（3·2）注。

务（5次）①名词，应该专心致
力的工作（3次）：急先务也
（13·46）

②副词，专心致力地，努力地
（2次）：务引其君以当道
（12·8）

北 （9次）南面而征北狄怨
（2·11）北学于中国（5·4）

北宫锜 （1次）人名：北宫锜问
曰（10·2）

北宫黝 （2次）人名：北宫黝之
养勇也（3·2）

北海 （5次）地名，即今渤海：
挟太山以超北海（1·7）

半 （2次）蟊食实者过半矣
（6·10）故事半古之人（3·1）

去 （64次）①离开（52次）：
谋于燕众，置君而后去之
（2·11）

②抛弃，除去（6次）：去关市之
征（6·8）

③距离（4次）：纣之去武丁未久
也（3·1）

④罢免，辞去（2次），见"见不
可焉，然后去之"（2·7）
注。

发〔發〕 （11次）①发射
（4次）：射者正己而后发
（3·7）

②兴起（1次）：舜发于畎亩之中
（12·15）

③实行仁政（4次）：今王发政施
仁（1·7）

④开仓库平粜以救济人民（2
次）：涂有饿莩而不知发
（1·3）

——另见"兴发"。

发〔髮〕 （2次）头发：虽被
发缨冠而救之（8·29）

厉 （5次）①害也（3次），见
"则是厉民而以自养也"
（5·4）注。

②古代谥号，周朝有厉王（2
次）：名之曰幽厉（7·2）

古 （35次）古之人与民偕乐
（1·2）

——另见"中古"。

古公亶父 （1次）人名：古公
亶父来朝走马（2·5），见
"太王事獯鬻"（2·3）注。

号 （1次）见"先生之号则不可"
（12·4）注。

号泣 （3次）哭泣：号泣于旻天
（9·1）

叩 （2次）敲打：抽矢叩轮去其金
（8·24）

叹 （1次）喟然叹曰（13·36）

召 （13次）召唤，召大师曰
（2·4）

台 （4次）①亭台（3次）：文王
以民力为台为沼（1·2）

②始也（1次），见"盖自是台无
馈也"（10·6）注。

可 （164次）谷不可胜食也
（1·3）

可以 （74次）①意义同"可"：
五十者可以衣帛矣（1·3）

②有时有应该之义：可以仕则仕

（3·2）

可得（15次）可能：可得闻乎（1·7）

史（1次）历史，史书：其文则史（8·21）

右（5次）①右方（4次）：王顾左右而言他（2·6）

②西方也叫"右"（1次）：见"绵驹处于高唐而齐右善歌"（12·6）注。

——另见"左右"。

右师（6次）本官名，此指王驩：右师往吊（8·27）

司城贞子（1次）人名：主司城贞子（9·8）

司徒（1次）官名：使契为司徒（5·4）

司寇（1次）官名：孔子为鲁司寇（12·6）

四（25次）①数词（17次）：卿禄四大夫（10·2）四命曰（12·7）

②包括东西南北四面而言，如言"四方"（5次）、"四境"（2次）、"四夷"（1次）。

四支（1次）**四肢**（1次）
四体（4次）指两手两足而言：惰其四支（8·30）四肢之于安佚也（14·24）人之有是四端也犹其有四体也（3·6）

四海（11次）①实是"天下"之意（9次）：故推恩足以保四海（1·7）

②各方的海洋（2次）：是故禹以四海为壑（12·11）

处（18次）①动词，居住（13次）：择不处仁（3·7）

②名词，住所（1次）：文公与之处（5·4）

③动词，意为居家不做官（2次）：可以处而处（10·1）

④意为道理，原因（2次）：若于齐则未有处也（4·3）

处士（1次）未尝做官的读书人：处士横议（6·9）

处子（1次）未嫁的女子：逾东家墙而搂其处子（12·1）

外（26次）①一般用法（25次）：外无旷夫（2·5）外人皆称夫子好辩（6·9）

②动词意动用法，以为外（1次）：以其外之也（3·2）

外丙（1次）人名：外丙二年（9·6）

失（33次）抛失，亡失：不可失也（2·15）

尼（1次）曳止，见"止或尼之"（2·16）注。

左（3次）王顾左右而言他（2·6）

左右（4次）亲近之人：左右皆曰贤（2·7）

巧（4次）公输子之巧（7·1）不能使人巧（14·5）

圣（47次）①具有最高道德标准的，用孟子的话是"大而化之之谓圣"（14.25）（40次）：贤圣之君六七作（3·1）

②圣人（7次）：闲先圣之道（6·9）

巨（2次）①巨大（1次）：为巨室则必使工师求大木（2·9）

②粗（1次），见"巨屦小屦同贾"（5·4）注。

巨室（2次）指贤明的卿大夫，见"不得罪于巨室"（7·6）注。

巨擘（1次）大拇指，见"吾必以仲子为巨擘焉"（6·10）注。

市（11次）①买卖场所（8次）：商贾皆欲藏于王之市（1·7）

②买卖，买卖的（3次）：古之为市也（4·10）而罔市利（4·10）

——另见"关市"。

市井（1次）在国曰市井之臣（10·7）

市朝（1次）偏义复词，只有"市"义，犹言"稠人广众"，见"若挞之于市朝"（3·2）注。

布（4次）①布帛的"布"（3次）：许子必织布然后衣乎（5·4）

②古代的货币（1次）：廛无夫里之布（3·5）

布帛（1次）布与丝绸：布帛长短同（5·4）

帅（3次）①名词，元帅，统帅（1次）：夫志，气之帅也（3·2）

②动词，率领（2次）：尧帅诸侯北面而朝之（9·4）

平（9次）①均平，公平（1次）：谷禄不平（5·3）

②无高低之差（1次）：以为方圆平直（7·1）

③太平（6次）：天下犹未平（5·4）

④治理（1次）：君子平其政（8·2）

平旦（1次）清晨：平旦之气（11·8）

平陆（3次）地名，见"孟子之平陆"（4·4）注。

平治（3次）治理，和"平"的④相同：夫天未欲平治天下也（4·13）

幼（9次）①幼小，幼小的人（8次）：夫人幼而学之（2·9）

敬老慈幼（12·7）

②动词，慈爱之意（1次）：幼吾幼以及人之幼（1·7）

弗（38次）否定副词，不；常用于及物动词而宾语省略的情下：饥者弗食（2·4）

宁（2次）安宁：周公兼夷狄驱猛兽而百姓宁（6·9）

对（34次）①对答（33次）：孟子对曰（1·1）

②回报，报答（1次）：以对于天下（2·3）

尔（31次）①对称代词，你（17次）：出乎尔者反乎尔者也（2·12）

②兼词，如此（2次）：所恶勿施尔也（7·9）

③语气词（9次），㊀同"耳"，而已，罢了：不行王政云尔（6·5）㊁哩，咧：郁陶思君尔（9·2）

④小品词，作区别词词尾，犹"地"（3次）：子思以为鼎肉使己仆仆尔亟拜也（10·6）

归（40次）①回家，回来（21次）：芒芒然归（3·2）

②归服，归往（14次）：民归之由水之就下（1·6）

③趋于：趋行（3次），见"从之者如归市"（2·11）注。

④结果，归结（2次）：归洁其身而已矣（9·7）

必（100次）副词，一定：王何必曰利（1·1）

旦（1次）天亮：坐以待旦（8·20）

——另见"平旦"。

旦旦（1次）天天地：旦旦而伐之（11·8）

旦昼（1次）明日，见"则其旦昼之所为"（11·8）注。

旧（3次）周虽旧邦（5·3）

术（5次）①方法，方式（4次）：教亦多术矣（12·16）

②职业（1次）：故术不可不慎也（3·7）

未（90次）①不曾，还没有（87次）：未有仁而遗其亲者也（1·1）

②同"不"（3次）：是未可知也（6·10）

末（2次）末尾：明足以察秋毫之末（1·7）

本（14次）根本，原本：盖亦反其本矣（1·7）

本朝（1次）朝廷，见"立乎人之本朝"（10·5）注。

正（36次）①形容词，不及物动词，不歪邪，不错乱（24次）：其冠不正（3·9）经界不正（5·3）

②及物动词，使正（10次）：射者正己而后发（3·7）

③为特定目的而工作（1次），见"必有事焉而勿正"（3·2）注。

④诚（1次），见"臣不敢不以正对"（10·9）注。

灭（1次）灭国者五十（6·9）

母（47次）①父母之母（35次）：为民父母（1·4）

②阴性的（2次）：五母鸡，二母彘（13·22）

民（199次）民人（1次）：文王以民力为台为沼（1·2）五谷熟而民人育（5·4）

——另见"丘民"。

永（3次）长也：永言配命（3·4）

汉（3次）水名：决汝汉排淮泗而注之江（5·4）

氾滥（2次）氾滥于天下（5·4）

犯（3次）违犯：君子犯义（7·1）

玄黄（2次）黑色黄色的币帛，见"篚厥玄黄"（6·5）注。

玉（7次）①"玉石"（5次）：今有璞玉于此（2·9）

②指"磬"而言（2次）：金声而玉振之也（10·1）

玉人（2次）治玉石的手工艺者：必使玉人雕琢之（2·9）

瓦（1次）毁瓦画墁（6·4）

甘（3次）①甜的东西（1次）：为肥甘不足于口与（1·7）

②以为甘甜（2次）：饥者甘食，渴者甘饮（13·27）

生（48次）①生存、产生、出生诸义（46次）：是使民养生丧死无憾也（1·3）舜生于诸冯（8·1）

②活的（2次）：则有馈其兄生鹅者（6·10）

生活（1次）民非水火不生活（13·23）

用（45次）①动词（40次）：无如寡人之用心者（1·3）

②介词，因也（2次）：思戢用光（2·5）

③介词，同"以"（3次）：吾闻用夏变夷者（5·4）

——另见"足用"、"财用"。

田（19次）①田土（18次）：百亩之田（1·3）

②动词，打猎（1次）：齐景公田（10·7）

田里（3次）土地房屋：然后收其田里（8·3）

田野（2次）田野不辟（7·1）

田猎（5次）今王田猎于此（2·1）

田畴（1次）田地，见"易其田畴"（13·23）注。

由（48次）①动词，由此而行之意（11次）：隘与不恭，君子不由也（3·9）

②介词，从，自（25次）：礼义由贤者出（2·16）

③介词，因也（1次）：何由知吾可也（1·7）

④动词，同"犹"（6次）：民归之由水之就下（1·6）

⑤副词，同"犹"，尚且，还（4次）：王由足用为善（4·12）

⑥子路自称其名（1次）：非由之所知也（6·7）

由由（2次）高兴的样子，见"故由由然与之偕"（3·9）注。

甲（4次）古代作战时所穿的防御敌人兵器的衣服，用铜片或皮革制成的：弃甲曳兵而走（1·3）

申（2次）反覆地说或做，见"申之以孝悌之义"（1·7）注。

申详（1次）人名，见"泄柳、申详无人乎缪公之侧"（4·11）注。

白（18次）犹彼白而我白之（11·4）

——另见"颁白"。

白圭（2次）人名，见"白圭曰"（12·10）注。

皮（2次）作裘的皮毛：事之以皮币（2·15）

皮冠（1次）古代打猎时所戴的帽子，见"以皮冠"（10·7）注。

目（12次）抑为采色不足视于目与（1·7）

——另见"面目"。

矢（6次）箭：弓矢斯张（2·5）

矢人（3次）制造箭的工匠：矢人岂不仁于函人哉（3·7）

石（1次）与木石居（13·16）

石丘（1次）地名：孟子遇于石丘（12·4）

示（3次）表示：以行与事示之而已矣（9·5）

礼（64次）①礼仪，礼制，礼意（60次）：奚暇治礼义哉（1·7）非礼之礼，非义之义，大人弗为（8·6）

②动词，待人以礼（2次）：礼人不答反其敬（7·4）

③礼文，礼书（2次）：礼曰（4·2）

礼际（1次）交往之礼，来往礼节：苟善其礼际矣（10·4）

礼貌（3次）又从而礼貌之（8·30）礼貌未衰（12·14）

穴 （2次）洞，孔：钻穴隙相窥（6·3）

立 （22次）①站立（19次）：王立于沼上（1·2）

②树立，立之于位（3次）：立贤无方（8·20）

艾 （3次）①艾叶（1次）：犹七年之病求三年之艾也（7·9）

②改悔（1次）：自怨自艾（9·6）

③取也（1次）：见"有私淑艾者"（13·40）注。

——另见"少艾"。

节 （1次）节制：礼之实节文斯二者是也（7·27）

——另见"符节"。

鸟 （5次）白鸟鹤鹤（1·2）

训 （1次）教训，训道：以听伊尹之训己也（9·6）

讨 （3次）古代天子对不义者的征伐：是故天子讨而不伐（12·7）

讪 （1次）讪骂，咒骂：与其妾讪其良人（8·33）

议 （1次）议论，发表政治见解：处士横议（6·9）

让 （2次）①把东西让给别人（1次）：好名之人能让千乘之国（14·11）

②责罚（1次）：则有让（12·7）

——另见"辞让"。

饥〔飢〕 （17次）饥饿（2次）民有饥色（1·4）饥饿不能出门户（12·14）

饥〔饑〕 （3次）年成不好，和"饥"的意义有区别：凶年饥岁（2·12）

冯妇 （4次）人名：是为冯妇也（14·23）

龙 （2次）古代意念中的动物：蛇龙居之（6·9）

龙子 （2次）人名：龙子曰（5·3）

龙断 （2次）独立的山岗，见"有私龙断焉"（4·10）注。

六　画

乔木 （3次）高大树木：非谓有乔木之谓也（2·7）

交 （14次）①动词，相交，交叉（2次）：兽蹄鸟迹之道交于中国（5·4）

②动词或名词，交友，交结（8次）：交邻国有道乎（2·3）

③副词，互相（1次）：上下交征利（1·1）

④曹交自称其名（3次）：交闻文王十尺（12·2）

交际 （1次）敢问交际何心也（10·4）

交易（1次）何为纷纷然与百工交易（5·4）

产（7次）①产业（6次）：无恒产而有恒心者（1·7）

②出生（1次）：陈良，楚产也（5·4）

亥唐（1次）人名：晋平公于亥唐也（10·3）

亦（111次）①副词，与现代语"也"字用法全同（106次）：亦将有以利吾国乎（1·1）河东凶亦然（1·3）

②副词，只，但，特（5次）：亦有仁义而已矣（1·1）

关（10次）①城门，关口（8次）：关市讥而不征（2·5）

②张弓，开弓（2次）：越人关弓而射之（12·3）

华周（1次）人名，见"华周杞梁之妻善哭其夫"（12·6）注。

会（2次）①交兵，交锋（1次），见"虑胜而后会"（3·2）注。

②盟会（1次）：葵丘之会（12·7）

会计（1次）会计当而已矣（10·5）

众（13次）①名词，人很多，众人（7次）：寡固不可以敌众（1·7）

②众庶，一般人（5次）：终身由之而不知其道者众也（13·5）

③形容词，很多（1次）：广土众民（13·21）

众人（1次）一般人，普通人：君子之所为，众人固不识也（12·6）

传（11次）①流传，传递，传述，传授（8次）：是以后世无传焉（1·7）

②去声，传记，书册（3次）：于传有之（2·2）

伤（10次）①伤害，残伤（7次）：矢人惟恐不伤人（3·7）

②妨碍（3次）：无伤也（1·7）

伦（3次）伦常，古代封建社会人与人间的必然关系：人之大伦也（4·2）

——另见"人伦"。

仰（7次）①抬头（5次）：必使仰足以事父母（1·7）

②仰望（2次），见"则邻国之民仰之若父母矣"（3·5）注。

仲子（7次）即陈仲子，见"陈仲子岂不诚廉士哉"（6·10）注。

仲壬（1次）人名，仲壬四年（9·6）

仲尼（6次）孔子之字：仲尼曰（1·4）

任（14次）①名词，责任（5次）：以为能胜其任也（2·9）

②动词，担负责任（3次）：其自任以天下之重如此（9·7）

③上义的使动用法，使负责任（1次），见"辟草莱任土地者次之"（7·14）注。

④名词，行李（1次），见"门人治任将归"（5·4）注。

⑤平声，国名（4次），见"任人有问屋庐子曰"（12·1）注。

伊尹（19次）人名：伯夷伊尹何如（3·2）

伊训（1次）《尚书》篇名，见"《伊训》曰"（9·7）注。

伋（2次）孔子之孙子思自称其名：如伋去（8·31）

伍（2次）行伍，队列，班次：子之持戟之士一日而三失伍（4·4）

伏（1次）偃卧在地上：麋鹿攸伏（1·2）

伐（28次）①征伐（26次）：武王伐纣（2·8）

②砍伐（2次）：斧斤伐之（11·8）

休（3次）①休息：吾何以休（2·4）

②美：绍我周王见休（6·5）

③地名：见"居休"（4·14）注。

伪（4次）欺假：国中无伪（5·4）

优（1次）优裕，有馀力：好善优于天下（12·13）

似（16次）①动词，似乎（有道理）（15次）：望之不似人君（1·6）

②副词，像（1次）：子之辞灵丘而请士师似也（4·5）

决（5次）①挖决（4次）：决汝汉排淮泗而注之江（5·4）

②折断（1次）：放饭流歠而问无齿决（13·46）

兆（2次）始，开始：为之兆也（10·4）

先（19次）①副词（8次）：孔子先簿正祭器（10·4）

②动词，在先之意（3次）：告子先我不动心（3·2）

③上义的使动用法，使之在先（3次）：苟为后义而先利（1·1）

④动词，带头之意（1次）：先之也（5·2）

⑤动词，先施礼貌，先去拜访（2次）：君所为轻身以先于匹夫者以为贤乎（2·16）

⑥动词，先作布置之意（1次）：见"又先于其所往"（8·3）注。

⑦形容词，紧要的，在先的，如"先务"（13·46）

先子（1次）已逝世的长辈，见"吾先子之所畏也"（3·1）注。

先王（10次）古代圣明天子：吾何修而可以比于先王观也（2·4）

先生（8次）对称敬词：先生何为出此言也（7·24）

先师（1次）老师：是犹弟子而耻受命于先师也（7·7）

先君（2次）已逝世的君主：吾宗国鲁先君莫之行（5·2）

先知（2次）早于一般人有所认识的人：使先知觉后知（10·1）

先祖（1次）祖先：丧祭从先祖（5·2）

先觉（3次）早于一般人觉悟的人：使先觉觉后觉（10·1）

光（2次）光辉：思戢用光（2·5）

——另见"容光"。

光辉（1次）充实而有光辉之谓大（14·25）

全（1次）完全：有求全之毁（7·21）

共（4次）①动词（3次）：三代共之（5·2）

②平声，同"恭"（1次）：共为子职而已矣（9·1）

共工（1次）人名，见"舜流共工于幽州"（9·3）注。

兴（15次）①兴起（13次）：抑王兴甲兵（1·7），又见"待文王而后兴者"（13·10）注。

②茂盛（1次）：则苗浡然兴之矣（1·6）

③昌盛，昌隆（1次）：国之所以废兴存亡者亦然（7·3）

兴起（1次）感动奋发之意：百世之下，闻者莫不兴起也（14·15）

兴发（1次）开仓库：于是始兴发补不足（2·4）

再（4次）副词，两次，第二次：北面稽首再拜而不受（10·6）

则（400次）①名词，法则（2次）：有物有则（11·6）

②动词，模仿，效法（1次）：惟尧则之（5·4）

③副词用如连系性动词，乃是，就是（14次）：若夫成功则天也（2·14）

④承接连词（383次）㊀表文中之对待关系：诛之则不可胜诛；

不诛则疾视其长上之死而不救（2·12）㈢于初发现一事之已处于无可奈何之状态时用之：其子趋而往视之，苗则槁矣（3·2）㈢于是，就：河内凶则移其民于河东（1·3）

——另见"然则"。

刑（5次）①名词，规章，法则（1次）：小人犯刑（7·1）

②名词，刑罚（1次）：善战者服上刑（7·14）

③动词，处罚（2次）：然后从而刑之（1·7）

④同"型"，示范：刑于寡妻（1·7）

——另见"典刑"、"政刑"。

刑罚（1次）省刑罚（1·5）

创（1次）创造，开创：君子创业垂统（2·14）

刚（1次）坚强：其为气也至大至刚（3·2）

动（15次）如此则动心否乎（3·2）是动天下之兵也（2·11）

匠（8次）匠人（1次）木工：巫匠亦然（3·7）匠人斫而小之（2·9）

匡（1次）匡正：匡之直之（5·4）

匡章（2次）人名，见"匡章曰"（6·10）注。

争（2次）争地以战（7·14）

危（7次）①名词（1次）：安其危而利其菑（7·8）

②不及物动词（2次）：而国危矣（1·1）

③及物动词，使危险（3次）：危士臣（1·7）

④不安也（1次），见"其操心也危"（13·18）注。

农（3次）①农事（1次）：不违农时（1·3）

②农民（2次）：则天下之农皆悦而愿耕于其野矣（3·5）

农夫（5次）岂为厉农夫哉（5·4）

厌（4次）厌倦，厌弃：从兽无厌谓之荒（2·4）

壮（5次）①壮年（4次）：壮者以暇日修其孝悌忠信（1·5）

②壮健（1次）：牛羊茁壮长而已矣（10·5）

向（1次）朝着，面对着：相向而哭（5·4）

吊（11次）别人有灾难或者凶丧之事，去表示同情：诛其君而吊其民（2·11）公行子有子之丧，右师往吊（8·27）

各（1次）副词：各欲正己也（14·4）

合（5次）符合：此心之所以合于王者何也（1·7）

同（56次）与民同之（2·2）同
　养公田（5·3）

名（10次）①名字（3次）：讳名
　不讳姓（14·36）

②给以名目（2次）：荡荡乎民无
　能名焉（5·4）

③名誉（4次）：先名实者为人也
　（12·6）

④同"命"（1次），见"其间必
　有名世者"（4·13）注。

后（4次）王也：后来其苏
　（2·11）

后稷（1次）人名，见"后稷教
　民稼穑"（5·4）注。

后〔後〕（29次）①名词，后
　代，后人，子孙（3次）：其
　无后乎（1·4）

②方位词（2次）：后车数十乘
　（6·4）

③时间词（16次）：无后灾
　（1·7）后必有灾（1·7）

④动词，放在后（7次）：苟为后
　利而先利（1·18）

⑤动词，在以后（1次）：世之相
　后也，千有馀岁（8·1）

——另见"而后"、"然后"。

吏（4次）官吏：无敌于天下者天
　吏也（3·5）

——另见"委吏"。

回（1次）同"违"：经德不回
　（14·33）

因（6次）①动词，凭借也。（5
　次）：时子因陈子而以告孟子
　（4·10）

②连词，因而（1次）：因无恒心
　（1·7）

在（65次）①动词（63次）：王
　在灵囿（1·2）

②介词用法同"于"（2次）：
　在他人则诛之，在弟则封之
　（9·3）

圭田（2次）见"卿以下必有圭
　田"（5·3）注。

地（41次）西丧地于秦七百里
　（1·5）若无罪而就死地
　（1·7）则塞于天地之间
　（3·2）

——另见"土地"、"井地"、
　"壤地"。

场（1次）场地，墓地：筑室于场
　（5·4）

场师（2次）古代园艺工作者：
　今有场师（11·14）

圹（1次）旷野：犹水之就下兽之
　走圹也（7·9）

多（26次）①一般用法（25
　次）：不为不多矣（1·1）诸
　侯多谋伐寡人者（2·11）得
　道者多助（4·1）多取之而不
　为虐（5·3）

②意动用法，以为贵（1次）：享
　多仪（12·5）

夷（14次）①古人对文化较落后的部族的称呼（10次）：而抚四夷也（1·7）

②伤也（3次），见"则反夷矣"（7·18）注。

③语词（1次），见"夷考其行而不掩焉者也"（14·37）注。

夷子（10次）**夷之**（1次）人名，墨者夷之因徐辟而求见孟子（5·5）

好（57次）①上声，美好（2次）：好色人之所欲（9·1）

②去声，喜好（54次）：王好战（1·3）

③和好（1次）：言归于好（12·7）

如（113次）①像，似（49次）：其如是孰能御之（1·6）

②及，但，一定和否定词连用，"不如"等于"不及"（20次）：虽有智慧不如乘势（3·1）

③用法同"奈"，一般和"何"字连用（4次）：君如彼何哉（2·14）

④助动词，当也（1次）：寡人如就见者也（4·2）

⑤用法同"而"（1次）：舍矢如破（6·1）

⑥连词，假如（34次）：王如知此（1·3）

⑦小品词，常用在区别词之后作语尾（4次）：则皇皇如也（6·3）

——另见"何如"。

如何（4次）**如之何**（16次）怎么样：忧之如何（8·28）如之何其使斯民饥而死也（1·4）

如使（3次）假设连词：如使予欲富（4·10）

妇（2次）妻子：夫妇有别（5·4）

——另见"匹妇"。

妃（1次）配偶（女方）：爱厥妃（2·5）

妄（1次）狂也：此亦妄人也已矣（8·28）

孙（1次）虽孝子慈孙，百世不能改也（7·2）

——另见"子孙"。

孙子（1次）即"子孙"：商之孙子（7·7）

孙叔敖（1次）人名，见"孙叔敖举于海"（12·15）注。

存（24次）①存在（22次）：犹有存者（3·1）

②使存在，保存（1次）：君子存之（8·19）

③察也（1次）：见"存乎人者莫良于眸子"（7·15）注。

宅（6次）住宅：五亩之宅（1·3）

宇（1次）屋宇：聿来胥宇（2·5）

守（13次）与民守之（2·13）守约而施博者善道也（14·32）
——另见"巡守"、"官守"、"法守"。

安（20次）①安静（1次）：寡人愿安承教（1·4）
②心之所安（3次）：敢问所安（3·2）
③平安（7次）：人之安宅也（3·7）则岂徒齐民安（4·12）
④使平安（7次）：文王一怒而安天下之民（2·3）
⑤以为安（2次）：安其危而利其菑（7·8）

安乐（1次）然后知生于忧患而死于安乐也（12·15）

安佚（1次）即"安逸"：四肢之于安佚也（14·24）

安息（1次）民无所安息（6·9）

岂（50次）表反诘的副词，难道：岂能独乐哉（1·2）

岌岌（1次）危险的样子，见"天下殆哉岌岌乎"（9·4）注。

年（40次）凶年免于死亡（1·7）百年而后崩（3·1）

并（1次）副词，一同：贤者与民并耕而食（5·4）

师（20次）①先生，老师（11次）：作之师（2·3）
②以为老师，学习（4次）：今也小国师大国而耻受命焉（7·7）
③军旅（5次）：师行而粮食（2·4）
——另见"工师"、"六师"、"先师"。

庄（1次）临淄城内地名：引而置之庄岳之间数年（6·6）

庄子（1次）**庄暴**（1次）人名：王尝语庄子以好乐（2·1）庄暴见孟子曰（2·1）

庆（2次）赏赐：则有庆（12·7）

尧（58次）传说中的上古帝王：贤于尧舜远矣（3·2）

尧典（1次）《尚书》篇名：《尧典》曰（9·4）

异（27次）①不同（21次）：是何异于刺人而杀之（1·3）
②不同的（2次）：有异姓之卿（10·9）
③奇怪，怪异（4次）：王无异于百姓之以王为爱也（1·7）

寻（3次）八尺：枉尺而直寻
（6·1）

夺（10次）抢夺：不夺不餍
（1·1）

导（2次）①引导（1次）：则使
人导之出疆（8·3）

②教导（1次）：导其妻子
（13·22）

岁（20次）①年岁（11次）：
由周而来七百有馀岁矣
（4·13）

②年成（9次）：岁也（1·3）

当（21次）①及物动词，抵当，
敌，匹敌（5次）：彼恶敢当
我哉（2·3）

②介词，方当（14次）：当是时
也（2·5）

③助动词，宜也，该当（1次）：
当如后患何（8·9）

④去声，恰当，没有错误
（1次）：会计当而已矣
（10·5）

当务（1次）紧要任务之意：当
务之为急（13·46）

当路（1次）在有权力的位置
上，当权：夫子当路于齐
（3·1）

当道（1次）入于正道，在
正路上：务引其君以当道
（12·8）

尽（20次）①以副词而作动词
用，有竭尽、用尽、完全得到
诸义（14次）：尽心焉耳矣
（1·3）尽羿之道（8·24）

②区别词（6次）：则尽富贵也
（8·33）尽弃其学而学焉
（5·4）

忖度（1次）揣想：他人有心，
予忖度之（1·7）

戎狄（1次）"戎"和"狄"都
是古代人对当时较落后的部族
的称呼：戎狄是膺（5·4）

收（2次）收回，没收：去三年不
反，然后收其田里（8·3）

欢乐（1次）而民欢乐之
（1·2）

欢虞（1次）与"欢娱"同：霸
者之民欢虞如也（13·13）

旨（1次）甘甜：禹恶旨酒而好善
言（8·20）

旬（1次）十日：五旬而举之
（2·10）

曲（1次）普遍之意，见"无曲
防"（12·7）注。

曳（1次）拖着：弃甲曳兵而走
（1·3）

有（444次）①"有无"之"有"
（420次）：亦将有以利吾国
乎（1·1）又见"故君子有不
战"（4·1）注。

②同"又"（15次）：殆有甚焉

（1·7）

③为也（1次），见"人之有道也"（5·4）注。

④置于名词之前的小品词（6次）：有攸不惟臣（6·5）

⑤置于区别词之前的小品词（2次）：其颡有泚（5·5）

——另见"何有"。

有司（7次）有关官吏：吾有司死者三十三人（2·12）

有时乎（2次）偶然：而有时乎为贫（10·5）

有若（3次）孔子学生，见"宰我、子贡、有若智足以知圣人"（3·2）注。

托（4次）寄托：王之臣有托其妻子于其友而之楚游者（2·6）

执（10次）操持，把持：汤执中（8·20）

——另见"搏执"。

执热（2次）当时成语，苦热之意，见"谁能执热"（7·7）注。

扬（2次）①大斧：干戈戚扬（2·5）

②发扬：我武惟扬（6·5）

朱（1次）大红色：恶紫恐其乱朱也（14·37）

机变（1次）机械变诈，见"为机变之巧者无所用耻焉"（13·7）注。

权（3次）①秤（1次）：权然后知轻重（1·7）

②权宜，违反经常规定而合宜的临时措施（2次）：嫂溺援之以手者权也（7·17）

扩（1次）扩张：知皆扩而充之矣（3·6）

杀（51次）①杀之致死（49次）：是何以异于刺人而杀之（1·3）

②去声，减少（1次）：凶年不能杀（14·10）

③同"窜"，充军（1次），见"杀三苗于三危"（9·3）注。

——另见"牲杀"。

杀伐（1次）征伐，讨伐：杀伐用张（6·5）

成（14次）①完成，成功（12次）：不日成之（1·2）

②肥壮（2次）：见"牺牲不成"（6·3）注。

成功（1次）若夫成功则天也（2·14）

成覸（1次）人名，见"成覸谓齐景公曰"（5·1）注。

次（11次）①较下一等（9次）：连诸侯者次之（7·14）

②较长久地停留（2次），见"气次焉"（3·2）注。

此（112次）这，这个，这地方，这样：贤者亦乐此乎（1·2）此心之所以合于王者何也（1·7）

讼狱（2次）诉讼，打官司：讼狱者不之尧之子而之舜（9·5）

䜣然（1次）高兴的样子：终身䜣然（13·35）

设（3次）立也，置也：设为庠序学校以教之（5·3）

许（2次）①许可，同意：则王许之乎（1·7）

②兴也：管仲、晏子之功可复许乎（3·1）

许子（10次）**许行**（3次）人名：许子必种粟而后食乎（5·4）有为神农之言者许行（5·4）

讳（2次）有所忌讳而不说出：讳名不讳姓（14·36）

讴（1次）歌唱：昔者王豹处于淇而河西善讴（12·6）

讴歌（6次）歌颂：讴歌者不讴歌尧之子而讴歌舜（9·5）

过（35次）①超过（8次）：古之人所以大过人者无他焉（1·7）

②错误，过错（13次）：子路人告之以有过则喜（3·8）

③错误（5次）：且子过矣（6·1）

④平声，经过（9次）：有牵牛而过堂下者（1·7）

达（18次）①通达，有了高位能贯彻自己的主张（6次）：达不离道（13·9）

②通行的，共同遵行的（1次）：天下有达尊三（4·2）

③至，通，到（8次）：鸡鸣狗吠相闻而达乎四境（3·1）

④彻底地明白事理（2次），见"故达"（13·18）注。

⑤使之通达（1次）：有达财者（13·40）

巡（1次）巡行考察：巡守者巡所守也（2·4）

巡守（1次）**巡狩**（2次）：巡守者巡所守也（2·4）天子适诸侯曰巡狩（2·4）

迁（6次）搬移，转变：迁其重器（2·11）

论（2次）议论，论说：又尚论古之人（10·8）

邠（4次）地名，见"昔者大王居邠"（2·14）注。

邦（2次）国：以御于家邦（1·7）

邪（8次）不正：邪辞知其所离（3·2）

邪侈（2次）违法乱纪的行为：放僻邪侈无不为已（1·7）

邪慝（1次）不正不善：斯无邪慝矣（14·37）

阱（1次）陷阱：则是方四十里为阱于国中（2·2）

阳（1次）太阳，见"秋阳以暴之"（5·4）注。

阳虎（1次）阳货（3次）人名，见"阳虎曰"（5·3）注。

阳城（1次）地名：禹避舜之子于阳城（9·6）

防（1次）筑堤：无曲防（12·7）

阶（2次）①阶级（1次）：不逾阶而相揖也（8·27）

②梯子（1次）：捐阶（9·2）

阴（2次）①"阴晴"之"阴"：迨天之未阴雨（3·4）

②山北曰阴：益避禹之子于箕山之阴（9·6）

死（48次）是使民养生丧死无憾也（1·3）

死亡（4次）名词：凶年免于死亡（1·7）

毕（3次）完毕：公事毕然后敢治私事（5·3）

毕郢（1次）地名：卒于毕郢（8·1）

毕战（1次）人名：使毕战问井地（5·3）

污（9次）①污秽（7次）：柳下惠不羞污君（3·9）

②大，深（2次）：坏宫室以为污池（6·9）

汝（4次）①同"女"，对称代词（3次）：是非汝所知也（8·31）

②水名：决汝汉排淮泗而注之江（5·4）

江（4次）长江：江淮河汉是也（6·9）

池（7次）池塘：虽有台池鸟兽（1·2）

汤（35次）①开水，热水（1次）：冬日则饮汤（11·5）

②商代第一个天子：是故汤事葛（2·3）

汤誓（1次）《尚书》篇名：《汤誓》曰（1·2）

负（5次）背负：颁白者不负戴于道路矣（1·3）

负夏（1次）地名：迁于负夏（8·1）

负刍（1次）人名，见"昔沈犹有负刍之祸"（8·31）注。

轨（1次）车辙：城门之轨（14·22）

百（64次）数词，有时用以表虚数，状其全；有时亦用以表倍数：杀其君者必百乘之家（1·1）百官有司莫敢不哀

（5·2）或相什百（5·4）

百里奚（5次）人名，见"百里奚自鬻于秦养牲者"（9·9）注。

百姓（19次）①老百姓（18次）：百姓皆以王为爱也（1·7）

②百官（1次），见"百姓如丧考妣"（9·4）注。

米粟（1次）用为粮食之总称：米粟非不多也（4·1）

羊（13次）以羊易之（1·7）

羊枣（5次）一种植物名，见"曾皙嗜羊枣"（14·36）注。

约（5次）①简单（4次）：然而孟施舍守约也（3·2）

②动词，邀约（1次）：我能为君约与国（12·9）

纣（14次）人名：武王伐纣（2·8）

羽（4次）羽毛：吾力足以举百钧而不足以举一羽（1·7）

羽山（1次）地名，见"殛鲧于羽山"（9·3）注。

羽旄（2次）古代旌旗的装饰物：见"羽旄之美（2·1）"注。

老（26次）①用为形容词（13次）：老而无妻曰鳏（2·5）

②名词，老人（12次）：老弱转乎沟壑（2·12）

③动词，以老人应受之礼待之（1次）：老吾老以及人之老（1·7）

考（4次）①动词，考查（3次）：以其时考之则可矣（4·13）

②名词，死亡了的父亲：百姓如丧考妣（9·4）

而（655次）①连词（652次）。㊀一般用法：不远千里而来（1·1）㊁用法同"则"：可以久而久（10·1）

②用法同"为"（1次）：奚而不知也（9·2）

③假借为"如"，似也（1次）：望道而未之见（8·20）

④假借为"如"，假如（1次）：而主痈疽与侍人瘠环（9·8）

——另见"然而"、"既而"。

而已（3次）**而已矣**（49次）罢了：言举斯心加诸彼而已（1·7）亦有仁义而已矣（1·1）

而后（38次）或百步而后止（1·3）

而况（6次）**而况于**（2次）而况不为管仲者乎（4·2）而况于王乎（4·9）

耒耜（2次）耒是犁上的柄，耜是铧，此用以总称农具：农夫

岂为出疆舍其耒耜哉（6·3）

耳（22次）①耳朵（11次）：声音不足听于耳与（1·7）

②语气词，等于"而已""罢了"（11次）：直不百步耳（1·3）

耳矣（4次）罢了：无责耳矣（7·22）

聿（1次）语首词：聿来胥宇（2·5）

肉（20次）七十者可以食肉矣（1·3）

——另见"燔肉"。

臣（68次）①名词，臣下（51次）：危士臣（1·7）

②代词，对方为君王的自称（9次）：臣未之闻也（1·7）

③动词，以为臣，使之为臣（7次）：学焉而后臣之（4·2）

④副词（1次）：惟臣附于大邑周（6·5）

自（76次）①代名副词，自己（49次）：自反而不缩（3·2）

②介词，从（27次）：汤一征自葛始（2·11）

至（53次）①动词，到（33次）：斯天下之民至焉（1·3）

②副词，极（19次）：其为气也至大至刚（3·2）

③介词，到（1次）：自耕稼陶渔以至为帝无非取于人者（3·8）

——另见"及至"。

至于（14次）①介词（9次）：至于子之身而反之（5·2）

②他转连词（5次）：至于治国家（2·9）

舌（1次）今也南蛮𪁩舌之人非先王之道（5·4）

色（25次）①颜色（2次）：目之于色也有同美焉（11·7）

②面色，容色（13次）：民有饥色（1·4）

③女色（10次）：寡人好色（2·5）

——另见"采色"、"颜色"。

芒芒（1次）疲倦的样子：芒芒然归（3·2）

血（2次）诸侯束牲载书而不歃血（12·7）

行（122次）①做，实行（67次）：夫我乃行之（1·7）

②名词，去声，行为（22次）：荒亡之行（2·4）

③行走（23次）：师行而粮食（2·4）

④使行走（3次）：如智者若禹之行水也（8·26）

⑤通行，行得通（7次）：然后大行（3·1）

——另见"流行"、"德行"、"辅行"。

行旅（1次）旅客：行旅皆欲出于王之涂（1·7）

行潦（1次）流水之浅而小者，见"河海之于行潦"（3·2）注

衣（13次）①名词（4次）：如以朝衣朝冠坐于涂炭（3·9）

②不及物动词，穿（1次）：饱食暖衣逸居而无教（5·4）

③去声，及物动词，穿（8次）：五十者可以衣帛矣（1·3）

衣服（4次）夫人蚕缫以为衣服（6·3）

衣衾（1次）衣服和大被，代表装殓死者的服饰：谓棺椁衣衾之美也（2·16）

西（11次）西丧地于秦七百里（1·5）

西子（1次）人名，见"西子蒙不洁"（8·25）注。

西伯（5次）即周文王：吾闻西伯善养老者（7·13）

问（104次）①发问（102次）：卒然问曰（1·6）善哉问也（2·4）

②存问（1次）：见"亟问亟馈鼎肉"（10·6）注。

③名声（1次）：亦不殒厥问（14·19）

——另见"学问"。

闭（4次）关闭：泄柳闭门而不纳（6·7）

驰（2次）**驰驱**（1次）跑马车：好驰马试剑（5·2）吾为之范我驰驱（6·1）

齐（68次）①齐一（4次）：今天下地丑德齐（4·2）

②国名（62次）：东败于齐（1·5）

③同"斋"，斋戒（1次）：弟子齐宿而后敢言（4·11）

④音资，衣裳缝边（1次），见"齐疏之服"（5·2）注。

齐宣王（12次）人名：齐宣王问曰（1·7）

齐戒（1次）即"斋戒"：齐戒沐浴则可以祀上帝（8·25）

齐栗（1次）敬慎恐怕的样子：夔夔齐栗（9·4）

齐桓（2次）春秋时齐国之君：齐桓晋文之事（1·7）

齐景公（5次）春秋时齐国之君：昔者齐景公问于晏子曰（2·4）

观（17次）①观看，观察（15次）：以予观于夫子（3·2）

②游（2次），见"吾欲观于转附朝儛"（2·4）

七　画

丽（1次）数目，见"其丽不亿"（7·7）注。

两（2次）①数词，二（1次）：两马之力与（14·22）

②量词，即今之"辆"字（1次）：革车三百两（14·4）

严（2次）①惧怕（1次），见"无严诸侯"（3·2）注。

②工作急迫没有闲暇（1次），见"严，虞不敢请"（4·7）注。

乱（18次）①"治"之反，不太平，不顺当（9次）：乱则退（3·2）无礼义则上下乱（14·12）

②叛乱的，好作乱的（1次）：孔子成《春秋》而乱臣贼子惧（6·9）

③打乱，弄乱，扰乱（8次）：是乱天下也（5·4）

亩（14次）计算田地面积的量词：五亩之宅（1·3）

体（11次）①身体（10次）：轻暖不足于体与（1·7）

②身体的某一部分（1次）：子夏、子游、子张皆有圣人之一体（3·2）

——另见"四体"。

体肤（1次）犹言"体腹"：饿其体肤（12·15）

伯（4次）①"伯仲叔季"的"伯"，兄弟辈排行最大的（1次）：乡人长于伯兄一岁（11·5）

②"公侯伯子男"的"伯"，古代爵位之一（3次）：伯一位（10·2）

伯夷（15次）人名，见"伯夷、伊尹何如"（3·2）注。

佑（1次）帮助：佑启我后人（6·9）

位（35次）位置，有时指官位，有时又指官阶，有时指所站所坐之处：贤者在位（3·4）天子一位（10·2）礼，朝廷不历位而相与言（8·27）

何（137次）疑问词：王何必曰利（1·1）何也（1·3）是诚何心哉（1·7）

——另见"如之何"、"如何"。

何以（22次）疑问副词语：何以利吾国（1·1）

何如（17次）疑问词：以五十步笑百步则何如（1·3）

余（1次）古代自称代词：泽水警余（6·9）

佚（1次）同"逸"：以佚道使民（13·12）

——另见"安佚"、"遗佚"。

作（30次）①动词，兴起（15次）：且王者之不作（3·1）

②量词，起（1次），见"贤圣之君六七作"（3·1）注。

③动词，作为（7次）：作之君，作之师（2·3）

④动词，制作（5次）：始作俑者，其无后乎（1·4）

⑤动作，发作（2次）：今日我疾作（8·24）

佞（1次）口才：恶佞恐其乱义也（14·37）

克（3次）①战胜：战必克（12·9）

②乐正克自称其名（2次）：克告于君（2·16）

——另见"掊克"。

免（9次）"避免"之意：行政不免于率兽而食人（1·4）

兵（11次）兵器：兵刃既接（1·3）

冻（4次）寒冷而无衣：父母冻饿（1·5）

冶（3次）冶炼制作金铁器械之人：以粟易械器者不为厉陶冶（5·4）

况（2次）况乎（1次）况于（2次）进层的转接连词：况辱己以正天下者乎（9·7）况乎以不贤人之招招贤人乎（10·7）

况于为之强战（7·14）

——另见"而况"、"而况于"。

初（2次）①原本（1次）：进取不忘其初（14·37）

②第一次（1次）：初命曰（12·7）

别（2次）区别：所以别野人也（5·3）

利（39次）①利益（26次）：王何必曰利（1·1）

②使有利（6次）：亦将有以利吾国乎（1·1）

③以为利（2次）：安其危而利其菑（7·8）

④锐利（4次）：兵革非不坚利也（4·1）

⑤顺也（1次），见"故者以利为本"（8·26）注。

却（5次）拒绝：却之却之为不恭（10·4）

即（2次）①动词，就：即位而哭（5·2）

②副词作连系性动词用，就是：即不忍其觳觫，若无罪而就死地（1·7）

助（21次）①帮助（13次）：其助上帝宠之（2·3）

②古代的一种田赋制度（7次）：耕者助而不税（3·5）

③同"借"（1次），见"诸侯耕助以供粢盛"（6·3）注。

劳（12次）①劳动，勤劳（9
次）：劳者弗息（2·4）或劳
心（5·4）

②使之勤劳（2次），见"劳之来
之"（5·4）注。

③忧愁（1次），见"劳而不怨"
（9·1）注。

——另见"贤劳"、"勋劳"。

厎（3次）致也：舜尽事亲之道而
瞽瞍厎豫（7·28）

医（1次）医生：医来（4·2）

声（18次）①声音（7次）：闻其
声不忍食其肉（1·7）

②指"言语"而言（2次）：恶声
至，必反之（3·2）

③指"音乐"而言（9次）：集
大成也者金声而玉振之也
（10·1）

声音（3次）①一般意义或指言
语（2次）：恭俭岂可以声音
笑貌为哉（7·16）

②指乐声（1次）：声音不足听于
耳与（1·7）

声闻（1次）名誉：故声闻过
情，君子耻之（8·18）

君（165次）①国君（152次）：
弑其君者必千乘之家（1·1）
君哉舜也（5·4）

②对邹鲁诸国之君的对称词（12
次）：君之民老弱转乎沟壑
（2·12）

③动词，作为君（1次）：得百里
之地而君之（3·2）

君子（82次）在位之人或者
有德之人：君子之于禽兽也
（1·7）隘与不恭，君子不由
也（3·9）

吠（1次）狗叫：鸡鸣狗吠相闻
（3·1）

否（25次）①否定副词（3次）：
如此则动心否乎（3·2）

②否定的应对之词，不然（22
次）：曰否（1·7）

吴（2次）春秋时国名：勾践事吴
（2·3）

员（3次）同"圆"：不以规矩不
能成方圆（7·1）

吾（122次）自称代词，只用于主
位和领位：吾对曰（1·6）何
以利吾国（1·1）

吾子（4次）表亲切的对称代
词：吾子与子路孰贤（3·1）

告（41次）告诉：举疾首蹙頞而
相告曰（2·1）

告子（9次）人名，见"告子先
我不动心"（3·2）注。

启（6次）①启发（1次）：佑启
我后人（6·9）

②开始（2次）：爰方启行
（2·5）

③人名（3次）：朝觐讼狱者不之
益而之启（9·6）

听（20次）①一般意义（8次）：声音不足听于耳与（1·7）

②听从，听信（10次）：勿听（2·7）

③听觉，审音标准（1次）：耳之于声也有同听焉（11·7）

④治理（1次）：子产听郑国之政（8·2）

园（2次）园林：弃田以为园圃（6·9）

困（1次）困苦：困于心衡于虑而后作（12·15）

坐（10次）王坐于堂上（1·7）

坚（2次）坚固：可使制梃以挞秦楚之坚甲利兵矣（1·5）

坏（1次）破坏：坏宫室以为污池（6·9）

妣（10次）已经逝世的母亲：百姓如丧考妣（9·4）

孝（28次）封建时代对父母的道德：申之以孝悌之义（1·3）

宋（11次）周初以迄战国的国名：无若宋人然（3·2）

宋王（1次）一薛居州独如宋王何（6·6）

宋勾践（1次）人名：孟子谓宋勾践曰（13·9）

宋牼（1次）人名，见"宋牼将之楚"（12·4）注。

完（2次）①坚固（1次），见"城郭不完"（7·1）注。

②弄完全，使之完全（1次）：父母使舜完廪（9·2）

岐（2次）地名：昔者文王之治岐也（2·5）

岐山（2次）山名：去之岐山之下居焉（2·14）

岐周（1次）即岐：文王生于岐周（8·1）

岑（1次）高而尖的，见"方寸之木可使高于岑楼"（12·1）注。

巫（1次）古代以法术给人治病的人：巫匠亦然（3·7）

序（5次）地方学校：谨庠序之教（1·3）

床（1次）舜在床琴（9·2）

应（6次）回答：吾应之曰（4·8）

庐（1次）即"凶庐"，古代丧服中孝子所居的简陋住室，见"五月居庐"（5·2）注。

弟（32次）①"兄弟"、"子弟"之"弟"（30次）：兄弟妻子离散（1·5）

②同"悌"，封建社会弟对兄、年幼者对年长者的道德：徐行后长者谓之弟（12·2）

弟子（4次）①学生，门徒（2次）：养弟子以万锺（4·10）

②学生以及后辈自称之词（2

次）：若是则弟子之惑滋甚
（3·1）

张（2次）张开：弓矢斯张
（2·5）

张仪（1次）人名：公孙衍、张
仪岂不诚大丈夫哉（6·2）

形（4次）①形状（1次）：不
为者与不能者之形何以异
（1·7）

②形体（2次）：形色天性也
（13·38）

③动词，表现（1次）：有诸内必
形诸外（12·6）

役（11次）①名词，奴役（3
次）：人役也（3·7）

②动词，役使（4次）：小德役大
德（7·7）

③动词，服役（4次）：庶人召之
役则往役（10·7）

弃（14次）①抛弃（13次）：弃
甲曳兵而走（1·3）

②被舍弃的，作废的（1次）：犹
为弃井也（13·29）

寿（1次）长寿：夭寿不贰
（13·1）

彻（6次）①取也（1次）：彻彼
桑土（3·4）

②撤除（2次）：将彻必请所与
（7·19）

③古代税收制度（2次）：周人百
亩而彻（5·3）

④通也（1次）：彻者彻也
（5·3）

忍（19次）①忍心（18次）：吾
不忍其觳觫（1·7）

②使坚忍（1次）：所以动心忍性
（12·15）

志（50次）①心愿，意志（42
次）：愿夫子辅吾志（1·7）

②动词，有志于（4次）：苟不志
于仁（7·9）

③以为目的（2次）：见"必志于
彀"（11·20）注。

④书名（2次）：且《志》曰
（5·2）

——另见"心志"。

志士（2次）有志之人或者能
守志之人：志士不忘在沟壑
（6·1）

忘（17次）忘记：从流下而忘反
谓之流（2·4）

快（2次）快心，快意，痛快：然
后快于心与（1·7）

忸怩（1次）惭愧的样子：忸怩
（9·2）

忧（27次）忧愁：忧民之忧者民
亦忧其忧（2·4）

怃然（1次）失望怅惘之貌：夷
子怃然为间曰（5·5）

怀（8次）怀抱，心中念着：为人
臣者怀利以事其君（12·4）

我（156次）自称代词：非我也（1·3）

戒（8次）①警戒（7次）：戒之戒之（2·12）

②准备（1次），见"大戒于国"（2·4）注。

扶持（1次）疾病相扶持（5·3）

报（2次）回报，答礼：受之而不报（12·5）

把（1次）量词，半围：拱把之桐梓（11·13）

抑（6次）①动词，压抑（1次）：昔者禹抑洪水而天下平（6·9）

②选择连词，还是（4次）：抑为采色不足视于目与（1·7）

③转接连词（1次）：抑王兴甲兵危士臣构怨于诸侯，然后快于心与（1·7）

折枝（2次）攀折树枝，见"为长者折枝"（1·7）注。

抚（2次）①安抚（1次）：而抚四夷也（1·7）

②按住，按着（1次）：夫抚剑疾视曰（2·3）

拒（1次）拒绝：来者不拒（14·30）

攸（3次）①所也（1次）:麀鹿攸伏（1·2）

②攸然，迅走貌（1次）：攸然而逝（9·2）

③国名（1次），见"有攸不惟臣"（6·5）注。

改（13次）①改变，更改（11次）：且古之君子过则改之（4·9）

②再，更（2次）：地不改辟矣，民不改聚矣（3·1）

攻（7次）①攻击（6次）：率其子弟攻其父母（3·5）

②治也（1次）：庶民攻之（1·2）

时（42次）①名词，时间，时候，时世（24次）：当是时也（2·5）

②名词，一定的时候，适当的时候（12次）：不违农时（1·3）食之以时（13·23）

③形容词，合时宜的（4次）：若时雨降（2·11）孔子圣之时者也（10·1）

④副词，当时（1次）：时举于秦（9·9）

⑤代词，这，此（1次）：时日曷丧（1·2）

——另见"于时"、"有时乎"。

时子（4次）人名：他日王谓时子曰（4·10）

旷（1次）空着：旷安宅而弗居（7·10）

旷夫（1次）没有妻室的男子：外无旷夫（2·5）

旱（4次）七八月之间旱（1·6）

更（1次）更改，变更：及其更也，民皆仰之（4·9）

来（35次）①动词（22次）：不远千里而来（1·1）

②表示由古迄今的词（6次）：自有生民以来（3·2）

③去声，勤也（1次），见"劳之来之"（5·4）注。

④语气词（5次）：盍归乎来（7·13）

⑤语首词，无义（1次）：来朝走马（2·5）

来年（3次）明年：以待来年（6·8）

李（1次）果木名：井上有李（6·10）

条理（4次）金声也者，始条理也（10·1）

材（1次）材木（2次）树木可以做木材的：以为未尝有材焉（11·8）材木不可胜用也（1·3）

杞柳（5次）树名，见"性犹杞柳也"（11·1）注。

杞梁（1次）人名，见"华周杞梁之妻善哭其夫"（12·6）注。

束（1次）捆绑：诸侯束牲载书而不歃血（12·7）

杠（1次）桥梁：岁十一月徒杠成（8·2）

杨（7次）指杨朱或者杨朱之学说与学派：杨墨之道不息（6·9）

杨子（1次）杨氏（1次）杨朱（1次）人名，见"杨朱墨翟之言盈天下"（6·9）注。

极（3次）①极点，厉害，甚（2次）：夫何使我至于此极也（2·1）

②动词使动用法，使之困穷（1次），见"又极之于其所往"（8·3）注。

步（5次）或百步而后止（1·3）

每（1次）每人而悦之（8·2）

求（58次）①寻求，乞求（56次）：反而求之（1·7）

②孔子学生冉有之名（2次）：求也为季氏宰（7·14）

沈同（2次）人名：沈同以其私问曰（4·8）

沈犹（1次）沈犹行（1次）人名，见"昔沈犹有负刍之祸"（8·31）注。

沐（1次）洗发:斋戒沐浴则可以祀上帝（8·25）

没（2次）死亡：昔孔子既没（5·4）

沛泽（1次）沼泽，水草兼有的低洼地：沛泽多而禽兽至（6·9）

沛然（4次）盛大之貌：沛然下雨（1·6）

沟（8次）水沟，山沟：君之民老弱转乎沟壑（2·12）

沧浪（2次）青色，见"沧浪之水清兮"（7·8）注。

灾（3次）灾祸：无后灾（1·7）

灵丘（1次）地名：子之辞灵丘而请士师似也（4·5）

灵沼（2次）周文王之沼名：谓其沼曰灵沼（1·2）

灵囿（1次）周文王之囿名：王在灵囿（1·2）

灵台（2次）周文王之台名：谓其台曰灵台（1·2）

牣（1次）满也：于牣鱼跃（1·2）

狂（7次）好高骛远的人，好高骛远：必也狂狷乎（14·37）

狂简（1次）志向高大的样子：吾党之小子狂简（14·37）

犹（57次）①连系性动词，若，似，好像，同于（41次）：今之乐犹古之乐也（1·7）

②副词，还，尚，本书亦作"由"（15次）：民犹以为小也（2·2）

③副词，尚且（1次）：猎较犹可而况受其赐乎（10·4）

——另见"且犹"。

狄（8次）古代对北方较落后的部族的称呼：南面而征北狄怨（2·11）

男（8次）①"男女"之"男"（5次）：男女授受不亲（7·17）

②古代爵位之一（3次）：子男同一位（10·2）

矣（195次）㊀语气词，用法与"了"相当：而国危矣（1·1）㊁助词或句，表感叹：暜矣富人（2·5）㊂同"也"：至足矣（13·23）

——另见"已矣"、"而已矣"、"耳矣"。

私（10次）①个人的（1次）：遂及我私（5·3）

②个人身份，个人名义（1次）：沈同以其私问曰（4·8）

③形容词，个人的（1次）：公事毕然后敢治私事（5·3）

④动词，偏爱（1次）：私妻子（8·30）

⑤副词，个人与个人间地，为个人地，非公式或者公开地（6次）：而私与之吾子之禄爵（4·8）

罕 （1次）次数少：吾见亦罕矣
（11·9）

穷 （8次）①生活无着落，前途无
出路叫"穷"（6次）：此四者
天下之穷民而无告者（2·5）
故士穷不失义（13·9）

②尽也（2次）：遁辞知其所穷
（3·2）

——另见"厄穷"。

穷乏 （2次）贫乏，缺少办法缺
少钱财：所识穷乏者得我与
（11·10）

矻 （2次）激怒，见"亲之过
小而不怨，是不可矻也"
（12·3）注。

良 （87次）①善，好（4次）：天
下之良工也（6·1）

②真，诚（1次）：非良贵也
（11·17）

③王良之名（2次）：良曰
（6·1）

良人 （7次）丈夫：其良人出，
则必餍酒肉而后反（8·33）

良心 （1次）天赋之善心，本来
的善性：其所以放其良心者
（11·8）

良知 （1次）天赋之知：其良知
也（13·15）

良能 （1次）天赋之能：其良能
也（13·15）

芥 （2次）芥草：视天下悦而归己
犹草芥也（7·28）

芸 （2次）耕芸：芸者不变
（6·5）又见"不耘苗者也"
（3·2）注。

苏 （1次）再生，苏醒：后来其苏
（2·11）

补 （6次）补助，补益：春省耕而
补不足（2·4）

角 （1次）额角：若崩厥角稽首
（14·4）

角招 （1次）乐章名：盖《徵
招》《角招》是也（2·4）

言 （111次）①名词，动词，言
语，讲（103次）：夫子言之
（1·7）言举斯心加诸彼而已
（1·7）大哉言矣（2·3）

②学说，主张（4次）：天下之言
不归杨则归墨（6·9）

③语首词，无义（1次）：言归于
好（12·7）

④语中词，无义（3次）：永言配
命（3·4）

言语 （1次）言语必信，非以正
行也（14·33）

訑訑 （2次）自己满足自己而不
虚心的样子：则人将曰訑訑
（12·13）

诐 （2次）一偏的，片面的：诐辞
知其所蔽（3·2）

识（16次）动词，知道，认识：不识有诸（1·7）

——另见"闻识"。

谷（2次）山谷：吾闻出于幽谷迁于乔木者（5·4）

谷〔穀〕（9次）谷物，粮食：谷不可胜食也（1·3）

谷禄（1次）俸禄，见"谷禄不平"（5·3）注。

豆（3次）古代食器，用以盛有羹汁之物的：一豆羹（11·10）

豕（2次）豬：与鹿豕游（13·16）

赤子（5次）小孩，婴儿：儒者之道，古之人若保赤子（5·5）

系（1次）系马千驷弗视也（9·7）

系累（1次）捆绑，囚禁：系累其子弟（2·11）

纳（2次）①收纳，允其进入（1次）：泄柳闭门而不纳（6·7）

②邀纳（1次）：天子使吏治其国而纳其贡税焉（9·3）

纷纷（1次）一次一次地：何为纷纷然与百工交易（5·4）

走（5次）跑：弃甲曳兵而走（1·3）

足（36次）①脚（6次）：可以濯我足（7·8）

②动词，足够，满足（23次）：春省耕而补不足（2·4）今也父兄百官不我足也（5·2）

③助动词（7次）：管仲、晏子犹不足为与（3·1）

足以（33次）**足用**（1次）助动词：是心足以王矣（1·7）王由足用为善（4·12）

进（21次）①前进（7次）：不能进于是矣（1·7）盈科而后进（3·2）

②进于朝廷（13次）：昔者所进（2·7）治则进（3·2）

③进奉，奉献（1次）：将以复进也（7·19）

远（19次）①一般用法（15次）：则夫子过孟贲远矣（3·2）

②意动用法，以为远（1次）：不远千里而来（1·1）

③去声，使动用法，使之远离（2次）：是以君子远庖厨也（1·7）

④名词，远臣（1次）：见"不忘远"（8·20）注。

违（6次）①违背，违犯（3次）：不违农时（1·3）

②逃避（2次）：天作孽犹可违（3·4）

③离开，距离（1次）：则其违禽兽不远矣（11·8）

迎（7次）迎接：箪食壶浆以迎王师（2·10）

近（10次）齐滕之路不为近矣（4·6）

运（4次）运行，转运：天下可运于掌（1·7）

迟迟（2次）慢慢：迟迟吾行也（10·1）

连（5次）①连络（1次）：连诸侯者次之（8·15）

②流连（3次）：从流上而忘反谓之连（2·4）

③屋庐子自称其名：连得间矣（12·5）

身（53次）①本身，亲身（52次）：见"非身之所能为也"（2·15）注。　彼身织屦妻辟纑以易之也（6·10）

②动词，亲身体验与实践（1次）：汤武身之也（13·30）

辛（1次）人名：陈良之徒陈相与其弟辛负耒耜而自宋之滕（5·4）

邑（1次）动词，以为都邑：邑于岐山之下居焉（2·15）

——另见"大邑"。

阿（1次）阿谀：不至阿其所好（3·2）

陈（6次）①陈述（2次）：我非尧舜之道不敢以陈于王前（4·2）

②"阵"本字（1次）：我善为陈（14·4）

③国名（3次）：君子之厄于陈蔡之间（14·18）

陈子（3次）**陈臻**（2次）人名，时子因陈子而以告孟子（4·10）陈臻问曰（4·3）

陈代（1次）人名：陈代曰（6·1）

陈仲子（1次）人名，见"陈仲子岂不诚廉士哉"（6·10）注。

陈良（2次）人名：陈良之徒陈相与其弟辛负耒耜而自宋之滕（5·4）

陈侯周（1次）人名，见"为陈侯周臣"（9·8）注。

陈相（3次）人名：陈相见许行而大悦（5·4）

陈贾（1次）人名，见"陈贾曰"（4·9）注。

附（3次）①附属（2次）：惟臣附于大邑周（6·5）

②增加（1次），见"附之以韩魏之家"（13·11）注。

际可（2次）见"际可之仕"（10·4）注。

邹（10次）国名：邹人与楚人战（1·7）

邮（1次）古代传递政令的驿站：速于置邮而传命（3·1）

邻（10次）相邻的，邻居：察邻国之政（1·3）今有人日攘其邻之鸡者（6·8）

里（44次）①长度单位（43次）：不远千里而来（1·1）

②居住，定居（1次）：里仁为美（3·7）

——另见"夫里之布"、"田里"。

财（7次）①财货，钱财（6次）：我非爱其财而易之以羊也（1·7）

②同"材"（1次）：有达财者（13·40）

——另见"货财"。

财用（1次）用度：无政事则财用不足（14·12）

贡（3次）动词，在下的向上级缴纳赋税，或国家向人民征收赋税：夏后氏五十而贡（5·3）

贡税（1次）名词：天子使吏治其国而纳其贡税焉（9·3）

轫（1次）同"仞"，七尺：掘井九轫而不及泉（13·29）

饮（15次）①喝（14次）：下饮黄泉（6·10）

②饮料（1次）：一瓢饮（8·29）

饭（2次）吃食：舜之饭糗茹草也（14·6）

间（14次）①中间（10次）：七八月之间旱（1·6）

②去声，在中间（1次）：间于齐楚（2·13）

③去声，责备，批评（1次）：政不足与间也（7·20）

④去声，空子，缝隙，差错（1次）：连得间矣（12·5）

⑤去声，区别（1次）：见"利与善之间也"（13·25）注。

——另见"一间"。

间介（1次）动作坚持不舍的样子，见"间介然用之而成路"（14·21）注。

闲（1次）捍卫，见"闲先圣之道"（6·9）注。

闲暇（2次）国家闲暇（3·4）

闵（2次）①同"悯"，忧愁：宋人有闵其苗之不长而揠之者（3·2）

②强横（1次）：见"闵不畏死"（10·4）注。

闵子（2次）人名，见"冉牛、闵子、颜渊善言德行"（3·2）注。

麦（1次）今夫𪊧麦（11·7）

鸡（9次）月攘一鸡（6·8）

驱（6次）①驱逐，赶跑（4次）：驱龙蛇而放之菹（6·9）

②驱使，迫使（2次）：然后驱而

之善（1·7）

——另见"驰驱"。

驱骋（1次）跑马车：驱骋田猎（14·34）

八　画

丧（26次）①平声，死亡，丧事，丧礼（22次）：时日曷丧（1·2）定为三年之丧（5·2）

②去声，丧失（4次）：西丧地于秦七百里（1·5）

事（106次）①名词（48次）：齐桓晋文之事（1·7）

②动词，服事（56次）：入以事其父兄（1·5）

③动词，工作（1次）：非事道与（10·4）

——另见"大事"、"政事"。

亟（9次）①急也（2次）：经始勿亟（1·2）

②去声，屡也（7次）：仲尼亟称于水曰（8·18）

享（5次）①享受（1次）：使之主祭而百神享之（9·5）

②享献（4次）：享多仪（12·5）

京（1次）镐京：裸将于京（7·7）

使（99次）①使令（98次）：是使民养生丧死无憾也（1·3）

②假设连词，假使（1次）：使弈秋诲二人弈（11·9）

——另见"如使"。

使令（1次）使唤：便嬖不足使令于前与（1·7）

使者（1次）代表，来人：摽使者出诸大门之外（10·6）

侍（2次）侍候：得侍同朝甚喜（4·10）

侍人（3次）宦官，古代被阉割而在王宫服役的人：于齐主侍人瘠环（10·8）

供（5次）供给：王之诸臣皆足以供之（1·7）

侧（4次）旁边：虽袒裼裸裎于我侧（3·9）

兔（1次）用为动词，捕捉兔子：雉兔者往焉（2·2）

其（571次）①代词，他，它，作为主语，但只用于子句中（64次）：吾不忍其觳觫（1·7）

②代词，他，它，作为主语，偶亦用于分句中（1次）：其有功于子，可食而食之矣（6·4）

③代词，领位，他的，它的（412次）：未有仁而遗其亲者也（1·1）

④指示词，那（61次）：㊀作形容词用：谓其台曰灵台（1·2）㊁作代词用：其何能

淑（7·9）

⑤副词，殆也，用于不肯定词句中（7次）：始作俑者，其无后乎（1·4）

⑥语气副词，用于疑问句（4次）：如之何其使斯民饥而死也（1·4）

⑦语气副词，用于命令句（2次）：其助上帝宠之（2·3）

⑧语气副词，用于感叹句（1次）：舜其至孝矣（12·3）

⑨副词，将也（2次）：后来其无罚（6·5）

⑩选择连词，还是（1次）：将比今之诸侯而诛之乎？其教之不改而后诛之乎（10·4）

⑪假设连词，假如（3次）：其如是孰能御之（1·6）

⑫小品词，用法同"之"，用于"若是"、"如彼"一类词语之后（11次）：若是其甚与（1·7）

⑬无义（2次）：亟其乘屋（5·3）

具（1次）具备：冉牛、闵子、颜渊则具体而微（3·2）

典刑（1次）法则：太甲颠覆汤之典刑（9·6）

典籍（1次）国家重要文献：不百里不足以守宗庙之典籍（12·8）

函人（2次）制造甲胄之人：矢人岂不仁于函人哉（3·7）

制（8次）①动词，制作（1次）：见"可使制梃以挞秦楚之坚甲利兵矣"（1·5）注。

②动词，制定制度（4次）：是故明君制民之产（1·7）

③名词，制度（3次）：取于民有制（5·3）

刺（5次）①刺杀（3次）：是何异于刺人而杀之（1·3）

②讽刺，讥评（2次）：刺之无刺也（14·37）

卑（8次）①卑下（2次）：功烈如彼其卑也（3·1）

②卑下的官职（2次）：为贫者，辞尊居卑（10·5）

③官职卑下的人（3次）：将使卑逾尊（2·7）

④动词，以为卑下（1次）：不卑小官（3·9）

卒（6次）①死亡（2次）：卒于鸣条（8·1）

②结果，末尾（3次）：卒之东郭墦间（8·33）

③同"猝"（1次）：卒然问曰（1·6）

叔父（4次）敬叔父乎（11·5）

取（58次）①拿过来，择取（57次）：万取千焉（1·1）其取友必端矣（8·24）

②治也（1次），见"杨子取为我"（13·26）注。

受（72次）接受：不受于褐宽博（3·2）

变（14次）改变，改易：王变乎色曰（2·1）

——另见"机变"。

周（21次）①富足（2次），见"周于利者"（14·10）注。

②同"赒"，周济（3次）：君之于氓也，固周之（10·6）

③朝代名（16次）：以笃周祜（2·3）

周公（18次）人名，见"武王周公继之"（3·1）注。

周王（1次）绍我周王见休（6·5）

周旋（1次）旋转：动容周旋中礼（14·33）

周霄（1次）人名：周霄问曰（6·3）

凯风（2次）《诗经》篇名：《凯风》何以不怨（12·3）

势（5次）①形势，情势（3次）：虽有智慧，不如乘势（3·1）

②势力（2次）：古之贤王好善而忘势（13·8）

味（7次）滋味：口之于味有同耆也（11·7）

呼（1次）呼喊：呼于垤泽之门（13·36）

命（53次）①动词，命令，指示，教诲（12次）：则必命有司所之（2·16）

②名词，命令，教诲（17次）：昔者有王命（4·2）则吾既得闻命矣（9·1）

③名词，政令（1次）：见"速于置邮而传命"（3·1）注。

④名词，天命（18次）：方命虐民（2·4）

⑤名词，使命（5次）：然友反命（5·2）

——另见"辞命"。

和（3次）和睦，团结：地利不如人和（4·1）

国（110次）①国家（105次）：亦将有以利吾国乎（1·1）

②国都，城市（5次）：中国而授孟子室（4·10）

国家（6次）国家闲暇（3·4）

固（21次）①顽固，固执（2次）：固哉高叟之为诗也（12·3）

②使坚固（1次）：固国不以山之险（4·1）

③副词，本来（18次）：臣固知王之不忍也（1·7）

垂（2次）垂下：君子创业垂统为可继也（2·14）

垂棘（1次）地名，见"垂棘之璧"（9·9）注。

夜（4次）不舍昼夜（8·18）

夜气（2次）孟子的哲学名词：则其夜气不足以存（11·8）

奄（1次）国名：诛纣伐奄三年（6·9）

奋（1次）奋发：奋乎百世之上（14·15）

奉（2次）侍奉：妻妾之奉（11·10）

妻（36次）①名词（33次）：兄弟妻子离散（1·5）

②去声，动词，与之妻（2次）：帝之妻舜而不告（9·2）

③去声，动词，得妻（1次）：妻帝之二女（9·1）

妻子（4次）有妻子则慕妻子（9·1）

妾（11次）以顺为正者妾妇之道也（6·2）

始（17次）开始：经始灵台（1·2）

姑（5次）①姑且（4次）：姑舍女所学而从我（2·9）

②咀也（1次），见"蝇蚋姑嘬之"（5·5）注。

姓（4次）有异姓之卿（10·9）
——另见"百姓"。

委（2次）委弃，见"委而去之"（4·1）注。

委吏（1次）仓库管理者：孔子尝为委吏矣（10·5）

孟子（295次）**孟轲**（1次）孟子见梁惠王（1·1）君奚为不见孟轲也（2·16）

孟仲子（1次）人名：孟仲子对曰（4·2）

孟季子（1次）人名：孟季子问公都子曰（11·5）

孟施舍（4次）人名：孟施舍之所养勇也（3·2）

孟贲（1次）人名：则夫子过孟贲远矣（3·2）

孟献子（1次）人名：孟献子百乘之家也（10·3）

季子（4次）人名：①即孟季子（1次）：季子闻之曰（11·5）

②即季任（3次）：他日由邹之任见季子（12·5）

季氏（1次）人名：求也为季氏宰（7·14）

季任（1次）人名：季任为任处守（12·5）

季孙（1次）人名：季孙曰（4·10）

季桓子（1次）人名：于季桓子见行可之仕也（10·4）

孤（2次）①孤单的（1次）：独孤臣孽子（13·18）

②幼而无父曰孤（2·5）

学（30次）①动词（28次）：夫人幼而学之（2·9）

②名词，国学，大学（2次）：设为庠序学校以教之（5·3）

学问（2次）动词：吾他日未尝学问（5·2）

孥（1次）罪及妻子：罪人不孥（2·5）

宗国（1次）同姓而为长之国：吾宗国鲁先君莫之行（5·2）

宗庙（4次）祖宗的庙宇：毁其宗庙（2·11）

官（22次）①官位，官职（20次）：不卑小官（3·9）

②器官（2次）：耳目之官不思（11·15）

定（12次）①安定（9次）：天下恶乎定（1·6）

②使安定（1次）：定四海之民（13·21）

③制定（2次）：定为三年之丧（5·2）

宜（14次）①副词，殆也，表示不肯定（5次）：宜与夫礼若不相似然（4·2）

②助动词，应该（9次）：宜乎百姓之谓我爱也（1·7）

实（16次）①果实（1次）：蠐食实者过半矣（6·10）

②本质，内容，实际（10次）：其实皆什一也（5·3）仁之实事亲是也（7·27）

③充实（2次）：而君之仓廪实（2·12）其君子实玄黄于筐（6·5）

④事功（3次），见"先名实者为人也"（12·6）注。

——另见"充实"。

宠（1次）爱护：其助上帝宠之（2·3）

宝（2次）①名词，可宝贵的事物（1次）：诸侯之宝三（14·28）

②动词，以为宝，珍贵（1次）：宝珠玉者殃必及身（14·28）

尚（10次）①动词，同"上"，加也（3次）：莫能相尚（4·2）

②副词，同"上"（3次）：舜尚见帝（10·3）

③动词，以为上（2次）：尚志（13·33）

④副词，还（2次）：今吾尚病（5·5）

居（63次）①居住，停留（52次）：昔者大王居邠（2·14）

②由上义的引申义，处于某种名义或地位（4次）：夫圣孔子不居（3·2）

③名词，住所，所住的环境（7次）：居移气（13·36）

屈 （3次）①屈折，屈伏（2次）：威武不能屈（6·2）

②地名（1次），见"屈产之乘"（9·9）注。

帛 （6次）绸料的总称：五十者可以衣帛矣（1·3）

幸 （4次）幸运，侥幸：国之所存者幸也（7·1）

厎 （1次）同"砥"，磨刀石，见"周道如厎"（10·7）注。

庖 （2次）庖厨（1次）：厨房：庖有肥肉（1·4）是以君子远庖厨也（1·7）

庖人 （1次）官名，掌供膳羞：庖人继肉（10·6）

府库 （3次）储积布帛财物的仓库：府库充（2·12）

废 （8次）废弃：然则废衅锺与（1·7）

弨 （1次）舜弓之名，见"弨朕"（9·2）注。

弥子 （2次）即弥子瑕，见"弥子之妻与子路之妻兄弟也"（9·8）注。

彼 （38次）①第三称人称代词，他（26次）：彼夺其民时（1·5）

②指示代词，那（10次）：彼一时，此一时也（4·13）

③指示形容词，那（2次）：彻彼桑土（3·4）

往 （37次）去：王往而征之（1·5）

征 （26次）①征伐（16次）：征者上伐下也（14·2）

②征取（1次）：上下交征利（1·1）

③征税（9次）：关市讥而不征（2·5）

征〔徵〕 （1次）表现：征于色发于声而后喻（12·15）

徂 （1次）往也：以遏徂莒（2·3）

徂落 （1次）死，见"放勋乃徂落"（9·4）注。

径 （1次）小路：山径之蹊间介然（14·21）

备 （7次）完备，具备：且一人之身而百工之所为备（5·4）

岳 （1次）齐国都城临淄城内的街道名：引而置之庄岳之间（6·6）

岩 （1次）危险的：是故知命者不立乎岩墙之下（13·2）

忠 （8次）壮者以暇日修其孝悌忠信（1·5）

怍 （1次）愧怍：俯不怍于人（13·20）

性 （37次）本性：孟子道性善（5·1）

怵惕 （1次）恐惧：皆有怵惕恻隐之心（3·6）

戕贼（3次）破坏：将戕贼杞柳而后以为桮棬也（11·1）

或（44次）①分称代词，有些，有的，某人（39次）：或百步而后止（1·3）

②动词，有也（1次）：夫既或治之（4·6）

③副词，表示不肯定（3次）：是或一道也（4.2）

④同"惑"（1次）：无或乎王之不智也（11·9）

或者（1次）副词，用法与"或"的③同，表示不肯定：或者不可乎（4·2）

所（232次）①名词，处所（4次）：使之居于王所（6·9）

②小品词，置于动词或介词之前变成词组（228次）：叟之所知也（1·5）所食之粟（6·10）此心之所以合于王者何也（1·7）

承（5次）①继承（3次）：丕承哉，武王烈（6·9）

②接受（1次）：寡人愿安承教（1·4）

③抵御，抗拒（1次）：则莫我敢承（6·9）

抱（2次）守：抱关击柝（10·5）

抽（1次）抽出来：抽矢扣轮（8·24）

拂（2次）①违反，破坏（1次）：行拂乱其所为（12·15）

②同"弼"，辅弼：入则无法家拂士（12·15）

拔（2次）①拔下来：拔一毛而利天下（13·26）

②超出：拔乎其萃（3·2）

拘（1次）拘束：君子不可虚拘（13·37）

拙（2次）笨拙：大匠不为拙工改废绳墨（13·41）

招（13次）①动词，征召（7次）：招虞人以旌（6·1）

②名词，用以征召的信物（6次）：取非其招不往也（6·1）

择（5次）①选择（3次）：非择而取之（2·14）

②区别（2次），见"则牛羊何择焉"（1·7）注。

——另见"选择"。

放（21次）①至也（2次）：放于琅邪（2·4）

②放纵（1次）：葛伯放而不祀（6·5）

③放逐（12次）：汤放桀（2·8）

④弃也，失也（6次）：其所以放其良心者亦犹斧斤之于木也（13·8）

放饭（1次）大口吃饭，见"放饭流歠"（13·46）注。

放恣（1次）**放僻**（2次）放纵，胡作非为：诸侯放恣（1·7）放僻邪侈无不为已（1·7）

放踵（1次）走破脚跟，见"摩顶放踵"（13·26）注。

放勳（2次）即帝尧：放勳曰（5·4）

斧（3次）斧头：斧斤以时入山林（1·3）

於（1次）音乌，无义，语首词：于牣鱼跃（1·2）

於陵（3次）於音乌，地名：居於陵（6·10）

旻天（2次）秋天：号泣于旻天（9·1）

昆夷（1次）周朝初年的西戎国名：文王事昆夷（2·3）

明（15次）①名词，目光，目力（2次）：明足以察秋毫之末（1·7）

②光亮（1次）：日月有明（13·24）

③很好的目力（1次）：离娄之明（7·1）

④形容词，明白，圣明（2次）：是故明君制民之产（1·7）

⑤动词，明白（3次）：人伦明于上（5·3）

⑥动词使动用法，使明白，搞明白（2次）：明其政刑（3·4）

⑦副词，明白地（4次）：明以教我（1·7）

明日（2次）第二天：明日出吊于东郭氏（4·2）

明堂（2次）见"人皆谓我毁明堂"（2·5）注。

昏昏（1次）糊涂：今以其昏昏使人昭昭（14·20）

昏暮（1次）黄昏：昏暮叩人之门户（13·23）

易（30次）①交易，交换（14次）：以羊易之（1·7）禹稷颜子易地则皆然（8·29）

②改变（6次）：夷子思以易天下（5·5）

③治也（2次）：夫以百亩之不易为己忧者农夫也（5·4）

④疾，速（1次）：见"深耕易耨"（1·5）注。

⑤去声，容易（6次）：饥者易为食（3·1）

⑥去声，轻易（1次）：人之易其言也（7·22）

——另见"交易"。

易牙（3次）人名，见"易牙先得我口之所耆者也"（13·7）注。

昔（2次）昔者（24次）从前：
昔齐景公田（6·1）昔者齐景
公问于晏子曰（2·4）

朋友（3次）非所以要誉于乡党
朋友也（3·6）

服（25次）①服装，衣服（3
次）：子服尧之服（12·2）

②穿着（2次）：子服桀之服
（12·2）

③孝服（2次）：礼为旧君有服
（8·3）

④动词，服孝（3次）：何如斯可
为服矣（8·3）

⑤动词，归服，使心服（14
次）：以一服八（1·7）

⑥动词，受也（1次）：故善战者
服上刑（7·14）

胁（1次）耸也：胁肩谄笑，病于
夏畦（6·7）

杯（1次）今之为仁者犹以一杯水
救一车薪之火也（11·18）

杵（1次）旧日舂米的木棒：而何
其血之流杵也（14·3）

枉（6次）屈曲：枉尺而直寻宜若
可为也（6·1）

林（1次）树林：斧斤以时入山林
（1·3）

构（2次）①交也（1次）：吾闻
秦楚构兵（12·4）

②构造，造成（1次）：构怨于诸
侯（1·7）

果（7次）①副词，凡事和预料的
相合便用"果"字，不相合的
便用"不果"字（6次）：君
是以不果来也（2·16）

②侍也（1次），见"二女果"
（14·6）注。

者（626次）①小品词（543
次）：弑其君者必百乘之家
（1·1）昔者齐景公问于晏子
曰（2·4）

②语气词，表提示（82次）：巡
守者巡所守也（2·4）

③语气词，无义：仅表停顿（1
次）：见"则人之所以求富贵
利达者，其妻妾不羞也而不相
泣者几希矣"（8·33）注。

欣欣（2次）高高兴兴的样子：
举欣欣然有喜色而相告曰
（2·1）

武（6次）①威武（1次）：我武
惟扬（6·5）

②周武王（5次）：不识王之不可
以为汤武（4·12）

武丁（3次）人名：由汤至于武
丁（3·1）

武王（10次）周武王：武王耻之
（2·3）

武成（1次）《尚书》篇名，见
"吾于《武成》取二三策而已
矣"（14·3）注。

武城（1次）地名：曾子居武城（8·31）

氓（4次）侨居之民，见"愿受一廛而为氓"（5·4）注。

沮（1次）阻止：嬖人有臧仓者沮君（2·16）

河（9次）①黄河（8次）：河内凶则移其民于河东（1·3）②普通名词（1次）：河海之于行潦（3·2）

油然（1次）云浓厚地起来的样子：天油然作云（1·6）

治（44次）①及物动词，平声，此字作为及物动词，意义颇为广泛，和现代汉语"搞"、"弄"诸字相似，必须依其宾语（所"治"的对象）而作不同翻译，如"治国家"、"治天下"可译为"治理"、"管理"，"治礼义"（1·7）、"治朕栖"（9·2）便不能这样译。（31次）②不及物动词，去声，太平，搞得好（13次）：四境之内不治（2·6）——另见"平治"。

沼（3次）池沼：王立于沼上（1·2）

泄（1次）轻侮：武王不泄迩（8·20）

泄泄（2次）言语很多的样子：无然泄泄（7·1）

泄柳（2次）人名，见"泄柳申详无人乎缪公之侧"（4·11）注。

法（8次）①名词，法度，法则（4次）：徒法不能以自行（7·1）②动词，模范，取法（3次）：则文王不足法与（3·1）③依法收购（1次），见"法而不廛"（3·5）注。

法守（1次）长久保持的法则：下无法守也（7·1）

法家（1次）有法度的大臣：入则无法家拂士（12·15）

泗（1次）水名，见"决汝汉排淮泗而注之江"（5·4）注。

泣（7次）哭泣：哭泣之哀（5·2）

注（3次）注入，灌注：禹疏九河瀹济漯而注诸海（5·4）

泽（13次）①沼泽（4次）：益烈山泽而焚之（5·4）②惠泽，恩泽（7次）：则是干泽也（4·12）③流风馀韵（2次），见"君子之泽五世而斩"（8·22）注。

沓沓（2次）言则非先王之道者犹沓沓也（7·1）

炙（8次）①烧肉（7次）：耆秦人之炙无以异于耆吾炙（11·4）

②薰陶，受教育（1次）：而况于亲炙之者乎（14·15）

版（1次）木版：傅说举于版筑之间（12·15）

牧（5次）①动词，畜牧（1次）：今有受人之牛羊而为之牧之者（4·4）

②名词，管理者，统治者（1次）：今夫天下之人牧未有不嗜杀人者也（1·6）

③名词，牧地（3次）：则必为之求牧与刍矣（4·4）

牧皮（1次）人名：如琴张曾牧皮者（14·37）

牧仲（1次）人名：乐正裘牧仲（10·3）

牧宫（1次）宫名：天诛造攻自牧宫（9·7）

物（22次）①物件，万物（20次）：物皆然（1·7）

②事情，事物（2次）：此物奚宜至哉（8·28）

环（2次）包围：环而攻之而不胜（4·1）

狃（1次）习惯：予不狃于不顺（13·31）

狐狸（1次）狐狸食之（5·5）

狗（4次）鸡豚狗彘之畜无失其时（1·3）

直（13次）①"曲"之反（3次）：以为方员平直（7·1）

②动词，使之直（6次）：枉之直之（5·4）

③动词，直言（1次）：不直则道不见（5·5）

④副词，仅仅，但（3次）：直不百步耳（1·3）

知（112次）①知道（109次）：王如知此（1·3）

②同"智"（3次）：知者无不知也（13·46）

社稷（6次）国家：诸侯不仁不保社稷（7·3）

祀（5次）祭祀：葛伯放而不祀（6·5）

——另见"祭祀"。

秉（2次）掌握：民之秉彝（12·6）

空乏（1次）穷困：空乏其身（12·15）

空虚（1次）不信仁贤则国空虚（14·12）

罔（7次）①陷害（5次）：是罔民也（1·7）

②同"网"，网罗（1次）：而罔市利（4·10）

③无也（1次）：凡民罔不譈（10·4）

肢 （1次）肢体：四肢之于安佚也
（14·24）

肥 （6次）①多脂肪的（5次）：
庖有肥肉（1·4）

②肥沃（1次）：则地有肥硗
（11·7）

肩 （2次）胁肩谄笑病于夏畦
（6·7）

育 （2次）①教育（1次）：尊贤
育才（12·7）

②养育（1次）：五谷，熟而民人
育（5·4）

——另见"教育"。

肤 （6次）①皮肤（5次）：不肤
桡（3·2）

②漂亮（1次）：殷士肤敏
（7·7）

——另见"体肤"。

画 （1次）动词，图画：毁瓦画墁
（6·4）

畅茂 （1次）茂盛：草木畅茂
（5·4）

卧 （2次）睡觉：隐几而卧
（4·11）

绍 （1次）介绍：绍我周王见休
（6·5）

绐 （4次）扭捩：绐兄之臂而夺之
食则得食（12·1）

终 （23次）自始至末的整个阶
段：乐岁终身饱（1·7）然终
于此而已矣（10·3）

经 （6次）①正道，经常之理
（2次）：君子反经而已矣
（14·37）

②行也（1次），见"经德不回"
（14·33）注。

③经营，营造，建筑（3次）：经
始灵台（1·2）

经界 （4次）界线，见"夫仁政
必自经界始"（5·3）注。

织 （5次）编织：皆衣褐捆屦织席
以为食（5·4）

纑 （1次）练麻，见"妻辟纑"
（6·10）注。

舍 （26次）①居住（1次）：出舍
于郊（2·4）

②即今之"啥"字，什么（1
次），见"舍皆取诸宫中而用
之"（5·4）注。

③同"捨"，舍弃，抛出（23
次）：舍之（1·7）舍矢如破
（6·1）

④孟施舍之名（1次）：舍岂能为
必胜哉（3·2）

舍馆 （2次）住处：舍馆未定
（7·24）

苗 （10次）禾苗：王知夫苗乎
（1·6）

苙 （1次）饲养牲畜之栏：既入其
苙（14·26）

苟 （22次）①副词，苟且
（2次）：故不为苟得也

（11·10）

② 连词，假如（20次）：苟为后
义而先利，不夺不厌（1·1）

若（96次）① 像，似，如（67
次）：若寡人者可以保民乎哉
（1·7）

② 同，一致（4次）：则贾相若
（5·4）

③ 及也，多用于否定句或反诘句
（14次）：不若与众（2·1）
吾岂若使是君为尧舜之君哉
（9·7）

④ 顺也（1次）：暂瞍亦允若
（9·4）

⑤ 代词，如此（4次）：以若所
为，求若所欲（1·7）

⑥ 连词，假若，如果（4次）：王
若隐其无罪而就死地（1·7）

⑦ 他转连词，至于（2次）：若民
则无恒产因无恒心（1·7）

——另见"乃若"、"辟若"。

若夫（5次）他转连词，与
"若"的⑦的用法同，至于：
若夫成功则天也（2·14）

苦（2次）① 形容词：乐岁终身苦
（1·7）

② 动词：必先苦其心志
（12·15）

英才（1次）得天下英才而教育
之（13·20）

茁壮（1次）壮实：牛羊茁壮长
而已矣（10·5）

范（1次）地名：孟子自范之齐
（11·36）

范〔範〕（1次）动词，纳人
轨范，依规矩行事：吾为之范
我驰驱（6·1）

茅（3次）① 茅草（2次）：为间
不用则茅塞之矣（14·21）

② 取茅草（1次）：昼尔于茅
（5·3）

茕（1次）孤独：哀此茕独
（2·5）

虎（4次）驱虎豹犀象而远之
（6·9）

虎贲（1次）勇士：虎贲三千人
（14·4）

籴（1次）买进粮食：无遏籴
（12·7）

试（1次）用也：好驰马试剑
（5·2）

——另见"尝试"。

诗（43次）《诗经》：《诗》云
（1·2）

诡遇（1次）不依正常规矩驾
车：为之诡遇（6·1）

详（3次）详细：博学而详说之
（8·15）

诛（14次）诛杀：闻诛一夫纣矣
（2·8）

诚（22次）①诚恳，真诚，诚心（9次）：反身不诚，不悦于亲矣（7·12）

②真正，实在（13次）：诚如是也（1·6）

斩（2次）断绝，绝灭：君子之泽五世而斩（8·22）

转（3次）把尸体抛弃，见"君之民老弱转乎沟壑"（2·12）注。

转附（1次）地名：吾欲观于转附朝儛（2·4）

败（3次）东败于齐（1·5）

贬（1次）降低爵位：一不朝则贬其爵（12·7）

贫（7次）①贫穷（5次）：贫富不同也（2·16）

②收入很少的职位（2次）：辞富居贫（10·5）

货（6次）①财货（3次）：寡人好货（2·5）

②掠夺别人财货（1次）：杀越人于货（10·4）

③贿赂（2次），见"是货之也"（4·3）注。

货财（2次）货财不聚（7·1）

贯（1次）习惯：我不贯与小人乘（6·1）

责（8次）①动词，责备（6次）：父子之间不责善（7·18）

②名词，责任，职责（2次）：有言责者不得其言则去（4·5）

责难（1次）责备：责难于君谓之恭（7·1）

贤（72次）㊀有一定的道德和学问见识的名词：国君进贤（2·7）㊁形容词：贤者亦乐此乎（1·2）㊂动词的意动用法，以为贤：孔子贤之（8·29）

贤劳（1次）勤劳，见"我独贤劳也"（9·4）注。

质（3次）去声，古人初次相见的礼物：出疆必载质（6·3）

轮（5次）①车轮（1次）：抽矢叩轮去其金（8·24）

②制作车轮者（4次）：则梓匠轮舆皆得食于子（6·4）

迨（1次）及也：迨天之未阴雨（3·4）

迫（1次）逼迫，迫近：迫斯可以见矣（6·7）

迭（1次）更代，更番，交递：迭为宾主（10·3）

述（1次）叙述，报告：述职者述所职也（2·4）

述职（3次）诸侯朝于天子曰述职（2·4）

迩（2次）①近（1次）：道在迩而求诸远（7·11）

②近臣，在朝廷之臣（1次），见

"武王不泄迩"（8·20）注。

采（1次）同"採"：有采薪之忧（4·2）

采色（1次）同"彩色"：抑为采色不足视于目与（1·7）

金（6次）①铜属器物（5次）：抽矢叩轮去其金（8·24）金声而玉振之也（10·1）

②铜属货币（1次）：王馈兼金一百（4·3）

郊（3次）①郊野（2次）：臣闻郊关之内有囿方四十里（2·2）

②动词，在郊野：以其郊于大国也（11·8）

郑（4次）国名：子产听郑国之政（8·2）

郁陶（1次）思念貌：郁陶思君尔（9·2）

陋（1次）不好的：居于陋巷（8·29）

降（1次）降生，下降：天降下民（2·3）

规矩（6次）规，画圆之具；矩，画方之具。规矩引伸为一定的程式，法则：不以规矩不能成方圆（7·1）

视（28次）①看（14次）：抑为采色不足视于目与（1·7）

②治也，临也，为后来"视事"一词的来源（1次）：朝将视朝（4·2）

③看待（9次）：君之视臣如手足则臣视君如腹心（8·3）

④比拟（3次）：天子之卿受地视侯（10·2）

⑤效法（1次）：小人所视（10·7）

雨（8次）①名词（7次）：沛然下雨（1·6）

②动词，去声（1次）：雨我公田（5·3）

雨露（2次）雨露之养（11·7）

鱼（12次）于牣鱼跃（1·2）

非（145次）①连系性动词，不是（119次）：非我也（1·3）

②不对，不正确（14次）：前日之不受是则今日之受非也（4·3）

③否定副词，不（6次）：非徒无益而又害之（3·2）

④及物动词，诋毁（6次）：人不得则非其上矣（2·4）

饱（8次）饱足：乐岁终身饱（1·7）

鸣（4次）①鸡鸟叫（3次）：鸡鸣狗吠相闻（3·1）

②使之鸣，使乐器有声（1次）：小子鸣鼓而攻之（7·14）

鸣条（1次）地名：卒于鸣条（8·1）

驾（3次）把马套上车子：今乘舆已驾矣（2·16）

驷（1次）四匹马：系马千驷，弗
视也（9·7）

齿（3次）①牙齿（1次）：而问
无齿决（13·46）

②年齿，年纪（2次）：齿一
（4·2）

九　画

养（62次）①养育（40次）：是
使民养生丧死无憾也（1·3）

②对父母的奉养，旧读去声（13
次）：使不得耕耨以养其父母
（1·5）

③教养（3次）：中也养不中
（8·7）

④修养（5次）：北宫黝之养勇也
（3·2）

⑤牧养（1次）：百里奚自鬻于秦
养牲者（9·9）

举（26次）①抬起，扛起，
提起，指出（10次）：吾
力足以举百钧而不足以举
一羽（1·7）非之无举也
（14·37）

②选拔（9次）：举舜而敷治焉
（5·4）

③副词，都，皆，全（7次）：举
疾手蹙頞而相告曰（2·1）

亮（1次）诚信，见“君子不亮恶
乎执”（12·12）注。

亲（56次）①指父母而言（34
次）：未有仁而遗其亲者也
（1·1）

②动词，亲爱之意（6次）：斯民
亲其上死其长矣（2·12）

③直接接触叫亲（3次）：且比化
者无使土亲肤（4·7）

④亲近的，关系密切的（1次）：
王无亲臣矣（2·7）

⑤副词，亲自地（2次）：吾岂若
于吾身亲见之哉（9·7）

亲迎（3次）古代娶妻仪节之
一：亲迎则不得妻（12·1）

亲戚（3次）父母，见“寡助之
至亲戚畔之”（4·1）注。

亲睦（1次）亲爱和睦：则百姓
亲睦（5·3）

兹（4次）①代词，这（1次）：
士则兹不悦（4·12）

②形容词，这（2次）：惟兹臣庶
（9·2）

③名词，年，载（1次）：今兹未
能（6·8）

侮（6次）侮辱：或敢侮予
（3·4）

侯（5次）①古代爵位之一
（3次）：公侯皆方百里
（10·2）

②语首词，无义（2次）：侯于周
服（7·7）

侵（4次）侵犯：狄人侵之（2·14）

便嬖（1次）常在左右的伺候之人：便嬖不足使令于前与（1·7）

俊杰（2次）出色人才：俊杰在位（3·5）

俑（1次）土木制成的偶像：始作俑者（1·4）

俗（3次）风俗：其故家遗俗（3·1）

——另见"世俗"、"流俗"。

保（14次）保护，安定，保持：保民而王（1·7）

修（8次）修养，修整：壮者以暇日修其孝悌忠信（1·5）修我墙屋（8·31）

俟（4次）等待：君命召，不俟驾（4·2）

信（30次）①名词，道德观念之一（8次）：壮者以暇日修其孝悌忠信（1·5）有诸己之谓信（14·25）

②不及物动词，守信（3次）：大人者言不必信（8·11）

③及物动词，相信（13次）：朝不信度（7·1）

④副词，真，诚（4次）：信能行此五者（3·5）

⑤同"伸"（2次）：屈而不信（11·12）

俭（7次）①节俭，俭仆（5次）：俭者不夺人（7·16）

②少，不足（2次）：见"而俭于百里"（12·8）注。

冠（11次）①帽子（6次）：如以朝衣朝冠坐于涂炭（3·9）

②去声，戴帽子（4次）：许子冠乎（5·4）

③去声，古代男子年至二十，行第一次戴帽礼（1次）：丈夫之冠也父命之（6·2）

前（7次）①指方位（3次）：便嬖不足使令于前与（1·7）

②指时间（4次）：而孟子之后丧逾前丧（2·16）前以士后以大夫（2·16）

前日（6次）过去：前日于齐，王馈兼金一百而不受（4·3）

削（4次）①不及物动词，削弱（3次）：不甚则身危国削（7·2）

②及物动词，削减（1次）：再不朝则削其地（12·7）

剑（2次）古代武器：夫抚剑疾视曰（2·3）

勃然（2次）突然：王勃然变乎色（10·9）

勇（15次）勇敢：寡人好勇（2·3）

勉（1次）勉励，努力：子必勉之（5·3）

勋劳（1次）功劳：挟有勋劳而问（13·43）

匍匐（2次）爬行：赤子匍匐将入井（5·5）

南（9次）南辱于楚（1·5）

南阳（1次）地名，见"遂有南阳"（12·8）注。

南河（1次）地名：舜避尧之子于南河之南（9·5）

厚（2次）然而夷子葬其亲厚（5·5）

叙（1次）次序：长幼有叙（5·4）

复〔復〕（14次）①动词，回报，报告（1次）：有复于王者曰（1·7）

②动词，报仇（1次）：为匹夫匹妇复仇也（6·5）

③动词，再来一次的意思（2次）：将复之（6·1）

④副词，再（10次）：管仲晏子之功可复许乎（3·1）

叟（2次）梁惠王用以称孟子：叟之所知也（1·5）

咸（3次）副词，都：咸以正无缺（6·9）

咸丘蒙（2次）人名：咸丘蒙问曰（9·4）

咻（1次）喧闹：众楚人咻之（6·6）

咽（1次）吞下：三咽然后耳有闻目有见（6·10）

哀（5次）①悲哀，哀痛（4次）：百官有司莫敢不哀（5·2）

②怜悯，同情（1次）：哀此茕独（2·5）

哇（1次）呕出：出而哇之（6·10）

哉（98次）㊀语气词，表反诘：岂能独乐哉（1·2）㊁表疑问：是诚何心哉（1·7）㊂表感叹：大哉言矣（2·3）

——另见"乎哉"。

哄（1次）战斗：邹与鲁哄（2·12）

囿（6次）畜养禽兽以供狩猎的围场：文王之囿方七十里（2·2）

显（4次）①显耀，显耀的，使显耀（3次）：晏子以其君显（3·1）而未尝有显者来（8·33）相秦而显其君于天下（9·9）

②光明：丕显者文王谟（6·9）

垣（1次）围墙，段干木逾垣而辟之（6·7）

垤泽（1次）宋国城门之名：呼于垤泽之门（13·36）

城（8次）筑斯城也（2·13）

契（1次）音燮，人名，见"使契为司徒"（5·4）注。

姜（1次）姓：爰及姜女（2·5）

姣（2次）美貌：天下莫不知其姣也（11·7）

威（2次）①名词，威武，威风：畏天之威（2·3）

②动词，以威示人：威天下不以兵革之利（4·1）

威武（1次）威武不能屈（6·2）

孩（1次）儿童笑貌，见"孩提之童无不知爱其亲者"（13·15）注。

宫（3次）宫室（5次）房屋：舍皆取诸宫中而用之（5·4）坏宫室以为污池（6·9）

宫之奇（1次）人名：宫之奇谏（9·9）

客（1次）客人：客不悦曰（4·11）

宣王（2次）即齐宣王：宣王问曰（2·10）

室（15次）①房屋（11次）：为巨室则必使工师求大木（2·9）

②户宅，家户（1次）：万室之国（12·10）

③妻室，家庭（2次）：丈夫生而愿为之有室（6·3）

④王室，王家，天子之朝廷（1次）：周室班爵禄也如之何（10·2）

——另见"巨室"。

封（7次）封建社会给某人以土地人民与政权叫封：封之也（9·3）

封疆（1次）疆域，国土：域民不以封疆之界（4·1）

将（81次）①动词，送也，奉也（3次）：以君命将之（10·6）

②动词，持也，取也（1次）：匍匐往将食之（6·10）

③动词，助也（1次）：裸将于京（7·7）

④时间副词（74次）：亦将有以利吾国乎（1·1）

⑤表数副词，几乎，差不多（1次）：将五十里也（5·1）

⑥选择连词，还是（1次）：子能顺杞柳之性而以为桮棬乎，将戕贼杞柳而后以为桮棬也（11·1）

将军（1次）鲁欲使慎子为将军（12·8）

屋（2次）亟其乘屋（5·3）

屋庐子（5次）人名，见"任人有问屋庐子曰"（12·1）注。

屏（1次）放逐：出妻屏子（8·30）

差（1次）**差等**（1次）等级的
差别：庶人在官者其禄以是为
差（10·2）之则以为爱无差
等（5·5）

巷（1次）里弄，胡同：居于陋巷
（8·29）

帝（8次）①皇帝，天子（1
次）：自耕稼陶渔以至为帝，
无非取于人者（3·8）
②专指帝尧（7次）：帝使其子九
男二女百官牛羊仓廪备，以事
舜于畎亩之中（9·1）
——另见"上帝"。

带（1次）腰带：不下带而道存焉
（14·32）

幽（2次）古代天子的恶谥，如周
幽王：名之曰幽厉（7·2）

幽州（1次）地名，见"舜流共
工于幽州"（9·3）注。

幽谷（2次）黑暗的山谷：吾闻
出于幽谷迁于乔木者（5·4）

庠（5次）古代由地方兴办的学
校：谨庠序之教（1·3）

度（5次）①名词，法度（2
次）：一游一豫，为诸侯度
（2·4）
②尺码（1次），见"工不信度"
（7·1）注。
③旧读入声，度量，忖度（2
次）：度然后知长短（1·7）
——另见"忖度"。

庭（1次）庭院：与其妾讪其良人
而相泣于中庭（8·33）

弈（4次）下棋：博弈好饮酒
（8·30）

弈秋（3次）人名：弈秋，通国
之善弈者也（11·9）

待（18次）①等待（13次）：虽
有镃基，不如待时（3·1）
②对待（4次）：何以待之
（2·11）
③培养，见"以待后之学者"
（6·4）注。

很（1次）即今之"狠"字：好勇
很以危父母（8·30）

尝（21次）曾经：王尝语庄子以
好乐（2·1）

尝试（1次）请尝试之（1·7）

怒（10次）王赫斯怒（2·3）

思（27次）①思考，想（25
次）：思以一毫挫于人，若挞
之于市朝（3·2）
②语词，无义（2次），见"无思
不服"（3·3）注。

怠（1次）懈怠：及是时般乐怠敖
（3·4）

急（8次）①急迫，紧要（5
次）：三月无君则吊，不以急
乎（6·3）
②动词，以为急迫，紧要（3
次）：急先务也（13·46）

怨（25次）怨恨：构怨于诸侯（1・7）内无怨女（2・5）南面而征北狄怨（2・11）

恕（1次）怨恨：则废人之大伦以恕父母（9・2）

恒（14次）恒常，经常：无恒产而有恒心者（1・7）

恻隐（5次）哀痛，同情，见"皆有怵惕恻隐之心"（3・6）注。

恔（1次）快也，见"于人心独无恔乎"（4・7）注。

拜（6次）①作揖（4次）：禹闻善言则拜（3・8）

②拜访，拜谢（2次）：则往拜其门（6・7）

挟（11次）①夹在胳臂底下（2次）：挟太山以超北海（1・7）

②仗恃，挟持（9次）：不挟长（10・3）

拯（1次）拯救：民以为将拯己于水火之中也（2・11）

拱（1次）两手合围为拱，拱把之桐梓（11・13）

持（3次）①保持（2次）：持其志无暴其气（3・2）

②手拿着：子之持戟之士一日而三失伍（4・4）

——另见"扶持"。

指（6次）①手指（4次）：今有无名之指（11・12）

②大指，指要（1次）：愿闻其指（12・4）

③指意，意义（1次）：言近而指远者善言也（14・32）

挍（1次）比较：贡者挍数岁之中以为常（5・3）

挞（4次）棰打，鞭打：可使制梃以挞秦楚之坚甲利兵矣（1・5）

故（100次）①名词，事故（1次）：兄弟无故（13・20）

②名词，故旧（1次）：挟故而问（11・43）

③形容词，老，旧（2次）：所谓故国者（2・7）

④名词，道理，原因，所以然（9次）：而夷子二本故也（5・5）苟求其故（8・26）

⑤连词，所以（87次）：故能乐也（1・2）

——另见"大故"、"是故"。

政（52次）政事（2次）察邻国之政（1・3）无政事则财用不足（14・12）

施（12次）①施行（9次）：王如施仁政于民（1・5）

②恩惠（1次）：守约而施博者善道也（14・32）

③去声，延及也（1次）：见"施

于四体"（11·21）注。

④去声，邪也（1次）：见"施从良人之所之"（8·33）注。

施施（1次）喜悦貌：施施从外来（8·33）

既（29次）①时间副词，已经（27次）：兵刃既接（1·3）

②时间副词，表旋嗣，俄而（1次）：既而幡然改曰（9·7）

③表数副词，尽也，完全（1次）：予既已知之矣（12·13）

星辰（1次）星辰之远也（8·26）

昼（6次）①白日（2次）：昼尔于茅（5·3）

②地名：宿于昼（4·11）

——另见"旦昼"。

春（2次）春季：春省耕而补不足（2·4）

春秋（8次）①鲁国史书之名（1次）：鲁之《春秋》（8·21）

②孔子所作史书之名（7次）：作《春秋》（6·9）

昭昭（3次）明白：贤者以其昭昭使人昭昭（14·20）

是（209次）①代词，此，这（86次）：是亦走也（1·3）

②形容词，此，这（26次）：是心足以王矣（1·7）

③连系性动词（84次）：王之不王是折枝之类也（1·7）盖《徵招》《角招》是也（2·4）

④对，正确（9次）：自以为是（14·37）

⑤小品词，置于倒装句宾语与动词之间（4次）：戎狄是膺（5·4）

——另见"于是"。

是以（12次）所以：是以后世无传焉（1·7）

是故（15次）所以：是故汤事葛（2·3）

曷（1次）何时也：天下曷敢有越厥志（2·3）

柝（2次）古代巡夜之人所用以敲打的木头：抱关击柝（10·5）

柳下惠（9次）人名，见"柳下惠不羞污君"（3·9）注。

树（7次）动词，栽培，种植：五亩之宅树之以桑（1·3）

树子（1次）所立继承已位的儿子：无易树子（12·7）

树艺（1次）种植，栽培：树艺五谷（5·4）

残（5次）①动词，残害（1次）：是上慢而残下也（2·12）

②残害之人（2次）：取其残而已矣（6·5）

③孟子独用之词（2次）：贼义者谓之残（2・8）

殃（4次）①名词，祸害，灾难（2次）：不取必有天殃（2・10）

②动词，祸害（2次）：不教民而用之谓之殃民（12・8）

殄（1次）绝灭：肆不殄厥愠（14・19）

殆（5次）①危险（1次）：天下殆哉岌岌乎（9・4）

②形容词，近也（1次）：殆于不可（8・31）

③副词，表示不肯定（3次）：殆有甚焉（1・7）

战（16次）王好战（1・3）

罚（1次）刑罚，刑戮：后来其无罚（6・5）

——另见"刑罚"。

美（17次）①美好，美丽（16次）：见羽旄之美（2・1）

②孟子所用术语（1次）：充实之谓美（14・25）

羿（7次）人名，见"逢蒙学射于羿"（8・24）注。

背（2次）养其一指而失其肩背而不知也（11・14）

胡龁（1次）人名：臣闻之胡龁曰（1・7）

眣（4次）①动词，视，察看（1次）：聿来眣宇（2・5）

②副词，相（1次）：明明眣诶（2・4）

③尽也（2次）：载胥及溺（7・9）帝将胥天下而迁之焉（9・1）

胜（30次）①打胜，战胜（16次）：则王以为孰胜（1・7）

②平声，尽也（14次）：谷不可胜食也（1・3）

绝（4次）断绝：子绝长者乎（4・11）

给（2次）完足，足够：秋省敛而助不给（2・4）

统（1次）传统：君子创业垂统为可继也（2・14）

荣（2次）光荣：仁则荣（3・4）

莒（1次）国名：以遏徂莒（2・3）

茹（1次）吃食：舜之饭糗茹草也（14・6）

荆（2次）楚国：荆舒是惩（5・4）

草（3次）**草木**（1次）**草芥**（1次）**草莽**（1次）**草莱**（1次）：小人之德，草也（5・2）草木畅茂（5・4）视天下悦己，犹草芥也（7・28）在野曰草莽之臣（10・7）辟草莱任土地者次之（7・14）

莠（1次）稊米：不如荑稗（11・19）

荒（3次）从兽无厌谓之荒（2·4）

荒芜（1次）土地荒芜（12·7）

荡荡（1次）广博貌：荡荡乎民无能名焉（5·4）

荛（1次）砍柴：刍荛者往焉（2·2）

荐（8次）推荐：天子能荐人于天（9·5）

药（1次）若药不瞑眩（5·1）

虐（4次）①及物动词（2次）：方命虐民（2·4）

②形容词（2次）：民之憔悴于虐政，未有甚于此时者也（3·1）

要（8次）①平声，干求（5次）：非所以要誉于乡党朋友也（3·6）

②平声，拦截（3次）：使数人要于路曰（4·2）

虽（52次）推拓连词，纵是，即使：不贤者虽有此不乐也（1·2）

语（12次）①言语（1次）：欲其子之齐语也（6·6）

②俗语，传言（1次）：语云（9·4）

③名词，话言，语句（2次）：不识此语诚然乎哉（9·4）

④去声，告诉，对人说（8次）：出语人曰（1·6）

——另见"言语"。

诬（1次）欺哄：是邪说诬民充塞仁义也（6·9）

诵（3次）①称说（2次）：诵尧之言（12·2）

②复述（1次），见"为王诵之"（4·4）注。

诲（2次）教诲：使弈秋诲二人弈（11·9）

——另见"教诲"。

说（19次）①主张，学说（5次）：邪说暴行又作（6·9）

②讲说，讲解，解说（4次）：博学而详说之（8·15）

③去声，音税，游说，劝说（7次）：故就汤而说之以伐夏救民（9·7）

④同"悦"，高兴（3次）：王说曰（1·7）

说辞（1次）言辞：宰我子贡善为说辞（3·2）

赴（1次）奔往：天下之欲疾其君者皆欲赴愬于王（1·7）

赵孟（2次）见"赵孟之所贵"（11·17）注。

赵简子（1次）人名：昔者赵简子使王良与嬖奚乘（6·1）

段干木（1次）人名，见"段干木逾垣而辟之"（6·7）注。

贰（2次）不一致，不一样：则市贾不贰（5·4）

贰室（1次）别宫，别墅：帝馆甥于贰室（10・3）

贵（25次）①有地位，居高位（14次）：人亦孰不欲富贵（4・10）

②宝贵，可宝贵（3次）：岂以为非是而不贵也（5・5）

③可宝贵的（2次）：无以贱害贵（11・14）

④动词，尊贵（3次）：莫如贵德而尊士（3・4）

⑤动词，使动用法，使之贵（3次）：富贵之也（9・3）

——另见"富贵"。

贵戚（2次）与天子诸侯亲近之人：有贵戚之卿（10・9）

贷（1次）借款：又称贷而益之（5・3）

费惠公（1次）人名，见"费惠公曰"（10・3）注。

贱（12次）①品质或者技艺卑下，不高尚，不高明（6次）：有贱丈夫焉（4・10）天下之贱工也（6・1）

②地位卑下（2次）：贫贱不能移（6・2）

③动词意动用法，轻视，鄙视（3次）：则父母国人皆贱之（6・3）

④动词使动用法（1次）：赵孟能贱之（11・17）

觉（12次）知觉，觉悟，醒觉：使先知觉后知使先觉觉后觉也（9・7）

轲（2次）孟子自称其名：然而轲也尝闻其略也（10・2）

轻（13次）①"重"之反（7次）：权然后知轻重（1・7）

②轻视，看得不重（2次）：君所为轻身以先于匹夫者（2・16）

③减轻（2次）：请轻之（6・8）

④容易（2次）：故民之从之也轻（1・7）

迹（1次）遒人采诗，见"王者之迹熄而诗亡"（8・21）注。

迹〔跡〕（1次）脚迹：兽蹄鸟迹之道交于中国（5・4）

追（6次）①追赶（5次），夫出昼而王不予追也（4・12）

②钟纽（1次），见"以追蠡"（14・22）注。

退（11次）①后退，退回（6次）：退而有去志（4・14）

②由上义引伸为退职，不做官（5次）：乱则退（3・2）

送（2次）往送之门（6・2）

逃（4次）不目逃（3・2）

逃匿（1次）禽兽逃匿（5・4）

逆（4次）①"顺"之反（3次）：水逆行（6・9）

②揣测（1次）：以意逆志

（9·4）

——另见"横逆"。

适（5次）①往，赴，去（3次）：天子适诸侯曰巡狩（2·4）

②同"谪"，责备（1次），见"人不足与适也"（7·20）注。

③同"啻"，但，仅（1次）：则口腹岂适为尺寸之肤哉（11·14）

选择（1次）选择而使子（5·3）

泉（2次）水源：泉之始达（3·6）

——另见"黄泉"、"源泉"。

洁（2次）本书亦作"絜"，清洁：西子蒙不洁（8·25）

洋洋（1次）舒缓摇尾之貌：少则洋洋焉（9·2）

洒（1次）洗刷，雪：愿比死者一洒之（1·5）

浲（4次）洪，大：浲水者洪水也（6·9）

洧（1次）水名：以其乘舆济人于溱洧（8·2）

洪（4次）大：洪水横流（5·4）

活（2次）同"姡"，逃也，见"自作孽不可活"（3·4）注。

——另见"生活"。

洽（1次）遍，周：犹未洽于天下（3·1）

洿（1次）大：数罟不入洿池（1·3）

浒（1次）水滨：率西水浒（2·5）

浍（1次）田间水渠：沟浍皆盈（8·10）

浊（2次）浑浊：沧浪之水浊兮（7·8）

济（4次）①使人渡过河流（2次）：以其乘舆济人于溱洧（8·2）

②成功（1次）：未有能济者也（3·5）

③河名（1次）：禹疏九河，瀹济漯而注诸海（5·4）

泚（3次）流汗的样子：其颡有泚（5·5）

独（24次）①单独（18次）：岂能独乐哉（1·2）羊枣所独也（14·36）

②但，仅（1次）：非独贤者有是心也（11·10）

③反诘副词（3次）：独何与（1·7）

④孤单的人（2次）：老而无子曰独（2·5）

炭（2次）如以朝衣朝冠坐于涂炭（3·9）

爰（4次）语首词，无义：爰整其旅（2·3）

牲（2次）牛羊之类的牲畜：百里奚自鬻于秦养牲者（9·9）

牲杀（1次）畜牧和田猎得来的牺牲：牲杀器皿衣服不备（6·3）

牵（1次）有牵牛而过堂下者（1·7）

甚（26次）很，更厉害：心为甚（1·7）吾甚恐（2·14）

界（1次）界限：域民不以封疆之界（4·1）

——另见"经界"。

畎亩（5次）田地：以事舜于畎亩之中（9·1）

畏（15次）惧怕：就之而不见所畏焉（1·6）

疢疾（1次）犹言"灾患"：恒存乎疢疾（13·18）

皆（98次）副词，都：则天下之民皆引领而望之矣（1·6）

皇皇（1次）不安貌：孔子三月无君则皇皇如也（6·3）

盆成括（3次）人名：盆成括仕于齐（14·29）

盈（7次）满：则必取盈焉（5·3）

相（57次）①去声，名词，卿相（3次）：夫子加齐之卿相（3·2）

②去声，动词，辅相（8次）：周公相武王（6·9）

③副词，交相，互相（44次）：兽相食且人恶之（1·4）

④副词，与"相与"同，共同（2次）：与其妾讪其良人而相泣于中庭（8·33）

——另见"辅相"。

相与（1次）共同：相与辅相之（3·1）

盼盼（1次）勤苦而不休息的样子：使民盼盼然（5·3）

省（5次）①减免（1次）：省刑罚（1·5）

②省察（4次）：春省耕而补不足（2·4）

眊（1次）不明白：则眸子眊焉（7·15）

斫（1次）砍：匠人斫而小之（2·9）

矜式（1次）取法：使诸大夫国人皆有所矜式（4·10）

祗（1次）敬也：祗载见瞽瞍（9·4）

禹（30次）人名，见"禹闻善言则拜"（3·8）注。

秋（3次）秋季：秋省敛而助不给（2·4）

秋毫（1次）极细微之物，见"明足以察秋毫之末"（1·7）注。

科（3次）①空穴（2次）：盈科而后进（8·18）

②科目，课程（1次）：夫子之设
科也（14·30）

种（3次）①去声，种植（1
次）：许子必种粟而后食乎
（5·4）

②所种植之物（1次）：五谷者种
之美者也（11·19）

③上声，种子（1次）：播种而耰
之（11·7）

窃（5次）①偷窃（1次）：以为
是为窃屦来与（14·30）

②副词，私自（2次）：其义则丘
窃取之矣（8·21）

③自谦的表敬副词：昔者窃闻之
（3·2）

穿（2次）打墙洞：人能充无穿逾
之心（14·31）

蚤（1次）同"早"：蚤起
（8·33）

类（13次）故王之不王非挟太山
以超北海之类也（1·7）

笃（1次）使动用法，使之厚：以
笃周祜（2·3）

钧（5次）①三十斤（2次）：吾
力足以举百钧（1·7）

②同"均"（1次）：井地不钧
（5·3）

③副词，同样地（2次）：钧是人
也（11·15）

钩（1次）带钩，见"岂谓一钩金
与一舆羽之谓哉"（12·1）

注。

钟（8次）①古代容量名，容当日
六石四斗（4次），见"养弟
子以万钟"（4·10）注。

②古代乐器（4次）：将以衅钟
（1·7）

顺（13次）①顺从（12次）：多
助之至，天下顺之（4·1）

②顺理者（1次）：予不狎于不顺
（13·31）

险（1次）险阻（1次）：固国不
以山川之险（4·1）险阻既远
（6·9）

重（18次）权然后知轻重
（1·7）

面（16次）①脸面（4次）：悻悻
然见于其面（4·12）

②当面（2次）：则谗谄面谀之人
至矣（12·13）

③朝向（10次）：东面而征西夷
怨（2·11）

革（2次）用皮革制成的甲胄：兵
革非不坚利也（4·1）

革车（1次）兵车：革车三百两
（14·4）

音（4次）声音：管籥之音（2·1）
——另见"八音"、"五音"、
"声音"。

食（106次）①吃食（76次）：谷
不可胜食也（1·3）

②食物（15次）：箪食壶浆以迎

王师（2·10）

③去声，给以食物，喂养（14
次）：且子食志乎（6·4）

④同"蚀"：其过也如日月之食
（4·9）

饷（2次）给正在作庄稼活的送
饭：有童子以黍肉饷（6·5）

餂（2次）为自己的利益而引诱别
人：是以言餂之也（14·31）

首（3次）脑袋：举疾首蹙頞而
相告曰（2·1）

——另见"稽首"。

骨（1次）劳其筋骨（12·15）

闻（85次）①动词，听到（79
次）：可得闻乎（1·7）

②名词，听觉，耳力（2次）：耳
无闻目无见也（6·10）

③名词，见闻，知识，学问（2
次）：为其多闻也（10·7）

④去声，名誉，名声（2次）：今
有仁心仁闻（7·1）

——另见"声闻"。

闻识（1次）知识，学问：多闻
识乎（12·13）

鴂（1次）伯劳鸟：今也南蛮鴂
舌之人（5·4）

骄（1次）骄傲：骄其妻妾
（8·33）

十　　画

亳（4次）地名，见"汤居亳与葛
为邻"（6·5）注。

离（7次）邪辞知其所离（3·2）

离娄（1次）人名，见"离娄之
明"（7·1）注。

离散（3次）兄弟妻子离散
（1·5）

俯（3次）低头，下：俯足以畜妻
子（1·7）

俱（2次）共，偕：虽与之俱学
（11·9）

倍（16次）①加一倍（14
次）：今又倍地而不行仁政
（2·11）

②同"背"，违背，背叛（2
次）：师死而遂倍之（5·4）

倒（1次）"顺"之反：民之悦之
犹解倒悬也（3·1）

倦（3次）厌倦，疲倦：我学不厌
而教不倦也（3·2）

倪（1次）幼儿：反其旄倪
（2·11）

党（1次）集团：吾党之小子狂简
（14·37）

——另见"乡党"。

凉凉（1次）寂寞之貌：行何为
踽踽凉凉（14·37）

准（1次）测水平之器：继之以规
矩准绳（7·1）

兼（9次）①同时并有，并（8次）：孔子兼之（3·2）

②吞灭（1次）：周公兼夷狄驱猛兽而百姓宁（6·9）

兼金（1次）美金：王馈兼金一百（4·3）

兼爱（2次）墨子重要学说之一，于人一视同仁而无不爱：墨氏兼爱是无父也（6·9）

冢宰（1次）古代官名，大约相当后代的首相：听于冢宰（5·2）

乘（28次）①乘坐的（2次）：今乘舆已驾矣（2·16）

②动词，趁（1次）：虽有智慧不如乘势（3·1）

③动词，治理，修整（1次）：亟其乘屋（5·3）

④去声，马（1次）：晋人以垂棘之璧与屈产之乘假道于虞以伐虢（9·9）

⑤去声，量词，用以计算车辆（18次）：万乘之国（1·1）

⑥去声，动词，驾车（3次）：昔者赵简子使王良与嬖奚乘（6·1）

⑦去声，数词，四（1次）：发乘矢而后反（8·24）

⑧去声，晋国史书之名（1次）：晋之《乘》（8·21）

乘田（1次）主畜牧的小吏：尝为乘田矣（10·5）

原（3次）①"源"本字，泉源（1次）：则取之左右逢其原（8·14）

②去声，同"愿"，谨慎小心（2次）：一乡皆称原人焉（14·37）

——另见"乡原"。

卿（23次）古代爵位和官位：孟子为卿于齐（4·6）

卿相（1次）古代官位：夫子加齐之卿相（3·2）

哭（5次）即位而哭（5·2）

哿（1次）可也：哿矣富人（2·5）

唐（1次）朝代名：唐虞禅（9·6）

夏（8次）①夏季（2次）：病于夏畦（6·7）

②当时中原诸国自称为夏（1次）：吾闻用夏变夷者（5·4）

③朝代名（5次）：夏谚曰（2·4）

夏后（3次）夏后氏（1次）夏后殷周之盛，地未有过千里者也（3·1）夏后氏五十而贡（5·3）

奚（23次）何也：奚暇治礼义哉（1·7）

宰（1次）总管：求也为季氏宰（7·14）

——另见"冢宰"。

宰我（3次）人名：宰我子贡善为说辞（3·2）

害（24次）①祸害（23次）：君子不以其所以养人者害人（2·15）

②同"曷"，何时（1次）：时日害丧（1·2）

宴（1次）宴会：则不敢以宴（6·3）

宵（1次）夜晚：宵尔索绹（5·3）

家（24次）①家庭（10次）：数口之家可以无饥矣（1·3）

②大夫曰家（13次）：大夫曰，何以利吾家（1·1）

③夫家，丈夫（1次）：女子生而愿为之有家（6·3）

宾（3次）客人：迭为宾主（10·3）

容（5次）①容颜（3次）：其容有蹙（9·4）

②容纳（2次）：罪不容于死（7·14）

容光（1次）小隙：容光必照焉（13·24）

宽（2次）宽厚，宽宏大量：鄙夫宽（10·1）

——另见"褐宽博"。

射（16次）①射箭（14次）：仁者如射（5·7）

②射箭的人（1次）：羿不为拙射变其彀率（13·41）

③陈列（1次）：序者射也（5·3）

屑（5次）助动词，多与"不"字合用，"不屑"表示以为羞耻而不愿之意：不受也者是亦不屑就已（3·9）

席（1次）皆衣褐捆屦织席以为食（5·4）

弱（4次）弱者：弱固不可以敌强（1·7）

徐（2次）**徐徐**（1次）慢慢地：徐行后长者谓之弟（12·2）子谓之姑徐徐云尔（13·39）

徐子（4次）**徐辟**（1次）人名：徐子以告夷子（5·5）墨者夷之因徐辟而求见孟子（5·5）

徒（15次）①名词，门徒，党徒（8次）：仲尼之徒无道桓文之事者（1·7）

②形容词，空，仅仅（2次）：徒善不足以为政（7·1）

③副词，但，仅仅（5次）：非徒无益而又害之（3·2）

徒杠（1次）渡人之桥：岁十一月徒杠成（8·2）

壶（3次）用以盛酒浆之具：箪食壶浆以迎王师（2·10）

恭（11次）**恭敬**（4次）柳下惠不恭（3·9）恭敬之心，人皆有之（11·6）

恶（76次）①不好"善"之反（14次）：恶声至必反之（3·2）

②面貌丑陋，"美"之反（1次）：虽有恶人（8·25）

③去声，动词，厌恶（35次）：兽相食且人恶之（1·4）

④㊀平声，疑问词（23次），何处：居恶在（13.33）㊁何：彼恶知之（1·7）

⑤平声，叹词（3次）：恶，是何言也（3·2）

恐（14次）恐怕：此惟救死而恐不赡（1·7）

恕（1次）恕道，"己所不欲勿施于人"之道：强恕而行，求仁莫近焉（13·4）

恝（1次）忽略，不在乎，见"夫公明高以孝子之心为不若是恝"（9·1）注。

恩（7次）恩惠：今恩足以及禽兽（1·7）

息（5次）①休息（1次）：劳者弗息（2·4）

②熄灭（2次）：杨墨之道不息（6·9）

③生长（2次）：是其日夜之所息（11·8）

悄悄（1次）忧愁貌：忧心悄悄（14·19）

悦（53次）高兴，满意，喜悦，使其喜悦：取之而燕民悦（2·10）民之悦之犹解倒悬也（3·1）悦亲有道（7·12）

悌（7次）恭敬兄长曰悌：申之以孝悌之义（1·3）

悔（1次）太甲悔过（9·6）

悯（2次）同"闵"，忧愁：厄穷而不悯（3·9）

挫（1次）挫折：思以一豪挫于人，若挞之于市朝（3·2）

振（3次）①振兴（1次）：又从而振德之（5·4）

②收也（2次）：金声而玉振之也（10·1）

捆（1次）"打草鞋""打毛衣"的"打"，织也：皆衣褐捆屦织席以为食（5·4）

捐（1次）捐弃，抽去：捐阶（9·2）

损（3次）减少：请损之（6·8）

敖（1次）遨游：及是时般乐怠敖（3·4）

效（2次）献，致：效死而民弗去（2·13）

敌（18次）敌对，抗拒；敌人：夫谁与王敌（1·5）量敌而后进（3·2）

旍（1次）有铃之旗：士以旍（10·7）

旃（1次）曲柄旗：庶人以旃（10·7）

旄（1次）去声，同"耄"，老人：反其旄倪（2·11）

——另见"羽旄"。

旅（3次）①军旅（1次）：爰整其旅（2·3）

②旅客（2次）：则天下之旅皆悦，而愿出于其路矣（3·5）

——另见"行旅"。

晋（6次）国名　①春秋时晋国：晋楚之富，不可及也（4·2）

②战国时魏国亦称晋国，见"晋国，天下莫强焉"（1·5）注。

晋文（2次）春秋时晋国之君：齐桓晋文之事可得闻与（1·7）

晋平公（1次）春秋时晋国之君：晋平公于亥唐也（10·3）

晏子（6次）春秋时齐相晏婴：昔者齐景公问于晏子曰（2·4）

朕（5次）我，我的：干戈朕（9·2）

栗（1次）战栗恐惧：夔夔齐栗（9·4）

栖（1次）床：二嫂使治朕栖（9·2）

校（3次）古代初级或中级而设立在地方的学校：夏曰校（5·3）

校人（3次）主池塘畜鱼之吏：子产使校人畜之池（9·2）

根（1次）动词，立根基：仁义礼智根于心（13·21）

格（1次）动词，纠正，匡正：惟大人为能格君心之非（7·21）

桀（13次）夏朝亡国之君：汤放桀（2·8）

桃应（1次）人名：桃应问曰（13·35）

桎梏（1次）　镣手铐，此处引申为被刑戮之义：桎梏死者非正命也（13·2）

桐（5次）①桐树（2次）：拱把之桐梓（11·13）

②地名（3次）：伊尹放之于桐（9·6）

桑（4次）桑树：五亩之宅树之以桑（1·3）

桓（1次）桓公（3次）齐桓公：仲尼之徒无道桓文之事者（1·7）桓公之于管仲（4·2）

桓司马（1次）人名，即宋国之桓魋：遭宋桓司马将要而杀之（9·8）

桡（1次）屈折：不肤桡（3·2）

梃（2次）木棒：杀人以梃与刃有以异乎（1·4）

殉（4次）为之死：以道殉身（13·42）

殊（2次）不同：非天之降才尔殊也（11·7）

殷（15次）即商代：天下归殷久矣（3·1）

浆（3次）酒浆，古代用以代酒而味酸的饮料：箪食壶浆以迎王师（2·10）

泰（3次）侈泰，过甚：不以泰乎（6·4）

泰誓（1次）《尚书》篇名：《泰誓》曰（9·5）

涂（4次）①道路，路途（2次）：涂有饿莩（1·3）

②泥路，泥土（2次）：如以朝衣朝冠坐于涂炭（3·9）

浚（1次）疏浚：使浚井（9·2）

浡然（2次）植物生长很快的样子：则苗浡然兴之矣（1·6）

浩生不害（1次）人名：浩生不害问曰（14·25）

浩然（1次）无所留恋貌：予然后浩然有归志（4·12）

浩然之气（2次）我善养吾浩然之气（3·2）

浴（1次）洗澡，浴身：斋戒沐浴则可以祀上帝（8·25）

海（9次）海内之地方千里者九（1·7）

浼（3次）弄脏：若将浼焉（3·9）

消（2次）消除，消灭：鸟兽之害人者消（6·9）

涉（1次）渡河：民未病涉也（8·2）

涕（2次）涕泪：涕出而女于吴（7·7）

润（1次）雨露之所润（11·8）

润泽（1次）修饰：若夫润泽之（5·3）

流（15次）①水行曰流（8次）：饮食若流（2·4）

②漂流（1次）：而何其血之流杵也（14·3）

③放逐（1次）：舜流共工于幽州（9·3）

④乐而忘返（3次）：从流下而忘反谓之流（2·4）

⑤流传的（2次）：流风善政犹有存者（3·1）

流行（1次）德之流行速于置邮而传命（3·1）

流歠（1次）饮食时大口喝汤：放饭流歠（13·46）

烈（3次）①动词，放火：益烈山泽而焚之（5·4）

②形容词，甚，厉害：于今为烈（10·4）

③功烈，功绩：丕承哉武王烈（6·9）

热（4次）如火益热（2·10）

烦（1次）麻烦：何许子之不惮烦（5·4）

牺牲（3次）宰杀用以祭祀的活物，见"牺牲不成"（6·3）注。

狷（2次）①狷介：狷者有所不为也（14·37）

②狷介的人：必也狂狷乎（14·37）

狼（1次）是豺狼也（7·17）

狼戾（1次）犹"狼藉"，纵横貌：乐岁粒米狼戾（5·3）

狼疾（1次）头脑糊涂之意：则为狼疾人也（11·14）

珠（2次）珍珠：事之以珠玉（2·15）

班（2次）①等级相同：若是班乎（3·2）

②制定等级：周室班爵禄也如之何（10·2）

爱（40次）①喜爱（35次）：爱厥妃（2·5）

②吝惜（5次）：百姓皆以王为爱也（1·7）

畔（6次）反叛，背叛：寡助之至亲戚畔之（4·1）

留（2次）有欲为王留行者（4·11）

畜（11次）①名词，畜牲，牲口（2次）：鸡豚狗彘之畜无失其时（1·3）

②动词，畜养（7次）：俯足以畜妻子（1·7）

③动词，喜爱（2次）：畜君者好君也（2·4）

疾（14次）①名词或者不及物动词，疾病，病痛（7次）：不幸而有疾（4·2）昔者疾（4·2）

②名词，上义的引申，不好的习惯，性情，毛病（3次）：寡人有疾，寡人好色（2·5）

③及物动词，痛恨（2次）：天下之欲疾其君者皆欲赴愬于王（1·7）

④副词，快速（1次）：疾行先长者谓之不弟（12·2）

⑤副词，强狠地（1次）：夫抚剑疾视曰（2·3）

——另见"疢疾"、"狼疾"。

疾病（3次）名词：吾王庶几无疾病与（2·1）

疾痛（1次）非疾痛害事也（11·12）

疾首（2次）脑袋痛：举疾首蹩頞而相告曰（2·1）

病（10次）①名词，病痛（4次）：昔者辞以病（4·2）

②不及物动词，患病（1次）：今吾尚病（5·5）

③不及物动词，疲倦（1次）：今日病矣（3·2）

④形容词，苦（1次）：胁肩谄笑病于夏畦（6·7）

⑤上义，动词的意动用法，以为苦（1次）：民未病涉也（8·2）

⑥及物动词，毛病在于（2次）：人病不求耳（12·2）

痈疽（3次）人名：或谓孔子于主痈疽（9·8）

罟（1次）鱼网：数罟不入洿池（1·3）

罢（6次）停止：我将见楚王说而罢之（12·4）

益（19次）①名词，益处（5次）：以为无益而舍之者，不耘苗者也（3·2）

②动词，增加（2次）：又称贷而益之（5·3）

③副词，更加（2次）：如水益深（2·10）

④人名（10次）：舜使益掌火（5·4）

盍（9次）何不：则盍反其本矣（1·7）

盎（1次）显现：盎于背（13·21）

监（2次）监督，监视：周公使管叔监殷（4·9）

盐（1次）胶鬲举于鱼盐之中（12·15）

破（1次）打破：舍矢如破（6·1）

祜（1次）福：以笃周祜（2·3）

神（3次）①名词，天神（1次）：使之主祭而百神享之（9·5）

②神妙（2次）：圣而不可知之之谓神（14·25）

神农（1次）传说中的太古帝王名：有为神农之言者许行（5·4）

祥（3次）善也，见"离则不祥莫大焉"（7·18）注。

秦（16次）国名：西丧地于秦七百里（1·5）

秦穆公（3次）春秋时秦国之君：以要秦穆公（9·9）

称（7次）①称道，称说（5次）：言必称尧舜（5·1）

②举也（1次），见"又称贷而益之"（5·3）注。

③去声，相称，成比例：桴称之（4·7）

积 （2次）聚积，堆积：乃积乃仓（2·5）

笑 （7次）以五十步笑百步则何如（1·7）王笑曰（1·7）

素 （3次）①名词，白色丝绸（1次）：冠素（5·4）

②副词，白白地（2次）：不素餐兮（13·32）

索 （1次）动词，绞索：宵尔索绹（5·3）

绥 （1次）安定：绥厥士女（6·5）

继 （16次）继承，接续，跟着：君子创业垂统为可继也（2·14）继而有师命（4·14）

皋陶 （3次）人名，见"舜以不得禹皋陶为己忧"（5·4）注。

缺 （1次）缺点：咸以正无缺（6·9）

翅 （2次）仅，但，止：奚翅食重（12·1）

耆 （7次）同"嗜"，嗜好：耆秦人之炙无以异于耆吾炙（11·4）

耆老 （1次）老年人：乃属其耆老而告之曰（2·15）

羞 （4次）羞耻，以为羞耻：柳下惠不羞污君（3·9）

羞恶 （4次）无羞恶之心非人也（3·6）

耕 （28次）耕田：深耕易耨（1·5）

耕稼 （1次）种庄稼：自耕稼陶渔以至为帝（3·8）

耘 （1次）亦作"芸"，本义是锄除田中杂草，引伸则有耕种之义，见"以为无益而舍之者，不耘苗者也"（3·2）注。

耻 （17次）①耻辱（7次）：立乎人之本朝而道不行，耻也（10·5）

②及物动词，以为耻辱（10次）：寡人耻之（1·5）

胸 （2次）心胸：胸中正则眸子了焉（7·15）

胶鬲 （2次）人名：胶鬲举于鱼盐之中（12·15）

脍 （4次）肉臊子：脍炙与羊枣孰美（14·36）

能 （133次）①助动词（131次）：故能乐也（1·2）

②有能力的（1次）：能者在职（3·4）

③名词，能人（1次）：尊贤使能（3·5）

臭 （1次）气味：鼻之于臭也（14·24）

般乐 （2次）快乐：及是时般乐怠敖（3·4）

虑（6次）①动词，考虑（4次）：虑胜而后会（3·2）

②名词，思想，思虑（2次）：困于心衡于虑而后作（12·15）

莅（1次）"临民"之"临"：莅中国（1·7）

莘（1次）国名，见"伊尹耕于有莘之野"（9·7）注。

莠（1次）狗尾草：恶莠恐其乱苗也（14·37）

莩（3次）同"殍"，饿死的尸体：涂有饿莩而不知发（1·3）

莫（57次）无指代词，没有：晋国，天下莫强焉（1·5）

莱朱（1次）人名：若伊尹莱朱则见而知之（14·38）

获（8次）①获得（5次）：终日而不获一禽（6·1）

②得人心，得信任之意（3次）：居下位而不获于上（7·12）

致（9次）①送还（2次）：致为臣而去（4·5）

②招来，得到（2次）：千岁之日至，可坐而致也（8·26）

③极也（5次）：不专心致志则不得也（11·9）

蚋（1次）蚊类昆虫，见"蝇蚋姑嘬之"（5·5）注。

蚓（3次）蚯蚓：充仲子之操，则蚓而后可者也（6·10）

蚕（2次）动词，养蚕：夫人蚕缫以为衣服（6·3）

衰（5次）衰弱，衰微：圣人之道衰（6·9）

袒裼（2次）不穿衣而肉体外见：虽袒裼裸裎于我侧（3·9）

衿（1次）麻葛单衣：被衿衣（14·6）

被（5次）①受，被加于（3次）：而民不被其泽（7·1）

②同"披"（2次）：虽被发缨冠而救之（8·29）

谁（13次）何人：夫谁与王敌（1·5）

诌（1次）讨好，献媚：胁肩诌笑（6·7）

——另见"谗诌"。

谆谆（1次）叮咛告诫的样子：天与之者谆谆然命之乎（9·5）

谈（2次）言谈，谈话：遍国中无与立谈者（8·33）

请（18次）①请求（3次）：子之辞灵丘而请士师似也（4·5）

②请问，请示（5次）嬖人臧仓者请曰（2·16）

③表敬副词（10次）：请以战喻（1·3）

谀（2次）讨好，献媚：则谗谄面谀之人至矣（12·13）

诸（43次）①代词，用法同
　　"之"（2次）：王如改诸则
　　必反予（4·12）

②表数形容词（5次）：王之诸臣
　　皆足以供之（1·7）

③"之于"的合音（21次）：言
　　举斯心加诸彼而已（1·7）

④"之乎"的合音（15次）：不
　　识有诸（1·7）

诸侯（59次）构怨于诸侯
　　（1·7）

诸冯（1次）地名：舜生于诸冯
　　（8·1）

诺（2次）表肯定的应对之辞：公
　　曰诺（2·16）

读（1次）诵读，研究，见"读其
　　书"（10·8）注。

豹（1次）驱虎豹犀象而远之
　　（6·9）

豺（1次）是豺狼也（7·17）

资（2次）积蓄，见"居之安则资
　　之深"（8·14）注。

贾（8次）①商人（1次）：商贾
　　皆欲藏于王之市（1·7）

②同"价"（6次）：则市贾不贰
　　（5·4）

③陈贾自称其名（1次）：贾请见
　　而解之（4·9）

贼（17次）①名词（7次）：贼仁
　　者谓之贼（2·8）吾君不能谓
　　之贼（7·1）

②形容词（3次）：孔子成《春
　　秋》而乱臣贼子惧（6·9）

③动词（7次）：有是四端而自谓
　　不能者自贼者也（3·6）

——另见"戕贼"。

赆（2次）盘费，路费，见"行者
　　必以赆"（4·3）注。

起（7次）①起床（3次）：蚤起
　　（8·33）

②兴起（4次）：然而文王犹方百
　　里起（3·1）

——另见"兴起"。

辱（4次）耻辱，受耻辱，侮辱：
　　南辱于楚（1·5）

——另见"忧辱"。

载（9次）①年岁（2次）：二十
　　有八载，放勋乃徂落（9·4）

②放上（3次）：出疆必载质
　　（6·3）

③开始（2次）：汤始征，自葛载
　　（6·5）

④事也（1次），见"只载见瞽
　　瞍"（9·4）注。

⑤语词，无义（1次）：载胥及溺
　　（7·9）

逐（1次）追逐：有众逐虎
　　（14·23）

通（5次）①动词，交通，沟
　　通（2次）：子不通功易事
　　（6·4）

②形容词，整个的（2次）：

匡章，通国皆称不孝焉（8·30）

③形容词，共同的（1次）：天下之通义也（5·4）

逝（2次）①远去（1次）：攸然而逝（9·2）

②语首词，无义（1次）：逝不以濯（7·7）

速（9次）迅速：王速出令（2·11）

造（6次）①诣，赴（4次）：不能造朝（4·2）

②始也（1次）：天诛造攻自牧宫（9·7）

③修养（1次）：君子深造之以道（8·14）

逢（3次）①遭遇，碰到（1次）：资之深则取之左右逢其原（8·14）

②逢迎，逢合（2次），见"逢君之恶其罪大"（12·7）注。

逢蒙（1次）人名，见"逢蒙学射于羿"（8·24）注。

都（2次）城市：王之为都者（4·4）

郭（4次）外城：七里之郭（4·1）

陶（6次）①制作瓦器（4次）：一人陶则可乎（12·10）

②制作瓦器的人（2次）：陶冶亦以其械器易粟者（5·4）

——另见"郁陶"。

陷（4次）坠入：及陷于罪（1·7）

陷溺（2次）陷入，沉入：彼陷溺其民（1·5）

酌（2次）斟酒：酌则谁先（11·5）

配（3次）配合：其为气也配义与道（3·2）

酒（11次）乐酒无厌谓之亡（2·4）

釜（1次）金属炊爨之器，相当今日的锅：许子以釜甑爨，以铁耕乎（5·4）

铁（1次）铁器如锄头之类：以铁耕乎（5·4）

铄（1次）授与，交给，见"非由外铄我也"（11·6）注。

钻（2次）钻眼，打孔：钻穴隙相窥（6·3）

颂（1次）同"诵"，吟哦，见"颂其诗"（10·8）注。

顽（2次）贪财，见"顽夫廉"（10·1）注。

颁白（2次）头发半白：颁白者不负戴于道路矣（1·3）

顾（9次）①回头看，转过脸来看（4次）：顾鸿雁麋鹿（1·2）

②照管，顾及（5次）：不顾父母之养（8·30）

馁 （5次）①挨饿，使挨饿（3次）：不暖不饱谓之冻馁（13·22）则冻馁其妻子（2·6）

②丧气，萎靡不振（2次）：无是馁也（3·2）

饿 （5次） 有饿莩而不知发（1·3）饿其体肤（12·15）

——另见"饥饿"。

铺啜 （2次）吃喝：徒铺啜也（7·25）

馀 （14次）①多馀，剩馀的（7次）：则农有馀粟（6·4）

②表尾数不定的数词（7次）：由周而来七百有馀岁矣（4·13）

馀夫 （1次）剩馀劳动力，见"馀夫二十五亩"（5·3）注。

馀裕 （1次）宽绰有馀：岂不绰绰然有馀裕哉（4·5）

高 （9次）城非不高也（4·1）

高子 （3次）人名：高子以告（4·12）

高子 （1次）高叟 （2次）人名：高子曰：固矣哉高叟之为诗也（12·3）

高唐 （1次）地名：绵驹处于高唐而齐右善歌（12·6）

难 （13次）①不易（12次）：久则难变也（3·1）

②去声，动词，责备（1次）：于禽兽又何难焉（8·28）

——另见"责难"。

十一画

兽 （28次） 虽有台池鸟兽（1·2）

偃 （1次）偃伏，倒，草上之风必偃（5·2）

假 （5次）假借：以力假仁者霸（3·2）

偕 （4次）偕同：予及汝偕亡（1·2）

偪 （1次） 逼迫：禽兽偪人（5·4）

厩 （2次） 马栏：厩有肥马（1·4）

庾公之斯 （5次）人名：卫使庾公之斯追之（8·24）

冕 （1次） 礼帽：不税冕而行（12·6）

商 （3次） ①商人，行商（2次）：则天下之商皆悦而愿藏于其市矣（3·5）

②朝代名，即殷代（1次）：商之孙子（7·7）

圉圉 （1次）鱼在水中羸弱之貌：始舍之圉圉焉（9·2）

域 （1次）动词，限止，圈禁：域民不以封疆之界（4·1）

堂（4次）殿堂：王坐于堂上（1·7）

——另见"明堂"。

娶（6次）娶妻：舜不告而娶为无后也（7·26）

孰（24次）疑问代词：①谁：孰能一之（1·6）

②何，哪一种：孰乐（2·1）

宿（7次）①住宿，歇宿（6次）：不得已而之景丑氏宿焉（4·2）

②存留（1次）：不宿怨焉（9·3）

寇（8次）盗寇，外国侵略者：有越寇（8·31）

寇仇（3次）仇敌：君之视臣如土芥，则臣视君如寇仇（8·3）

崇（1次）地名：于崇吾得见王（4·14）

崇山（1次）地名：放欢兜于崇山（9·3）

崩（7次）①山陵崩塌（1次）：若崩厥角稽首（14·4）

②天子死去（6次）：百年而后崩（3·1）

巢（1次）下者为巢（6·9）

常（5次）经常，一定。①名词：贡者校数岁之中以为常（5·3）

②形容词：抱关击柝者皆有常职以食于上（10·6）

③副词：不识可常继乎（10·6）

常常（1次）欲常常而见之（9·3）

庳（4次）地名：封之有庳（9·3）

庶（2次）①庶民，众庶，老百姓：惟兹臣庶（9·2）

②众也（1次）：舜明于庶物（8·19）

庶人（14次）庶民（5次）众百姓：士庶人曰（1·1）庶民攻之（1·2）

庶几（6次）①差不多，积极之词，表示好的事情（2次）：则齐国其庶几乎（2·1）

②希冀之词，或者表示幸运之词（4次）：王庶几改之（4·12）吾王庶几无疾病与（2·1）

康诰（1次）《尚书》篇名：《康诰》曰（10·4）

庸（2次）①经常，庸常：庸敬在兄（11·5）

②酬劳，酬庸：利之而不庸（13·13）

得（155次）①动词，获得（104次）：虽不得鱼（1·7）

②助动词，能也，但一般只表示客观情况的能与不能（49次）：使不得耕耨以养其父母

（1·5）

③同"德"（2次）：所识穷乏者得我与（11·10）

——另见"可得"。

徙（2次）搬移：死徙无出乡（5·3）

患（14次）①名词，患害（9次）：人之患在好为人师（7·22）

②动词，忧虑，以为患害（5次）：二三子何患乎无君（2·15）

——另见"忧患"。

悬（1次）悬挂，吊在空中：民之悦之犹解倒悬也（3·1）

悻悻（1次）器量狭小之貌：悻悻然见于其面（4·12）

情（4次）①情实，实际情况（2次）：夫物之不齐，物之情也（5·4）

②性，本性（2次）：乃若其情则可以为善矣（11·6）

惛（1次）不明白，糊涂：吾惛（1·7）

惟（44次）①动词，思也（1次）：惟兹臣庶（9·2）

②连系性动词，是，为（3次）：其命惟新（5·3）

③副词，仅，只，独（34次）：惟士为能（1·7）

④语首词，无义（5次）：惟曰

（2·3）

⑤语中词，无义（1次）：我武惟扬（6·5）

惮（1次）惧怕：何许子之不惮烦（5·4）

惧（5次）怕：能无惧而已矣（3·2）

戚（4次）①名词，大斧（1次）：干戈戚扬（2·5）

②名词，亲戚（1次）：疏逾戚（2·7）

③动词，上义的意动用法，以为亲（1次）：戚之也（12·3）

④悲戚，悲哀（1次）：颜色之戚（5·2）

——又见"贵戚"、"亲戚"。

戚戚（1次）心动貌：于我心有戚戚焉（1·7）

授（4次）授与，交给：我欲中国而授孟子室（4·10）

掊克（1次）搜括钱财之人：掊克在位（12·7）

排（1次）排水：决汝汉排淮泗而注之江（5·4）

掘（3次）挖掘：禹掘地而注之海（6·9）

接（7次）①交接，接触（4次）：兵刃既接（1·3）

②接待（1次）：其接也以礼（10·4）

③当作"浹"，浹干（2次），见

"接淅而行"（10·1）注。

推（6次）①用手向前推（2次）：若己推而内之沟中（9·7）

②推广（4次）：故推恩足以保四海（1·7）

掩（6次）掩盖：盖归反蔂梩而掩之（5·5）

教（31次）**教育**（1次）

教诲（2次）：谨庠序之教（1·3）明以教我（1·7）得天下英才而教育之（13·20）予不屑之教诲也者（12·16）

敏（2次）聪明：我虽不敏（1·7）

救（9次）此惟救死而恐不赡（1·7）

敝（1次）破烂的：犹弃敝屣也（13·35）

敢（47次）①助动词（28次）：然后敢入（2·2）

②表敬副词（19次）：敢请（2·16）

敛（2次）收获：秋省敛而助不给（2·4）

——另见"税敛"。

旄（3次）有羽毛装饰的旗帜：招虞人以旄（6·1）

族（1次）宗族：百官族人（5·2）

曹交（1次）人名：曹交问曰（12·2）

望（17次）①向高处远处看（12次）：望之不似人君（1·6）

②希望（4次）：则无望民之多于邻国也（1·3）

③榜样，先例（1次）：寇至则先去以为民望（8·31）

望望（1次）不高兴的样子：望望然去之（3·9）

桮棬（5次）杯盘，见"义犹桮棬也"（11·1）注。

梧（1次）梧桐：舍其梧槚（11·14）

梩（1次）古代铲土之具，相当今日之锹或锸：盖归反蔂梩而掩之（5·5）

梁（2次）①桥梁（1次）：十二月舆梁成（8·2）

②鱼梁，用鱼梁以捕鱼（1次）：泽梁无禁（2·5）

梁山（1次）山名：逾梁山（2·15）

梁惠王（7次）魏国诸侯：孟子见梁惠王（1·1）

梁襄王（1次）魏国诸侯：孟子见梁襄王（1·6）

梓（6次）①树木名（2次）：拱把之桐梓（11·13）

②即"梓人"，木工（4次）：则梓匠轮舆皆得食于子（6·4）

械器（2次）各种用具：以粟易械器者不为厉陶冶（5·4）

检（1次）检查，见"狗彘食人食而不知检"（1·3）注。

梼杌（1次）楚国国史之名：楚之《梼杌》（8·21）

欲（95次）①动词，要（91次）：民欲与之偕亡（1·2）

②名词，欲望（4次）：从耳目之欲（8·30）

殍（1次）因饿而死的尸体，本书亦作"莩"：用其二而民有殍（14·27）

殄（1次）消失：亦不殄厥问（14·19）

涸（1次）干涸：其涸也可立而待也（8·18）

淅（2次）淘米：接淅而行（10·1）

淇（1次）水名：昔者王豹处于淇（12·6）

淑（3次）①善也（1次）：其何能淑（7·9）

②取也（2次），见"予私淑诸人也"（8·22）注。

淫（3次）①过度而邪：淫辞知其所陷（3·2）

②乱也（1次）：富贵不能淫（6·2）

淮（2次）水名：江淮河汉是也（6·9）

深（11次）深耕易耨（1·5）

淳于髡（2次）人名，见"淳于髡曰"（7·17）注。

渊（1次）深池：故为渊毆鱼者獭也（7·9）

混混（1次）水流不绝之貌：源泉混混（8·18）

清（4次）①水清（2次）：沧浪之水清兮（7·8）

②清平，世界太平（1次）：以待天下之清也（10·1）

③清洁，清廉（1次）：伯夷圣之清者也（10·1）

淹（1次）淹留：是以未尝有所终三年淹也（10·4）

渔（1次）打鱼：自耕稼陶渔以至为帝（3·8）

烹（4次）烹调：校人烹之（9·2）

焉（142次）①代词，之（12次）：虽褐宽博吾不惴焉（3·2）

②兼词，于是（11次）：刍荛者往焉（2·2）又见"晋国天下莫强焉"（1·5）注。

③兼词，于他（2次）：学焉而后臣之（4·2）

④介词，于（1次）：人莫大焉亡亲戚君臣上下（13·34）

⑤疑问词（12次）：㊀代词，哪里，何处：其子焉往

（7·13）㈠副词，何：焉
有仁人在位罔民而可为也
（1·7）

⑥语气词（102次）：万取千
焉（1·1）则牛羊何择焉
（1·7）

⑦小品词，置于区别词之后（2
次）：始舍之圉圉焉（9·2）

牿 （2次）圈禁：则其旦昼之所为
有牿亡之矣（11·8）

猛 （1次）周公兼夷狄驱猛兽而百
姓宁（6·9）

猎较 （4次）争夺猎物，见"鲁
人猎较"（10·4）注。

率 （14次）①率领（10次）：此
率兽而食人也（1·4）

②沿循（3次）：率西水浒（2·5）

③一定的标准或程限（1次）：羿
不为拙射变其彀率（13·41）

琅邪 （1次）地名：放于琅邪
（2·4）

理 （3次）①道理（2次）：谓理
也义也（11·7）

②顺也（1次），见"稽大不理于
口"（14·19）注。

——另见"条理"。

略 （1次）概要，大概：然而轲也
尝闻其略也（10·2）

——另见"大略"。

畦 （1次）种菜：病于夏畦
（6·7）

眸 （5次）瞳孔：存乎人者莫良于
眸子（7·15）

祸 （4次）祸害：是自求祸也
（3·4）率天下之人而祸仁义
者，必子之言夫（11·1）

祭 （9次）祭祀 （2次）祭
之以礼（5·2）祭祀以时
（14·14）

移 （6次）①迁移（2次）：河内
凶则移其民于河东（1·3）

②改变（3次）：居移气（13·36）

③加也（1次）：三不朝则六师移
之（12·7）

绸缪 （1次）缠结：绸缪牖户
（3·4）

维 （1次）同"惟"，是，为：孝
思惟则（9·4）

绚 （1次）绳索：宵尔索绚
（5·3）

绰绰 （1次）宽绰的样子：岂不
绰绰然有馀裕哉（4·5）

绵驹 （1次）人名：绵驹处于高
唐而齐右善歌（12·6）

绩 （1次）功绩：谟盖都君咸我绩
（9·2）

绳 （1次）木工用以测定直线的工
具：继之以规矩准绳（7·1）

绳墨 （1次）木工用以测量直线
的工具，扩充其意义则为法
则，标准：大匠不为拙工改废
绳墨（13·41）

章（2次）①章程，章则：率由旧
章（7·1）

②一定的阶段，成章犹言达到一
定的阶段（1次）：不成章不
达（13·24）

章子（4次）即匡章：章子有一
于是乎（8·30）

盖（9次）①传疑副词，大概，
大概是（5次）：盖《徵招》
《角招》是也（2·4）

②同"盍"，"何不"的合音（1
次）：盖亦反其本矣（1·7）

③假借为"害"（1次），见"谟
盖都君咸我绩"（9·2）注。

④地名，音葛（gě）（2次）：王
使盖大夫王驩为辅行（4·6）

盛（5次）夏后殷周之盛，地未有
过千里者也（3·1）

——另见"粢盛"。

盗（1次）盗窃：夫谓非其有而取
之者盗也（10·4）

盗跖（2次）春秋时的大盗：抑
亦盗跖之所筑与（6·10）

硗（1次）地土不肥：则地有肥硗
（11·7）

菑（1次）同"灾"，灾害：安其
危而利其菑（7·8）

菜（1次）虽疏食菜羹未尝不饱
（10·3）

菽（2次）豆类之总称：使有菽粟
如水火（13·23）

菹（1次）沼泽：驱蛇龙而放之菹
（6·9）

萃（1次）聚也，见"拔乎其萃"
（3·2）注。

萌（2次）萌芽：吾于有萌焉何哉
（11·9）

著（2次）彰明，显扬：孔子之道
不著（6·9）

营（2次）①营建（1次）：经之
营之（1·2）

②环绕的（1次），见"上者为营
窟"（6·9）注。

符节（1次）古代表示印信之
物，见"若合符节"（8·1）
注。

粒米（1次）谷米，见"乐岁粒
米狼戾"（5·3）注。

袭（1次）侵袭，偷袭，突击行
为：非义袭而取之也（3·2）

艴然（1次）与"勃然"同：曾
西艴然不悦曰（3·1）

蚳鼃（3次）人名：孟子谓蚳鼃
曰（4·5）

蛇（2次）蛇龙居之（6·9）

豚（4次）小猪：鸡豚狗彘之畜无
失其时（1·3）

虚（1次）空虚：君子不可以虚拘
（13·37）

——另见"空虚"。

职（11次）职守，职务：诸侯朝
于天子曰述职（2·4）

躯（1次）身躯：则足以杀其躯而已矣（14·29）

衅（2次）古代对新落成的重要器物举行的血祭，见"将以衅钟"（1·7）注。

谏（11次）对尊长的言行有所劝阻：蚳鼃谏于王而不用（4·5）

谚（1次）谚语，俗话：夏谚曰（2·4）

谗（1次）谗谄（2次）说小话，进谗言：睊睊胥谗（2·4）则谗谄面谀之人至矣（12·13）

谓（143次）外动词：㊀有时用于对别人说话的时候：孟子谓齐宣王曰（2·6）㊁有时用于评论别人的时候：子谓薛居州善士也（6·6）宜乎百姓之谓我爱也（1·7）㊂叫做：谓其台曰灵台（1·2）

跃（2次）跳跃：于牣鱼跃（1·2）

跃如（1次）心中跃跃欲试之貌：跃如也（13·41）

距（4次）同"拒"，抗拒，拒绝：距杨墨（6·9）

距心（2次）孔距心自称其名：此非距心之所得为也（4·4）

逸（1次）安逸：饱食暖衣逸居而无教（5·4）

象（12次）①动物名（1次）：驱虎豹犀象而远之（6·9）

②同"像"（1次）：为其象人而用之也（1·4）

③人名（10次）：象曰（9·2）

野（9次）郊野：野有饿莩（1·4）

——另见"田野"。

野人（6次）小百姓：将为野人焉（5·3）

赧赧（1次）惭愧的样子：观其色赧赧然（6·7）

辅（4次）辅相（1次）帮助，辅助：愿夫子辅吾志（1·7）相与辅相之（3·1）

辅行（1次）副使，见"王使盖大夫王驩为辅行"（4·6）注。

雪（2次）白羽之白犹白雪之白与（11·3）

雪宫（1次）宫名：齐宣王见孟子于雪宫（2·4）

隅（1次）角落：驱飞廉于海隅而戮之（6·9）

隐（4次）①痛也，同情，可怜（1次）：王若隐其无罪而就死地（1·7）

②隐蔽（2次），见"进不隐贤"（3·9）注。

③凭也，依靠，倚着：隐几而卧（4·11）

——另见"恻隐"。

餰（1次）同"饘"，比粥浓厚而有膏性的糊，见"餰粥之食"（5·2）注。

馆（4次）①住处，旅舍（2次）：可以假馆（12·2）

②旅居，暂住（1次）：馆于上宫（14·30）

③使之居住，安置（1次）：帝馆甥于贰室（10·3）

领（1次）颈：则天下之民皆引领而望之矣（1·6）

麂（6次）顾鸿雁麋鹿（1·2）

麻（1次）麻缕丝絮轻重同则贾相若（5·4）

黄泉（1次）地下泉水：下饮黄泉（6·10）

阉然（1次）迎合别人意旨来讨好的样子：阉然媚于世者是乡原也（14·37）

鸿（1次）顾鸿雁麋鹿（1·2）

鸿鹄（1次）天鹅，见"一心以为有鸿鹄将至"（11·10）注。

十二画

禽（17次）鸟兽：君子之于禽兽也（1·7）

傅（5次）①名词，师傅：其傅为之请数月之丧（13·39）

②帮助，教授（4次）：则使齐人傅诸（6·6）

傅说（1次）人名，见"傅说举于版筑之间"（12·15）注。

储子（5次）人名，见"储子曰"（8·32）注。

割（2次）宰割：伊尹以割烹要汤（9·7）

博（3次）①广博（2次）：博学而详说之（8·15）

②古代游戏的一种，掷采然后下棋（1次）：博弈好饮酒（8·30）

——另见"褐宽博"。

厥（8次）意义和用法同"其"，他的，唯只用于比《孟子》更古的书面语言中：天下曷敢有越厥志（2·3）

羡（1次）有剩馀：以羡补不足（6·4）

凿（2次）①挖（1次）：凿斯池也（2·13）

②穿凿附会（1次）：所恶于智者为其凿也（8·26）

善（111次）好，①名词：教人以善谓之忠（5·4）

②形容词：善哉问也（2·4）

③动词，善于，长于：善推其所为而已矣（1·7）

④动词，以为好：王如善之（2·5）

⑤动词，使动用法，使之善，搞好：是故诸侯虽有善其辞命而至者不受也（3·9）

喜（12次）则王喜（2·9）

喟然（1次）长叹貌：喟然叹曰（13·36）

喻（3次）①比喻，譬喻（1次）：请以战喻（1·3）

②明白，理会（2次）：征于色发于声而后喻（12·15）

堪（1次）忍受得了：人不堪其忧（8·29）

壹（3次）①专一（2次），见"志壹则动气"（3·2）注。

②皆，全（1次），见"愿比死者壹洒之"（1·5）注。

媒妁（1次）男女婚事的介绍者：媒妁之言（6·3）

媚（1次）献媚，谄媚：阉然媚于世也者是乡原也（14·37）

嫂（5次）嫂溺则援之以手乎（7·17）

富（25次）①钱财很多（21次）：哿矣富人（2·5）

②收入很多的职位（2次）：辞富居贫（10·5）

③使他有钱财（2次）：君不行仁政而富之（7·14）

富岁（1次）丰收年岁：富岁子弟多暴（11·7）

富贵（2次）有钱有势之人：则尽富贵也（8·33）

寐（2次）睡着，入眠：吾闻之喜而不寐（12·13）

寒（4次）①受冻，寒冷（2次）：黎民不饥不寒（1·3）

②使之寒冷（2次）：十日寒之（11·9）

寒疾（1次）受风寒之病，感冒：有寒疾（4·2）

寓（1次）寄居：无寓人于我室（8·31）

尊（24次）①高贵的（3次）：夫仁，天之尊爵也（3·7）

②高贵的事物（1次）：天下有达尊三（4·2）

③高贵的人（3次）：长幼尊卑皆薛居州也（6·6）

④高贵的职位（2次）：为贫者辞尊居卑（10·5）

⑤动词，尊敬：使之尊贵（15次）：莫如贵德而尊士（3·4）

就（19次）动词，往那里去，凑近去：就之而不见所畏焉（1·6）

峒（1次）山角：虎负嵎（14·23）

弑（7次）古代年幼或者在下位的人杀掉年长或者在上位的人叫弑：弑其君者必千乘之家

（1·1）

彘（4次）猪：二母彘（13·22）

强（12次）①强大，强大者（4次）：晋国天下莫强焉（1·5）弱固不可以敌强（1·7）

②上声，勉强（7次）：强为善而已矣（2·14）强曾子（5·4）

③坚强（1次）：乐正子强乎（12·13）

彭更（1次）人名：彭更问曰（6·4）

御（2次）①驾御车马：御者且羞与射者比（6·1）

②由上义引伸，治理国和家也叫御：以御于家邦（1·7）

御〔禦〕（11次）①抵御，抗拒（7次）：沛然谁能御之（1·6）

②拦阻，拦路劫抢（3次）：今有御人于国门之外者（10·4）

孳孳（3次）努力不休地：孳孳为善者（13·25）

庾（2次）藏匿：人焉庾哉（7·15）

属（2次）①召集（1次），见"乃属其耆老而告之曰"（2·15）注

②属类（1次）：夫章子岂不欲有夫妻子母之属哉（8·30）

惑（3次）①疑惑（1次）：若是则弟子之惑滋甚（3·1）

②糊涂（2次）：则惑也（8·29）

惠（3次）①（2次）：分人以财谓之惠（5·4）

②仁慈，给人以好处（1次）：惠而不知为政（8·2）

惩（2次）惩制，惩艾，惩罚：荆舒是惩（5·4）

惰（1次）懒惰，不勤：惰其四支（8·30）

惴（1次）使之害怕，恐吓：虽褐宽博，吾不惴焉（3·2）

愠（2次）怨恨：愠于群小（14·19）

愧（1次）惭愧：仰不愧于天（13·20）

戟（1次）古代兵器：子之持戟之士一日而三失伍（4·4）

戢（1次）同"辑"，和睦，安辑，见"思戢用光"（2·5）注。

掌（5次）①手掌（3次）：天下可运于掌（1·7）

②掌管，主管（2次）：舜使益掌火（5·4）

——另见"熊掌"。

搂（4次）①抱持（3次）：逾东家墙而搂其处子则得妻（12·1）

②揲持（1次）：五霸者揲诸侯以伐诸侯者也（12·7）

揆（1次）法则，法度：先圣后圣其揆一也（8·1）
——另见"道揆"。

提（1次）提携抱持，见"孩提之童"（13·15）注。

揖（2次）作揖：入揖于子贡（5·4）

揜（1次）今通作"掩"，掩盖：从而揜之（9·2）

揠（2次）拔，拔高些：宋人有闵其苗之不长而揠之者（3·2）

揣（1次）揣度高矮：不揣其本而齐其末（12·1）

援（10次）①援助，救援（7次）：嫂溺则援之以手乎（7·17）

②牵住，抓着（3次）：援而止之而止（3·9）

普（1次）周遍：普天之下（9·4）

斯（44次）①指示形容词，这（17次）：如之何其使斯民饥而死也（1·4）

②连词，这就，于是（26次）：斯天下之民至焉（1·3）

③小品词，为区别词词尾（1次）：王赫斯怒（2·3）

斯须（1次）暂刻，一时间：斯须之敬在乡人（11·5）

景子（2次）景丑氏（1次）人名：不得已而之景丑氏宿焉（4·2）景子曰（4·2）

景公（1次）即齐景公：景公说（2·4）

景春（1次）人名：景春曰（6·2）

智（31次）智慧（1次）：惟智者为能以小事大（2·3）虽有智慧不如乘势（3·1）

曾（3次）副词，竟也：尔何曾比予于管仲（3·1）

曾益（1次）增加：曾益其所不能（12·15）

曾子（22次）孔子学生曾参：曾子曰（2·12）

曾元（1次）人名：曾元养曾子必有酒肉（7·19）

曾西（4次）人名，见"或问乎曾西曰"（3·1）注。

曾皙（4次）人名，见"曾子养曾皙"（7·19）注。

朝（36次）①阴平声，音昭，早晨（8次）：王骧朝暮见（4·6）

②阳平声，音潮，名词，朝廷（10次）：使天下仕者皆欲立于王之朝（1·7）

③同上义，朝廷之人（1次）：朝不信道（7·1）

④阳平声，动词，朝见（10

次）：诸侯朝于天子曰述职
（2·4）

⑤上义的使动用法，使其来朝（3
次）：朝秦楚（1·7）

⑥形容词，朝见用的（4次）：如
以朝衣朝冠坐于涂炭（3·9）

——另见"市朝"。

朝廷（2次）朝廷莫如爵
（4·2）

朝儛（1次）地名：吾欲观于转
附朝儛（2·4）

朝觐（2次）朝见：天下诸侯
朝觐者不之尧之子而之舜
（9·5）

期〔朞〕（1次）一年：为期
之丧犹愈于已乎（13·39）

期（2次）期望，以为标准：至于
味，天下期于易牙（11·7）

棘（1次）荆棘：养其樲棘
（11·14）

棠（1次）地名，见"国人皆以
夫子将复为发棠"（14·23）
注。

棺（3次）棺材：谓棺椁衣衾之美
也（2·16）

椁（3次）外棺：椁称之（4·7）

欺（3次）周公岂欺我哉（5·1）

欿然（1次）不足之貌：如其自
视欿然（13·11）

渴（5次）口干，口渴：渴者易为
饮（3·1）

滑釐（1次）慎子自称其名：此
则滑釐所不识也（12·8）

游（8次）①游历，游玩（3
次）：吾王不游（2·4）

②交往，交游（3次）：夫子与之
游（8·30）

③游说，游行各国向诸侯有所
劝说（2次）：子好游乎
（13·9）

滋（2次）更，愈：若是则弟子之
惑滋甚（3·1）

湍（1次）急流水：性犹湍水也
（11·2）

湿（1次）是犹恶湿而居下也
（3·4）

焚（2次）焚烧：益烈山泽而焚之
（5·4）

然（95次）①古"燃"字，
燃烧（1次）：若火之始然
（3·6）

②叙述词，如此（35次）：河东
凶亦然（1·3）

③代名副词，如此地（1次）：无
然泄泄（7·1）

④应对副词（10次）：然（1·7）

⑤转折连词，与"然而"同
（1次）：然终于此而已矣
（10·3）

⑥小品词，与"若"字连用，表
拟度（9次）：今言王若易然
（3·1）

⑦小品词，作为区别词词尾（38次）：填然鼓之（1·3）

然友（6次）人名：世子谓然友曰（5·2）

然而（14次）转折连词，如此而，但是：然而不王者未之有也（1·3）

然则（26次）顺承连词，如此就，那么：然则废衅钟与（1·7）

然后（38次）表示时间先后的顺承连词，这样才：权然后知轻重（1·7）

犀（1次）驱虎豹犀象而远之（6·9）

琴（3次）①名词（2次）：琴朕（9·2）

②动词，鼓琴（1次）：舜在床琴（14·6）

琴张（1次）人名：如琴张曾牧皮者（14·37）

敬（39次）①恭敬（38次）：君臣主敬（4·2）

②（1次）：陈善闭邪谓之敬（7·1）

——另见"恭敬"。

散（2次）壮者散而之四方者几千人矣（2·12）

——另见"离散"。

散宜生（1次）人名：若太公望、散宜生则见而知之

（14·38）

敦（3次）①动词，管理（1次）：使虞敦匠事（4·7）

②厚道，"浇薄"之反（2次）：薄夫敦（10·1）

殛（1次）流放，见"殛鲧于羽山"（9·3）注。

甥（1次）女婿：帝馆甥于贰室（10·3）

疏（7次）①"密"之反（1次）：且王者之不作未有疏于此时者也（3·1）

②"亲"之反，动词，以为疏远（3次）：疏之也（12·3）

③动词，疏浚（1次）：禹疏九河（5·4）

④名词，疏远之人（1次）：疏戚（2·7）

⑤粗也（1次），见"齐疏之服"（5·2）注。

登（5次）①登高（4次）：必求龙断而登之（4·10）

②登场，谷物成熟（1次）：五谷不登（5·4）

睊睊（1次）侧目而视的样子：睊睊胥谗（2·4）

睸（2次）窥伺，探望：王使人睸夫子果有以异于人乎（8·32）

短（4次）①"长"之反（3次）：度然后知长短（1·7）

②缩短（1次）：齐宣王欲短丧（13·39）

税（2次）①征收赋税（1次）：耕者助而不税（3·5）

②同"脱"（1次）：不税冕而行（12·6）

——另见"贡税"。

税敛（2次）税收：薄税敛（1·5）

童（2次）**童子**（2次）：虽使五尺之童适市莫之或欺（5·4）有童子以黍肉饷（6·5）

祼（1次）祭祀时倒酒于地以请神的一种仪节，见"祼将于京"（7·7）注。

禄（25次）①俸禄，官俸，得官俸（24次）：仕而不受禄（4·14）仕者世禄（2·5）

②给以官俸（1次）：禄之以天下，弗顾也（9·7）

——另见"谷禄"。

禅（1次）禅让，把天子之位传给贤人：唐虞禅（9·6）

葛（8次）国名：是故汤事葛（2·3）

葬（5次）埋葬：孟子自齐葬于鲁（4·7）

葵丘（1次）地名：葵丘之会（12·7）

蒉（1次）草制盛土的筐子：我知其不为蒉也（11·7）

等（4次）①名词，等级（3次）：凡五等也（10·2）

②动词，差等（1次），见"等百世之王"（3·2）注。

——另见"差等"。

筋（1次）劳其筋骨（12·15）

答（6次）①答问（5次）：公都子不能答（11·5）

②答礼（1次）：礼人不答反其敬（7·4）

策（1次）竹简，即古代的书页：吾于《武成》取二三策而已矣（14·3）

筑（6次）筑墙，建屋：筑斯城也（2·13）筑室于场（5·4）

粟（14次）**粟米**（1次）粟为小米，但古人常用以总称粮食：移其粟于河内（1·3）

——另见"米粟"。

粢盛（4次）指古代用于祭祀而且盛在祭器内的谷物，见"诸侯耕助以供粢盛"（6·3）注。

粥（2次）稀饭，见"飦粥之食"（5·2）注。

粪（2次）施肥：凶年粪其田而不足（5·3）

紫（1次）恶紫，恐其乱朱也（14·37）

絜 （3次）同"洁"，干净，清洁：粢盛不絜（6·3）

——另见"廉 "。

絮 （1次）丝绵絮：麻缕丝絮轻重同（5·4）

缘 （2次）攀缘：犹缘木而求鱼也（1·7）

缌 （1次）缌麻，古代孝服之一，见"而缌小功之察"（13·46）注。

缓 （2次）缓慢，不急：民事不可缓也（5·3）

缕 （2次）线：麻缕丝絮轻重同则贾相若（5·4）

蛮 （1次）古代对南方文化较落后地区的侮辱性的称呼：今也南蛮𫛭舌之人非先王之道（5·4）

舒 （2次）国名：荆舒是惩（5·4）

舜 （97次）传说中的古代帝王：贤于尧舜远矣（3·2）

谟 （2次）谋略，计谋，主意，出主意：丕显哉文王谟（6·9）

赐 （5次）尊长者对卑幼者的给与：大夫有赐于士（6·7）

赋 （2次）①缴纳赋税：国中什一使自赋（5·3）

②征收赋税：而赋粟倍他日（7·14）

超 （2次）超越，跳过：挟太山以超北海（1·7）

越 （4次）①逾越（1次）：天下曷敢有越厥志（2·3）

②语词，无义（1次），见"杀越人于货"（10·4）注。

③ 国名（2次）：有越寇（8·31）

趋 （5次）①疾行，快走（4次）：今夫蹶者趋者是气也（3·2）

②方向，宗旨（1次）：其趋一也（2·6）

跖 （2次）即盗跖：跖之徒也（13·25）

践 （2次）践履：夫然后之中国践天子位焉（9·5）

辜 （1次）罪：杀一不辜（3·2）

遍 （3次）周遍：遍国中无与立谈者（8·33）

逼 （1次）逼迫：逼尧之子（9·5）

遁 （1次）逃遁：遁辞知其所穷（3·2）

遂 （5次）连词，于是，因而：闻王命而遂不果（4·2）

遇 （7次）①遭逢，碰上（1次）：孟子遇于石丘（12·4）

②两人相处很好叫"遇"（6次）：吾之不遇鲁侯，天也（2·16）

——另见"诡遇"。

遏 （2次）遏止，阻止：以遏徂莒（2·3）

遏密 （1次）停止：四海遏密八音（9·4）

道 （140次）①名词（129次）：㊀孟子有特殊含义的哲学术语：其为气也配义与道（3·2）㊁指一般的学术、主张、技艺而言：从许子之道（5·4）尽羿之道（8·24）㊂指方式、方术而言：得天下有道（7·9）

②道路（6次）：行道之人弗受（11·10）

③动词，谈论，讲述（5次）：仲尼之徒无道桓文之事者（1·7）

——另见"中道"、"天道"、"当道"。

道揆 （1次）法度：上无道揆也（7·1）

道路 （2次）颁白者不负戴于道路矣（1·3）

逾 （13次）①超越（6次）：将使卑逾尊（2·7）

②爬过，越过（7次）：逾梁山（2·15）

遗 （6次）①遗弃不管（2次）：未有仁而遗其亲者也（1·1）

②遗存，遗留（3次）：靡有孑遗（9·4）

③送，馈赠（1次）：汤使人遗之牛羊（6·5）

遗佚 （2次）被遗弃而不用：遗佚而不怨（3·9）

隘 （2次）胸襟狭侧：伯夷隘（3·9）

隙 （2次）空隙：钻穴隙相窥（6·3）

量 （1次）估量：量敌而后进（3·2）

锐 （1次）快，速：其进锐者其退速（7·44）

颒 （2次）鼻茎：举疾首蹙頞而相告曰（2·1）

集 （5次）聚集：齐集有其一（1·7）

雁 （1次）顾鸿雁麋鹿（1·2）

黍 （3次）稷之软而有糯性的，糜子：葛伯率其民，要其有酒食黍稻者夺之（6·5）

鼎 （4次）古代烹肉以及用以盛祭品之具：前以三鼎而后以五鼎与（2·16）

鲁 （20次）国名：邹与鲁哄（2·12）

鲁平公 （1次）鲁侯 （1次）鲁国之君：鲁平公将出（2·16）吾之不遇鲁侯，天也（2·16）

鲁颂 《诗经·颂》的一部分：《鲁颂》曰（5·4）

鲁缪公（2次）鲁国之君：昔者鲁缪公无人乎子思之侧（4·1）

韩（1次）春秋时晋国三卿之一：附之以韩魏之家（13·11）

馈（15次）①馈赠，赠送（11次）：前日于齐，王馈兼金一百（4·3）
②馈送，送给（4次）：老弱馈食（6·5）

飨（1次）宴会，请吃饭：亦飨舜（10·3）

十三画

勤（1次）勤劳：将终岁勤动（5·3）

嗜（4次）亦作"耆"，嗜好，喜爱：不嗜杀人者能一之（1·6）

塞（3次）①阻塞，塞住（2次）：为间不用则茅塞之矣（14·21）
②充满（1次）：则塞于天地之间（3·2）
——另见"充塞"。

填然（1次）打鼓声：填然鼓之（1·3）

嫁（1次）女子之嫁也母命之（6·2）

廉（5次）**廉絜**（1次）清廉：陈仲子岂不诚廉士哉（6·10）行之似廉絜（14·37）

彀（3次）张满弓：必志于彀（11·20）

微（4次）①微小（2次）：冉牛闵子颜渊则具体而微（3·2）
②微小之人（1次）：子思臣也，微也（8·31）
③衰微，衰弱（1次）：世衰道微（6·9）

微子（1次）**微子启**（1次）人名：而有微子启王子比干（11·6）

微仲（1次）人名：又有微子微仲（3·1）

微服（1次）避人耳目而改变服装：微服而过宋（9·8）

徯（2次）等待：徯我后（2·11）

愆（1次）偏激，过差，偏差：不愆不忘（7·3）

愈（9次）①病好了（3次）：今日愈（4·2）
②强一些，好一些（4次）：思天下惟羿为愈己（8·24）
③更，越（2次）：亲之过大而不怨是愈疏也（12·3）

意（2次）①名词，意思（1次）：以意逆志，是为得之

（9·4）

②动词，意料，料想（1次）：我不意子学古之道而以铺啜也（7·25）

慈（1次）①慈孝的（1次）：虽有孝子慈孙百世不能改也（7·2）

②动词，慈爱（1次）：敬老慈幼（12·7）

慎（2次）谨慎：可不慎与（2·7）

慎子（2次）人名：鲁欲使慎子为将军（12·8）

慊（2次）①快也，见"行有不慊于心"（3·2）注。

②以为少（1次），见"吾何慊乎哉"（4·2）注。

搏（3次）①打（2次）：今夫水搏而跃之，可使过颡（11·2）

②同"缚"（1次），捆绑（1次）：则君搏执之（8·3）

摄（2次）①代理职务（1次）：尧老而舜摄也（9·4）

②兼职（1次）：官事无摄（12·7）

新（2次）其命惟新（5·3）；亦以新子之国（5·3）

暇（3次）闲暇：壮者以暇日修其孝弟忠信（1·5）
——另见"闲暇"。

楚（31次）国名：南辱于楚（1·5）

楼（1次）方寸之木可使高于岑楼（12·1）

樲（1次）酸枣，见"养其樲棘"（11·14）注。

歃（1次）古代盟会中的一种仪式，盟约宣读后，参加盟会之人以口微吸所杀之牲的血，见"诸侯束牲载书而不歃血"（12·7）注。

毁（9次）破坏，毁坏：人皆谓我毁明堂（2·5）

源（1次）泉源，水源：源泉混混（8·18）

源源（1次）不绝之貌：故源源而来（9·3）

溢（2次）①水满而出叫溢（1次）：然而旱干水溢（14·14）

②满也，充塞也（1次）：故沛然德教溢乎四海（7·6）

溱（1次）水名：以其乘舆济人于溱洧（8·2）

溺（9次）水淹，沉于水：载胥及溺（7·9）
——另见"陷溺"。

滨（7次）边沿：居北海之滨（7·13）

暖（4次）轻暖不足于体与（1·7）

照 （1次）容光必照焉（13·24）

数 （17次）①数目（1次）：以其数则过矣（4·13）

②几（13次）：数口之家可以无饥矣（1·3）

③技术（2次）：今夫弈之为数，小数也（11·9）

④音朔，密也（1次）：数罟不入洿池（1·3）

献子 （3次）即孟献子：献子之与此五人者友也（10·3）

盟 （2次）盟会：凡我同盟之人（12·7）

睟然 （1次）清和温润的样子：睟然见于面（13·21）

睦 （1次）和睦：则百姓亲睦（5·3）

睨 （1次）邪视：睨而不视（5·5）

睹 （1次）看见：髡未尝睹之也（12·6）

禁 （6次）①禁止（4次）：然则舜不禁与（13·35）

②所禁止之事，禁条（2次）：问国之大禁（2·2）

福 （3次）幸福：祸福无不自己求之者（3·4）

稗 （1次）稗子：不如荑稗（11·19）

稚 （1次）小孩：使老稚转乎沟壑（5·3）

窟 （1次）山穴，山洞：上者为营窟（6·9）

窥 （1次）窥视，从穴缝中去看：钻穴隙相窥（6·3）

简 （2次）简慢，轻视，瞧不起：是简欢也（8·27）

简子 （1次）即赵简子：简子曰（6·1）

粱 （1次）精细的小米：所以不愿人之膏粱之味也（11·17）

粮 （2次）师行而粮食（2·4）

罪 （40次）①罪过（37次）：若无罪而就死地（1·7）

②归罪于，诿过于（2次）：王无罪岁（1·3）

③诛罚罪人（1次）：四罪而天下咸服（9·3）

置 （4次）①置立，建立（3次）：谋于燕众，置君而后去之（2·11）

②放置（1次）：引而置之庄岳之间数年（6·6）

置邮 （1次）古代传递政令的驿站：速于置邮而传命（3·1）

群 （1次）一群，人数不少之意：惴于群小（14·19）

聘 （3次）聘请：汤使人以币聘之（9·7）

肆 （1次）承接连词，故，所以：肆不殄厥愠（14·19）

腹（3次）肚子：君之视臣如手足，则臣视君如腹心（8·3）

蒙（1次）受，被：西子蒙不洁（8·25）

蒸（2次）①蒸熟了的（1次）：而馈孔子蒸豚（6·7）

②众（1次）：天生蒸民（11·6）

裸裎（2次）赤身露体：虽袒裼裸裎于我侧（3·9）

虞（11次）①想料，希望（1次）：见"有不虞之誉"（7·21）注。

②朝代名（1次）：唐虞禅（9·6）

③国名（5次）：百里奚，虞人也（9·9）

④充虞自称其名（4次）：前日不知虞之不肖（4·7）

——另见"欢虞"。

虞人（5次）管理狩猎场的小吏：招虞人以旌（6·1）

鄙（2次）狭陋的，见"鄙夫宽"（10·1）注。

誉（3次）好的名声，名誉：非所以要誉于乡党朋友也（3·6）

谨（2次）慎重办理：谨庠序之教（1·3）

解（8次）①解开，消散（7次）：民之悦之，犹解倒悬也（3·1）而不足以解忧（9·1）

②解释，解说（1次）：贾请见而解之（4·9）

豢（1次）吃谷物之兽，如猪：犹豢之悦我口（11·7）

赖（1次）同"懒"，见"富岁子弟多赖"（11·7）注。

颦（1次）同"矉"，皱眉头，见"己频顣曰"（6·10）注。

貉（4次）北方的国名：子之道，貉道也（12·10）

貉稽（1次）人名：貉稽曰（14·19）

路（16次）①道路（15次）：则天下之旅皆悦而愿出于其路矣（3·5）

②借为"露"，疲敝穷困之意（1次），见"是率天下而路也"（5·4）注。

——另见"当路"、"道路"。

辟（16次）①开辟（6次）：欲辟土地（1·7）

②辟除，使人避开道路（1次）：行辟人可也（8·2）

③同"避"，逃避（8次）：段干木逾垣而辟之（6·7）

④绩麻（1次）：彼身织屦妻辟纑以易之也（6·10）

辟若（1次）譬如：辟若掘井（13·29）

辞（25次）①言辞（11次）：诐辞知其所蔽（3·2）

②语句（3次），见"不以文害辞"（9·4）注。

③不受，拒绝（11次）：昔者辞以病（4·2）

——另见"说辞"。

辞命（2次）言辞，辞令：我于辞命则不能也（3·2）

辞让（2次）不敢迳自接受而有所谦让：无辞让之心非人也（3·6）

雉（1次）猎野鸡：雉兔者往焉（2·2）

雏（1次）小鸡，小鸟：力不能胜一匹雏（12·2）

鉴（1次）镜子：殷鉴不远（7·2）

麀（2次）母鹿：麀鹿攸伏（1·2）

鼓（9次）①名词（3次）：百姓闻王钟鼓之声（2·1）

②动词：㈠打鼓（5次）：填然鼓之（1·3）㈡弹奏（1次）：鼓琴（14·6）

髡（2次）淳于髡自称其名：髡未尝睹之也（12·6）

麰（1次）大麦：今夫麰麦（11·7）

鹅鹅（2次）鹅叫之声：恶用是鹅鹅者为哉（6·10）

十四画

嘐嘐（2次）志气很高大言不惭的样子：其志嘐嘐然（14·37）

嘑尔（1次）很无礼貌地呼喊别人的样子：嘑尔而与之（11·10）

墁（1次）新粉刷的墙壁：见"毁瓦画墁"（6·4）注。

境（3次）国界，疆界：臣始至于境（2·2）

墙（5次）逾墙相从（6·3）

察（8次）①观察，考察（5次）：察邻国之政（1·3）

②见到，明了（3次）：明足以察秋毫之末而不见舆薪（1·7）察于人伦（8·19）

寡（12次）①人少（3次）：寡固不可敌众（1·7）

②少（8次）：则寡取之（5·3）

③寡妇（1次）：老而无夫曰寡（2·5）

寡人（23次）当日诸侯自称之词：寡人之于国也（1·3）

寡妻（1次）古代男子一夫多妻，寡妻是其正室，即所谓"大太太"，见"刑于寡妻"（1·7）注。

彰（1次）表扬：以彰有德（12·7）

慕（12次）①羡慕（9次）：巨室之所慕一国慕之（7·6）

②依恋，怀恋（3次），见"怨慕也"（9·1）注。

暮（1次）：王驩朝暮见（4·6）

——另见"昏暮"。

愬（1次）控诉，投诉：天下之欲疾其君者皆欲赴愬于王（1·7）

慝（1次）恶，不善：民乃作慝（2·4）

——另见"邪慝"。

愿（22次）①愿意（20次）：寡人愿安承教（1·4）

②羡慕（2次），见"所以不愿人之膏粱之味也"（11·17）注。

慢（3次）①怠慢，工作不严肃认真（2次）：是上慢而残下也（2·12）

②弄乱，打乱（1次）：是故暴君污吏必慢其经界（5·3）

摽（1次）麾也，见"摽使者出诸大门之外"（10·6）注。

攖（1次）迫近：莫之敢攖（14·23）

榱题（1次）房椽子，见"榱题数尺"（14·34）注。

槁（3次）干枯：则苗槁矣（1·6）

槚（1次）楸树：舍其梧槚（11·14）

歌（2次）歌唱：有孺子歌曰（7·8）

——另见"讴歌"。

漯（1次）水名：禹疏九河，瀹济漯而注诸海（5·4）

熄（3次）①熄灭（2次）：王者之迹熄而诗亡（8·21）

②火灾熄灭，意即太平无事（1次）：安居而天下熄（6·2）

熊掌（2次）熊脚掌，古人以为食品：熊掌亦我所欲也（11·10）

疑（3次）怀疑：王请勿疑（1·5）

竭（5次）竭尽，用尽：竭力以事大国（2·15）

端（9次）①萌芽（7次），见"恻隐之心，仁之端也"（3·6）注。

②端正（2次）：夫尹公之他，端人也（8·24）

蔡（1次）国名：君子之厄于陈蔡之间（14·18）

蔽（3次）遮蔽：诐辞知其所蔽（3·2）

蓰（2次）五倍：或相倍蓰（5·4）

蔂（1次）盛土之笼：盖归反蔂梩而掩之（5·5）

箕子（1次）人名：又有微子微仲王子比干箕子胶鬲（3·1）

箕山（1次）地名：益避禹之子于箕山之阴（9·6）

管仲（12次）**管夷吾**（1次）人名：管仲晏子之功可复许乎（3·1）管夷吾举于士（12·15）

管叔（5次）人名：周公使管叔监殷（4·9）

管籥（2次）古代吹奏乐器，见"管籥之音"（2·1）注。

算（1次）数，算数：或相倍蓰而无算者不能尽其才者也（11·6）

箪（8次）上古用以盛饭的圆筐：箪食壶浆以迎王师（2·10）

缩（2次）直，有理：自反而不缩（3·2）

缲（1次）缲丝，抽茧出丝：夫人蚕缲以为衣服（6·3）

缪公（3次）鲁缪公：泄柳申详无人乎缪公之侧（4·11）

缨（4次）①名词，系帽子的丝带（2次）：可以濯我缨（7·8）

②动词，系住帽子，把冠缨结好（2次）：虽被发缨冠而往救之（8·29）

蝇（1次）蝇蚋姑嘬之（5·5）

聚（3次）聚集：民不改聚矣（3·1）

舆（10次）①本义是车箱，有时用以指车子（6次）：明足以察秋毫之末而不见舆薪（1·7）

②做车箱的人（4次）：子何尊梓匠轮舆而轻为仁义者哉（6·4）

膏（1次）肥肉：所以不愿人之膏粱之味也（11·17）

膏泽（2次）惠泽，好处：膏泽下于民（8·3）

臧氏（1次）**臧仓**（2次）人名：臧氏之子焉能使予不遇哉（2·16）嬖人臧仓者请曰（2·16）

舞（1次）则不知足之蹈之手之舞之（7·27）

裹（2次）包裹：乃裹糇粮（2·5）

褊（2次）狭侧：齐国虽褊小（1·7）

褐（2次）见"许子衣褐"（5·4）注。

褐夫（1次）**褐宽博**（2次）普通老百姓，见"不受于褐宽博"（3·2）注。

遭（1次）逢，遇，碰上：遭宋桓司马将要而杀之（9·8）

豪（1次）同"毫"，毫毛：思以一豪挫于人若挞之于市朝

（3·2）

豪杰（2次）出色人材：彼所谓豪杰之士也（5·4）

貌（1次）面貌，面容：岂可以声音笑貌为哉（7·16）

——另见"礼貌"。

赫斯（1次）发怒的样子：王赫斯怒（2·3）

镃基（1次）锄头：虽有镃基（3·1）

鼻（2次）则人皆掩鼻而过之（8·25）

十五画

嘬（1次）攒集在一起而共食：蝇蚋姑嘬之（5·5）

墨（10次）①黑色（1次）：面深墨（5·2）

②墨翟，墨子学派，墨子学说（9次）：墨者夷之因徐辟而求见孟子（5·5）

——另见"绳墨"。

墨子（1次）**墨氏**（1次）

墨翟（1次）人名，见"杨朱墨翟之言盈天下"（6·9）注。

墦（1次）坟墓：卒之东郭墦间之祭者（8·33）

履（1次）践履，履行，行走：君子所履（10·7）

屦（8次）草鞋：皆衣褐捆屦织席以为食（5·4）

幡然（1次）改悔的样子：既而幡然改曰（9·7）

廛（4次）①民居（2次）：廛无夫里之布（3·5）

②货物储藏于市而不收租税（2次），见"市廛而不征"（3·5）注。

德（37次）①道德，好的品德（34次）：德何如则可以王矣（1·7）

②有德行的人（2次）：小德役大德（7·6）

③中性词，行为，品质（1次）：无能改于其德（7·14）

德行（1次）：冉牛闵子颜渊善言德行（3·2）

徵招（1次）乐章名：盖《徵招》《角招》是也（2·4）

惭（1次）惭愧：吾甚惭于孟子（4·9）

慧（1次）智慧，见"人之有德慧术知者"（13·18）注。

——另见"智慧"。

憎（1次）憎恶，厌恶：士憎兹多口（14·19）

憔悴（1次）民之憔悴于虐政未有甚于此时者也（3·1）

戮（3次）①杀戮（2次）：驱飞廉于海隅而戮之（6·9）

②羞辱（1次）：见"从耳目之欲

以为父母戮"（8·30）注。

摩顶（1次）摩秃头顶，见"摩顶放踵"（13·26）注。

播（3次）①播种（2次）：其始播百谷（5·3）
②传播，散播（1次）：不仁而在高位是播其恶于众也（7·1）

敷（1次）普遍，见"举舜而敷治焉"（5·4）注。

敺（4次）同"驱"，驱逐；故为渊敺鱼者獭也（7·9）

暴（21次）①残暴，暴虐（10次）：是故暴君污吏必慢其经界（5·3）
②暴弃（2次）：言非礼义谓之自暴也（7·10）
③乱也（2次），见"持其志无暴其气"（3·2）注。
④"曝"本字（4次）：秋阳以暴之（5·4）
⑤庄暴自称其名（3次）：暴见于王（2·1）

滕（13次）国名：滕小国也（2·12）

滕文公（5次）滕国之君，见"滕文公问曰"（2·13）注。

滕定公（1次）滕国之君：滕定公薨（5·2）

滕更（2次）人名：滕更之在门也（13·43）

澜（1次）波澜：必观其澜（13·24）

横（4次）不顺，放恣，不善：洪水横流（5·4）横民之所止（10·1）

横逆（3次）无理地以恶待人：其待我以横逆（8·28）

熟（4次）成熟：五谷熟而民人育（5·4）

牖（2次）窗牖：有业屦于牖上（14·30）

瘠环（3次）人名：于齐主侍人瘠环（9·8）

皜皜（1次）洁白的样子：皜皜乎不可尚已（5·4）

皞皞（1次）广大自得的样子：王者之民皞皞如也（13·13）

瞑眩（1次）药吃得头晕脑转：若药不瞑眩（5·1）

稷（4次）即"后稷"：禹稷当平世（8·29）

稻（1次）葛伯率其民，要其有酒食黍稻者夺之（6·5）

稼穑（1次）种庄稼：后稷教民稼穑（5·4）
——另见"耕稼"。

稽（1次）貉稽自称其名：稽大不理于口（14·19）

稽首（3次）叩头：北面稽首再拜而不受（10·0）

糇 （1次）干粮：乃裹糇粮
（2·5）

蔬 （1次）同"疏"，见"虽蔬食
菜羹"（10·3）注。

聪 （1次）听觉审音能力强：师旷
之聪（7·1）

虢 （1次）春秋时国名：晋人以垂
棘之璧与屈产之乘假道于虞以
伐虢（9·9）

醉 （2次）是犹恶醉而强酒
（7·3）

黎民 （3次）老百姓：黎民不饥
不寒（1·3）

豫 （7次）①快乐（5次）：夫子
若有不豫色然（4·13）
②游，见"吾王不豫"（2·4）
注。

遵 （3次）沿循，循行：遵海而南
（2·4）

镒 （3次）二十两为镒：虽万镒必
使玉人雕琢之（2·9）

颜子 （3次）颜回（1次）颜
渊 （3次）孔子学生，见
"冉牛闵子颜渊善言德行"
（3·2）注。

颜色 （2次）面色：颜色之戚
（5·2）

颜般 （1次）：人名：吾于颜
般则友之矣（10·3）

颜雠由 （1次）人名：于卫主颜
雠由（9·8）

鲧 （1次）人名，禹的父亲：殛鲧
于羽山（9·3）

鹤鹤 （1次）羽毛洁白的样子：
白鸟鹤鹤（1·2）

餍 （3次）餍足 （1次）满足，
饱足：不夺不餍（1·1）此其
为餍足之道也（8·33）

十六画

儒 （2次）相信孔孟之道的：逃杨
必归于儒（14·26）

器 （4次）器皿 （1次）迁其重
器（2·11）牲杀器皿衣服不
备（6·3）

嬴 （1次）地名：止于嬴（4·7）

嬖人 （2次）在左右的侍臣：嬖
人臧仓者请曰（2·16）
——另见"便嬖"。

嬖奚 （3次）赵简子的侍臣：
昔者赵简子使王良与嬖奚乘
（6·1）

廪 （2次）粮仓：父母使舜完廪
（9·2）
——另见"仓廪"。

廪人 （1次）管粮仓之吏：其后
廪人继粟（10·6）

憾 （3次）不满意：是使民养生丧
死无憾也（1·3）

操 （2次）操行，操守：充仲子之
操则蚓而后可者也（6·10）

整 （1次）整顿，整饬，整理：爰整其旅（2·3）

橐 （1次）盛物的袋子，见"于橐于囊"（2·5）注。

激 （1次）用一种力量把水逼使向上流：激而行之可使在山（11·2）

燔肉 （1次）祭肉，见"燔肉不至"（12·6）注。

燕 （16次）国名：齐人伐燕（2·10）

獧 （1次）同"狷"，耿介而有所不为之士：是獧（14·37）

獭 （1次）故为渊敺鱼者獭也（7·9）

璞 （1次）玉石未经雕琢的：今有璞玉于此（2·9）

甑 （1次）许子以釜甑爨，以铁耕乎（5·4）

瓢 （1次）瓜瓢，舀水器：一瓢饮（8·29）

瘳 （1次）病愈：厥疾不瘳（5·1）

穆公 （2次）①邹穆公（1次）：穆公问曰（2·12）
②秦穆公（1次）：知穆公之可与有行也而相之（9·9）

薄 （8次）①不厚，不重（2次）：以薄为其道也（5·5）薄乎云尔（8·24）
②刻薄，不忠厚宽大（2次）：薄

夫敦（10·1）
③减轻（2次）：薄税敛（1·5）
④薄待，轻视，轻待（2次）：于所厚者薄无所不薄也（13·44）

薛 （3次）地名：齐人将筑薛（2·14）

薛居州 （4次）人名：子谓薛居州（6·6）

薨 （2次）诸侯之死曰薨：滕定公薨（5·2）

薪 （5次）柴火：而不见舆薪（1·7）

篡 （2次）篡取，篡夺，臣下夺取君位：是篡也（9·5）

篚 （2次）①古代盛物之器，筐子：其君子实玄黄于篚以迎其君子（6·5）
②动词，置物于篚中，见"篚厥玄黄"（6·5）注。

糗 （1次）干饭：舜之饭糗茹草也（14·6）

耨 （2次）锄草：深耕易耨（1·5）

衡 （2次）①同"横"，"衡行"即"横行"：一人衡行于天下（2·3）
②阻塞不通，见"困于心衡于虑而后作"（12·15）注。

缴 （1次）射鸟之箭，箭尾系有生丝缕：见"思援弓缴而射之"

（11·9）注。

辩（5次）①争辩，辩论（4次）：外人皆称夫子好辩（6·9）

②议论，辨别（1次）：万钟则不辩礼义而受之（11·10）

踵（1次）亲自走到：踵门而告文公曰（5·4）

——另见"放踵"。

踽踽（1次）落落寡合的样子：行何为踽踽凉凉（14·37）

蹄（1次）兽蹄鸟迹之道交于中国（5·4）

避（5次）避开，本书有时亦作"辟"：避水火也（2·10）

颡（2次）额：其颡有泚（5·5）

颠覆（1次）搞垮，破坏：太甲颠覆汤之典刑（9·6）

霓（1次）出于西方的虹，见"若大旱之望云霓也"（2·11）注。

餐（2次）吃饭：不素餐兮（13·32）

雕琢（2次）雕琢玉石：虽万镒必使玉人雕琢之（2·9）

十七画

壑（8次）①山沟（6次）：其亲死则举而委之于壑（5·5）
②受水处（2次），见"是故禹以

四海为壑"（12·11）注。

孺子（3次）小孩，儿童：今人乍见孺子将入于井（3·6）

懦（2次）懦弱：懦夫有立志（10·1）

戴（3次）①把物件顶在头上（2次）：颁白者不负戴于道路矣（1·3）

②人名（1次）：兄戴，盖禄万钟（6·10）

戴不胜（1次）人名：孟子谓戴不胜曰（6·6）

戴盈之（1次）人名：戴盈之曰（6·8）

濡滞（1次）稽延，迟缓：是何濡滞也（4·12）

濯（7次）①洗涤（5次）：江汉以濯之（5·4）

②洗澡（2次），见"是犹执热而不以濯也"（7·7）注。

濯濯（3次）①光滑的样子（1次）：麀鹿濯濯（1·2）

②光秃秃无草木的样子（2次）：是以若彼濯濯也（11·8）

爵（18次）①爵位（17次）：夫仁，天之尊爵也（3·7）

②同"雀"（1次）：为丛驱爵者鹯也（7·9）

獯鬻（1次）北狄之名：故大王事獯鬻（2·3）

瞭（1次）明白，明亮：胸中正则眸子瞭焉（7·15）

藉（1次）借也，见"助者藉也"（5·3）注。

藏（3次）收藏，保藏：商贾皆欲藏于王之市（1·7）

藐（1次）藐视，小视，瞧不起：说大人则藐之（14·34）

糜烂（1次）糜烂其民而战之（14·1）

繁殖（1次）禽兽繁殖（5·4）

膺（4次）击也，见"戎狄是膺"（5·4）注。

臂（3次）手臂：绋兄之臂而夺之食则得食（12·1）

蟥（1次）金龟子虫：蟥食实者过半矣（6·10）

觳觫（2次）恐惧战栗的样子：吾不忍其觳觫（1·7）

谿（1次）山溪：固国不以山谿之险（4·1）

蹈（1次）不知足之蹈之手之舞之（7·27）

蹊（1次）小径，山间小路：山径之蹊间介然用之而成路（14·21）

赡（2次）足够：此惟救死而恐不赡（1·7）

颟（1次）同"蹙"，绉缩鼻茎，见"己频颟曰"（6·10）注。

麋（3次）顾鸿雁麋鹿（1·2）

翼（1次）帮助：辅之翼之（5·4）

魏（1次）春秋时晋国三卿之一：附之以韩魏之家（13·11）

十八画

嚚嚚（5次）①闲暇之貌：嚚嚚然曰（9·7）
②自得其乐而无所欲的样子：人知之亦嚚嚚（13·9）

彝（2次）经常不变之理：民之秉彝（11·6）

璧（1次）美玉：晋人以垂棘之璧与屈产之乘假道于虞以伐虢（9·9）

瞽瞍（11次）人名：舜尽事亲之道而瞽瞍底豫（7·28）

覆（1次）覆盖：而仁覆天下矣（7·1）
——另见"反覆""颠覆"。

蹙（3次）①绉（2次）：举疾首蹙頞而相告曰（2·1）
②蹙踖不安的样子：其容有蹙（9·4）

蹝（1次）同"屣"，没有脚跟的鞋子，见"犹弃敝蹝也"（13·35）注。

鵝（2次）即"鹅"。则有馈其兄生鵝者（6·10）

鹯（1次）鹯鹰：为丛敺爵者鹯也
（7·9）

鳏（1次）老而无妻曰鳏（2·5）

十九画

歠（1次）同"啜"，喝：歠粥
（5·2）

——另见"流歠"。

孽（5次）①罪过（4次）：天作
孽犹可违（3·4）

② 不是正妻生的而是所谓"庶
出"之子，见"独孤臣孽子"
（13·18）注。

疆（8次）疆界：出疆必载质
（6·3）

簿（2次）文书，见"孔子先簿正
祭器"（10·4）注。

羸（1次）弱，孱弱之人：子之民
老羸转于沟壑（4·4）

羹（4次）菜汤：虽蔬食菜羹未尝
不饱（10·3）

譈（1次）怨恨，见"凡民罔不
譈"（10·4）注。

警（1次）警告：洚水警余
（6·9）

蹴尔（1次）对人横暴的样子：
蹴尔而与之（11·10）

蹵然（1次）不安的样子：曾西
蹵然曰（3·1）

蹶（2次）①跌倒（1次）：今夫
蹶者趋者是气也（3·2）

②动也（1次），见"天之方蹶"
（7·1）注。

靡（2次）无，没有：天命靡常
（7·7）

麒麟（1次）麒麟之于走兽
（3·2）

鳖（3次）乐其有麋鹿鱼鳖
（1·2）

二十画

壤（1次）土：夫蚓上食槁壤
（6·10）

壤地（1次）土地：夫滕壤地褊
小（5·3）

巍巍（2次）高大的样子：巍巍
乎有天下而不与焉（5·4）

攘（2次）偷窃（2次），见
"今有人日攘其邻之鸡者"
（6·8）注。

攘臂（1次）捋起袖子伸出胳
膊：冯妇攘臂下车（14·23）

瀹（1次）疏浚：瀹济漯而注诸海
（5·4）

蘖（1次）树木被砍伐后又生出
来的新枝：非无萌蘖之生焉
（11·8）

籍（1次）文献，文书：诸侯恶其
害己也而皆去其籍（10·2）

——另见"典籍"。

譬 （2次）譬如，本书亦作
"辟"：智譬则巧也（10·1）

骧 （3次）王骧自称其名：诸君子
皆与骧言（8·27）

骧兜 （1次）人名：放骧兜于崇
山（9·3）

二十一画—三十画

夔夔 （1次）敬慎战惧之貌，见
"夔夔齐栗"（9·4）注。

耰 （1次）抄田，耢地，见"播种
而耰之"（11·7）注。

蠡 （1次）将要断绝的样子，见
"以追蠡"（14·22）注。

霸 （15次）①以己假仁者霸，用
武力使诸侯服从（8次）：管

仲以其君霸（3·1）

囊 （2次）盛物的皮袋，见"于橐
于囊"（2·5）注。

懿 （2次）美也：好是懿德
（11·6）

饔飧 （1次）①自己炊爨，见
"饔飧而治"（5·4）注。

②诸侯间馈送食物及宴会之礼：
无诸侯币帛饔飧（12·10）

鬻 （2次）卖出：百里奚自鬻于秦
养牲者（9·9）

瞯 （2次）本书亦作"矙"，窥
伺，探听：阳货瞯孔子之亡也
而馈孔子蒸豚（6·7）

爨 （1次）烧火煮饭：许子以釜甑
爨以铁耕乎（5·4）